UTB **3072**

W0071955

Eine Arbeitsgemeinschaft der Verlage

Böhlau Verlag · Köln · Weimar · Wien
Verlag Barbara Budrich · Opladen · Farmington Hills
facultas.wuv · Wien
Wilhelm Fink · München
A. Francke Verlag · Tübingen und Basel
Haupt Verlag · Bern · Stuttgart · Wien
Julius Klinkhardt Verlagsbuchhandlung · Bad Heilbrunn
Lucius & Lucius Verlagsgesellschaft · Stuttgart
Mohr Siebeck · Tübingen
C. F. Müller Verlag · Heidelberg
Orell Füssli Verlag · Zürich
Verlag Recht und Wirtschaft · Frankfurt am Main
Ernst Reinhardt Verlag · München · Basel
Ferdinand Schöningh · Paderborn · München · Wien · Zürich
Eugen Ulmer Verlag · Stuttgart
UVK Verlagsgesellschaft · Konstanz
Vandenhoeck & Ruprecht · Göttingen
vdf Hochschulverlag AG an der ETH Zürich

MODUL
BERATUNGSPSYCHOLOGIE

von
Adly Rausch, Arnold Hinz und Rudi F. Wagner

VERLAG
JULIUS KLINKHARDT
BAD HEILBRUNN • 2008

Adly Rausch,
Dipl.-Psych., Dr.phil. Dr.rer.biol.hum. Dr.phil.habil.
ist Professorin für Pädagogische Psychologie an der Pädagogischen Hochschule Ludwigsburg.

Arnold Hinz,
Dipl.-Psych., M.A., PD Dr. phil. habil.
ist Akademischer Oberrat für Pädagogische Psychologie an der Pädagogischen Hochschule
Ludwigsburg.

Rudi F. Wagner,
Dipl.-Psych., Dr. phil., habil.
ist Professor an der Pädagogischen Hochschule Ludwigsburg und verbindet als Psychotherapeut,
Kinder- und Jugendlichenpsychotherapeut, Lehrtherapeut und Supervisor seit über 20 Jahren
wissenschaftliche Forschung mit praktischer Beratungstätigkeit.

Dieser Titel wurde in das Programm des Verlages mittels eines Peer-Review-Verfahrens aufgenommen.
Für weitere Informationen siehe www.klinkhardt.de.

Die Deutsche Bibliothek – CIP-Einheitsaufnahme
Die Deutsche Nationalbibliothek verzeichnet diese Publikation in der Deutschen National-
bibliografie; detaillierte bibliografische Daten sind im Internet über
http://dnb.d-nb.de abrufbar.
ISBN 978-3-7815-1575-8 (Klinkhardt)
ISBN 978-3-8252-3072-2 (UTB)

Einbandgestaltung: Atelier Reichert, Stuttgart
Druck und Bindung: Friedrich Pustet, Regensburg

Printed in Germany 2008.
Gedruckt auf chlorfrei gebleichtem alterungsbeständigem Papier.

UTB-Bestellnummer: 978-3-8252-3072-2

Inhaltsverzeichnis

Modul 6: Lebensabschnitte und Beratung
Adly Rausch

Modul 7: Beratung – aus unterschiedlichen Perspektiven betrachtet
Adly Rausch

Modul 8: Organisationsformen von Beratung
Arnold Hinz

Modul 9: Ethische Fragen in der Beratung
Rudi F. Wagner

Einleitung

„Angebot und Nachfrage regulieren den Markt!" – Diese aus Erfahrungswerten abgeleitete geläufige Redewendung trifft auch für die Dienstleistung Beratung in besonderem Maße zu. So war es vor ca. 50 Jahren noch unvorhersehbar, in welchen Bereichen gegenwärtig Beratung von der Bevölkerung nachdrücklich gefordert wird. Ebenso unvorstellbar war es aber auch, mit der Kreativität vieler Anbieter von Beratungsleistungen zu rechnen, die immer neue Formen der Beratung als Angebot etablieren. Zur Zeit treffen wir auf eine noch „lebhaft sprudelnde Quelle", die – so darf prognostiziert werden – noch nicht am Versiegen scheint.

1. Zur Entwicklung des Buches: Diese Ausgangslage weckt das Interesse, sich zu informieren, inwieweit die in der Praxis geleistete Beratungsarbeit sich in theoretischen Darlegungen, Erörterungen, Diskussionen und in empirischen Forschungsergebnissen niedergeschlagen hat. Bereits eine erste Literaturrecherche hierzu legt dar, dass das Thema Beratung in eine äußerst rege Veröffentlichungsinitiative eingebunden ist.

Diese Feststellung fordert geradezu heraus, die Vielzahl von Veröffentlichungen einzuschätzen. Auch wir, die Autoren dieses Buches, haben dies als Aufforderung verstanden. Wir haben sie angenommen und bilanzieren, dass von einer erkennbaren Dreiteilung gesprochen werden kann:

- Als geradezu marktleitend erweisen sich praktische Ratgeber, die Empfehlungen enthalten, wie eine professionelle Beratungstätigkeit gestaltet werden kann. Sie geben neben Hinweisen, wie Lernprozesse in Gang gesetzt werden und die Leser zu einer konstruktiven Gesprächsführung befähigt werden können, Anregungen, das eigene Gesprächsverhalten zu überprüfen und – wenn nötig – sinnvolle Alternativen aufzugreifen. Einige Veröffentlichungen gehen darüber hinaus noch einen Schritt weiter: Sie vermitteln dem Leser das Gefühl, dass Gesprächsführung ein leicht zu erlernender Vorgang ist, nach dem Motto: „Das Lesen dieses Buches und die darin enthaltenen Übungen befähigen Sie zu einer effektiven Kommunikation." Sie lassen dabei außer Acht, dass die Trainierbarkeit des Gesprächsverhaltens nicht die eigene Reflexivität (z.B. Selbstaufmerksamkeit, Selbstkontrolle) im Zusammenhang mit anderen Gesprächsvariablen (z.B. intrinsische/extrinsische Motivation eines Ratsuchenden) ersetzt.

- Viele Beiträge verfolgen das Ziel, den Beratungsprozess, die ihn bestimmenden Variablen und die Persönlichkeitsstruktur der Beteiligten sowohl aus theoretischer als auch aus praktischer Sicht differenziert zu erfassen. Hierzu zählen z.B. Erfahrungsberichte über die praktische Arbeit, die Analyse von Verlaufsprotokollen, eine disziplinäre bzw. intradisziplinäre Auseinandersetzung mit dem Beratungsprozess (z.B. Beratung aus pädagogisch-psychologischer Perspektive, aus psychologischer Sicht oder aus speziellen theoretischen Richtungen, wie sie z.B. im psychotherapeutischen Bereich erfasst sind, also gesprächspsychotherapeutisch, verhaltenstherapeutisch oder psychoanalytisch orientiert) oder auch allgemeine, integrative Modellkonstruktionen, die das Beratungsgeschehen in unterschiedlichen Bezügen thematisieren.
- Ein weiterer Teil der Veröffentlichungen versteht sich als Basisliteratur, die in einführender oder vertiefender Weise wesentliche Grundzüge zum Thema Beratung erfasst.

Die vorliegenden Ausführungen ordnen sich dem zuletzt genannten Bereich zu. Warum wurde von uns gerade diese Sparte ausgewählt?

Diese Frage lässt sich leicht beantworten: Wir haben in jahrzehntelanger Auseinandersetzung mit dem Beratungsgeschehen in Lehre, Forschung und Praxis Erfahrungen gesammelt (die jeweilige Vita weist unterschiedliche Gewichtungen aus), die uns ein Defizit aufgezeigt haben. Dieses wird erkennbar, wenn man den folgenden Ausführungen folgt:

Im Rahmen von Lehramts- und Diplom-Studiengängen werden Studierende mit dem Thema Beratung vertraut gemacht. Diese Kommunikationsform wird als Studieninhalt erfasst, in Prüfungsordnungen aufgenommen und in Weiterbildungsveranstaltungen verankert. Während also eine Beschäftigung mit der Beratungstätigkeit aus offizieller Sicht gefordert wird, können wir über die andere Seite – also aus Sicht der Studierenden – berichten: Wir haben in unseren Lehrveranstaltungen übereinstimmend die Erfahrung gemacht, dass Angebote zum Thema Beratung mit großem Interesse aufgenommen werden. Hier scheint sich die Anforderung, dass Beratung ein wesentlicher Bestandteil der Arbeit von Lehrern, Beratungslehrern, Schulpsychologen und Diplom-Psychologen bzw. Diplom-Pädagogen ist, mit dem Bedürfnis von Auszubildenden zu decken, nicht „sprachlos" und „theorielos" in speziellen Kommunikationssituationen zu sein. Sie möchten vielmehr Prinzipien der Gesprächsführung gezielt einsetzen können und über ein fundiertes Grundlagenwissen verfügen. Dieses Wissen – so erleben wir es in unserer täglichen Arbeit – eignen sich Studierende aus unterschiedlichen Quellen an: Sie nehmen Beratungspsychologie-Bücher zur Hand, die jedoch häufig von der speziellen theoretischen Position eines Autors geprägt sind. Mit Hilfe dieses Vorgehens können zwar die gewünschten allgemeinen Informationen erfasst werden, aber eben mit der Einschränkung, dass sie auf einer bestimmten theoretischen Ausrichtung basieren. Allgemeine und umfassende Darstellungen finden sich dann, wenn man neuere Literatur wie „Das Handbuch der Beratung" von Nestmann, Engel und Sickendiek (2004) einbezieht. Äußerst informativ geschrieben, ist es zur vertiefenden Lektüre sehr gut geeignet. Für erste „Gehversuche", bei denen die Studierenden schrittweise Wissen aufbauen sollen, ist es jedoch zu umfangreich. Die andere Möglichkeit, sich mit einer Vielfalt von Veröffentlichungen vertraut zu machen, die in differenzierter Weise einzelnen Fragestellungen nachgehen, ersetzt jedoch nicht das anzueignende theoretische Fundament. Sie entspricht einem Vorgehen, das Spezialisierung vor Grundlagenkenntnisse setzt. Zwar kann auch auf diesem Wege ein Basiswissen erworben werden; es ist dann allerdings ein mühsamer Prozess, um die geeigneten Bausteine für das Mosaik Beratung zu finden.

2. Zum Anliegen: Diese Erfahrungen in der Lehre haben uns veranlasst, zu überlegen, welche Erkenntnisse die Studierenden sich aneignen müssen, um einen fundierten Einblick zu erhalten. Wir wollten diese Auswahl nicht aufgrund unserer Vorstellungen oder von Schwerpunkten in Prüfungsordnungen vornehmen, sondern die Studierenden sollten selbst die Komplexe nennen, zu denen sie Aufklärung wünschen. Deshalb hatten sie Gelegenheit, ihren Informationswunsch und -bedarf in zahlreichen Seminaren selbst in Frageform zu formulieren. Aus diesem Fragenkatalog werden im Folgenden die zehn häufigsten Formulierungen ausgewählt:

1. Was versteht man unter Beratung?
2. Gibt es eine einheitliche Beratungstheorie?
3. Wie lässt sich Beratung von anderen Interventionsformen (z.B. Therapie) abgrenzen?
4. Wie beeinflusst die nonverbale Kommunikation das Gesprächsverhalten?
5. Welche Anwendungsfelder gibt es für professionelle Beratungsgespräche?
6. Wie beschreiben unterschiedliche Fachdisziplinen das Beratungsgeschehen?
7. Welche Beratungsrichtungen gibt es?
8. Welche Beratungsanlässe begleiten den Lebensweg eines Menschen?
9. Verändert die technische Entwicklung das Beratungsverhalten?
10. Gibt es Rechtsgrundlagen im Zusammenhang mit dem Beratungsgeschehen?

3. Zur inhaltlichen Auswahl: Diese Fragen wurden von uns zum Anlass genommen, um Schwerpunkte zu bilden. Mit ihnen soll den am Thema Beratung Interessierten und allen Studierenden, die sich aus theoretischer Sicht mit diesem Gebiet beschäftigen, ein Grundlagenwissen vermittelt werden. Dabei stehen wesentliche Erkenntnisse und Zusammenhänge aus der allgemeinen Beratungspsychologie, aus dem speziellen Bereich der pädagogisch-psychologischen Psychologie und seinem Umfeld und auch Verbindungen zu anderen Fachdisziplinen im Mittel-

punkt. Mit diesem Blick über den psychologischen „Tellerrand" hinaus wollen wir Lehramtsstudierende auf die Bedeutung des Beratungsgeschehens in anderen Anwendungsbereichen hinweisen und Diplom-Studierende (Pädagogik, Psychologie), die in unterschiedlichen Tätigkeitsbereichen (z.B. Arbeit in Kliniken, Unternehmensberatung) später ihre Berufstätigkeit aufnehmen, vorbereiten. Da diese Gruppe möglicherweise in der Praxis interdisziplinär arbeitet, ist es vorteilhaft, Aufschluss über verschiedene Sichtweisen zum Thema Beratung zu haben. Der Einblick in einige Anwendungsfelder (und z.B. neue Formen der Beratung, Internet-Beratung) erweitert die Informationsgrundlage zum Beratungsgeschehen.

4. Zur Gestaltung: Dieser allgemeinen Zielsetzung ordnet sich unser Vorgehen unter. Angeregt durch die von den Studierenden als relevant benannten Schwerpunkte, haben wir einzelne Module erstellt, die so aufgebaut sind, dass sie einerseits in ihrer Gesamtheit einen Einblick in die allgemeinen Grundlagen der Beratungsarbeit vermitteln, basierend auf pädagogisch-psychologischen Grundsätzen und unterschiedlichem fachspezifischen Wissen. Andererseits stehen die Module mit den ausgewiesenen Schwerpunkten als eigenständige Vermittlungseinheiten, die den spezifischen Bereich transparent werden lassen. Um die Wissensaufnahme zu erleichtern und um das Interesse von Lernenden zu wecken, werden die einzelnen Ausführungen mit Hilfe von Fragen strukturiert. Diese Frage-Antwort-Form ist primär als Orientierungshilfe und zur Unterstützung der Wissensaneignung zu verstehen. Sekundär wird von uns mit dieser Form die Hoffnung verbunden, dass im produktiven Aneignungsprozess eigene Fragen gefunden und formuliert werden, so dass im Frage-Antwort-System Prüfungssituationen simuliert werden können. Diesem Zweck dienen auch die jedem Modul beigefügten Verständnisfragen (mit abschließendem Lösungsschlüssel).

5. Inhaltlicher Leitfaden: Welches Wissen wird mit Hilfe der einzelnen Module erworben? Die folgende Tabelle stellt Inhalt und Zielsetzung in komprimierter Form zusammen:

	Inhalt	Zielsetzung
Modul 1: **Zur Charakteristik** **des Beratungsbegriffes** **(Rausch)**	Allgemeine und spezifische Beschreibungsmöglichkeiten des Beratungsbegriffes, inhaltliche Bandbreite von Definitionsversuchen.	Einblick in die vorliegende Vielfalt, die in Abhängigkeit von disziplinärer Orientierung, von wissenschaftlicher Ausrichtung und Auffassungsverständnis des jeweiligen Autors zu sehen ist; Erkenntnis, dass ein Konsens letztlich nur über wesentliche Charakteristika zu erreichen ist.
Modul 2: **Beratungsrelevantes** **Grundlagenwissen** **(Rausch)**	Beispielhaft werden Beiträge aus der Verhaltensbiologie und der Psychologie vorgestellt.	Erkenntnis, dass für die Beratungsarbeit (Kontaktaufnahme, Gesprächsführung) Informationen und Anregungen aus unterschiedlichen Bereichen notwendig und nützlich sind.
Modul 3: **Beratungsansätze** **im Überblick** **(Wagner)**	Es werden die wichtigsten Beratungsansätze mit ihren Grundannahmen dargestellt und kritisch erläutert.	Da die große Heterogenität der Beratungsansätze es schwer macht, einen Überblick zu finden, werden Möglichkeiten zur Orientierung in dieser verwirrenden Ausgangssituation vorgestellt.
Modul 4: **Beratung** **im Kontext von** **Interventionsformen** **(Hinz)**	Abgrenzung von Beratung und Psychotherapie; Beratung/ Psychotherapie/Erziehung; Krisenintervention, Betreuung und Mediation; Supervision, Intervision und Coaching als Sonderformen der Beratung.	Möglichkeiten und Schwierigkeiten einer Differenzierung zwischen Beratung und Psychotherapie, Krisenintervention, Betreuung, Mediation und Erziehung diskutieren können. Coaching, Intervision und einzelne Formen der Supervision mit ihren Chancen und Risiken kennen.
Modul 5: **Im Fokus – pädago-** **gisch-psychologische** **Beratung** **(Rausch)**	Darstellung der wesentlichen Aussagen zu den Formen: pädagogische, psychologische und pädagogisch-psychologische Beratung (Spezifika, Aspekte zum Entwicklungsweg und zum Anwendungsbereich).	Aussagen zum angestrebten/erreichten Selbstverständnis der einzelnen Beratungsrichtungen, Aufzeigen von Defiziten theoretischer (konzeptionelle Aussagen) und praktischer (Ausbildung) Art, Erkennen des spezifischen Anspruches und Einschätzung der Forderung nach interdisziplinärer Zusammenarbeit.

Modul 6: **Lebensabschnitte und** **Beratung** **(Rausch)**	Beratung als Dienstleistung beinhaltet in Abhängigkeit vom jeweils erreichten Lebensabschnitt (Kindheit, Jugendalter, frühes, mittleres und höheres Erwachsenenalter) unterschiedliche dominierende Schwerpunkte.	Erkennen von inhaltlichen Spezifika, die verschiedenen Lebensabschnitten zugeordnet sind, Berücksichtigung der unterschiedlichen Akzeptanz eines Beratungsangebotes in den einzelnen Altersspannen.
Modul 7: **Beratung –** **aus unterschiedlichen** **Perspektiven** **betrachtet** **(Rausch)**	Überblick über verschiedene disziplinäre Beratungsausrichtungen: Soziologie, Philosophie, Medizin, Theologie, Wirtschaftswissenschaften, Rechtswissenschaften.	Antworten auf folgende Fragen: Welche Verbindungen bestehen zur Beratung? Worin liegt der fachspezifische Beitrag? Wie lässt sich die etablierende/etablierte (fachwissenschaftliche) Beratungskultur beschreiben? Welche Diskussionspunkte ergeben sich aus der vorgestellten Verbindung?
Modul 8: **Organisationsformen** **von Beratung** **(Hinz)**	Soziale Konstellation der Beratung, der „Machtrahmen" der Beratung, Beratungsräume und -zeiten, Medien der Beratung.	Erkennen der verschiedenen sozialen, räumlichen und zeitlichen Settings der Beratung sowie der Vor- und Nachteile unterschiedlicher Medien der Beratung. Sensibilisieren für Hierarchien bei der Beratungstätigkeit.
Modul 9: **Ethische Fragen** **in der Beratung** **(Wagner)**	Die besondere Relevanz ethischer Fragen für die Beratung sowie Grundlagen der ethischen Argumentation werden erläutert. Ethische Implikationen von Menschenbildannahmen werden dargestellt.	Die ethischen Probleme, die in der Beratung eine Rolle spielen, werden verdeutlicht und Möglichkeiten der Begründung von Werten sowie grundlegende ethische Prinzipien für die Beratungspraxis erarbeitet. Ein integrativer Beratungsansatz mit einem ethisch-sequentiellen Vorgehen für die Auswahl von Theorien und Verfahren wird erläutert.

In den vorliegenden Ausführungen werden die weibliche und die männliche Form zur Geschlechterbezeichnung verwendet. Wird aus Gründen der Vereinfachung nur die männliche Form eingesetzt, gilt sie für beide Formen.

Adly Rausch
Arnold Hinz
Rudi F. Wagner

Modul 1:
Zur Charakteristik des Beratungsbegriffes
Adly Rausch

1. Individuelle Zugangswege

Je nach Interessen- und Wissensstand nähert man sich dem Begriff Beratung auf unterschiedlichen Wegen an.

Welche Überlegungen verbinden Sie als Leser mit dem Begriff Beratung?

- Besinnen Sie sich auf Ihr Alltagsverständnis, dann werden Sie möglicherweise vom Begriff Be-Raten ausgehen und in diesem Prozess die Erteilung eines Rates, einer Empfehlung, nach der gehandelt werden kann oder soll, als wesentlich ansehen. Diese Auffassung entspricht unserem Wunsch, in bestimmten Entscheidungs- und Krisensituationen, bei Informationsdefiziten etc. den „richtigen" Hinweis zu bekommen. Auf diese Weise lassen sich Unsicherheit und Zweifel über das erforderliche eigene Vorgehen reduzieren. Es kann als entlastend erlebt werden, die Verantwortung für eine bestimmte Handlung an andere abzugeben, indem man einem erteilten Rat folgt. Entzieht sich der Gesprächspartner, den man auf diese Weise in die Pflicht nehmen möchte, dieser Aufgabe, ist man enttäuscht und versucht mit allen Mitteln, ihn dennoch zu einer Stellungnahme zu bewegen. Fast jeder erkennt sich in den Formulierungen wieder wie z.B. „Wie würden Sie an meiner Stelle entscheiden?", „Was raten Sie mir?".
- Bringen Sie eigene Erfahrungen von professionellen Beratungssituationen ein, dann erwarten Sie Aufklärung, Vermittlung von Informationen, Unterstützung und gemeinsame Lösungssuche. Gleichlaufend mit der verstärkten Etablierung eines Beratungsangebotes sind diese Leistungen mittlerweile immer häufiger im Alltagsverständnis verankert.
- Reichern Sie ein Gespräch gern mit sprichwörtlichen Redewendungen an, werden Sie aus Ihrem Vorrat schöpfen wie z.B.: „Je mehr da beraten, je dümmer die Taten. Wer guten Rat annimmt, ist gut beraten. Wer selbst für sich sorgt, ist am besten beraten."

Diese auch von Beyer und Beyer (1989, S.72) erfassten geflügelten Wortverbindungen enthalten eine über Generationen verallgemeinerte Erfahrung. In Form einer komprimierten Aussage sind sie Allgemeingut geworden und zeugen vom Volkswitz. Wie aktuell und jedermann präsent dieser ist, kann man an sich selbst erfahren, wenn zum Begriff Rat ohne große Bedenkpause, also spontan, formuliert werden kann: „Guter Rat ist teuer. Guter Rat kommt über Nacht. Kommt Zeit, kommt Rat".

- Bevorzugen Sie den schnellen Griff zum Deutschen Wörterbuch, um Aufklärung zu erhalten, erfahren Sie zum Stichwort Beratung: „Erteilung von Rat, gemeinsame Überlegung, Besprechung" (Wahrig, 2000, S.256).

- Sind Sie an der Herkunft von Begriffen interessiert, werden Sie eine etymologische Betrachtung bevorzugen. Eine diesbezügliche Anleihe findet sich im „Duden-Herkunftswörterbuch" (2001, S.652) mit u.a. folgenden Ausführungen: „Das altgerm. Wort mhd., ahd. *rät* ... wurde ursprünglich im Sinne von ‚Mittel, die zum Lebensunterhalt notwendig sind' verwendet. In dieser Bedeutung steckt ‚Rat' in Vorrat und Unrat ... . Daraus entwickelte sich der Wortgebrauch im Sinne von ‚Besorgung der notwendigen Mittel' und weiterhin im Sinne von ‚Beschaffung, Abhilfe, Fürsorge, ...' . Daran schließt sich die Verwendung von ‚Rat' im Sinne von ‚gut gemeinter Vorschlag, Unterweisung, Empfehlung' an ... . Bereits seit ahd. Zeit wird ‚Rat' auch im Sinne von ‚Beratung, beratende Versammlung' gebraucht, beachte dazu z.B. die Zusammensetzungen ‚Familienrat, Stadtrat, Rathaus'."

Zu welchen Auffassungen führen diese Reflexionen?

- Beratung verbindet sich mit der vorgestellten Konstellation eines Ratgebers und eines Ratsuchenden, der einem eingeforderten und erhaltenen Ratschlag dankbar folgt; auch wenn sich im Alltagsverständnis zwischenzeitlich ein Wandel abzuzeichnen scheint. Dieser besteht darin:

- Die der Beratung zugewiesene Aufgabe entfernt sich zunehmend von der weit verbreiteten Auffassung („Ich hole mir einen Rat – einen Ratschlag!") mit den folgenden Konsequenzen: Die an eine Beratung gestellten Erwartungen gelten als erfüllt, wenn der Rat zum Erfolg führt. Stellt sich jedoch ein Misserfolg ein, dann steht die Qualität der Beratung zur Diskussion. Da man falsch beraten worden ist, entlastet diese Schuldzuweisung die eigene Zuständigkeit für Entscheidungen. Nur zu bereitwillig wird in solchen Situationen das häufig vorherrschende Prinzip „Ich mache, was ich will!" außer Kraft gesetzt und durch „Ich habe Ihren Ratschlag befolgt!" ausgetauscht.

- In diesem angedeuteten Spannungsfeld zwischen Erwartungen, Verantwortungsübernahme und -abgabe steht der professionelle Bereich Beratung.

2. Wissenschaftliche Betrachtungsweisen

2.1 Allgemeine Beschreibungsmöglichkeiten

Liegen konsensfähige Definitionsvorschläge vor?
In der wissenschaftlichen Literatur findet sich eine Vielzahl von Versuchen, Beratung umfassend zu beschreiben. Diese Bemühungen sind geprägt von dem zugrunde gelegten theoretischen Bezugssystem und dem Anspruch, die daraus abzuleitenden wesentlichen Aspekte auszuwählen. Dadurch werden die Begriffsinhalte unterschiedlich akzentuiert und der Umfang wird jeweils neu festgelegt. Der Begriff Beratung stellt sich deshalb in seinen Beschreibungen sehr facettenreich vor. Diese Situation veranlasst Dietrich bereits im Jahre 1983 zu dem Resümee, dass der definitorische Bereich nicht zufriedenstellend abgeklärt sei. Er kritisiert u.a., dass eine Begriffsbestimmung häufig auf der Grundlage nur weniger wesentlicher Merkmale vorgenommen werde. Deshalb setzt er aus Sicht der Beratungspsychologie folgende Definition entgegen:

„Beratung ist in ihrem Kern jene Form einer interventiven und präventiven helfenden Beziehung, in der ein Berater mittels sprachlicher Kommunikation und auf der Grundlage anregender und stützender Methoden innerhalb eines vergleichsweise kurzen Zeitraumes versucht, bei einem desorientierten, inadäquat belasteten oder entlasteten Klienten einen auf kognitiv-emotionale Einsicht fundierten aktiven Lernprozeß in Gang zu bringen, in dessen Verlauf seine Selbsthilfebereitschaft, seine Selbststeuerungsfähigkeit und seine Handlungskompetenz verbessert werden können" (S.2).

Auf dieser Beschreibung beruht nach Nestmann (2004, S.61) der einzig prominente Entwurf sowohl einer allgemeinen als auch einer speziellen Beratungspsychologie in Deutschland. Die Beratungspsychologie kann dabei als „Kernstück" jeglicher Beratungsarbeit angesehen werden. Ihre Aufgabe ist es, in Forschung und in theoretischen Modellbildungen neben den strukturellen Aspekten eines Beratungsprozesses (z.B. dem Persönlichkeitsgefüge der zu Beratenden und der Berater) auch die dynamischen Komponenten (z.B. die zentralen Veränderungsprozesse) zu analysieren. Die Komplexität dieses Forschungsgegenstandes führte nach Dietrich (1983) zu einer „'Theorien-Inflation' bei gleichzeitigem ,Theorie-Defizit'" (S.20). Diese Entwicklung lässt die Frage nach einer einheitlichen Beratungstheorie stellen. Ob eine solche allgemeine Konzeption allerdings sinnvoll und notwendig ist, ist auch nach jahrzehntelanger Forschungsarbeit nur spekulativ zu beantworten. In Anbetracht der Vielzahl von Beratungsanlässen und der entsprechenden Vielfalt an Interventionsmöglichkeiten erscheint es angemessener, wenn mit ihnen auch eine Vielfalt an theoretischen Modellbildungen korrespondiert. Diese Divergenz schließt nicht aus, dass zumindest in Ansätzen nach einem Minimalkonsens gesucht wird – wie bei dem Begriff Beratung.

Wie umfassend sind diese Vorschläge tatsächlich?
Die von Dietrich vorgelegte Beschreibung versucht einen allgemeinen Anspruch einzulösen; dennoch werden auch in ihr einige wesentliche Aspekte nicht erfasst. Abbildung 1 verdeutlicht deshalb die vorhandenen wesentlichen Charakteristika und lenkt zugleich den Blick auf ergänzungsbedürftige Bereiche.

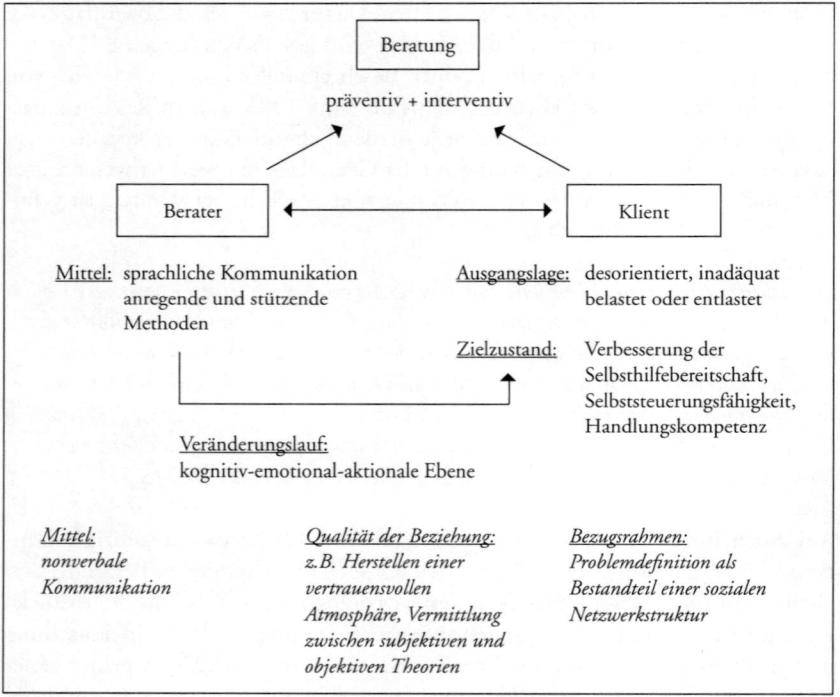

Abb. 1: Bestimmungselemente von Beratung (nach Dietrich, 1983) – mögliche Erweiterungen werden kursiv erfasst

Ergänzungsvorschläge werden in folgenden Bereichen gesehen: Beratung ist nicht nur sprachliche Kommunikation, sondern in hohem Maße auch nonverbale. Diese zusätzliche Differenzierung berücksichtigt die Tatsache, „dass *alles* Verhalten, nicht bloß der Gebrauch von Wörtern, Kommunikation ist" (Watzlawick & Beavin, 1980, S.98).

Sanders (2004) kritisiert, dass die zentrale Beziehung zwischen Ratsuchendem und Berater in ihrem Stellenwert nicht hervorgehoben wird. Außerdem entfallen durch die ausführliche Beschreibung des beratungsbedürftigen Klienten die Beratungsvorgänge, die bei Familien mit einem vielschichtigen Problemgefüge benannt werden können.

Dieses Beispiel zeigt, dass Beschreibungsversuche nicht in der Lage sind (sein können), das Beratungsgeschehen erschöpfend abzubilden. Es finden sich immer wieder Aspekte, die in einem Vorschlag nicht enthalten sind. Diese nachvollziehbaren Auslassungen sind das Fundament für variantenreiche Beschreibungen. Aus diesem Grunde wird jeder Vorschlag, der beansprucht, einen umfassenden Inhalt zu erfassen, mit „Nachbesserungen" rechnen müssen, wie das Beispiel von Nestmann, Engel und Sickendiek (2004) zeigt:

„Beratung ist eine vielgestaltige, sich ständig verändernde und durch viele interne und externe Einflussfaktoren bestimmte professionelle Hilfeform. Sie unterstützt in variantenreichen Formen bei der Bewältigung von Entscheidungsanforderungen, Problemen und Krisen und bei der Gestaltung individueller und sozialer Lebensstile und Lebensgeschichten" (S.599).

Auch diese Beschreibung setzt Akzente: So werden vor allem die unterschiedlichen Konzepte, die einer professionellen Beratung zugrunde liegen, betont (vgl. Nußbeck, 2006). Dagegen werden andere Aspekte, wie z.B. die individuellen Voraussetzungen von Berater und Ratsuchenden, vernachlässigt.

Dieser Einblick in Beratungsdefinitionen ließe sich beliebig fortsetzen. Sieht man von Beschreibungen mit einer Vielzahl von Merkmalen ab und wendet sich jenen zu, die auf der Angabe nur weniger Charakteristika beruhen, dann stellt dies keine sinnvolle Alternative dar. Es ist inhaltsleer und wenig hilfreich für eine wissenschaftliche Verständigung, einen Beratungsvorgang als „Kommunikations- und Interaktionsvorgang bzw. als eine Art zwischenmenschlicher Hilfe" zwischen „einem Ratsuchenden und einem Berater" zu erfassen.

Gibt es eine Basis für eine wissenschaftliche Verständigung?

Bereits im Jahre 1977 analysierten z.B. Scheller und Heil eine zum damaligen Zeitpunkt vorliegende Anzahl an Definitionen (eine Auswahl) nach Übereinstimmungen und gelangten zu folgenden Schwerpunkten:

- Beratung ist als professionelle Hilfestellung zu verstehen;
- sie zielt auf eine Verhaltensänderung im weiten Sinne, wobei über die Art des Zielverhaltens und seine Erreichbarkeit Meinungsunterschiede bestehen;
- richtungsweisend für die Zielsetzung ist der Bezug auf eine eng begrenzte Problematik, die unter Nutzung aller Ressourcen angegangen werden muss.

Einen ähnlichen Versuch hat Rausch (1989, S.9 ff.) unternommen und aus unterschiedlichen Teilbereichen der pädagogisch-psychologischen Fachdisziplin Definitionsvorschläge nach Schwerpunkten gesichtet. Es zeichnet sich ein Raster ab, das jederzeit erweitert werden kann. Der folgende Ausschnitt enthält einige dieser Eckpfeiler:

- Beratung ist eingebunden in einen gesellschaftlichen Bezugsrahmen, der auf Zielsetzung, Strategien- und Mittelauswahl Einfluss nimmt.
  Anmerkung: Dieser Aspekt spricht die jedem Berater bekannte Einschätzung an, dass das Beratungsgeschehen einem historischen Wandel unterworfen ist; die jeweils zeitgemäßen Vorstellungen prägen seine Gestaltung.

- Oberstes Ziel der Beratung ist es, die Hilfe zur Selbsthilfe in Gang zu setzen bzw. das beraterische Geschehen so zu gestalten, dass Handlungsempfehlungen abzuleiten sind.
  Anmerkung: Dieser Aspekt, der ausdrücklich hervorgehoben werden muss, weil er die gegenwärtige Beratungsausrichtung vorgibt, grenzt sich von Auffassungen ab, die entsprechend dem historischen Wandel „Geschichte" geworden sind (also Rat-Erteilung).

- Die Eigenverantwortlichkeit des Klienten ist im Beratungsprozess herauszubilden und zu stärken.
  Anmerkung: Dieser Aspekt unterstreicht in Verbindung mit den beiden oben genannten, dass sich konsensfähige Schwerpunkte in deduktiver Weise geradezu aufzwingen.

- Veränderungsprozesse erfolgen auf der kognitiven, emotionalen und aktionalen Ebene. Hier ist vom Berater unterstützend einzugreifen.
  Anmerkung: Jeder Berater wird einräumen, dass die drei Ebenen in enger Wechselwirkung stehen und sich das Ergebnis der Beratung letztlich erst in der Handlungsbefähigung niederschlägt.

- Beratung ist in der Funktion als Aussprache-, Orientierungs- und Entscheidungshilfe zu sehen.
  Anmerkung: Diese Hilfestellungen decken die zentralen Detailaufgaben einer Beratung ab.

- Beratung steht im Spannungsverhältnis zwischen der zugestandenen Lenkungsfunktion des Beraters und der Berücksichtigung und Förderung der Selbstaktualisierung des Klienten.
  Anmerkung: Dieser Aspekt greift interne Gestaltungsmomente einer Beratung auf. Er hat in der wissenschaftlichen Auseinandersetzung zahlreiche Diskussionen angeregt, die sich mit der Frage beschäftigten, ob es legitim ist, in einer Beratung von einer „Lenkungsfunktion" zu sprechen. Als Ergebnis dieser Diskussion hat sich die Auffassung durchgesetzt, dass auch die Vorstellung einer alles gewährenden Beziehung nicht ohne Lenkungsmomente auskommt. Da Lenkung in aktiver bzw. subtiler Form in Alltagssituationen ein wesentliches Element der Beziehungsgestal-

tung ist, findet sie sich notwendigerweise auch in der Beratung, z.B. in Form von Strukturierungen, Gewichtungen, Klärungen. Lüttge (1981) resümiert diesbezüglich unmissverständlich, dass es letztlich zu akzeptieren ist, „dass auch Lenkungselemente auftreten, wenn Beratung stattfindet" (S.10).

- Im Beratungsprozess fungiert der Berater als Vermittler zwischen den subjektiven Theorien der Ratsuchenden und den in objektiven Theorien erfassten Erkenntnissen der Wissenschaft.

Anmerkung: Der der Beratungsarbeit zugrunde liegende Austausch zwischen subjektiven/objektiven Theorien ist Ausdruck ihrer Professionalität. So werden z.B. Erklärungselemente, Problemlösungen, Interventionsmöglichkeiten aus dem Alltagsverständnis, also dem subjektiven Bereich, auf der Basis von wissenschaftlich fundierten Theorien reflektiert.

Solche und ähnliche Analysen regen die fachliche Diskussion an und unterstützen die wissenschaftliche Verständigung.

2.2 Spezifische Beschreibungsmöglichkeiten

Die zahlreichen Versuche, Beratung zu beschreiben, sind mittlerweile Anliegen einer beachtlichen Anzahl von wissenschaftlichen Disziplinen. Sie erhöhen sich, wenn noch die Differenzierungen aufgenommen werden, die – wie z.B. bei der Psychologie – auf verschiedene intradisziplinäre Betrachtungsweisen zurückgeführt werden können (z.B. gesprächspsychotherapeutische, verhaltenstheoretische, psychoanalytische, systemische Beratung).

Tragen spezifische Bezugssysteme zur Klärung der begrifflichen Situation bei?

Aus der Fülle an Vorschlägen soziologischer, pädagogischer, psychologischer und theologischer Herkunft werden im Folgenden einige Beispiele ausgewählt. Sie zeigen, dass neben der fachwissenschaftlichen Prägung die ganz spezielle Auffassung des angeführten Autors wiedergegeben wird. Auf diese Weise werden die jeweiligen Positionen deutlich erfasst. Abbildung 2 enthält komprimierte Aussagen aus unterschiedlichen Betrachtungsweisen, die im nachfolgenden im Mittelpunkt stehen.

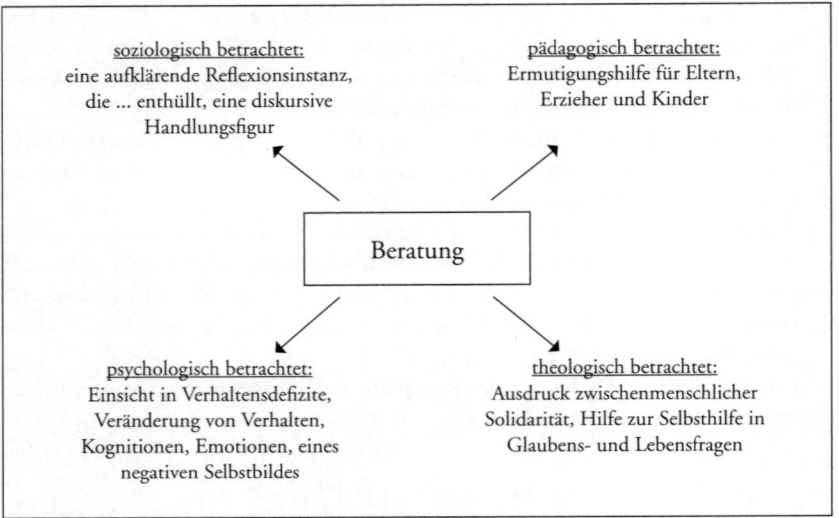

Abb. 2: Auswahl an fach- (und Autor-)gebundenen Aussagen

Die Beispiele stehen für den offenen Gestaltungsraum im beraterischen Handeln, nicht aber für eine interdisziplinäre Verknüpfung.

Welcher Orientierung folgt die soziologische Beratung (ein Beispiel)?
Dewe (2004) betrachtet diese Form als „eine auf strukturell verursachte Konflikt-lagen sowie auf die autonome Lebenspraxis zugleich orientierte diskursive Hand-lungsfigur" (S.138). Beratung versteht sich demnach als „eine aufklärende Reflexi-onsinstanz, die nicht intendierte Folgen sozialen Handelns enthüllt" (a.a.O.).
Zum soziologischen Bezug: Unabhängig von den jeweils gewählten Formu-lierungen werden soziale Gebilde und kollektives Verhalten in den Fokus eines Beratungsgeschehens gestellt. Die Bandbreite beraterischen Handelns reicht von Kommunikationsvorgängen und Rollenverhalten (Analyse auf Mikroebene) über Gruppenstrukturen und soziale Kategorien im Umgang (Mesoebene) bis zu der Einbeziehung von Kulturkreisen und Subkulturen (Makroebene). Auf den Ein-zelfall bezogen, findet sich im soziologischen Beratungsfeld z.B. folgender Bera-tungsanlass:

Wohnen in beengten Verhältnissen: Frau M. fühlt sich durch häufig alkoholi-sierte Nachbarn, die gemeinsame Trinkgelage organisieren, in ihrer Lebenswelt beeinträchtigt. Die Hellhörigkeit der Wohnungen und deren Wabenbauweise er-lauben keine Abgrenzung. Deshalb sieht sich Frau M. genötigt, am Leben der anderen „teilzunehmen".

Frau M. möchte wissen, welche Möglichkeiten es gibt, um auf ihre Nachbarn einzuwirken.

Welcher Orientierung folgt die pädagogische Beratung (ein Beispiel)?

Beratung ist aus individualpsychologischer Sicht ein Teilbereich der Pädagogik, nicht der Psychologie, wenn sie sich folgender Themen – nach Tymister (1990) – annimmt:

- Information von Eltern, Erziehern und Lehrern über ermutigende Erziehungsmethoden (nach den Erfahrungen der Tiefenpsychologie).
- „Diese Informationen werden beraterisch ausgestaltet, d.h. abgestimmt auf den Beratungsfall variiert. Dies ist möglich, indem die Kinder/Jugendlichen an den Informationsveranstaltungen für ihre Eltern, Erzieher, Lehrer teilnehmen und der Berater im Gespräch mit den zu Informierenden diese anregt, ihre bisherigen Interaktionsformen daraufhin zu überprüfen, welche sich bisher ermutigend ausgewirkt haben, welche zu verändern sind, damit Ermutigung gegenseitig stattfinden kann, und welche Methoden neu zu erlernen sind" (S.10).
- Die in diese Beratungsgespräche einbezogenen Kinder und Jugendlichen erfahren modellhaft, dass auch die anwesenden Erwachsenen lernen müssen.
- Beratende Gespräche können in Schule und Erwachsenenbildung mit der Klasse bzw. der Lerngruppe geführt werden.
- „Für professionelle Erzieher und Lehrer, die sich in ihrem Grundberuf selbst beraterisch betätigen wollen, werden ‚Lebensstilanalysen' anhand vorgetragener Kontrollfälle aus der Berufsarbeit (Supervision, ‚Balintgruppen für Lehrer') oder/und erinnerter Ereignisse aus ihrem persönlichen Leben (Kindheitserinnerungen, Schulerinnerungen, Träume) erarbeitet" (S.11).

Diese für die pädagogische Beratung als typisch ausgewiesenen Arbeitsfelder erhalten ihre spezifische Prägung durch die der Beratungskonzeption zugrunde liegenden individualpsychologischen Prinzipien (Adler, Dreikurs).

Tymister weist ausdrücklich darauf hin, dass Kinder, Jugendliche und Erwachsene, die im Zusammenhang mit Unterricht und Erziehung eine Beratung in Anspruch nehmen, nicht als therapiebedürftig gelten. Allerdings schließt diese Auffassung nicht aus, dass in jeder Beratung auch psychotherapeutische Anteile enthalten sein können und in jeder Psychotherapie beraterische Elemente.

Zum pädagogischen Bezug: Beratung hat nach Auffassung vieler Autoren eigene Arbeitsfelder, die dem Bezugsrahmen „Erziehung und Unterricht" entnommen werden. „Unterrichten" erstreckt sich dabei aber auch auf Fragen der Erwachsenenbildung und im weiten Sinne auf die Arbeit mit älteren Menschen. Die von Tymister vorgestellte Sichtweise von pädagogischer Beratung beruht auf der individualpsychologischen Konzeption, die von speziellen Annahmen, Interpretationen und Interventionen geprägt ist. Sie wurde für die vorliegenden Ausführungen willkürlich aus dem „Verbund der pädagogischen Konzeptionen zur Beratung" ausgewählt. Auf den Einzelfall bezogen, findet sich im pädagogischen Beratungsfeld z. B. folgender Beratungsanlass:

Geschwisterrivalitäten: Frau F. ist Klassenlehrerin von Zwillingen (Mädchen). Sie berichtet den Eltern der Kinder, dass sie seit ca. einem halben Jahr deutliche Leistungsunterschiede zwischen ihnen bemerke. Anna ziehe sich immer mehr von ihrer Schwester zurück, arbeite nicht mit, wenn diese sich melde, störe absichtlich den Unterricht, verschmiere ihre Hefte etc. In der Pause habe Frau F. wiederholt beobachtet, dass Anna mit ihrer Schwester sehr gehässig umgehe; sie habe den Eindruck, dass plötzlich Neid im Verhältnis der beiden Schwestern aufgekommen sei.

Frau F. möchte wissen, ob die Eltern ihre Beobachtungen bestätigen können und wie sie sich verhalten soll.

Welcher Orientierung folgt die psychologische Beratung?
Im psychologischen Bereich findet sich eine Vielzahl von Beratungsrichtungen. Allein die Betrachtung des psychotherapeutischen Sektors – beispielsweise – erschließt eine Palette an Beratungsansätzen (hier ausschnittweise erfasst): Während ein verhaltenstheoretisch ausgebildeter Berater Verhaltensdefizite in den Blick nimmt, wendet sich ein der kognitiven Verhaltenstherapie verbundener Berater den irrationalen Kognitionen zu, die analysiert und verändert werden. Einem gesprächstherapeutisch orientierten Berater fällt z.B. ein negatives Selbstbild bzw. Selbstkonzept auf. Im Mittelpunkt von Familienberatungen stehen die „Behebung oder Reduzierung psychischer, psychosomatischer oder psychosozialer Symptome, Störungen oder Dysfunktionen durch Bereitstellung von Wissen und durch Erweiterung der Handlungskompetenzen mit dem Ziel der Nutzbarmachung vorhandener Ressourcen und Entwicklungs- sowie Bewältigungspotentiale in unterschiedlichen Lebensbereichen und Lebensphasen" (Balloff, 1996, S.35 f.).

Werden dagegen die Hauptgebiete der Disziplin Psychologie in den Blick genommen, stößt man auf Beratungsfelder, die zu jeweils spezifischen Vorstellungen über Beratungsinhalte und methodisches Vorgehen geführt haben. Als Beispiele werden genannt: die arbeits- und organisationspsychologische Beratung, die entwicklungspsychologische Beratung, Beratungen mit Inhalten aus Werbe-, Tier-, Kultur- und Pharmakopsychologie. Dem Beratungsgeschehen liegen dabei häufig die in der Praxis bewährten strukturellen Abläufe bzw. Varianten von Informationserlangung bzw. -verarbeitung oder von Problemlöseprozessen zugrunde.

Zum psychologischen Bezug: Die Vielfalt der publizierten Beratungsansätze und der damit verbundenen Beschreibungen, was psychologische Beratung ist (sein soll), legt nahe, dass in der theoretischen Fachdiskussion unterschiedliche Modelle integrativ verbunden werden. Strukturelle und inhaltliche Komponenten des Beratungsgeschehens werden variationsreich kombiniert. Die theoretischen Überlegungen tragen damit lediglich dem in der Praxis bewährten Prinzip Rechnung, dem jeweils vorliegenden individuellen Beratungsanlass mit einem ebenso individuell „zugeschnittenen" Vorgehen zu entsprechen. Angesichts der Fülle an unterschiedlichen Beratungsanlässen wird an dieser Stelle auf ein Beispiel verzichtet (siehe dazu Modul 5.2).

Welcher Orientierung folgt die theologische Beratung (ein Beispiel)?

Schmid (2004) hebt hervor, dass Beratung „als Ausdruck zwischenmenschlicher Solidarität … zum Urbestand von Seelsorge (Pastoral) gehört" (S.155). Pastorale Beratung lässt sich danach „als Hilfe zur Selbsthilfe in Glaubens- und Lebensfragen beschreiben" (S.157). Dezidiert trifft für die professionelle pastorale Beratung zu: Es ist eine „auf der Basis des christlichen Menschen- und Gottesbildes stattfindende, personale Begegnung, die Menschen bei ihren Lebensfragen (die die Glaubensfragen einschließen) begleitet und sie in Emanzipation fördernder Weise unterstützt. Das bedeutet, dass das Ziel dieser wissenschaftlich fundierten, methodisch praktizierten und an Qualifikations- und Qualitätsstandards orientierten Tätigkeit die eigenverantwortliche Gestaltung des Lebens und die möglichst selbständige Lösung von Problemen ist. Die Beraterin bzw. der Berater verstehen sich dabei als Facilitator im Sinne einer Förderin bzw. eines Förderers, zu deren Aufgaben in subsidiärer Weise auch die Hilfestellung bei fachlichen Informationen und in konkreten Situationen und, falls möglich, die Veränderung problemverursachender Verhältnisse zählen" (S.161).

Zum theologischen Bezug: Pastorale Beratung in ihrer langen Tradition kann einen bedeutsamen entwicklungsgeschichtlichen Wandel aufweisen, der in der Folge mit der engen Verzahnung von psychotherapeutischen Beratungsansätzen bzw. der Entwicklung von eigenständigen Ansätzen zu sehen ist. Auf den Einzelfall bezogen, findet sich im theologischen Beratungsbereich z.B. folgender Beratungsanlass:

Christliche Werte: Die 15jährige Julia, katholisch erzogen, diskutiert mit ihren Freunden häufig über den Sinn des Lebens. Mit ihrer Auffassung stößt sie besonders bei ihrem Freund auf Ablehnung. Er setzt ihr Argumente über Recht und Unrecht entgegen und lässt sie mit der Frage, warum Gott Leid auf der Welt zulässt, immer wieder ins Nachdenken kommen. Ab und zu wankt sie schon in der Festigkeit ihres Glaubens.
Sie möchte wissen, wie ein Seelsorger mit solchen Situationen umgeht.

3. Arbeitsteil

Zusammenfassung:

Jeder Definitionsvorschlag ist im Zusammenhang mit der wissenschaftlichen Ausrichtung/der Praxiserfahrung des Beschreibenden zu sehen.

Die Vielzahl der zu erfassenden Beratungsanlässe, Beratungsbeziehungen, Gestaltungsmöglichkeiten etc. – also die vorhandene Komplexität des Beratungsprozesses – ist so groß, dass eine Variabilität in den Beschreibungsmöglichkeiten legitim und sogar notwendig ist.

Die inhaltlichen Nuancierungen, die in die Beschreibungsmöglichkeiten von Beratung aufgenommen werden, setzen die notwendigen Akzentuierungen, um die Besonderheit eines bestimmten Beratungsvorganges (disziplinärer bzw. intradisziplinärer Form) hervorzuheben. Sie leisten aber keinen Beitrag zu einer interdisziplinären Verständigung.

Ein Konsens, der der Verständigung zwischen Wissenschaftlern dient, ist nicht über *eine* Definition zu erzielen, unabhängig davon, mit wie vielen und mit welchen Bestimmungsstücken sie ausgestattet wird.

Eine Übereinstimmung ist letztlich nur über gemeinsame grundlegende Bestimmungsstücke zu erreichen, die als Orientierungsrahmen aufgelistet werden. Das zeigen die bisherigen Bestrebungen, den Gegenstand Beratung angemessen zu beschreiben. Diese Versuche laden aufgrund der zu berücksichtigenden Komplexität des Beratungsprozesses immer wieder zur „Lückensuche" in vorgelegten komprimierten Fassungen ein.

Ein konsensfähiges Raster der inhaltlichen Implikationen zu Beratung trägt die Handschrift einer psychologischen – psychotherapeutischen Herkunft (siehe Modul 3). In den angestrebten Prozess „Hilfe zur Selbsthilfe" fließen grundlegende Erkenntnisse, z.B. zur Beziehungs- und Interaktionsgestaltung, zum Aufbau von Veränderungskompetenzen und Motivationskomponenten, ein.

Zum Verständnis

(a) Formulieren Sie Aufgaben einer Beratungspsychologie!

(b) Nennen Sie Schwerpunkte, die in einer Vielzahl von Beratungsdefinitionen angesprochen werden!

(c) In welcher Weise leisten die Fachdisziplinen einen Beitrag zur Beantwortung der Frage: Was versteht man unter „Beratung"? Begründen Sie dies am Beispiel der Philosophie (Theologie, Pädagogik, Psychologie)!

4. Literatur

Empfohlene Literatur:

Engel, F., Nestmann, F. & Sickendiek, U. (2004). „Beratung" – Ein Selbstverständnis in Bewegung. In F. Nestmann, F. Engel & U. Sickendiek (Hrsg.), Das Handbuch der Beratung (S.33–44). Band 1: Disziplinen und Zugänge. Tübingen: DGVT.

Verwendete Literatur

Balloff, R. (1996). Beratung, Therapie und Mediation bei Konflikten in familialen Übergängen. In H. Schilling (Hrsg.), Wege aus dem Konflikt (S.30–58). Mainz: Matthias-Grünewald.

Beyer, H. & Beyer, A. (1989). Sprichwörterlexikon. Leipzig: Bibliographisches Institut.

Dewe, B. (2004). Soziologie und Beratung. In F. Nestmann, F. Engel & U. Sickendiek (Hrsg.), Das Handbuch der Beratung (S.125–139). Band 2: Ansätze, Methoden und Felder. Tübingen: DGVT.

Dietrich, G. (1983). Allgemeine Beratungspsychologie. Göttingen: Hogrefe.

Dudenredaktion (Hrsg.) (2001). Duden – Herkunftswörterbuch. Etymologie der deutschen Sprache. Mannheim: Dudenverlag.

Lüttge, D. (1981). Beraten und Helfen. Beratung als Aufgabe des Lehrers. Bad Heilbrunn: Klinkhardt.

Nestmann, F. (2004). Beratungspsychologie/Counselling Psychology. In F. Nestmann, F. Engel & U. Sickendiek (Hrsg.), Das Handbuch der Beratung (S.61–72). Band 2: Ansätze, Methoden und Felder. Tübingen: DGVT.

Nestmann, F., Engel, F. & Sickendiek, U. (2004). Statt einer „Einführung": Offene Fragen „guter Beratung". In F. Nestmann, F. Engel & U. Sickendiek (Hrsg.), Das Handbuch der Beratung (S.599–608). Band 2: Ansätze, Methoden und Felder. Tübingen: DGVT.

Nußbeck, S. (2006). Einführung in die Beratungspsychologie. München: Reinhardt.

Rausch, A. (1989). Gesprächsführung in der genetischen Beratung. München: Profil.

Sanders, R. (2004). Die Beziehung zwischen Ratsuchenden und Berater. In F. Nestmann, F. Engel & U. Sickendiek (Hrsg.), Das Handbuch der Beratung (S.797–807). Band 2: Ansätze, Methoden und Felder. Tübingen: DGVT.

Scheller, R. & Heil, F. E. (1977). Beratung. In T. Herrmann, P. R. Hofstätter, H. P. Huber & F. E. Weinert (Hrsg.), Handbuch psychologischer Grundbegriffe (S.74–85). München: Kösel.

Schmid, P. F. (2004). Beratung als Begegnung von Person zu Person – Zum Verhältnis von Theologie und Beratung. In F. Nestmann, F. Engel & U. Sickendiek (Hrsg.), Das Handbuch der Beratung (S. 155–170). Band 2: Ansätze, Methoden und Felder. Tübingen: DGVT.

Tymister, H. J. (1990). Individualpsychologisch-pädagogische Beratung. In H. J. Tymister (Hrsg.), Individualpsychologisch-pädagogische Beratung (S.9–26). München: Reinhardt.

Wahrig, G. (2000). Deutsches Wörterbuch. (Leitung der Neuausgabe: R. Wahrig-Burfeind). Gütersloh/München: Bertelsmann Lexikon.

Watzlawick, P. & Beavin, J. (1980). Einige formale Aspekte der Kommunikation. In P. Watzlawick & J. H. Weakland (Hrsg.), Interaktion (S.95–110). Bern: Huber.

Modul 2:
Beratungsrelevantes
Grundlagenwissen
Adly Rausch

1. Zur Notwendigkeit des Erwerbs

Warum ist ein umfangreiches wissenschaftliches Basiswissen für Berater von Bedeutung?
Es ist unbestritten, dass grundlegende wissenschaftliche Erkenntnisse für jede Beratungstätigkeit notwendig und förderlich sind. Diese sind in unterschiedlichen Wissenschaften zu finden. Allerdings wird eine Darlegung dieses Wissensbestandes erschwert, weil es sich bei beratungsrelevanten Sachverhalten um Forschungsschwerpunkte handelt, die interdisziplinäres „Gut" sind; eine disziplinäre Trennung ist deshalb immer willkürlich. Das folgende Beispiel verdeutlicht diesen Aspekt:
Beratung ist ein Kommunikationsvorgang. Sowohl die Humanethologie als auch z.B. die Allgemeine Psychologie, die Sozialpsychologie und die Kommunikationswissenschaft liefern hierzu Forschungsbeiträge. Obwohl mit ihnen jeweils eine spezifische Sichtweise verbunden ist, steckt in jedem Beitrag mehr „Interdisziplinarität" als vermutet. Besonders anschaulich kann dies anhand des Forschungsbereiches „Selbstdarstellung" vermittelt werden: In der Beratung treffen ein Berater bzw. ein Beraterteam und ein bzw. mehrere Ratsuchende zusammen, die sich jeweils selbst darstellen und den anderen zur Fremdeinschätzung anregen. Das Konstrukt „Selbstdarstellung" erfasst somit alle Komponenten des Sich-selbst-Präsentierens als kommunikativen Bestandteil. Obwohl es vor allem im Rahmen der Psychologie angesiedelt zu sein scheint, sind jedoch – das zeigen die nachfolgenden Ausführungen – vielfältige Verflechtungen in der Forschungsarbeit erkennbar.

2. Beiträge aus der Verhaltensbiologie

2.1 Ausgewählte Forschungsschwerpunkte

Auf welche Aspekte richtet sich die verhaltensbiologische Sichtweise?
Die Biologie des menschlichen Verhaltens führte die biologische Perspektive und Fragestellung in die Wissenschaften vom Menschen ein und trägt dadurch zu einem umfassenden Verständnis menschlichen Handelns bei. Aus den unterschiedlichen Facetten menschlichen Verhaltens wird im Folgenden der Bereich der Kommunikation ausgewählt; mit Hilfe einiger grundsätzlicher Aussagen wird er punktuell vorgestellt.

Eibl-Eibesfeldt (1997) richtet die Aufmerksamkeit auf die verschiedenen Ebenen der Kommunikation (mittels olfaktorischer, taktiler, akustischer und visueller Signale) und die Interaktionsstrategien als Ausdruck der universalen Grammatik menschlichen Sozialverhaltens. Das reichhaltige Reservoir an Forschungsergebnissen bietet hierzu Informationen, die, indem sie allgemeine Grundlagen der Kommunikation erhellen, auch zum Wissensbestand von Beratern gehören sollten. Im Einzelnen betrifft dies Bereiche, wie im Folgenden von (a) bis (j) erwähnt:

An dieser Stelle wird auf die eingeschränkte Aussagekraft von Studien hingewiesen: Ein Überblick über Forschungsergebnisse verdeutlicht, dass diese bestätigt, abgeschwächt oder widerlegt werden. Ungeachtet dieser Möglichkeiten, lässt sich jedoch häufig ein Trend in der Aussagekraft erkennen.

(a) Die stammesgeschichtliche Anpassung stattet den Menschen mit einem bestimmten Repertoire an Signalen aus. Diese werden aufgrund der angeborenen Auslösemechanismen verstanden, bevor sie individuellen Erfahrungswerten unterworfen werden. Mit ihrer Hilfe ist es möglich, auch ohne Verständnis der Sprache interkulturelle Schranken in bestimmten Verhaltenssequenzen zu überwinden. Auf soziale Signale kann vom Gegenüber gewissermaßen reflexhaft geantwortet werden (z.B. Lächeln als Auslöser), bevor instrumentelles Handeln (mit maskierten Gefühlsregungen) eingesetzt wird.

(b) Im Kommunikationsprozess werden Informationen ver- und entschlüsselt. Die primären Kommunikationskanäle – der sprachliche und der nichtsprachliche – senden und empfangen gleichzeitig. In diesem Umfeld, das zeigen Forschungsergebnisse, gibt es eine Vielzahl von Zusammenhängen und ausgewiesenen Tendenzen: So scheint ein genereller Kommunikationsfaktor zu existieren, über den Menschen in unterschiedlichem Ausmaß verfügen. Wer gut mimische Signale entschlüsseln kann, erreicht dies auch bei stimmlichen Informationen. Zwischen den beiden Informationsquellen besteht diesbezüglich ein starker Zusammenhang (vgl. Zuckermann, Hall, DeFrank & Rosenthal, 1976). In der Forschungsliteratur ist bekannt, dass Frauen für nicht-sprachliche Signale die besseren Sender und Empfänger sind (vgl. Argyle, Salters, Nicholson, Williams & Burgess, 1970). Da der Mensch als „Augentier" (Grammer, 1994) bezeichnet wird, dominiert der visuelle Kanal.

(c) Zur visuellen Kommunikation: Eine große Rolle im Kontakt mit anderen Menschen spielen Mimik, Gestik, Kleidung, Körperhaltung und Aussehen. Sie übermitteln bestimmte Informationen über Stimmungslage, Gruppenzugehörigkeit und Rangstellung. Emotionale Befindlichkeiten können mit Hilfe eines angeborenen mimischen Signalsystems signalisiert werden. Diese Ausdrucksbewegungen sind – soweit bekannt – in allen Kulturen gleich; sie gelten als Universalien (solche kulturübergreifenden Ähnlichkeiten gehen bis ins Detail, zum Beispiel der „Augengruß" (schnelles Brauenheben), Regulierung der Pupillenweite: positives Interesse erweitert, Ablehnung verengt Pupille kurzfristig).

Welche Rolle spielt der Augenkontakt?

Dem Augenkontakt kommt als wesentliches nicht-sprachliches Ausdrucksmittel eine besondere Bedeutung zu. Aus der Forschungsarbeit von Doermer-Tramitz (1990), die sich differenziert mit dem Erfassen des „ersten Eindrucks" beschäftigt, gehen grundlegende Aussagen zum Blickverhalten hervor. Doermer-Tramitz fasst die vorliegenden verhaltensbiologischen Erkenntnisse zusammen und stellt eigene Forschungsergebnisse vor, auf die im Nachfolgenden kurz Bezug genommen wird:

- Mit dem Blickverhalten werden wesentliche Signale gesetzt: z.B. Drohverhalten, als Ausdruck der Machtstruktur eines Gesprächs (die Blickdauer während des Zuhörens und Sprechens gilt als Indiz für die Dominanz, so ist z.B. die hierarchische Stellung höher, wenn der Sprecher den Zuhörer während des Gesprächs weniger ansieht; auch das Blicke-Standhalten ist eine Dominanzfrage: Unterlegene brechen den Blickkontakt eher ab).
- Soziale Bindungen werden hergestellt, Kommunikationsbereitschaft wird signalisiert (durch Suche des Blickkontaktes, ein Indiz hierfür ist: bei depressiven und autistischen Personen gilt der Aufbau eines längeren Blickkontaktes als therapeutischer Fortschritt).
- Das Blickverhalten setzt Kontrollsignale („Das-im-Auge-Behalten" erfolgt zu Gesprächsbeginn häufiger als am Ende, um zu überprüfen, ob der andere aufmerksam ist und versteht).

Der häufigere Augenkontakt am Gesprächsanfang rückt das folgende Untersuchungsergebnis in den Mittelpunkt: Während eines Gesprächs von vier Minuten Dauer nimmt in der Regel nach ca. zwei Minuten der Blickkontakt deutlich ab. Das bedeutet, dass man in kurzer Zeit zu dem ersten Eindruck gelangt. Dieser ist derart mit Informationen angereichert, dass der weitere Aufnahmeprozess dann verlangsamt werden kann.

Aus einer Vielzahl von Studien zum Blickverhalten lassen sich weitere Aussagen entnehmen:

- Ein häufiger Blickkontakt ist ein Anzeichen für bestehende Sympathie.
- Männer schätzen Interviewerinnen, die den Blickkontakt reduzieren, als weniger attraktiv ein.
- Zum Zeitpunkt des Blickkontaktes: Die Versuchsvariante „Blickaufnahme in einem Gespräch von vier Minuten Dauer mit zwei Phasen", einer ersten mit charakteristischem Wegsehen und einer zweiten mit Ansehen, wurde vom Gesprächspartner als ein aufkommendes Interesse interpretiert.
- Zum Gesprächsinhalt: Intensiver Blickkontakt bei positiven Inhalten ruft Sympathie hervor, bei negativen Inhalten Ablehnung.
- Zur Bedeutung der Blickverweigerung beim Abwenden des Blickes; mögliche Ursachen können sein: ein Beschwichtigungssignal (aus der Primatenforschung), Ausdruck einer Angst- oder Stresssituation, bei Täuschung und Lüge, fehlende Kommunikationsbereitschaft, Enttäuschung, Scham- und Schuldgefühle (Doermer-Tramitz, 1990, S. 69, weist in diesem Zusammenhang auf das berühmte Milgram-Experiment aus den 1970er Jahren über die Autoritätshörigkeit des Menschen hin. Versuchspersonen verabreichten Teilnehmern, die bei einem Test versagten, auf Anordnung des Versuchsleiters Stromschläge (keine tatsächlichen, sondern es bestand der Glaube, dass es Stromschläge seien). Die Versuchspersonen sahen ihre Opfer nicht, hörten aber deren Schmerzensschreie. Dabei fiel hinsichtlich des Kontaktverhaltens auf, dass die Versuchspersonen bei Auslösen des Schlages den Kopf zur Seite drehten, obwohl ihre Opfer nicht zu sehen waren).

Doermer-Tramitz (1990) geht von der Annahme aus, „dass bereits während der ersten 30 Sekunden einer Begegnung (und/oder früher) ein erster Eindruck entsteht, welcher wiederum den Grad der Selbsteinschätzung, der Attraktivitätsbeurteilung, der Risikowahrnehmung und des Interesses beeinflusst, und dass sich diese Emotionen sowohl im verbalen als auch im nonverbalen Verhalten beobachtbar ausdrücken" (S.74). In einer eigenen Untersuchung findet Doermer-Tramitz diese Annahme bestätigt. So lassen sich in der sehr kurzen Zeitspanne bei den Beteiligten eindeutige Verhaltensweisen erkennen, die etwas über den weiteren Begegnungscharakter aussagen. Die auf das Blick- und Sprachverhalten konzentrierte Analyse ergibt, dass „sich binnen kürzester Zeit bestimmte Verhaltensweisen beobachten (lassen), die in enger Beziehung zum momentanen Gefühlszustand stehen" (S.171). Obwohl diese Aussagen auf dem Hintergrund eines Flirtexperimentes getroffen wurden, werden grundsätzliche Elemente jeglicher Kommunikationsgestaltung (Kontaktaufnahme über Blickkontakt) transparent.

(d) Forschungsergebnisse über den Geruchssinn liefern einen Beitrag für die umgangssprachliche Redewendung „man kann jemanden riechen/nicht riechen". So wird angenommen (es liegen allerdings widersprüchliche Befunde vor), dass Androstenol auf Männer abweisend wirkt, Frauen jedoch freundlich stimmt (Androstenol findet sich bei Männern im Urin, Fettgewebe und Achselschweiß). Hier handelt es sich um einen Aspekt, der gerade in der Phase der ersten Begegnung eine Rolle zu spielen scheint.

(e) Zur taktilen Kommunikation: Entsprechende Signale (wie Streicheln, Berühren) können beruhigend wirken. Im Allgemeinen deutet der Ranghöhere mit ihnen gegenüber dem Rangniederen Unterstützung und Schutz an. Durch Berührung mit der Hand kann in bestimmten Situationen die Kontaktaufnahme mit einem fremden Ansprechpartner gefördert werden.

(f) Da die meisten Ausdrucksbewegungen willentlich gesteuert werden, können mit ihrer Hilfe bestimmte Befindlichkeiten vorgetäuscht werden. Ihre Signalwirkung wird unterstrichen, indem sie einem Ritualisierungsprozess unterliegen, z.B. übertrieben werden (Kleidung, Schminke). In ähnlicher Weise erfolgt dies auch mit Körperhaltungen und -bewegungen. „Aufrecht"halten gegenüber hängenden Schultern signalisiert Macht und Ansehen gegenüber Demut und Unterwürfigkeit. Auch hier handelt es sich – soweit bekannt – um Universalien. Zusätzlich lassen sich typisch weibliche und typisch männliche Körperhaltungen und -bewegungen beobachten und beschreiben.

(g) Um Ziele zu erreichen, werden Strategien verschiedener Ordnung eingesetzt. So dient z.B. das Imponiergehabe (Selbstdarstellung) dazu, die eigene Rangstellung zu verbessern, ein aggressives Verhalten von vornherein zu unterbinden oder präventiv – z.B. im Rahmen eines Grußrituals – möglichen Dominanzbestrebungen eines Grußpartners zuvorzukommen. Eine Grundregel affiliativer Strategien „ergibt sich unmittelbar aus der Angst des Menschen vor dem repressiven Dominanzstreben des Partners. Sie schreibt vor, dass man sich so verhält, dass man weder das Ansehen des Partners noch sein eigenes Gesicht gefährdet. Die Mischung von Selbstdarstellung und Beschwichtigung, das verblümte Vortragen von Wünschen, die Selbstherabsetzung als freundlicher Art der Submission ... und andere Eigentümlichkeiten freundlicher Interaktionen sind die unmittelbare Folge" (Eibl-Eibesfeldt, 1997, S.713). Die Angst vor Ansehensverlust lässt vorsichtige Vorgehensweisen ins Spiel kommen.

(h) Die Menschen kommunizieren mit ihrem Verhalten und ihrem Aussehen, wer sie sind, was sie sind, was sie im Sinn haben und wer sie sein wollen (vgl. Grammer, 1994). Die Aufmerksamkeit der anderen führt dazu, dass sie in die Selbstdarstellung zielgerichtet eingebunden wird.

(i) Da geschlechtstypisches Aussehen und Verhalten als attraktiv bewertet werden, wirkt die Identifikation mit dem eigenen Geschlecht durch die Selbstdarstellung auf andere. So zeigen z.B. bereits Jungen und sehr junge Männer in Gegenwart von Frauen eine ausgeprägte Selbstdarstellung (Mädchen, die mit Jungen an einem gemeinsamen Spiel teilnehmen, verlieren das Interesse am Wettbewerb und verhalten sich eher passiv, während Jungen, die ursprünglich zu den schlechteren Spielern zählen, sich plötzlich stärker am Spiel beteiligen) (Grammer, 1994, er beruft sich auf Weisfeld et al., 1982).

(j) Grammer (1994) fasst die Sender-Empfänger-Situation folgendermaßen zusammen: „Da der Verhaltensstrom eine Quelle unendlich fließender, wild durcheinander laufender Informationen sein kann, muß der Empfänger zuerst einmal versuchen, Änderungen in den Signalen herauszufinden, die bedeutungsvolle Informationen tragen könnten – Informationen also, die letztlich der Empfänger benutzen kann, um die Gefühle des Senders, seine Absichten und Ziele zu entschlüsseln. Man glaubt, dass spezialisierte neuronale Mechanismen, sogenannte Suchbilder für soziale Signale (Konishi, 1965; Marler, 1983), in der Evolution entstanden sind, um solche Prozesse des Herausfilterns zu erleichtern" (S. 81). Der „erste Eindruck" von einem Menschen bildet sich auf der Grundlage verschiedener Informationen (Grammer beruft sich auf Forschungsergebnisse und Interpretationen von verschiedenen Autoren): Der erste Eindruck gilt als eine geheime Einstufung. Der andere Mensch wird nach Persönlichkeit, Attraktivität, sozialem Hintergrund, Ähnlichkeit etc. klassifiziert und unterliegt einer Einstufung, indem innere ideale Suchbilder zur Hilfe genommen werden (vgl. Zetterberg, 1966). Diese Suchbilder sind als Muster zu verstehen, die im Sozialisationsprozess unterschiedliche Einflüsse wie elterliche Einwirkungen, Erfahrungen mit anderen Menschen und Wirkung von Massenmedien aufgenommen haben (Idealvorstellungen, Werte und Normen, Vorurteile). Auch die Darstellungsart (Körperhaltung und -bewegung, Kleidung und Sprechweise) wird beurteilt. Ein Beispiel – das „Türritual" – zur Eindrucksbildung soll dies unterstreichen:

Ein Forschungsergebnis zeigt, dass Männer einer Frau doppelt so häufig die Tür öffnen und offen halten als umgekehrt. Eine Frau erhöht die Wahrscheinlichkeit, dass ihr die Tür offen gehalten wird, mit der Art der Kleidung, die von ihr bevorzugt wird. Je typisch weiblicher die Kleidung ist, desto häufiger wird die Tür geöffnet.

Der Empfänger eines bestimmten Selbstdarstellungsverhaltens befindet sich selbst in einer spezifischen emotionalen Befindlichkeit, die den ersten Eindruck beeinflussen kann. Dieser Eindruck wird dem Anderen wiederum vermittelt, er lässt sich nur selten verbergen. Aus diesem kurzen Interagieren resultiert ein „erster Eindruck" des Gegenübers, der auch eine Reaktion auf das ihm entgegengebrachte Interesse ist. Das Resultat einer solchen Erstbegegnung sind Empfindungen wie Sympathie, Abneigung, Respekt, Verlegenheit und Unsicherheit. Bekannte und unbekannte Signale, die gesendet und in einer bestimmten Weise empfangen werden, gehen in eine solche erste Eindrucksbildung ein. So werden der Beschaffenheit von Gesichtern (z.B. breites Kinn und Bart bei Männern gelten als maskulin) und bestimmten Körperbauformen psychische Eigenschaften zugeschrieben (dick – gemütlich, hager – dynamisch). Übernommene Vorurteile können auf diese Weise entscheidend den ersten Eindruck mitbestimmen.

Die in den vorliegenden Ausführungen aufgenommenen Informationen lassen den Schluss nachvollziehen, zu dem Grammer aufgrund der Forschungslage gelangt: „Wenn man annimmt, zwei aufeinandertreffende Fremde hätten keine Informationen voneinander, liegt man völlig falsch. ... Äußeres Erscheinungsbild und seine Betonung (vermitteln) bereits eine solche Menge an Informationen, die in Sekundenschnelle abgetastet und mit den abgespeicherten Prototypen verglichen und ausgewertet werden" (1994, S.24).

2.2 Anregungen für die Beratungspraxis

Welche Bedeutung haben die verhaltensbiologischen Erkenntnisse für die Beratungspraxis?

Erkenntnisse aus der Verhaltensbiologie können beitragen, eine Beraterin bzw. einen Berater für grundlegende Prozesse, die bei einer Gesprächsaufnahme oder der grundsätzlichen Gesprächsgestaltung wirken, zu sensibilisieren. Ist man sich bewusst, dass z.B. der erste Eindruck von dem Gegenüber durch bestimmte Prinzipien beeinflusst wird, ist man auch bereit, innezuhalten und diese zu überprüfen. Routinen zur Gesprächsaufnahme und zur Einschätzung des Gesprächspartners (z.B. Antipathie, Sympathie) können so durchbrochen, überprüft und eventuell korrigiert werden.

Anders als bei Privatpersonen, die sich z.B. bei Sympathieaufbau bzw. -bekundungen von erprobten Wahrnehmungstendenzen bzw. Bewertungen leiten lassen (können), sollen professionelle Berater in der Lage sein, bestimmte Zusammenhänge zu erfassen. An einem Beispiel wird dies verdeutlicht:

Der Begriff „Kindchenschema" ist fast jedermann bekannt (bei Säuglingen wirkt der Gesamteindruck – großer Kopf, große Augen, kurze Extremitäten – als Signal, um Betreuungshandlungen auszulösen). Das Kindchenschema kann eine zugewandte, freundliche Stimmung anstoßen, bei Verärgerung beschwichtigend wirken, Ängste reduzieren und Lethargie aufheben.

Wird dieses Kindchenschema an einem Erwachsenen erkannt und ihm zugeschrieben, ordnet man ihm auch die mit dem Schema verbundenen kindlichen Persönlichkeitsmerkmale zu. Diese lösen dann beim Betrachter die angesprochenen Beschützergefühle aus. Brownlow und Zebrowitz (1990) fanden in ihrer Studie die Annahme bestätigt, dass Beurteilungsstereotypen, die an das Kindchenschema gebunden sind, auf Erwachsene übertragen werden. Erwachsene mit einem kindlichen Habitus werden demnach als schutzbedürftig und glaubwürdig eingeschätzt. Lässt sich ein Berater von dem Kindchenschema leiten, bewirkt dies, dass die professionell vorgegebene neutrale Position verlassen und möglicherweise einseitig Partei ergriffen wird. Eine weitere Folge kann sein, dass der Berater Verantwortung übernimmt, indem er Entscheidungen durch gut gemeinte Ratschläge beeinflusst.

Das Kindchenschema steht beispielgebend für die Signalwirkung und die Folgen von angeborenen Auslösemechanismen, die auch eine Beratungssituation beeinflussen können. Da es sich hierbei aber nicht um eine einseitige Kommunikation handelt, muss ein Perspektivenwechsel beachtet werden: Auch der Ratsuchende unterliegt der Wirkung des Kindchenschemas. Einem sensiblen Berater, der selbst die Signale für das Kindchenschema aussendet, bleibt nicht verborgen, wenn sich die Gesprächssituation asymmetrisch gestaltet: Der Ratsuchende nimmt ihn nicht in seiner Kompetenz wahr, sondern unterstellt ihm kindliche Persönlichkeitszüge. Auch diese Variante ist denkbar und beeinflusst in subtiler oder ausgeprägter Form das Gesprächsverhalten (z.B. alle Facetten der Zustimmung, von der völligen, um einen Gefallen zu tun – „Sie haben ja recht!" – bis zur gönnerhaften Geste – „Ich kann es ja versuchen, Sie meinen es ehrlich und geben sich ernsthaft alle Mühe!").

Wie an diesem Beispiel demonstriert, finden sich stichhaltige Gründe, die Beratungspraxis zu überprüfen, ob verhaltensbiologisch erklärbare Vorlieben unreflektiert Bestandteil des eigenen Handelns sind oder zum reflektierten Wissensbestand des Beraters gehören. Folgende Aspekte können unter dieser Prämisse ins Blickfeld geraten:

Was sollten Beraterinnen bzw. Berater im Einzelnen beachten?

- Im Beratungsprozess gilt es, die sprachlichen und nicht-sprachlichen Signale des Gegenübers bewusst wahrzunehmen, auf ihre Übereinstimmung zu achten und offensichtliche Diskrepanzen zu registrieren.
- Berater sollten bei der Beziehungsaufnahme beachten, dass Frauen für das Senden und Empfangen nicht-sprachlicher Signale besonders sensibel sind.
- Der Berater als Sender bzw. Empfänger von Augensignalen sollte sich der Bedeutung dieses Ausdrucksmittels bewusst sein (für Interesse, Aufmerksamkeit, Ablehnung, Positionsverteilung im Gespräch, für Blickverweigerung aus unterschiedlichen Gründen, die eventuell dem Kontext zu entnehmen sind).
- Folgt man der Annahme, dass sich während der ersten 30 Sekunden einer Begegnung ein beziehungsgestaltender erster Eindruck bildet, dann hilft diese Information einem professionellen Berater, sich bewusst zu werden, inwieweit er sich von dem ersten Eindruck und den mit ihm verbundenen Aspekten

leiten lässt. Hält ein Berater inne und überprüft diesen Eindruck, dann ist das ein erster Schritt, um gegebenenfalls eine erforderliche Korrektur im Hinblick auf die professionelle Beratungsarbeit vornehmen zu können.

- In ähnlicher Weise gehen auch Eindrücke über andere Sinneskanäle in eine Bewertung ein.
- Die Verhaltensbiologie stellt dem Berater und seiner Fähigkeit, die Beratungsarbeit zu organisieren und zu gestalten (Herstellen einer Beratungssituation, Beziehungsaufbau), Informationen über wesentliche Signalmöglichkeiten zur Kontaktaufnahme zur Verfügung. Hierzu zählt auch das geschlechtstypische Verhalten, das den Gesprächsverlauf prägen kann. Anschaulich wird dies in dem in Beratungsstellen häufig geäußerten Wunsch: „Kann mich eine Frau/ein Mann beraten?" Mit dieser Frage verbinden sich Erwartungen, die sich auch aufgrund der von der Verhaltensbiologie erforschten Erkenntnisse einstellen.
- Gerade in einem Beratungsprozess können – dies legt die verhaltensbiologische Forschung nahe – unterschiedliche Akzentuierungen im Selbstdarstellungsverhalten vorgenommen werden. Jeder Gesamteindruck beruht auf einer Vielzahl von Informationen in kürzester Zeit, die mit Hilfe von inneren idealen Suchbildern bewertet werden. Erst eine bewusste Kenntnis dieses Sachverhaltes, die zu reflexiven Selbstbetrachtungen anregt, bildet die Basis, dass eine professionelle Beratungsbeziehung den ersten Eindruck von einem anderen Menschen, einem zu Beratenden, überprüfen kann.

3. Beiträge aus der Psychologie

3.1 Im allgemeinen Kontext: Selbstdarstellung

Zur Einführung: Warum sollten Berater über bestimmte Muster in der menschlichen Begegnung, der Kommunikation, informiert sein?
Jeder von uns kennt diese Situationen: Wir sprechen mit jemandem und merken nach kurzer Zeit, dass unsere Botschaft von dem anderen nicht verstanden wird. Wir tragen ein Anliegen in freundlicher Form vor und stoßen erstaunt auf erbitterte Ablehnung. Wir greifen in ein Streitgespräch ein, um zu schlichten, und werden von dem Kontrahenten nunmehr selbst attackiert. Andere Menschen sind uns sofort sympathisch.
Diese Reihe von Beispielen ließe sich beliebig fortsetzen. Sie verfolgt ein Ziel, das durch folgende Szenarien zusätzlich erhellt wird:

Aus einer ärztlichen Sprechstunde:
Ein Arzt teilt einem Patienten einige Befunde einer Untersuchung mit. Da der Arzt am Vorabend zu einer Feier eingeladen war und dementsprechend unausgeschlafen ist, kann er ein Gähnen nicht unterdrücken. Dabei fließt ihm eine Träne aus dem Auge. Beim nächsten Termin wirkt der Patient sehr deprimiert. Nach einiger Zeit des Herumdrückens spricht er den Arzt direkt an: „Sie können mir ruhig die Wahrheit über meine Krankheit sagen. Ich habe ja beim letzten Mal gesehen, dass Sie sogar die Tränen nicht zurückhalten konnten. Es steht also sehr schlimm um mich."

Eine familiäre Situation:
Die Eltern leben in Trennung; jeder Elternteil ringt um die Liebe seines Kindes. Die Mutter vermittelt ihrem Sohn täglich, wie sehr sein Vater sie verletzt habe. Er bekommt ihr Weinen und ihre Verzweiflung mit.
Holt der Vater seinen Sohn ab, zeigt sich ein anderes Bild. Die Mutter fordert ihn freundlich auf, zum Vater und seiner neuen Freundin lieb zu sein und sich über die mitgebrachten Spielsachen zu freuen.
Kommt der Junge nach Hause, erlebt er wieder die alte Verbitterung gegenüber dem Vater. Geradezu hasserfüllt fragt sie ihn über die verbrachten Stunden aus.
Der Junge kommt mit dieser Situation nicht klar. Er fragt sich, wie die Mutter wirklich zu seinem Vater steht. Ihr Verhalten gibt ihm keine Orientierung; er bleibt mit seinen Zweifeln allein.

Eine Prüfungssituation:
Der Kandidat sitzt im Prüfungsgespräch einem Prüfer gegenüber, der jede Antwort mit einem freundlichen Nicken begleitet. In ihm verfestigt sich das Gefühl, richtig zu antworten. Etwas irritiert ist er allerdings, weil der Prüfer sich so in seinem Sitz zurücklehnt, dass es schon unhöflich wirken kann. Trotz der Prüfungsaufregung bildet sich bei ihm der Eindruck „schon sehr leger". Freundlich wird er nach dem Gespräch aus dem Raum gebeten.
Nach der Beratung erfährt er, dass er die Note „4" erhält. Er ist fassungslos und kann es fast nicht glauben; er hat die Signale des Prüfers als wohlwollend gedeutet. Sie haben ihn bestärkt, auf dem „richtigen Weg" zu sein.

Warum laufen die Ereignisse in den Beispielen so ab, wie sie geschildert werden? Gibt es bestimmte Mechanismen, die dies erklären können? Warum nehmen Menschen mit Leidensdruck in speziellen Situationen Botschaften von anderen in einer bestimmten Weise wahr? Warum deckt sich die eigene Wahrnehmung nicht mit der gesendeten Botschaft? Warum lösen unerwartete Reaktionen Zweifel und Unsicherheit aus? Zweifel entstehen auch, wenn man selbst reflektiert, wie man von anderen wahrgenommen wird und welchen Eigenanteil man daran hat.

Diese und ähnliche Überlegungen berühren Grundsätze der Kommunikation – der verbalen und der nonverbalen. Sie sind der inhaltliche Kern der Kontaktaufnahme, der auch Begriffspaare wie Sympathie – Antipathie, Abhängigkeit – Unabhängigkeit, einstellungskonform – nicht einstellungskonform etc. umfasst. In ihrer Gesamtheit bestimmen diese Kontaktgrundlagen die subtilen Feinheiten eines gegenseitigen Austausches mit allen bewussten oder auch unbewussten Facetten.

Welche Wissensbestände können die Beratungsarbeit erleichtern?

Das kommunikative Miteinander kann reibungslos oder missverständlich ablaufen. In welche Richtung es sich entwickelt, hängt von einer Vielzahl von Einflüssen ab, die neben personalen Faktoren auch – und vor allem – interpersonelle Faktoren, aber auch situative Aspekte (räumliche, zeitliche, institutionelle, organisatorische, milieubedingte Einflüsse) erfassen.

Da die Wirkung dieser Einflüsse zum Teil bekannt ist, von den Menschen gelernt und zielgerichtet eingesetzt werden kann, ihnen überliefert und von ihnen erprobt wird, weil sie allgegenwärtig die Interaktionsabläufe bestimmt, sollte sie gerade auch für die besondere Kontaktform „einer Beratungssituation" transparent sein. Mit anderen Worten: Das Beratungsgeschehen wird wie das normale Kommunikationsverhalten von vielfältigen Faktoren geprägt. Über diese sollte jede Beraterin und jeder Berater informiert sein. Ihre Kenntnis veranlasst professionelle Berater an bestimmten Stellen innezuhalten und ihr Handeln und die Reaktionen des Gegenübers zu reflektieren. Erst auf dem Hintergrund dieses Wissens ist es möglich, die oben genannten Beispiele und Situationen zu analysieren und Erklärungen für gelungene oder misslungene Gesprächsverläufe zu finden.

Warum richtet sich die wissenschaftliche Forschung auf das Konstrukt der Selbstdarstellung?

Das Sich-selbst-Darstellen in Interaktionen ist ein ubiquitäres Phänomen. Es wird im äußerlich beobachtbaren Verhalten häufig so fassbar, dass es auf die innerlich beteiligten Prozesse zurückschließen lässt.

Selbstdarstellung bedeutet Eigeninitiierung, also ein für sich dargestelltes eigenes Selbst, oder eine Darstellung gegenüber der Öffentlichkeit (die Präsentation der eigenen Person im Vergleich zu anderen Interaktionspartnern oder einer allgemeinen Öffentlichkeit). Interessante Einblicke geben in diesem Zusammenhang folgende Angaben:

- Ergebnisse von Goffman (1976) zu Face-to-face-Interaktionen lassen deutlich werden, dass es Interaktionspartnern vorrangig darum geht, beim anderen (einem Publikum) einen positiven Eindruck zu erwecken (glaubwürdig, zuverlässig, etc.).
- Tetlock (1981) stellte fest, dass Versuchspersonen in Abhängigkeit von der Form der Ansprache (privat oder öffentlich) tendenziell unterschiedlich über Persönliches oder über die Lebensumstände von anderen berichten.

- Die Darstellung der eigenen Person fällt unter der Öffentlichkeitsbedingung positiver aus. Dabei gerät gerade die Frage, was unter Öffentlichkeit zu verstehen ist, selbst ins Blickfeld der Forschung und wird z.B. von Soziologen und Psychologen (auch innerhalb der Fachdisziplinen) unterschiedlich beantwortet. Während Soziologen bei der Öffentlichkeit mehr das umfassende gesellschaftliche Gebilde im Blick haben, liegen verschiedene psychologische Betrachtungsweisen vor. So spricht Schlenker (1986) von unterschiedlichen Publikumsarten: der eigenen Person, den Interaktionspartnern und wesentlichen Bezugspersonen (z.B. aus dem Bekanntenkreis). Baumeister und Tice (1986) unterscheiden zwischen dem public self und private self, das wiederum aus dem self-concept, dem actual self und dem ideal self besteht. An diesem Beispiel zeigt sich der Trend, unterschiedliche, auch ganz private Öffentlichkeiten in der Forschung zu beschreiben.

Konzentriert man sich auf die Psychologie des Selbstdarstellungsverhaltens, dann wird ein Thema erfasst, das an die Schwerpunkte „Psychologie des Selbst" und „Selbstkonzeptforschung" angebunden ist. Mummendey (1995) hat in seiner Veröffentlichung „Psychologie der Selbstdarstellung" eine fundierte Bestandsaufnahme vorgenommen. Diese enthält sowohl alle wesentlichen theoretischen Modellansätze als auch die relevanten empirischen Forschungsergebnisse. Aus ihr werden Schwerpunkte ausgewählt, die speziell für einen Beratungsprozess von Bedeutung sind.

Was versteht die Forschung unter „Selbst" und „Selbstkonzept"?
Zur Begriffsklärung:
Selbst: Es bezeichnet die subjektive Sichtweise eines Menschen, der sich Eigenschaften und Merkmale zuschreibt, die ihn als einzigartige Person ausweisen.
Selbstkonzept: Es beinhaltet alle auf die Person bezogenen Beurteilungen, also das Gesamt der Einstellungen zu sich selbst: Einstellungen wiederum enthalten kognitive, evaluative und konnotative oder intentionale Aspekte.

Welche theoretischen Annahmen werden zur Erklärung des Selbstdarstellungsverhaltens formuliert?
Tabelle 1 gibt einen Überblick über die wesentlichen theoretischen Ansätze, die in der psychologischen Fachliteratur diskutiert werden (vgl. Mummendey, 1995, S.81 ff.).

Tab. 1:   Theoretische Annahmen zum Selbst und zur Selbstdarstellung

Theorien des Selbst und der Selbstdarstellung		
Inhalt: allgemeine psychische Funktionen, die für das Selbstdarstellungsverhalten mittelbar eine Rolle spielen		
der		
Selbstaufmerksamkeit **Selbstbewusstheit** **Selbstüberwachung**	**Selbstwerterhaltung** **Selbstergänzung** **Selbstdiskrepanz** **Selbstregulation**	**Selbstkategorisierung** **Soziale Identität**
Einzelne Annahmen: Ein salient werdender Aspekt des Selbst (gewissermaßen der reale Selbst-Aspekt) wird mit dem internen Standard (dem idealen Selbst-Aspekt) verglichen, die wahrgenommene Diskrepanz erzeugt die Motivation, diesen Zustand zu reduzieren; unterscheidet man zwischen privater und öffentlicher Selbstaufmerksamkeit, dann richtet sich die private auf private Anteile des Selbst (z.B. eigene Einstellungen, Beweggründe für das Handeln), die öffentliche auf das äußerlich Beobachtbare (z.B. das eigene Aussehen und Auftreten).	*Einzelne Annahmen:* Das Self-evaluation maintenance-Modell von Tesser (1988): die Selbstbewertung ist abhängig von den Beziehungen zu anderen Menschen: ständig ablaufende Reflexions- und Vergleichsprozesse, ein Herstellen von (vermeintlicher) Enge der Beziehung zu Vergleichspersonen und der ausgewählten Vergleichsdimension.	*Einzelne Annahmen:* Obwohl auch hier individuell psychische Prozesse wie das Wahrnehmen und Kategorisieren relevant sind, richten sich diese Prozesse – im Unterschied zu den beiden anderen Bereichen – auf soziale Beziehungen zwischen Personen oder Gruppen. Die Social Identity Theory (Tajfel, 1982) geht davon aus, dass „der *soziale Kontext*, der im wesentlichen durch eine jeweils gegebene Vielfalt von sozialen Gruppen und ihren Inter-Gruppen-Beziehungen definiert ist, das Verhalten des Individuums (bestimmt)" (Mummendey, 1995, S.105).
Einige experimentelle Ergebnisse: Spiegel, Kameras, Aufnahmegeräte bewirken selbstzentrierte Reaktionen, stärkere Selbstattributionen. Selbstaufmerksamkeitsmodell von Gibbons (1990): durch Selbstaufmerksamkeit wird ein Selbstschema bewusst, das alle Ebenen des Selbstkonzepts enthält (physisch, verhaltensbezogen,	*Einzelne Ergebnisse:* Die Leistungen von Freunden werden im Vergleich zu Fremden dann positiver beurteilt, wenn die ausgewählte Vergleichsdimension für das eigene Selbst eher irrelevant ist; einem Freund wird eher geholfen, wenn die zum Vergleich anstehende Dimension für das eigene Selbst nicht so wichtig ist; nimmt man an, dass die eigenen Geschwister einen zu übertreffen scheinen,	*Einzelne Ergebnisse:* Mummendey (a.a.O., er beruft sich auf Sherif, 1951) führt die bekannte Tatsache an, dass sich innerhalb von Gruppen in relativ kurzer Zeit Solidarität herausbildet, zwischen Gruppen dagegen konträre Einstellungen auftreten; die eigene Gruppe wird favorisiert, die fremde dagegen abgelehnt. Mummendey charakterisiert den Kern der Theorie der sozialen

evaluativ). Aus dem Vergleich von Selbstschemata mit Vergleichsstandards ergeben sich Verhaltensänderungen.

Snyder (1979) unterscheidet zwischen Personen mit hohem und niedrigem self-monitoring (Mimik, Gestik, Sprache – also das Ausdrucksverhalten – werden unterschiedlich kontrolliert, überwacht und modifiziert, also an soziale Situationen angepasst): Personen mit einem *hohen Grad* an self-monitoring wählen sowohl Situationen mit genau definierten Rollenanforderungen als auch Freunde eher nach einer Aufgabenangemessenheit aus, psychische Störungen entstehen häufig aus Problemen mit der eigenen Selbstdarstellungsfähigkeit, zur Problembewältigung werden soziale Interaktionen hergestellt, die Erfolg versprechen; als Konsument richten sie ihr Kaufverhalten nach dem Image eines Produktes aus; Personen mit einem *niedrigen Grad* an self-monitoring bringen in Situationen eher ihr aktuelles Gefühlsleben ein, sie nehmen dadurch auch mögliche soziale Schwierigkeiten in Kauf, die Freundesauswahl erfolgt eher auf der emotionalen Ebene, psychische Störungen ergeben sich eher aus der Diskrepanz zwischen den eigenen inneren Einstellungen und dem tatsächlichen Verhalten, eine Problemlösung wird in Gesprächen mit Freunden gesucht; als Konsument richten sie ihr Kaufverhalten nach Preis und Qualität des Produktes aus.

identifiziert man sich weniger mit ihnen, wenn sie einem altersmäßig nahe stehen; Fazit: Selbstwerterhaltung = Theorie der Selbstdarstellung gegenüber der eigenen Person. „Das Individuum wertet ihr nahestehende Personen ab, verändert die Bedeutsamkeitshierarchie von Bewertungsdimensionen oder zeigt massive Verhaltensänderungen, um vor sich selbst, also sozusagen *sich selbst gegenüber* (wieder) positiv dazustehen: Es präsentiert sich gegenüber der eigenen Person" (Mummendey, 1995, S.95).

Theorie der symbolischen Selbstergänzung (Wicklund & Gollwitzer, 1985): Erstrebte Attribute, Symbole werden sich zugeschrieben, sich zugeordnet (also sprachliche Äußerungen, Mimik und Gestik, Verhaltensweisen eines Individuums, der Besitz von Gegenständen zur Selbstdefinition); es handelt sich um kompensatorische Prozesse, die der Selbstkonstruktion dienen.

Selbst-Diskrepanz-Theorie (Higgins, 1987, 1989): Ist-Soll-Diskrepanzen bezüglich der verschiedenen Überzeugungen und Einstellungen gegenüber der eigenen Person. Als eine allgemeine Annahme gilt: Je größer eine Selbst-Diskrepanz bei einem Individuum ist, desto stärker leidet das Individuum unter den negativen Gefühlen (die mit dieser Diskrepanz verbunden sind).

Identität mit der folgenden Beschreibung: soziale Kategorisierung (Gruppenbildung) – soziale Identität (aus Gruppenzugehörigkeit und in Abgrenzung zu anderen) – sozialer Vergleich mit den Folgen (positive soziale Identität oder Distinktheit zu anderen Gruppen).
Richtet sich der Fokus der Aufmerksamkeit auf die soziale Identität in einem sozialen Kontext, ergeben sich Notwendigkeit und Möglichkeit, zahlreiche sozialpsychologische Forschungsergebnisse zu integrieren (z.B. zur sozialen Wahrnehmung, zur Einstellung, zur Stereotypenbildung, zu Vorurteilen und Gruppenprozessen).

Theorie der Selbstregulation (Scheier & Carver, 1988): Es existieren Verhaltensziele und Standards, die sich in einer bestimmten Situation dem Kontrollmechanismus eines Regelkreises unterwerfen.

Bei der Trennung nach den Schwerpunkten „Selbstaufmerksamkeit – Selbstwerterhaltung – Selbstkategorisierung" fällt auf, dass der interaktive Aspekt erst in dem Bereich „Selbstkategorisierung" (Spalte 3) zur Sprache kommt. Die Spalten 1 und 2 beinhalten allgemeinpsychologische Sachverhalte als Bestandteil von theoretischen Annahmen und als Ergebnis von experimenteller Forschungsarbeit. Bei dieser Zuordnung sollte nicht übersehen werden, dass die Gestaltung des Selbst (unabhängig vom favorisierten Wirkmechanismus) die Grundlage für das interaktive Verhalten ist, das im Mittelpunkt sozialpsychologischer Forschungsarbeit steht.

3.2 Anregungen für die Beratungspraxis

In welcher Weise können die theoretischen Ansätze Impulse für die Beratungspraxis liefern?
Aus den in der Tabelle 1 erfassten Ausschnitten aus der theoretischen und praktischen Forschungsarbeit leiten sich Anhaltspunkte für die praktische Beratungsarbeit ab. Es handelt sich um eine Auswahl, die die Beratungssituation erleichtern kann. Jeder aufgeschlossene Berater wird entsprechend seinem Beratungsverständnis eigene Schwerpunkte bilden. Deshalb bleibt es dem Leser überlassen, die im Nachfolgenden aufgenommenen Hinweise zu vervollständigen (siehe Arbeitsteil: Zum Verständnis, Frage b). Die erhaltenen Anregungen sind so vielfältig, dass sowohl Erklärungs- als auch Verständnismöglichkeiten für unterschiedliches Handeln vorliegen, wie z.B.:

- *In Beratungssituationen vergleichen Ratsuchende einen bestimmten Aspekt ihres Selbst mit ihrem Ideal-Selbstkonzept. Endet dieser Vergleich mit einem Gefühl der Unzufriedenheit, sind sie motiviert, dieses zu beseitigen.*
- *Ein „fremder" Ratsuchender trifft auf einen „fremden" Berater. Es wird eine Öffentlichkeit hergestellt, in der der Ratsuchende sein Augenmerk zuerst einmal verstärkt auf das eigene Auftreten und Aussehen richten kann.*
- *Werden Aufnahmegeräte zur Gesprächserfassung eingesetzt, erhöht sich das selbstzentrierte Reagieren.*
- *Das Anliegen eines aufmerksamen Beraters sollte es sein, das Selbstschema eines Ratsuchenden und sein Ideal-Selbst zu erfassen. Klare Zielvorstellungen, die erreichbar sind, bzw. überzogene Erwartungen können so sichtbar werden.*

- *Ausdrucksverhalten und Verhaltensweisen von Ratsuchenden können Indizien sein, ob es sich um Personen mit einem hohen oder einem niedrigen Grad an self-monitoring handelt, mit den entsprechenden Konsequenzen (in bestimmten Situationen kann sogar der Hinweis auf unterschiedliches Kaufverhalten zum Verständnis von Personen bzw. Situationen beitragen: z.B. Kinder übernehmen modellhaft von ihren Eltern das Interesse an Image-Produkten).*
- *Aus der Theorie der Selbstwerterhaltung ergeben sich Tendenzen zum Vergleich mit anderen Menschen (Abwertung von anderen Menschen, Bereitschaft zu Hilfestellungen in Abhängigkeit von bestimmten Bedingungen).*
- *Aus der Theorie der sozialen Identität können Anhaltspunkte zum Bindungsverhalten von Einzelnen an Gruppen entnommen werden.*

3.3 Im speziellen Kontext: Selbstdarstellung

Ein Beispiel: Welche Bedeutung kommt der Impression-Management-Theorie zu? Von welchen Grundannahmen geht sie aus?
Innerhalb der verschiedenen theoretischen Ansätze zum Selbst und Selbstkonzept mit den unterschiedlichen Akzentuierungen nimmt die Impression-Management-Theorie einen bedeutenden Stellenwert ein. In ihrem Mittelpunkt steht die Selbstdarstellung der Person gegenüber ihrer sozialen Umgebung. Die Theorie postuliert – in Kurzform erfasst:
„Individuen kontrollieren (beeinflussen, steuern, manipulieren etc.) in sozialen Interaktionen den Eindruck, den sie auf andere Personen machen" *(Mummendey, 1995, S.111).*
Eingebunden in einen Fundus an theoretischen Erkenntnissen, verknüpft mit verschiedenartigen empirischen Befunden, begannen Sozialpsychologen in den 1970er Jahren das Verhalten von Menschen als Selbstdarstellung im Sinne von Impression-Management zu untersuchen (Mummendey, 1995). Aus dieser Forschungsaufgabe leitete sich die Bezeichnung der Konzeption ab, die anfangs als Impression-Management-Theorie bezeichnet wurde, während in der Folge der Begriff der Selbstdarstellung bevorzugt wurde. Da es grundsätzlich um eine Eindruckssteuerung geht – von sich selbst oder gegenüber einer Gruppe – besteht nunmehr in der Fachliteratur weitgehend Übereinstimmung, den Begriff der Impression-Management-Theorie als umfassenden Begriff zu sehen, wenn er sowohl die individuelle Selbstdarstellung als auch die Gruppendarstellung erfassen soll.
Auf der Grundlage von zahlreichen Experimenten kann das Kernstück der Impression-Management-Theorie formuliert werden: Versuchspersonen neigen dazu, ihrem Versuchsleiter gegenüber als widerspruchsfrei und konsistent in ihrer Meinungsbildung zu erscheinen. Es handelt sich hierbei um Annahmen, die von kognitiven Theorien – wie der Dissonanztheorie – propagiert werden. Im Vorder-

grund stehen also keine wirklichen Einstellungsänderungen, sondern es werden Verhaltensweisen gezeigt, die den Versuchsleiter in eine bestimmte Richtung beeinflussen sollen.

Exkurs: „Folglich scheinen Versuchspersonen im psychologischen Experiment unter anderem damit beschäftigt zu sein, den Eindruck, den der Versuchsleiter von ihnen erhält, in diesem Sinne zu beeinflussen. Der Beobachter solle glauben, dass die Person dann, wenn sie etwas freiwillig, ohne äußere Veranlassung oder äußeren Druck tue, mit sich selbst übereinstimme. Wenn dagegen in der betreffenden Situation ein äußerer Zwang oder ein sonstiger von außen erkennbarer Grund für eine Inkonsistenz des Individuums, etwa seiner Verhaltensweisen und seiner Einstellungen, erkennbar sei, dann entfalle auch die Notwendigkeit, sich konsistent und widerspruchsfrei darzustellen, denn dann könne jeder Beobachter ja von außen leicht feststellen, dass die Person selbst für die aufgetretenen Inkonsistenzen nicht verantwortlich sei" (Mummendey, 1995, S.125).

Auf welchen Beiträgen beruht diese spezielle Theorie?

- Sie wird von einer Vielzahl von Forschungsergebnissen gestützt: Einige finden sich als Vorläufer, so z.B. im Symbolischen Interaktionismus (G. H. Mead). Diese Richtung geht davon aus, dass sich die Teilnehmer in Interaktionssituationen gegenseitig Bedeutungen, Typisierungen etc. zuschreiben. Auf dieser Grundlage ist es dann möglich, das Verhalten des Interaktionspartners zu antizipieren und das eigene Verhalten dementsprechend abzustimmen. Dabei rufen die von den Interaktionspartnern eingenommenen Positionen unterschiedliche Erwartungen hervor. Die an eine bestimmte Position gerichteten Erwartungen definieren eine bestimmte Rolle. Diese entspricht in einer speziellen Situation einem Aspekt des Selbst. Deshalb bringen Personen, die in sehr unterschiedlichen Interaktionssituationen agieren, unterschiedliche Aspekte ihres Selbst in eine Situation ein. Das Prinzip der Rollenübernahme erlaubt es, das Verhalten des Gegenübers vorherzusagen (aufgrund der Erwartungen, die an die jeweilige Position gerichtet sind). „Eine Person kann demnach in einer sozialen Interaktion durch Rollenübernahme mögliche Verhaltenserwartungen ihrer jeweiligen Interaktionspartner antizipieren und vor diesem Hintergrund ihre eigenen Verhaltenserwartungen bestimmen, also sich selbst durch die Übernahme von Rollen ihrer jeweiligen Interaktionspartner bestimmte Positionen zuschreiben" (Mummendey, 1995, S.115).
- Zur unterstützenden Beschreibung der Impression-Management-Theorie können Beobachtungen von Goffman (1976) hinzugezogen werden. Goffman beschreibt alltägliche Situationen in Analogie zum Bühnenschauspiel. Als Ausgangspunkt benennt er die menschliche Tendenz, sich bei anderen – bewusst oder unbewusst – in Szene zu setzen. Auf diese Weise gewinnt man Einfluss

auf den bei anderen sich bildenden Eindruck über die eigene Person und kann diesen zielgerichtet steuern. Beeinflussungsmöglichkeiten sind der sprachliche Ausdruck, das allgemeine Auftreten und die äußere Erscheinung. Es werden also „Techniken der Imagepflege" eingebracht, die dazu dienen, den von sich selbst erzeugten Eindruck in Kongruenz zu bringen mit dem Eindruck, der in anderen erweckt wird.

• Einen weiteren Beitrag leisten Forschungsarbeiten, die die Tendenz „zur sozialen Erwünschtheit" untersuchen. Da man in diesem Bereich die Frage stellt, wie es zu einer Eindrucksbildung kommt, werden Reaktionstendenzen herangezogen, die bei der Beantwortung von Fragebogen und Tests festgestellt wurden. Sie ergeben, dass Individuen dazu neigen, sich selbst günstig darzustellen, also gewissermaßen eine Beschönigungstendenz in Bezug auf Leistung, Kompetenz und Anpassungsfähigkeit einzuschlagen. Das heißt, die befragten Teilnehmer antworten im Sinne der sozialen Erwünschtheit, also mit der Absicht, „sich *günstiger* (intelligenter, geselliger, psychisch stabiler, gesünder, weniger aggressiv etc.) darzustellen als es ohne diese Tendenz der Fall wäre" (Mummendey, 1995, S.120). Es handelt sich hierbei um den self-serving-bias (günstige Eigenschaften werden der eigenen Person zugeschrieben). Aber auch das Gegenteil kann der Fall sein: Der Vollständigkeit halber muss erwähnt werden, dass auch die Alternative möglich ist, nämlich eine ungünstige Selbstdarstellung durch negative Tendenzen zu erreichen. Zu dieser Möglichkeit wird vor allem dann gegriffen, wenn z.B. gesellschaftliche bzw. soziale Vorteile zu erzielen sind (vorzeitige Berentung, Aufmerksamkeit etc.). Die Tendenz der sozialen Erwünschtheit ist kein statisches Geschehen, sondern sie ist in Abhängigkeit von dem erreichten sozioökonomischen Status, den Situationsdefinitionen, der personalen Gestimmtheit und der zum Vergleich zugewiesenen Altersgruppe zu sehen.

Für Beratungssituationen ist von Bedeutung: „Welche Verhaltensweisen jeweils als erwünscht oder unerwünscht gelten, hängt ... auf jeden Fall davon ab, wem gegenüber, also welcher Person oder Personengruppe, also welchem Publikum gegenüber sich ein Individuum präsentiert oder was im Moment seine expliziten oder impliziten Verhaltensziele sind" (Mummendey, 1995, S.121).

3.4 Anregungen für die Beratungspraxis

Welche Informationen sind für die Beratungsarbeit hilfreich?
Die in diesem Bereich vorliegende unklare Begriffsbezeichnung verwirrt. So bezeichnen Begriffe wie „impression-management, self-presentation und image-control" häufig dasselbe Phänomen. Etliche Versuche, zwischen diesen Begriffen auch inhaltlich zu differenzieren, sind zwar für die theoretische Diskussion interessant.

Sie haben aber die Fachwelt nicht so überzeugt, dass von einer einheitlichen Sprachregelung ausgegangen werden kann (vgl. Mummendey, 1995). Diese Einschätzung trifft auch zu, wenn z.B. innerhalb einzelner Impression-Management-Formen klassifiziert wird. So unterscheiden Tedeschi, Lindskold und Rosenfeld (1985) zwischen Impression-Management-Strategien (situationsübergreifende Selbstpräsentationen, langfristig angelegt) und Impression-Management-Taktiken (situationsspezifische Taktiken, kurzfristig angelegt). Die genannten Autoren führen noch einen weiteren Klassifikationsgesichtspunkt ein, der den Gegensatz assertive und defensive Impression-Management-Techniken enthält.

Assertive Techniken bewirken ein aktives Selbstdarstellungsverhalten, das von anderen Personen positiv bewertet wird (mit positiven Einschätzungen, Vergünstigungen etc.). Defensive Techniken richten sich auf ein Bewahren, ein Verteidigen der erreichten Identität, die von anderen Personen in Frage gestellt werden könnte.

Den assertiven bzw. defensiven Impression-Management-Strategien bzw. -Taktiken werden einzelne Verhaltensweisen zugeordnet; *assertive Strategien bzw. Taktiken:* attractiveness, status and prestige, ingratiation (Sich-Einschmeicheln), intimidation (Einschüchtern), self-promotion (kompetent erscheinen); *defensive Strategien bzw. Taktiken:* häufiger Gebrauch von Entschuldigungen (excuses), Self-handicapping-Strategien (Drogenabhängigkeit, Ängstlichkeit), justifications (Rechtfertigungen), predicaments and facework (mit ungünstigen Lagen fertig werden). Die auf diese Weise entstandene Klassifikation dient vorrangig als sinnvoller Ordnungsversuch. Unter dieser Perspektive kann über die Schlüssigkeit einiger Zuordnungen hinweggesehen werden. Wie bei vielen Klassifikationen lassen sich auch hier klare Zuordnungen aufgrund der Funktion eines Sowohl-als-auch nicht immer treffen.

Auf der Grundlage von experimentellen Untersuchungen und theoretischen Modellkonstruktionen (z.B. Attributionen) bzw. von Alltagsbeobachtungen und -beschreibungen sind im Bereich des Selbstdarstellungsverhaltens etliche Varianten der oben dargelegten Klassifikation entstanden. Einen Einblick in diese umfangreichen Versuche, verschiedene Facetten anzusprechen, geben die Ausführungen von Mummendey (1995). Der Autor weist zugleich darauf hin, dass bei allen Versuchen, eine Taxonomie zu erstellen, auch die individuellen Differenzen nicht übersehen werden dürfen. So können sich bei manchen Menschen gewissermaßen „persönliche Stile der Selbstdarstellung" herausbilden. Es ist aber ebenso möglich, dass sich typische Sequenzen der Selbstdarstellung abzeichnen, die in bestimmter Weise verschiedene Taktiken bzw. Strategien aufnehmen. Mummendey verdeutlicht dies an dem Beispiel: In einer ersten Phase schmeichelt sich ein Mensch bei anderen ein, dann hebt er verstärkt seine eigenen Stärken hervor und stellt sich schließlich selbst als eine vorbildliche Persönlichkeit dar. Hier zeichnet sich ein Wechsel von ingratiation über self-promotion zu exemplification ab.

Um die Vielfalt an Unwägbarkeiten und an mangelnder Exaktheit, die von Taxonomien ausgehen, zu umgehen, wählt Mummendey den sinnvollen Vorschlag, mögliche Selbstdarstellungstechniken als positiv oder negativ zusammenzustellen; positiv: im Sinne einer sozial gebilligten Form und in einer sich selbst achtenden Weise; negativ: im Sinne einer sozial nicht gebilligten Form und in einer sich selbst herabsetzenden Weise (siehe Tab. 2).

Tab. 2: Selbstdarstellungstechniken (nach Mummendey, 1995, S.140 ff.)

Positive Selbstdarstellungstechniken	Negative Selbstdarstellungstechniken
Eigenwerbung betreiben (Selbstanpreisung), hohe Ansprüche signalisieren (Ziel: sie bestätigt zu bekommen), hohes Selbstwertgefühl herausstellen und übertreiben („Angeberei", wird kulturell unterschiedlich gehandhabt), sich über Kontakte aufwerten und sich über Kontakte positiv abheben (Partizipation am Erfolg, Ruhm anderer), Kompetenz und Expertentum signalisieren (positive Imageproduktion, auch über nonverbales Verhalten), beispielhaft erscheinen (als Vorbild, Modell), Attraktivität herausstellen (eine positive sozial-emotionale Einschätzung erzielen; humanethologische Untersuchungen zeigen, dass Männer und Frauen unterschiedliche köperbezogene Selbstdarstellungstechniken einsetzen), hohen Status und Prestige herauskehren, Glaubwürdigkeit und Vertrauenswürdigkeit herausstellen, Offenheit hervorkehren (die Norm der Reziprozität oder der gegenseitigen Verpflichtung kann eine Rolle spielen), sich beliebt machen, sich einschmeicheln (Sich-durch-Loben-günstig-Darstellen, Möglichkeiten: Meinungskonformität, jemandem einen Gefallen tun)	entschuldigen, abstreiten von Verantwortlichkeit, rechtfertigen in misslichen Lagen (Entschuldigungen können von einem normalen Gebrauch bis zur Unterstreichung des Image „schwach und wenig belastbar" führen, Rechtfertigungen können im sozialen Vergleich eingesetzt werden oder auf vermeintlich höherwertige Ziele verweisen), widerrufen, ableugnen, dementieren, vorsorglich abschwächen, sich als unvollkommen darstellen (Self-handicap kann bei Misserfolg Entschuldigung sein, bei Erfolg ein Beleg, dass man es trotzdem geschafft hat; eingesetzt werden können auch: Suchtverhalten, Depressivität, Ängstlichkeit etc.), Understatement (Untertreibung von eigenen Fähigkeiten und Leistungen kann auch indirekt positive Eigenwerbung sein), hilfsbedürftig erscheinen (mit der Identität einer abhängigen Person kann die Hilfeleistung der anderen eingefordert werden, unter Partnern gibt es sozial anerkannte Hilflosigkeitstaktiken, die Bestandteil eines Rollenverhaltens sein können), Symptome geistiger Erkrankung zeigen (fließender Übergang zwischen massiven psychiatrischen Symptomen und der gewohnheitsmäßigen Zuschreibung von Krankheitssymptomen zur Bewältigung von alltäglichen Situationen, Verhaltensstörungen), bedrohen, einschüchtern (es steht eine breite Palette an glaubwürdigen Möglichkeiten zur Verfügung, von bloßen Andeutungen bis zur massiven Intervention), abwerten anderer (negative Bewertung anderer zur eigenen Selbstwerterhöhung)

Anmerkung: der bei den positiven Selbstdarstellungstechniken enthaltene Hinweis auf den humanethologischen Beitrag wird in Modul 2.2 aufgenommen.

Die in den Theorien zum Selbst, zum Selbstkonzept, zur Selbstregulation, zur Selbstkategorisierung etc. vermittelten Aussagen, der Zugang zu empirischen Forschungsergebnissen über einzelne Teilaspekte und zu plausiblen Beiträgen aus Alltagserfahrungen können in der Ausbildung zum Berater beitragen, den Wissensbestand, der in Beratungsaktivitäten einfließt, zu erweitern. So ist es – um ein Beispiel anzusprechen – für den einzelnen Berater nicht unerheblich, z.B. über das Selbstkonzept bzw. das Ideal-Selbst eines Ratsuchenden Hinweise zu erhalten, die in sinnvoller Weise im Beratungsverlauf genutzt werden können (z.B. welche Bestandteile dominieren das Selbst, wie kam es zur Favorisierung bestimmter Aspekte). Diese Erkenntnisse stellen für den Beratungsprozess eine „Fundgrube" dar, aus der geschöpft werden kann, wenn Fragen mit warum, weshalb und wozu (also Erklärungs- bzw. Beschreibungsversuche) beantwortet werden sollen. Auf ihrer Grundlage kann über diese Sachverhalte reflektiert werden, die ohne entsprechendes Hintergrundwissen dem Berater nicht verfügbar wären.

Die Annäherung an das Selbst, das Selbstkonzept eines Ratsuchenden ist *ein*, wenn auch wesentlicher Aspekt. Ein *weiterer* wesentlicher Aspekt, der noch nachhaltiger in das Beratungsgeschehen eingreift, ist das Selbstdarstellungsverhalten einer Person. Deshalb sind gerade die Erkenntnisse, die die Theorie der Selbstdarstellung (Impression-Management-Theorie) vermittelt, und die Kenntnisse über die Selbstdarstellungstechniken von einer nicht zu unterschätzenden Bedeutung. Sie gehen bewusst oder unbewusst in die Einschätzung und Bewertung einer Person ein. Dieser Tatsache sollte sich jeder Berater bewusst sein und daraus für sich den Schluss ziehen, dass ihm – neben der intuitiven Erfassung – wissenschaftlich ermittelte Orientierungshilfen zur Verfügung stehen. Der Sensibilität des Beraters, seiner Fähigkeit, diese Informationen immer in dem zugehörigen Gesamtkontext zu sehen, ist es dann überlassen, den Ausprägungsgrad von verschiedenen Selbstdarstellungstechniken und den wechselseitigen Übergang zwischen positiven und negativen Aspekten ihres Einsatzes angemessen zu erfassen.

Wie kann das empfohlene Grundlagenwissen von einem Berater im Einzelfall hilfreich eingesetzt werden?

Zur Ausgangssituation: Zu den Ratsuchenden, die eine schulpsychologische Beratungsstelle aufsuchen, gehören Kinder und Jugendliche mit sozialen Angststörungen. Entweder ist der Leidensdruck so groß, dass dieser Zugang aus eigenem Antrieb gewählt wird, oder das soziale Umfeld sieht sich veranlasst, dem/der Betroffenen diesen Weg zu empfehlen.

Beratungsrelevantes Grundlagenwissen: Dieses setzt sich im Idealfall aus dem spezifischen Problembereich, der sozialen Ängstlichkeit, und dem allgemeinen sozialpsychologischen Wissen aus dem Bereich der Selbstkonzept-, der Selbstdarstellungsforschung zusammen.

Im Einzelnen sind folgende Informationen zusammenzuführen:
Forschungsergebnisse belegen, dass sozial ängstliche Kinder und Jugendliche

• neuen Situationen scheu und gehemmt gegenüberstehen; sie nehmen sich in solchen Situationen als nicht kompetent wahr und befürchten, von anderen Menschen abgelehnt zu werden,

• soziale Informationen selektiv wahrnehmen und einseitig interpretieren; diese Wahrnehmung könnte mit negativen sozialen Erwartungen im Zusammenhang stehen; negative Reize wie z.B. Bestrafungsandeutungen werden gegenüber neutralen oder positiven Reizen früher erfasst; dieser Wahrnehmungshintergrund trägt zur Konstruktion ihrer Lern- und Bezugsumgebung bei,

• häufig Eltern mit Angststörungen haben (erhöhtes Risiko für soziale Phobien),

• sich durch eine hohe Selbstaufmerksamkeit auszeichnen (gerichtet auf negative Denkmuster und autonom gesteuerte Erregungsprozesse),

• durch die hohe Selbstaufmerksamkeit die Aufmerksamkeit von relevanten äußeren Reizen abziehen, die Folge ist ein introvertiertes Agieren und eine reduzierte soziale Flexibilität,

• unter massiven Befürchtungen und Einschränkungen leiden,

• in ihrer Umgebung ausreichende Sicherungssignale vermissen; sie erleben häufig Situationen, die für sie nicht vorhersagbar und kontrollierbar sind und können dadurch keine angemessenen Kontrollerwartungen entwickeln; Passivität und Depressivität können die Folge sein (Zusammenstellung nach Petermann, Essau & Petermann, 2002, S.251 f.).

Diese Charakteristika von sozial ängstlichen Kindern und Jugendlichen werden mit der theoretischen Ebene zur Selbstkonzept- bzw. Selbstdarstellungsforschung und entsprechenden Forschungsergebnissen verbunden. Sie finden sich dabei in den folgenden allgemeinen Aspekten wieder: in der Bedeutung einer hohen Selbstaufmerksamkeit, bei der Konzentration auf private Anteile des Selbst, in der öffentlichen Selbstaufmerksamkeit (sie wird reduziert), in einem niedrigen Selbstkonzept, in einer negativen Selbstbewertung und einer mangelnden Selbstregulation (mit reduzierten Kontrollmöglichkeiten). Eine so vorgenommene „Verankerung" lenkt den Blick auf das Selbstdarstellungsverhalten. Tabelle 2 enthält hierzu in der Rubrik „negative Selbstdarstellungstechniken" u.a. die Möglichkeiten wie z.B. Negieren von Verantwortlichkeit, Rechtfertigen (Ausreden) in misslichen Situationen, ableugnen, Self-handicap-Ängstlichkeit, hilfsbedürftig erscheinen, soziale Ängstlichkeit als Verhaltensauffälligkeit zu begreifen.

Diese Verbindung lässt eine differenzierte Erfassung der Fähigkeit zur Selbstdarstellung, die im Beratungsgespräch eine Rolle spielt, zu. Sie ist die Grundlage, um geeignete Interventionsmöglichkeiten ableiten zu können. In diesem Zusammenhang wurde bislang ein Sachverhalt nicht berücksichtigt, der von erheblicher Bedeutung ist. Selbstdarstellung ist ein ubiquitäres Phänomen. Sie ist also nicht auf die Person des Ratsuchenden beschränkt, sondern auch der Berater produziert sich als Person. Er wählt ein Selbstdarstellungsverhalten, das mit seinen eigenen Erwartungen übereinstimmt, das nach seiner Auffassung von anderen, den Ratsuchenden, erwartet wird und das er für die spezielle Situation als angebracht erachtet.

Da er als professioneller Berater eine bestimmte Rolle übernimmt, muss er sich dem Berufsbild, das die Öffentlichkeit darüber besitzt, annähern. In der Beratungspsychologie haben sich Vorstellungen etabliert, in welcher Weise sich ein Berater zu präsentieren hat, welche Ansprüche und Erwartungen er erfüllen sollte. Dadurch steht bereits fest, welcher Selbstdarstellungstechniken er sich zu bedienen hat (siehe Tab. 2). Idealerweise sollte er sich um Kompetenz, Glaub- und Vertrauenswürdigkeit, Offenheit etc. bemühen. Allerdings ist das individuelle Spektrum, das bei der Selbstdarstellung genutzt werden kann, so vielfältig, dass alle möglichen Formen – im positiven wie im negativen Sinne – zum Einsatz kommen. Eine übertriebene Selbstdarstellung – auch dies sollte nicht übersehen werden – kann Anlass sein, dass Ratsuchende ein Beratungsgespräch abbrechen bzw. weitere Beratungssituationen vermeiden.

Der bisher vermittelte Einblick in die Impression-Management-Theorie, in die Theorie der Selbstdarstellung, ist – betrachtet man die einzelnen Aspekte – ergänzungsbedürftig. Neben den von Mummendey angesprochenen Bereichen erfasst die Selbstdarstellung auch solche Bereiche, die als eigenständige allgemeinpsychologische bzw. sozialpsychologische Themen ausgewiesen werden.

3.5 Zur sozialen Beeinflussung

Zu den Themen, die mit einem regen Forschungsinteresse erfasst werden, gehört die Frage:

Auf welche Weise und in welcher Form kann eine soziale Beeinflussung erfolgen?
Es ist ein alltägliches Phänomen, dass beim Austausch mit Interaktionspartnern die Möglichkeit genutzt wird, den anderen im eigenen Sinne zu beeinflussen. Das Bild bzw. der Eindruck, das bzw. der hinterlassen wird, soll der eigenen Absicht entsprechen. Diese Tendenz wird in der Sozialpsychologie unter dem Konzept der Machtausübung (Begriff Machiavellismus) und Manipulation behandelt.

Nicht jeder Mensch antwortet auf diese Form der gezielten Beeinflussung mit der gewünschten Anpassung und Konformität. Sozialer Druck kann auch mit psychologischer Reaktanz beantwortet werden.

Diese unterschiedlichen Möglichkeiten sind gerade auch für Berater, die am Beginn ihrer beruflichen Laufbahn stehen und Erfahrungen sammeln, wesentliche Informationen. Soziale Beeinflussung kann in so subtiler Weise erfolgen, dass dem Berater die eigentliche Absicht zunächst verborgen bleibt und er sich in die beabsichtigte Verantwortungsübernahme einbinden lässt. Auf der anderen Seite kann die leichteste Form einer „erspürbaren" Beeinflussung einen massiven Widerstand auslösen, der dem tatsächlichen Anlass nicht angemessen ist. Aus dem Forschungsfundus an Ergebnissen aus verschiedenen Experimenten und Untersuchungen – Mummendey (1995) listet sie auf – werden im Folgenden einige allgemeine Aussagetendenzen (ohne Hinweis auf die entsprechende Autorenschaft) zur Eindrucksbildung vorgestellt:

- Beeinflusste Interaktionspartner passen sich dem ausgeübten Druck an, um nicht als Abweichler stigmatisiert zu werden (selbst, wenn sie von der Richtigkeit der Einflussnahme nicht überzeugt sind).
- Gegenüber anonymen Situationen führt der Face-to-face-Kontakt zu größerer Konformität einer Beeinflussung.
- Schließt man sich den Meinungen einer Person oder einer Gruppe an, so gilt dies im Allgemeinen als sozial erwünscht (Gefahr: Konformität kann sich leicht mit Anbiederei überlappen).
- In Bezug auf eine kognitive Einflussnahme werden Personen, die sich der sozialen Einflussnahme entgegenstellen, als intelligenter bewertet. Demgegenüber hält der Beeinflusser die Individuen für intelligenter, die sich leichter beeinflussen lassen.
- Sozial beeinflusste Personen nehmen sich in ihrer Freiheit als bedroht wahr (Freiheitseinengung) und reagieren mit psychologischer Reaktanz (eigene Statusunterlegenheit wird nicht akzeptiert, Reaktanz wird erst bei zugebilligter Autonomie in freier Entscheidung aufgegeben).

3.6 Zur Rolle der Einstellungen

Zu den Themen, die mit einem regen Forschungsinteresse erfasst werden, gehört die Frage:

Wie können Einstellungen und Einstellungsänderungen beschrieben und erklärt werden?
Gerade dieser Bereich ist für die Impression-Management-Theorie fundamental und kann auf eine lange Forschungstradition zurückblicken. Mummendey (1995)

fasst diesbezüglich die einzelnen Stationen zusammen. Diese bilden die Grundlage für die im Folgenden ausgewählten Tendenzen, analog zur Rolle der sozialen Beeinflussung:

- Die Auffassung, Einstellungen als innerpsychische Sachverhalte zu erfassen, ist der Überzeugung gewichen, dass Entstehung, Etablierung und Modifikation durch von außen gesetzte Bedingungen beeinflusst werden. Verhaltenstheoretische Forschung (mit der Grundaussage „Gelerntes kann auch wieder verlernt werden"), Kommunikationsforschung und sozialpsychologische Aussagen (z.B. kognitive Konsistenztheorien, Festinger, 1957) geben die entscheidenden Hinweise auf äußere Einflüsse. Allerdings – dies geht aus der Heterogenität der einzelnen theoretischen Richtungen hervor – werden unterschiedliche Faktoren für Einstellungsänderungen verantwortlich gemacht (z.B. Beseitigen von kognitiven bzw. motivationalen Dissonanzen, Erzielen von positiven Eindrücken gegenüber privaten/öffentlichen Personen bzw. Gruppen).
- Eine ausgeprägte private Selbstaufmerksamkeit veranlasst Menschen zur öffentlichen Einstellungsänderung, wenn sie dadurch den Status von Selbständigkeit hervorheben können.
- Einstellungsänderungen stehen im Zusammenhang mit günstigen Voraussetzungen für die Selbstpräsentation (ausführliche Rechtfertigungs- und Legitimitätsversuche), um eine erwünschte Identität zu retten.
- Eine antizipatorische Einstellungsänderung (wahrgenommene Vorwarneffekte) kann bei dem zu Beeinflussenden zu einer Immunisierung oder Resistenz gegen die Beeinflussung führen. Handelt es sich um nicht Wesentliches für die zu beeinflussende Person könnte auch eine bereitwillige Unterstützung der Beeinflussung die Folge sein. Die Versuchspersonen müssten allerdings davon überzeugt sein, dass der Versuchsleiter tatsächlich an ihren Meinungen und einer entsprechenden Beeinflussung interessiert sei (entspricht Meinungsanpassung an den Interaktionspartner).
- Eine geäußerte Einstellungsänderung bedeutet nicht unbedingt eine tatsächliche Einstellungsänderung. Aus diesem Grunde wurde in der Fachliteratur der Vorschlag aufgenommen, Einstellungen nicht als „Markierungen", sondern „als Strecken auf einem Einstellungskontinuum anzusehen: attitude as latitude" (Mummendey, 1995, S.188).
- Treten Menschen miteinander in Interaktion, bewertet man sie in Abhängigkeit von diesen Ergebnissen positiv oder negativ. Zeichnen sich positive Konsequenzen ab, dann bilden sich positive Einstellungen gegenüber den anderen Personen und umgekehrt.
- Erwähnenswert ist folgender Zusammenhang: Werden Menschen aufgrund wiederholter positiver Selbstdarstellungen positiv verstärkt, dann wirkt sich dies auf ihr Selbstkonzept, ihre Selbsteinstellungen aus: Sie nehmen höhere Selbstbewertungen vor.

- Erfolge und positive Konsequenzen von bestimmten Handlungen werden im allgemeinen der eigenen Person zugeschrieben, also internal attribuiert, während Misserfolge eher external attribuiert werden.

3.7 Zur Auswirkung von Umgangsstilen

Zu den Themen, die mit einem regen Forschungsinteresse erfasst werden, gehört die Frage:

Welche Beziehungen bestehen zwischen der Impression-Management-Theorie und geführten Interaktionsformen?
Mit dem Begriff „soziale Austauschprozesse" werden alle Interaktionsformen erfasst, die im Berufs- und Freizeitleben von Bedeutung sind. Die Formen organisierter Interaktionssysteme werden mit Formen sozialer Einflussnahme und Machtausübung in Beziehung gebracht. Als grundlegend für eine Auseinandersetzung mit diesen Wechselwirkungen kann die Veröffentlichung von Giacalone und Rosenfeld (1989) betrachtet werden: Führungsverhalten und einzelne praktizierte Führungsstile (Kompetenz, Beliebtheit, soziales Engagement) werden hier einer ausführlichen Betrachtung unterzogen.
In einzelnen Untersuchungen bestätigen sich geschlechtsspezifische Unterschiede im Zusammenhang mit der Führung von Gruppen: So berufen sich Männer bei der Problemlösung vor allem auf ihre eigenen Fähigkeiten und Leistungen, während Frauen im Gegensatz dazu eher ihre integrative Wirkung (auf der sozial-emotionalen Ebene) betonen. Aber auch in der Hierarchisierung, also zwischen Vorgesetzten und Gruppenmitgliedern, bestätigen sich bestimmte Unterschiede: Ermutigen z.B. Vorgesetzte eine Taktik des Sich-beliebt-Machens, des Sich-Einschmeichelns, dann zeigen sich beziehungsorientierte Organisationsformen mit einem vermehrten Einsatz von solchen Taktiken. Das Selbstdarstellungsverhalten von Gruppenmitgliedern kann auf diese Weise geprägt werden. In komplementärer Weise ergänzt es sich mit der Impression-Management-Taktik der Führungspersönlichkeiten. Diese Tendenz findet sich in Untersuchungsergebnissen wie z.B. dem, „dass Personen, die vorgesetzten-orientierte Selbstdarstellungstaktiken anwandten (im Unterschied zu selbst-orientierten und arbeits-orientierten Taktiken), den Vorgesetzten sympathischer wurden" (Mummendey, 1995, S.196). Personen in Führungspositionen befinden sich häufig in Situationen, in denen sie mit Verhandlungspartnern Entscheidungen treffen müssen. In diesem Prozess zeichnet sich ab, dass Entschlossenheit oder Festigkeit (hohe Forderungen und geringe Konzessionsbereitschaft) eines Verhandlungspartners eher mit Zugeständnissen beantwortet werden. Räumt der Verhandlungspartner im weiteren Verhandlungsverlauf Konzessionen ein, wird diese Geste als besonders großzügig interpretiert.

Festigkeit, Vertrauens- und Glaubwürdigkeit scheinen gerade im geschäftlichen Bereich (Arbeitsleben, Organisationen, Verbandsarbeit etc.) die entscheidenden Variablen für eine erfolgreiche Kommunikation zu sein.

3.8 Zur Bedeutung des nonverbalen Verhaltens

Zu den Themen, die mit einem regen Forschungsinteresse erfasst werden, gehört die Frage:

Welche Bedeutung haben das nonverbale Verhalten, der Ausdruck und die äußere Erscheinung?
Neben der sprachlichen Verständigung als wesentliches Kommunikationsmittel sind es alle Signale aus dem nonverbalen Bereich, die eine weitere Kommunikationsebene gestalten. Zu diesen gehören:

das Blickverhalten, die Mimik, die Körperhaltung und -beherrschung, die Berührung, das räumliche Distanzverhalten, die paralinguistischen Hinweise wie z.B. Stimmhöhe, Sprechgeschwindigkeit und Klangfarbe, die Ausgestaltung und Inszenierung der eigenen Person und des Bezugsrahmens.

Während die nonverbalen Informationen zum Teil im Rahmen der älteren Ausdruckspsychologie thematisiert wurden, ist es bei einer zeitgemäßen Betrachtung vor allem der interaktive Rahmen, der bestimmten nonverbalen Ausdrucksmitteln und -situationen eine erweiterte Forschungsperspektive zuweist. Diese ist Bestandteil einer kommunikationspsychologischen bzw. sozialpsychologischen Betrachtung. Sie legt die folgenden möglichen Funktionen nonverbalen Verhaltens offen:
* „Nonverbale Kommunikationszeichen erhöhen die Redundanz von Kommunikationen.
* Nonverbale Kommunikationszeichen ergänzen verbale Kommunikationen.
* Nonverbale Kommunikationszeichen können die verbale Kommunikation betonen.
* Nonverbale Kommunikationszeichen dienen dazu, den Ablauf der verbalen Kommunikation zu steuern und zu lenken.
* Nonverbale Kommunikationszeichen können verbale Kommunikationen ersetzen (Substitution).
* Nonverbale Kommunikationszeichen können im Widerspruch zu verbalen Kommunikationen eingesetzt werden" (Frindte, 2001, S. 100 ff.).
Welche Funktion die nonverbalen Signale übernehmen, entscheidet sich erst in der ganz konkreten interpersonalen Kommunikation. Im Zuge der dynamischen

Wechselseitigkeit eines singulären Geschehens lassen sich Tendenzen erkennen, die in der praktischen Forschungsarbeit bestätigt wurden: So ist fast jedem geläufig, dass sich in Gesprächssituationen der eigene Gesprächsfluss verändern kann, er passt sich gewissermaßen dem des Gegenübers an. Man spricht schneller, ändert die sonst übliche eigene Tonlage und nähert sich in der nonverbalen Signalgebung dem Gesprächspartner an. Neben Annäherungs- lassen sich auch Vermeidungstendenzen auf nonverbalem Wege regulieren: Verringert ein Gesprächspartner die räumliche Distanz, die vom Gegenüber dann als zu große Nähe erlebt wird, kann dieser die Distanz wiederherstellen, indem er selbst nunmehr den Blickkontakt verringert (vgl. Frindte, 2001).

Der nonverbale Verhaltens- und Ausdrucksbereich ist gerade in den letzten Jahrzehnten Gegenstand intensiver Forschungsarbeit geworden; „ältere" Spuren aus ethologischer oder psychologischer Forschungstätigkeit wurden aufgegriffen, mit Hilfe differenzierter technischer Möglichkeiten und in der erweiterten Perspektive eines interaktiven Geschehens auf spezifische Zusammenhänge untersucht. Da gerade auch Beratungssituationen sehr stark von nonverbalen Abläufen bestimmt werden können, ist es notwendig, dass die Beratungspsychologie den Stellenwert nonverbalen Verhaltens integriert (als Wissensbestand und Ausbildungsinhalt von Beratern).

Welche Funktionen nonverbalen Verhaltens und welche Zusammenhänge sollten Wissensbestandteil der beraterischen Tätigkeit sein (eine Auswahl)?

- Die Wirkung des Selbstdarstellungsverhaltens ist untrennbar mit dem persönlichen Ausdrucksverhalten verbunden. Alle Mittel, die zur Selbstpräsentation eingesetzt werden können, wie z.B. die Mimik, Gestik, Körpersprache, äußere Erscheinung, unterstreichen das über sich selbst gebildete Selbst bzw. stellen eine Annäherung an ein Selbst-Ideal dar.
- Nonverbales Verhalten, das sehr eng mit dem emotionalen Zustand verbunden ist, enthält eine umfangreiche inhaltliche Palette. Es kann mit dem übrigen Ausdrucksverhalten konform, mehrdeutig oder diametral entgegengesetzt sein.
- Die Körperhaltung gibt Aufschluss über die von dem Betroffenen eingenommene Position. Zur Verkörperung von Macht gehören z.B. eine aufrechte Haltung, ein sicheres Blickverhalten, eine beherrschte Motorik. Die Aspekte des Blickkontaktes sind vielfältig und liefern Informationen über bestimmte psychische Zustände.
- Auch das Raumnutzungsverhalten (Eintritt, Durchqueren eines Raumes, eingenommene Sitzposition) liefert wichtige Hinweise auf das beabsichtigte Selbstdarstellungsverhalten. Diese und ähnliche Informationen sind bei praktischen Erwägungen (z.B. Sitzanordnungen von Interaktionspartnern, bevorzugte Plätze) von Bedeutung. Sie tragen bei, Beratungssituationen zu erfassen und zu gestalten.

- Von außerordentlicher Bedeutung für das Selbstdarstellungsverhalten ist die äußere Erscheinung. Alle Aspekte, die erfasst werden können, wie z.B. Kleidung, Figur, Frisur, Make-up, Schmuck, aber auch prestigeträchtige Attribute wie z.B. die Wohngegend, Wohnungsausstattung, Statussymbole, bilden den Gesamteindruck von einer Person und sind von dieser manipulativ einsetzbar.

- Neben den informativen Hinweisen sind es auch allgemeine Tendenzen, die den Erkenntnisstand eines Beraters erweitern können:
  So gelten Individuen, die ihr nonverbales Ausdrucksverhalten „offener" einsetzen, als ansprechbarer, geselliger, einfühlsamer und weniger gehemmt. Diese Verbindung kann allerdings auch das Ergebnis eines Lernprozesses sein: Erfolgreiche Kommunikationsabläufe, die auf einem „gelebten" nonverbalen Ausdrucksverhalten basieren, werden als kalkulier-, steuer- und wiederholbar erlebt. Ein offenes nonverbales Ausdrucksverhalten steht auch im Zusammenhang mit der wahrgenommenen Attraktivität. „Personen, die besser als andere in der Lage sind, sich nonverbal auszudrücken, erfahren offenbar, dass sie durch ihr nonverbales Verhalten an Attraktivität gewinnen und setzen demzufolge ihr nonverbales Verhalten in unterschiedlichen Kommunikationssituationen auch gezielter (im Sinne des Impression Management) ein" (Frindte, 2001, S.100).

- Auch geschlechtsspezifische Unterschiede drücken sich im nonverbalen Verhalten aus. So bestätigen Forschungsergebnisse, dass Frauen im Vergleich zu Männern ihre emotionale Befindlichkeit stärker auf der nonverbalen Ebene ausdrücken. In Interaktionen konzentrieren sie sich nachhaltiger als Männer auf das nonverbale Verhalten ihres Gegenübers. Auf der Basis dieser Wechselwirkung gestalten sich Kommunikationen emotional ansprechbarer.

4. Vernetzte intra- bzw. interdisziplinäre Forschungsbeiträge

Die Darstellung beratungsrelevanten Grundlagenwissens erfordert eine Abkehr vom „Zwang" zu einer Systematisierung. Die einzelnen Sachverhalte sind dafür zu vielfältig in unterschiedliche Bezugssysteme eingebunden. Deshalb ist eine strikte Trennung nicht – oder nur mit Erkenntnisverlust – einzuhalten. Das folgende Beispiel ist hierfür repräsentativ:

Für den Bereich der Personenwahrnehmung formuliert Semin (1994): *„Unter dem Titel Personenwahrnehmung findet man eine Reihe von Fragestellungen, die die engen Grenzen eines einfach definierbaren Bereiches überschreiten, und zu verschiedenen anderen Themenbereichen in der Sozialpsychologie Brücken schlagen, so z.B. Attributionstheorien, Dissonanz- und Konsistenztheorien, Stereotypenforschung ..."* (S.255).

Die wissenschaftliche Vernetzung dieses Themas ist damit nicht beendet. Über die Sozialpsychologie hinaus finden sich z.B. in der Allgemeinen Psychologie grundständige Aussagen zu den Wahrnehmungsprozessen und ihren Charakteristika. Das Erkennen von routinierten Wahrnehmungsmustern, die sich in Gesprächssituationen als hinderlich erweisen können und die dem Einzelnen auch häufig nicht bewusst sind, weist in den Bereich der Klinischen Psychologie (vgl. Burow, 1992). Eine spezifische Prägung wird der Personenwahrnehmung durch die wissenschaftliche Untersuchung der Konstrukte Sympathie und Antipathie, Vertrauen und Misstrauen zuteil. Hier zeigen sich deutlich die wissenschaftlichen Bezüge zu disziplinären Forschungsbereichen (Psychologie: kognitive Sozialpsychologie mit z.B. der Eindrucksbildung, Psychodiagnostik mit z.B. der Erfassung von Beurteilungstendenzen) und zu interdisziplinären Bereichen (Psychologie und Verhaltensbiologie) (vgl. z.B. Bierhoff, 2002; Herkner, 1994). Erweitert man die Personenwahrnehmung auf die Wahrnehmung von Gruppen, dann fließen soziologische Elemente in die Forschungsperspektive ein.

Diese Einschätzung ist repräsentativ für andere Sachverhalte, deren wissenschaftliche Aufarbeitung in ähnlicher Weise gesehen werden muss.

5. Arbeitsteil

Zusammenfassung:

Als Einstieg: Der folgende Aspekt (nonverbale Kommunikation) steht exemplarisch für das Anliegen, beratungsrelevantes Grundlagenwissen aus der theoretischen und praktischen Forschungsarbeit auszuwählen.

Die Erforschung des Bereiches nonverbale Kommunikation ist ein legitimes Anliegen der Sozialpsychologie. Dennoch reichen seine Verzweigungen – darauf weist z.B. Ellgring (1994) ausdrücklich hin – in die Ethologie (und dadurch auf die Phylogenese der menschlichen Verständigung) und in die Anthropologie mit den „menschheits- und kulturgeschichtlichen Ursprüngen und Universalien" (S.199).

Diese Feststellung begründet exakt das Vorgehen, in den vorangegangenen Ausführungen beratungsrelevantes Grundlagenwissen zu erfassen. Da Beratung im Visier zahlreicher Disziplinen steht, ist es verständlich, dass Zusammenhänge über Beratungsaktivitäten, Hintergründe und Steuerungsfunktionen des kommunikativen Verhaltens und Informationen über spezielle Beratungsvariablen auch in verschiedenen Disziplinen zu finden sind. Die Besonderheit dieses Forschungsgegenstandes bringt es deshalb mit sich, dass sehr häufig interdisziplinäre Verzweigungen die Regel und nicht die Ausnahme sind. Diesem Sachverhalt trägt die Auswahl in diesem Modul Rechnung, in dem im Mittelpunkt das Konstrukt Selbstdarstellung im weiteren Sinne steht. Da es in Anbetracht der Fülle an unterschiedlichen Informationen notwendig ist, sich auf wesentliche, also bedeutsame Zulieferer an beratungsrelevantem Wissen zu beschränken, fiel die Wahl auf die verhaltensbiologischen und die psychologischen Aussagen. Diese stehen häufig – dies zeigen die Ausführungen – in einem so engen Zusammenhang, dass eine gemeinsame Erfassung folgerichtig erscheint. Das heißt nicht, dass aus anderen Bereichen keine weiteren Informationen zu entnehmen wären.

So können z.B. ethisch-philosophische Erwägungen zu Reflexionen über die Veränderungsfähigkeit und -notwendigkeit der Ratsuchenden im Beratungsprozess anregen, sie können Grundpositionen über ethische Fragen zu einzelnen Beratungsinhalten klären und den Bereich der beraterischen Verantwortungsübernahme überdenken helfen.

Es erklärt vielmehr die im Vorliegenden erfolgte Konzentration auf das Konstrukt „Selbstdarstellung".

Berater und Ratsuchende, die sich in einer Beratungssituation begegnen, stellen sich in bestimmter Weise dar. Dem Berater obliegt es, natürliche und nachvollziehbare Verhaltens- und Ausdrucksweisen genauso zu erfassen, wie bestimmte Strategien zur Steuerung der Selbstinitiierung, zur Wirkung auf den Gesprächspartner und zur möglichen (bewussten oder unbewussten) Gesprächsbeeinflussung. Im gleichen Zuge sollte jedem Berater aber auch bewusst sein, dass er sich dieser Verhaltensweisen und Ausdrucksmittel ebenfalls bedient. Für eine in dieser Hinsicht erforderliche Sensibilisierung ist es ein erster Schritt, sich Grundlagenkenntnisse über beratungsrelevante Sachverhalte anzueignen.

Zum Verständnis

(a) Welche unterschiedlichen Kommunikationsebenen erfasst die verhaltensbiologische Sichtweise? Nennen Sie Beispiele aus der empirischen Forschung bzw. aus Alltagsbeobachtungen!

(b) Ergänzen Sie die aus den theoretischen Annahmen zum Selbst und zur Selbstdarstellung (siehe Tab. 1) abgeleiteten Anregungen für die praktische Beratungsarbeit!

(c) Nennen Sie Grundzüge der Impression-Management-Theorie und die ihr zugrunde liegenden Forschungsbeiträge!

6. Literatur

Empfohlene Literatur:

Mummendey, H. D. (1995). Psychologie der Selbstdarstellung. Göttingen: Hogrefe.
Oerter, R. & Montada, L. (2002). Entwicklungspsychologie. Weinheim: PVU. (daraus: Entwicklung in bestimmten Lebensabschnitten).
Wallbott, H. G. (2001). Mimik und Emotion: Forschungsmethoden und Befunde. In M. Brüne & H. Ribbert (Hrsg.), Evolutionsbiologische Konzepte in der Psychiatrie (S.113–142). Frankfurt a. M.: Peter Lang.

Verwendete Literatur

Argyle, M., Salters, V., Nicholson, H., Williams, M. & Burgess, P. (1970). The communication of inferior and superior attitudes by verbal and non-verbal signals. British Journal of Social and Clinical Psychology, 9, 222–231.

Baumeister, R. F. & Tice, D. M. (1986). Four selves, two motives, and a substitute process self-regulation model. In R. F. Baumeister (Ed.), Private self and public self (pp. 63–74). New York: Springer.

Bierhoff, H. W. (2002). Einführung in die Sozialpsychologie. Weinheim: Beltz.

Brownlow, S. & Zebrowitz, L. A. (1990). Facial appearance, gender and credibility. Journal of Nonverbal Behavior, 14, 1, 51–60.

Burow, O.-A. (1992). Persönliche und institutionelle Wahrnehmungsroutinen erkennen – Trainings- und Beratungskonzepte der Gestaltpädagogik. In W. Pallasch, W. Mutzeck & H. Reimers (Hrsg.), Beratung – Training – Supervision (S.133–142). Weinheim: Juventa.

Doermer-Tramitz, Ch. (1990). … auf den ersten Blick. Über die ersten dreißig Sekunden einer Begegnung von Mann und Frau. Opladen: Westdeutscher Verlag.

Eibl-Eibesfeldt, I. (1997). Die Biologie des menschlichen Verhaltens. Weyarn: Seehamer Verlag.

Ellgring, H. (1994). Kommunikation. In D. Frey & S. Greif (Hrsg.), Sozialpsychologie (S.196–203). Weinheim: PVU.

Festinger, L. (1957). A theory of cognitive dissonance. Stanford: University Press.

Frindte, W. (2001). Einführung in die Kommunikationspsychologie. Weinheim: Beltz.

Giacalone, R. A. & Rosenfeld, P. (Eds.). Impression management in the organization. Hillsdale, NJ.: Erlbaum.

Gibbons, F. X. (1990). Self attention and behavior: A review and theoretical update. Advances in Experimental Social Psychology, 23, 249–303.

Goffman, E. (1976). Wir alle spielen Theater. München: Piper.

Grammer, K. (1994). Signale der Liebe. Hamburg: Hoffmann und Campe.

Higgins, E. T. (1987). Self-discrepancy: A theory relating self and affect. Psychological Review, 94, 319–340.

Herkner, W. (1994). Sympathie und Ablehnung. In D. Frey & S. Greif (Hrsg.), Sozialpsychologie (S. 350–355). Weinheim: PVU.

Higgins, E. T. (1989). Continuities and discontinuities in self-regulatory and self-evaluative process: A developmental theory relating self and affect. Journal of Personality, 57, 407–444.

Mummendey, H. D. (1995). Psychologie der Selbstdarstellung. Göttingen:Hogrefe.

Petermann, U., Essau, C. A. & Petermann, F. (2002). Angststörungen. In F. Petermann (Hrsg.), Lehrbuch der Klinischen Kinderpsychologie und -psychotherapie (S.227–270). Göttingen: Hogrefe.

Scheier, M. F. & Carver, C. S. (1988). A model of behavioral self-regulation: Translating intention into action. In L. Berkowitz (Ed.), Advances in Experimental Social Psychology (pp. 303–346). New York: Academic Press.

Schlenker, B. R. (1986). Self-identification: Toward an integration of the private and public self. In R. F. Baumeister (Ed.), Public self and private self (pp. 21–62). New York: Springer.

Semin, G. R. (1994). Personenwahrnehmung. In D. Frey & S. Greif (Hrsg.), Sozialpsychologie (S.255–258). Weinheim: PVU.

Snyder, M. (1979). Self-monitoring processes. In L. Berkowitz (Ed.), Advances in Experimental Social Psychology (pp. 85–128). New York: Academic Press.

Tajfel, H. (1982). Gruppenkonflikt und Vorurteil. Bern: Huber.

Tedeschi, J. T., Lindskold, S. & Rosenfeld, P. (1985). Introduction to social psychology. St. Paul, MN: West Publishing Company.

Tesser, A. (1988). Toward a self-evaluation maintenance model of social behavior. In L. Berkowitz (Ed.), Advances in experimental social behavior (pp. 181–227). New York: Academic Press.

Tetlock, P. E. (1981). The influence of self-presentation goals on attributional reports. Sozial Psychology Quarterly, 44, 300–311.

Wicklund, R. A. & Gollwitzer, P. M. (1985). Symbolische Selbstergänzung. In D. Frey & M. Irle (Hrsg.), Theorien der Sozialpsychologie, Bd. III: Motivations- und Informationsverarbeitungstheorien (S.31–55). Bern: Huber.

Zetterberg, H. (1966). The secret ranking. Journal of Marriage and the Family, 134–142.

Zuckerman, M., Hall, J., DeFrank, R. S. & Rosenthal, R. (1976). Encoding and decoding of spontaneous and posed facial expressions. Journal of Personality and Social Psychology, 34, 966–977.

Modul 3:
Beratungsansätze im Überblick
Rudi F. Wagner

1. Ausgangssituation: Verschiedene Beratungsansätze

Beratung stellt eine der wichtigsten Interventionsformen im Rahmen der psychosozialen Versorgung dar. Sie wird von verschiedenen Berufsgruppen durchgeführt und nimmt Bezug auf unterschiedliches Fachwissen. Beratung findet in heterogenen Settings und mit unterschiedlichen Schwerpunktsetzungen statt (vgl. Nestmann, Engel & Sickendiek, 2004a, 2004b); dabei haben sich sehr unterschiedliche theoretische Zugangswege entwickelt.

Was ist ein zentrales Merkmal des Beratungsbereiches?
Der Bereich der Beratung ist nicht nur in Deutschland durch eine schier unüberschaubare Vielzahl von Methoden, Verfahren und Schulen gekennzeichnet, die es auch der Beraterin bzw. dem Berater nicht leicht macht, den Überblick zu behalten bzw. einen solchen überhaupt erst zu erlangen (vgl. z.B. Dietrich 1991; Kritz, 2007; McLeod, 2004).

1.1 Vielfalt und ihre Probleme

Welche Probleme ergeben sich durch die unterschiedlichen Beratungsformen?
Schaut man sich die unzähligen Beratungsangebote in Zeitschriften und im Internet an, so kommt man sich schnell vor, wie in einem Dschungel ohne Landkarte und Kompass. In einer solchen Situation der Orientierungslosigkeit ist es gerade für Klienten, die aufgrund persönlicher Schwierigkeiten eine adäquate Beratung suchen, sehr schwer, den richtigen Weg zu finden. Es überrascht nicht, dass viele Klienten einen falschen Weg einschlagen: Sei es, dass sie auf Grund mangelnder Kenntnis an dubiose Geschäftemacher geraten, die ohne wissenschaftliche Grundlage ihre Form der Beratung anbieten, oder sei es, dass sie vor Frust bei der Suche nach einer professionellen Beratung die Suche ganz aufgeben, was gerade bei erns-

ten Problemen eine Chronifizierung der Symptome mit bekannten Folgen wie Alkohol- und Medikamentenmissbrauch zur Folge haben kann.

Wie sieht die Vielfalt von Ansätzen in der Beratung aus?

Eine gewisse Vorstellung von den unterschiedlichen Ansätzen erhält man durch jene witzige Geschichte, in der eine Person den Weg zum Bahnhof sucht und jeweils eine andere Person – als Vertreter einer bestimmten Beratungsrichtung – um Rat fragt. Die Antworten zeigen – auch wenn sie sehr überzeichnet sind – doch Grundannahmen der jeweiligen Schule. Im Folgenden sind die Antworten verschiedener Berater auf die Frage: *Können Sie mir sagen, wie ich zum Bahnhof komme?* aufgeführt:

- Gesprächstherapeut: Sie möchten wissen, wo der Bahnhof ist?
- Psychoanalytiker: Sie meinen diese dunkle Höhle, wo immer was Langes rein- und rausfährt?
- Verhaltenstherapeut: Heben Sie den rechten Fuß, schieben Sie ihn nach vorn. Setzen Sie ihn auf. Sehr gut. Hier haben Sie ein Bonbon.
- Gestalttherapeut: Du, lass´ es voll zu, dass Du zum Bahnhof willst.
- Hypnosetherapeut: Schließen Sie die Augen. Entspannen Sie sich. Fragen Sie Ihr Unterbewusstsein, ob es Ihnen bei der Suche behilflich sein will.
- Provokativer Therapeut: Ich wette, da werden Sie nie drauf kommen.
- Reinkarnationstherapeut: Geh zurück in der Zeit – bis vor Deine Geburt. Welches Karma lässt Dich immer wieder auf die Hilfe anderer Leute angewiesen sein?
- Familientherapeut: Was ist Dein sekundärer Gewinn, wenn Du mich nach dem Weg zum Bahnhof fragst? Möchtest Du meine Bekanntschaft machen?
- Bioenergetiker: Machen Sie mal sch… sch… sch…!
- Systemischer Therapeut: Was denkt Ihre Frau darüber, wie es möglich ist, zum Bahnhof zu kommen?
- NLPler: Stell` Dir vor, Du bist schon im Bahnhof. Welche Schritte hast Du zuvor getan?

Diese überzogenen, kurzen Charakterisierungen einzelner Beratungsrichtungen zeigen jedoch gut die Vielfalt und die Unterschiedlichkeit der Ansätze.

Wie heißen die wichtigsten Ansätze in der Beratung?

Im Folgenden werden wichtige Beratungsansätze erläutert, die in der Beratungspraxis verbreitet und wissenschaftlich zumindest im Ansatz untersucht wurden. Zu diesen Ansätzen existieren institutionalisierte Aus- und Weiterbildungsgänge, so dass ein Minimum an Qualitätssicherung gewährleistet ist. Zwei dieser Ansätze – die Verhaltenstherapie und die Psychoanalyse – sind schon daher von zentraler Bedeutung, weil sie von den Krankenkassen in Deutschland als Behandlungsmethode anerkannt sind. Wenn sich ein Klient an eine Verhaltenstherapeutin oder einen Psychoanalytiker (bzw. einen tiefenpsychologisch-orientierten Therapeuten) in freier Praxis wendet, so kann er davon ausgehen, dass die Kosten der Beratung von der Krankenkasse übernommen werden. Ein weiteres Verfahren – die Gesprächspsychotherapie – hat in ihrer Entwicklung durch die Erforschung von Basisvariablen der Gesprächsführung die Grundlage sowohl für beraterische und therapeutische Gesprächsführung allgemein als auch für die wissenschaftliche Erforschung von Beratungsprozessen gelegt. Ein weiteres wichtiges Verfahren, das hier ausführlicher dargestellt wird, ist die Systemische Beratung. Daneben existiert eine Vielzahl von ausgearbeiteten Verfahren, die jedoch sowohl bezüglich der Verbreitung in der Beratungspraxis als auch bezüglich der wissenschaftlichen Durchdringung noch nicht so weit fortgeschritten sind. Hierzu zählen beispielsweise die Transaktionsanalyse, die Gestalttherapeutische Beratung oder einzelne Techniken wie die Hypnosetherapie oder Entspannungsverfahren. Auf diese wird am Ende dieses Unterkapitels eingegangen.

1.2 Wichtige Beratungsansätze

Was versteht man unter Psychoanalyse?

Die Psychoanalyse zählt unter den heutigen Ansätzen im Bereich von Psychotherapie und Beratung zu den historisch ältesten. Begründer der Psychoanalyse war Sigmund Freud, der Ende des vorletzten und Anfang des letzten Jahrhunderts das Unbewusste als zentrale Größe ansah, die unser menschliches Tun bestimmt. Von Freud stammt auch das Drei-Instanzen-Modell. Danach besteht der Mensch aus den drei Teilen *Ich*, *Es* und *Über-Ich*. Von diesen drei Seiten des Menschen sind ihm, nach psychoanalytischer Auffassung, nur der Anteil des Ichs sowie geringe Teile des Über-Ichs bewusst. Im Über-Ich befinden sich unsere übernommenen Werthaltungen, Prinzipien und moralischen Vorstellungen, während im Es die Triebe hausen. Freud ging davon aus, dass Menschen vor allem durch ihren Sexualtrieb (Eros) gelenkt werden. In späteren Jahren nahm er noch einen Todestrieb (Thanatos) an, der unser Tun bestimmt. Mit der Eisberg-Metapher macht Freud das Verhältnis von unbewussten zu bewussten Anteilen im Menschen deutlich: Wie beim Eisberg nur ein kleiner Teil aus dem Wasser ragt und so für das Auge sichtbar ist, so sei auch beim Menschen nur ein kleiner Teil dem Bewusstsein zugänglich. Der Hauptteil unseres menschlichen Strebens liege im Meer des Unbewussten verborgen. Während das Es nach Triebbefriedigung sucht, bemüht sich das Über-Ich um die Einhaltung der übernommenen Werthaltungen. In diesem Konfliktfeld ist es die Aufgabe des Ichs, zwischen diesen beiden (oft widersprüchlichen) Strebungen zu vermitteln und dabei so zu handeln, dass auch die Realität berücksichtigt wird: Das Ich weist eine Realitätsorientierung auf. Menschliche Probleme entstehen nach diesem Modell dadurch, dass triebhafte (libidinöse) Anteile aus dem Es mit den übergeordneten moralischen Vorstellungen in Widerspruch stehen. Viele klassische Beispiele hierfür liefert Freud in seinen lesenswerten Fallbeschreibungen. Wegen der literarischen Qualität seiner Bücher galt Freud auch als möglicher Kandidat des Nobelpreises für Literatur. Am Fall einer Patientin, die unter Agoraphobie (Angst, über öffentliche Plätze zu gehen) leidet, erläutert Freud sein Modell recht anschaulich: Die Frau, wie die meisten Patienten von Freud eine Dame der gehobenen Gesellschaftsschicht, verspürt in sich den sexuellen Wunsch, mit vielen Männern zu schlafen. Dieser Trieb, der aus dem Es stammt und der Patientin selbst nicht bewusst ist, würde sie dahin führen, wie eine Prostituierte mit vielen Männern sexuellen Kontakt zu erleben. Dem stehen die moralischen Prinzipien des Über-Ichs gegenüber, die ein solches Verhalten keinesfalls dulden könnten. Eine *Lösung* dieses unbewussten Konfliktes besteht nun darin, dass die Frau eine Agoraphobie entwickelt. Diese Angst schützt die Patientin davor, auf öffentliche Straßen zu gehen und behütet sie so vor der Gefahr, sich wie eine Prostituierte (ein Mädchen von der Straße) aufzuführen. Hier wird die generelle Sichtweise von Problemen aus psychoanalytischer Sicht deutlich: Das, was Patienten bzw. Klienten als Problem ansehen, welches durch die Therapie behoben werden soll, stellt sich nach psychoanalytischer Betrachtung als Lösung eines unbewussten Konfliktes dar. Freud war der Auffassung, dass sich das Problem durch das Erkennen dieses unbewussten Konfliktes auflöst. In dem Moment, in dem die Patientin mit Agoraphobie einsieht, dass sie starke sexuelle Wünsche hat und gleichzeitig hohe, diesen Wünschen widersprechende Moralvorstellungen, verliert die Agoraphobie ihren Sinn. Ziel der Psychoanalyse ist daher auch das Bewusstmachen bzw. Aufdecken solcher unbewussten Konflikte. Dass diese Triebansprüche des Es unbewusst sind, liegt nach Freud daran, dass das Ich sich mittels Abwehrmechanismen davor schützen möchte. Während Freud nur Abwehr und Verdrängung ins Unbewusste als Abwehrmechanismen ansah, differenzierte seine Tochter Anna diese sehr gründlich in verschiedene Formen, wie z.B. die Sublimierung, Konversion, Verschiebung, Rationalisierung, Projektion, Verleugnung, Reaktionsbildung etc. (vgl. Mertens, 1996). Schon zu Freuds Lebzeiten und noch stärker nach seinem Tod stritten seine Schüler um die richtige Auslegung seiner Lehre und gründeten eigene Schulen, die zu interessanten Weiterentwicklungen führten. Zu erwähnen sind hier vor allem die Individualpsychologie von Alfred Adler, in der das Gefühl von Minderwertigkeit und das Geltungsstreben in der Gesellschaft mit den Leitlinien und Lebensplänen des Individuums konfrontiert werden. Zentrale Bedeutung in der Theorie Adlers erhält das Konstrukt der Kompensation, die vom Individuum (unbewusst) eingesetzt wird, um Gefühle der Minderwertigkeit zu minimieren. Bedeutsam ist auch die sogenannte Analytische Psychologie von Carl Gustav Jung, die eine Ausweitung der Theorie in das kollektive Unbewusste vornahm und überdauernde gesellschaftliche Archetypen untersuchte. Weitere wichtige Weiterentwicklungen der Freudschen Theorie stellen die Vegetotherapie von Wilhelm Reich, die Bioenergetik von Alexander Lowen und die Transaktionsanalyse von Eric Berne dar. Die heutige Form der Psychoanalyse hat das Bild der Triebe und Motive des Menschen weiter differenziert. In der Beratungspraxis ist die Psychoanalyse in ihrer Urform kaum vertreten. Hier wäre auch wohl der einzige deutliche Unterschied zu sehen zwischen Beratung und Psychotherapie. In der Psychoanalytischen Therapie nach Freud kommt der Patient ca. 4 Tage in der Woche zu seinem Analytiker und berichtet ihm von seinem Innenleben. Diese geschieht durch das Prinzip der freien Assoziation: Der Patient berichtet möglichst ganz ohne innere Zensur, was ihm gerade durch den Kopf geht. Der Psychoanalytiker sitzt neben oder hinter der Liege, auf der der Patient während der Behandlung liegt, und analysiert mit frei schwebender Aufmerksamkeit alle Regungen des Patienten, um sich daraus ein Bild seiner Person zu machen. Für die Beratung wäre es solches Vorgehen zu aufwendig. Dennoch gibt es auch psychoanalytische Beratung, die auf einem anderen Setting beruht: Therapeut und Patient, Berater und Klient sitzen sich gegenüber und sprechen miteinander. Diese Form der Beratung nennt man tiefenpsychologisch-fundierte Therapie; sie stellt neben der klassischen Psychoanalyse die zweite Form der psychoanalytischen Therapie dar, die mit den Krankenkassen abgerechnet werden kann.

Was ist Verhaltenstherapie?

Die Verhaltenstherapie entwickelte sich Anfang des letzten Jahrhunderts, als experimentell arbeitende Laborwissenschaftler die Prinzipien des klassischen und operanten Konditionierens entdeckten. Ivan Pawlow bemerkte bei seinen Experimenten mit Hunden, dass diese auf ursprünglich neutrale Reize, wie z.B. das Klingeln einer Glocke, ähnlich reagierten wie bei einem Reiz, der Reflexe auslöst, und entwickelte daraus das Prinzip der klassischen Konditionierung. Verschiedene amerikanische Forscher wie Skinner, Hull oder Guthrie arbeiteten an anderen äußeren Bedingungen, die das Verhalten von Tauben, Ratten und Katzen beeinflussten. Vor allem mit dem Namen Skinner verbunden ist das operante Konditionieren, welches besagt, dass sich Organismen so verhalten, dass sie positive Konsequenzen erfahren, bzw. negative Konsequenzen vermeiden. Die hinter diesen Konditionierungstheorien stehende Forschungsrichtung nennt man Behaviorismus, weil sie das äußere Verhalten (behavior) zum Gegenstand hat. Gleichzeitig werden im Behaviorismus innere Variablen wie Gefühle und Gedanken, Handlungspläne etc. als vernachlässigbare Größen erachtet. Die frühe Verhaltenstherapie bestand nun darin, diese Prinzipien auf den Menschen anzuwenden. Dabei zeigte sich vor allem bei der Behandlung von Angsterkrankungen eine deutliche Überlegenheit des verhaltenstherapeutischen Vorgehens gegenüber den anderen Therapiemethoden. Die Grundüberlegung der Verhaltenstherapie besagt, dass Verhaltensweisen erlernt wurden und daher mit lerntheoretischen Prinzipien wieder verlernt werden können. Daher spricht man in diesem Zusammenhang auch von der Anwendung

von Lerntheorien. Bei der Angst bspw. geht die behavioristische Verhaltenstherapie davon aus, dass eine sehr unangenehme Erfahrung, wie z.B. der Biss durch
einen Hund über die klassische Konditionierung zu einer Angst vor Hunden
(Hundephobie) führt. Wenn nun auf Grund dieser Angst in Zukunft Hunde ge-
mieden werden, so wird dieses Vermeidungsverhalten negativ verstärkt, weil die
befürchteten Schmerzen, die in der klassischen Konditionierung mit dem Hund
assoziiert wurden, nicht eintreten. Die Angst besteht daher weiter und festigt sich
(Angstkonservierung). Die Vorstellung, dass der Mensch wie eine Ratte nur auf
Außenreize hin reagiert, wurde schon Mitte des letzten Jahrhunderts heftig kritisiert, (vgl. unten die Ausführungen zum *black-box-Modell* des Menschen) zumal
in der Psychologie immer mehr die Bedeutung von Kognitionen (Gedanken, Plä-
nen, Überlegungen) herausgearbeitet werden konnte. Innerhalb der Psychologie
führte dies zur sogenannten kognitiven Wende. Die Idee, dass wir Menschen uns
auf Grund unserer Gedanken, Handlungspläne, Überlegungen so oder so verhalten, führte zu einer wichtigen Weiterentwicklung in der Verhaltenstherapie: Die
Kognitive Therapie geht davon aus, dass wir unter Problemen leiden, weil wir
bestimmte Vorstellungen haben, die nicht adäquat sind. Wenn Klienten der Überzeugung anhängen, dass sie selbst wertlos sind, nichts können und auch andere
schlecht über sie urteilen, dann werden sie nach kognitiver Sicht mit hoher Wahrscheinlichkeit eine depressive Störung entwickeln. Entsprechend müssen in der
Kognitiven Therapie diese inadäquaten Kognitionen diagnostiziert und verändert
werden. Auch die multimodale Verhaltenstherapie von Arnold Lazarus (1973) war
eine wichtige Entwicklung innerhalb der Verhaltenstherapie, die sich bemühte,
die engen Grenzen der behavioristischen Sichtweise zu überschreiten.
Beide Strömungen, die verhaltenstherapeutische und die kognitive, werden heute
im Rahmen der Kognitiven Verhaltenstherapie miteinander verbunden (vgl. Margraf, 2003a, 2003b). Ebenso wie die Psychoanalyse ist auch die Verhaltenstherapie
als Behandlungsverfahren im Sozialgesetz anerkannt und kann daher ebenfalls
von Psychotherapeuten und Kinder- und Jugendlichenpsychotherapeuten mit der
Krankenkasse des Klienten abgerechnet werden.

Wie lässt sich die klientenzentrierte Beratung charakterisieren?

Die klientenzentrierte Beratung bzw. klientenzentrierte Therapie wird auch als
Gesprächspsychotherapie oder als nicht-direktive Beratung bzw. nicht-direktive
Psychotherapie bezeichnet. Das Wort „Gesprächstherapie" ist etwas unpräzise und
grenzt diese Art von Beratung nur wenig von anderen Verfahren ab. In Befragungen
von Klienten nach Abschluss einer Therapie findet sich immer wieder der Effekt,
dass der Großteil der Klienten angibt, an einer Gesprächstherapie teilgenommen
zu haben mit der Begründung, dort seien Gespräche geführt worden. Tatsächlich
waren jedoch die meisten Klienten in einer Verhaltenstherapie oder in einer tiefenpsychologisch-fundierten Beratung. Gespräche werden in allen Therapieformen

geführt (auch wenn das kommunikative Handeln des Psychoanalytikers deutlich eingeschränkt ist). Die klientenzentrierte Psychotherapie geht jedoch im Unterschied zu den anderen Verfahren von der Prämisse aus, dass eine Verbesserung der Problematik des Klienten nicht durch Deutungen von außen (wie in der Psychoanalyse oder der Systemischen Therapie) und nicht durch konkrete Hilfestellung (wie in der Verhaltenstherapie), sondern nur durch den Klienten selbst erfolgen kann. Die Aufgabe des Beraters bzw. der Beraterin besteht daher vor allem darin, dem Klienten den Raum zur Entdeckung des eigenen Veränderungspotentials zu geben. Diese geschieht dadurch, dass der Berater dem Klienten einen Zugang zu seinem emotionalen Erleben schafft. In der klientenzentrierten Beratung wurde eine spezielle Form der Beziehungsgestaltung durch Gesprächsführung entwickelt, die dazu dient, dieses Ziel zu erreichen (vgl. ausführlich Eckert, Biermann-Ratjen & Höger, 2006).

Entwickelt wurde die klientenzentrierte Beratung durch den amerikanischen Psychologen Carl Rogers (1951). In Deutschland wurde dieser Beratungsansatz durch Tausch und Tausch (1960/1990) bekannt und hier auch theoretisch weiterentwickelt (Biermann-Ratjen, Eckert & Schwartz, 2002). Die klientenzentrierte Psychotherapie geht davon aus, dass in jeder Person das gesamte Potential liegt, um eine vollständige Problemlösung bzw. Reifung zu erfahren. Den Zugang zu diesem Potential erfährt der Klient durch eine bestimmte Form der Gesprächsführung, welche die emotionalen Erlebnisinhalte verbalisiert. Hierbei bemüht sich der Berater, drei zentrale Variablen umzusetzen: Akzeptanz, Empathie und Kongruenz.

- Akzeptanz, auch (unbedingte) Wertschätzung genannt, bezeichnet die grundlegende Haltung des Beraters dem Klienten gegenüber. Dieser wird so akzeptiert, wie er ist. Der klientenzentrierte Berater bringt seinem Gegenüber eine durchgängige, tiefe Achtung entgegen, die er nicht an die Erfüllung bestimmter Bedingungen knüpft.
- Empathie bedeutet einfühlendes Verstehen. Der Berater fühlt sich in den Klienten ein, nimmt Anteil und zeigt Verständnis. Durch das einfühlende Verstehen versucht der Berater, die Gefühle des Klienten deutlicher wahrzunehmen. Gelingt ihm dies, so spiegelt er dem Klienten dessen indirekt geäußerten Gefühle verbal und nonverbal zurück und gibt ihm dadurch die Möglichkeit, sich selbst besser zu verstehen.
- Kongruenz, auch Echtheit genannt, bezeichnet die Offenheit des Beraters dem Klienten gegenüber. In der klientenzentrierten Beratung gibt sich der Berater in der Beratungssituation so, wie er wirklich ist. Er verstellt sich nicht und verbirgt im Gespräch nicht seine eigenen Gefühle. Vielmehr soll der Berater seine inneren Regungen konstruktiv zum Ausdruck bringen, um so dem Klienten Informationen über sich zu geben und dessen Selbstwahrnehmung zu verbessern.

Die Umsetzung dieser drei von Rogers entwickelten Variablen führten auch in anderen Bereichen – außerhalb der klientenzentrierten Beratung – zu deutlichen, positiven Effekten und werden auch dort angewandt. Akzeptanz, Empathie und Kongruenz werden heute auch als Basisvariablen der Gesprächsführung bezeichnet und in vielen Bereichen bewusst eingesetzt (z.B. Sozialarbeit, Krankenpflege, Coaching). Schon Carl Rogers legte sehr viel Wert auf wissenschaftliche Forschung (s.u.); er kann als einer der ersten empirischen Psychotherapieforscher bezeichnet werden. In dieser Tradition wurde die klientenzentrierte Beratung auch in Deutschland zu einem empirisch gut abgesicherten Therapieverfahren. Viele empirische Studien zeigen, dass das Verfahren für ein breites Störungsspektrum als wirksames Verfahren gelten kann.

Was bedeutet Systemische Beratung?

Die systemische Beratung stellt den neuesten der bisher beschriebenen Beratungsansätze dar. Auch hier zeigt sich wieder eine ganz neue Sichtweise, welche sich deutlich von den bisherigen Beratungsrichtungen unterscheidet. Die Grundannahme der systemischen Therapie lautet: Nicht die einzelne Person hat Probleme oder Schwierigkeiten, sondern das System, von dem die Person einen Teil repräsentiert, hat bestimmte Umgangsregeln, aus denen sich die Problematik ableiten lässt. Das System hat Probleme. Meist ist dieses System die Familie, in der wir leben, weswegen wir auch von Systemischer Familientherapie oder auch nur von Familientherapie sprechen. In der Familie hat jedes Mitglied bestimmte Rollen. Das Verhalten eines Mitglieds wird beeinflusst vom Verhalten der anderen Familienmitglieder und hat selbst wiederum Auswirkungen auf die anderen. Demnach sprechen wir hier weder von einem Patienten noch von einem Klienten, sondern vom Indexpatienten. Diese Bezeichnung soll verdeutlichen, dass sich in der erkrankten Person die Problematik des ganzen Familien- bzw. Paarsystems widerspiegelt.

Konzeptionell wurde die Systemische Familientherapie von Selvini Palazzoli, Boscolo, Cecchin und Prata (1975) sowie Minuchin (1979) entwickelt. Beeinflusst wurde der Ansatz vor allem durch die Psychoanalyse (Stierlin, 1975), die Kommunikationstheorie (Watzlawick, Beavin & Jackson, 1967) und die Systemtheorie. Entsprechend der Vorstellung, dass nicht die einzelne Person, sondern das System als Ganzes die Erkrankung bzw. Störung entwickelt, setzt die Behandlung auch an der ganzen Familie an. Hier gilt es zunächst, die relevanten Familienregeln zu erarbeiten. Dazu dient vor allem die Methode des zirkulären Fragens, bei der einzelne Personen über die Meinungen der anderen Familienmitglieder befragt werden. Z.B. wird in einer Paarberatung die Ehefrau, die unter Panikattacken leidet, gefragt: *Was glauben Sie, Frau P, denkt Ihr Mann: Wem von Ihnen ist seiner Meinung nach die Beziehung wichtiger?* (vgl. die Frage oben zum Weg nach dem

Bahnhof). Glauben die Berater, die relevanten Regeln gefunden zu haben (z.B.: *Die Frau reagiert mit Panikanfällen, weil ihr Mann darauf mit größerer Nähe und Fürsorge reagiert*), kommt es auf der Ebene der Intervention zur sogenannten Verschreibung. Hierbei erhält das System bestimmte Vorschriften, an die sich die Mitglieder bis zur nächsten Familiensitzung halten sollen. Eine mögliche Verschreibung für das genannte Paar mit Panikattacken könnte z.B. lauten: *Bitte führen Sie bis zum nächsten Mal folgende Aufgabe mehrmals durch: Versuchen Sie, Frau P, mehrmals in der Woche so zu tun, als hätten Sie eine Panikattacke. Sie, Herr P, versuchen herauszufinden, ob Ihre Frau wirklich einen Panikanfall hat oder nur so tut.* Die Absicht einer solchen Verschreibung ist es, dem System eine Bewusstmachung sowie einen spielerischen Umgang mit seinen Regeln zu ermöglichen. Im obigen Beispiel geschieht dies auch durch eine paradoxe Intervention.

Welche anderen Verfahren gibt es?
Neben den hier genannten Verfahren gibt es eine unüberschaubare Vielzahl anderer Ansätze, die im Kontext der Beratung zum Einsatz kommen. Im Unterschied zu den oben ausgeführten Richtungen gelten diese jedoch teilweise als nicht empirisch überprüft, zeigen keine große Verbreitung im Versorgungssystem auf oder weisen nur den Stellenwert einer einzelnen Technik auf (wie z.B. die Biofeedbacktherapie oder Entspannungsverfahren), die daher nur in ganz speziellen Problemsituationen indiziert sind. Die folgende Darstellung soll die Grundgedanken einiger dieser Verfahren beleuchten:

Was ist Gestalttherapie?
Die Gestalttherapie geht auf Fritz Perls (1974) zurück. Sie ist theoretisch ausgearbeitet und zählt ebenso wie die klientenzentrierte Beratung zu den sog. humanistischen Ansätzen. Die Gestalttherapie betont die Eigenverantwortlichkeit des Klienten (*Sei Dein eigener Boss!*) und sieht in der Selbstannahme die Basis für Veränderung. Zentral für die Beratung ist die Orientierung am Hier-und-Jetzt. Auch in der Gestalttherapie wurden spezielle Techniken entwickelt, wie *der leere Stuhl*, dramatische Darstellung und Körperarbeit.

Was versteht man unter Hypnosetherapie?
Die Hypnosetherapie hat eine lange Tradition. In ihrer heutigen Form wurde sie als eigenständige Behandlung vor allem durch Milton Erickson (1967) geprägt. Dabei wird der Klient durch den Hypnotiseur in einen Zustand versetzt, der von außen betrachtet schlafähnlich wirkt. Tatsächlich ist dieser Zustand jedoch eher mit konzentrierter Aufmerksamkeit zu beschreiben, in dem der Klient offen ist für Suggestionen des Behandlers. Dieser stellt sich auf das Weltbild des Klienten ein und betont die Ressourcen des Klienten (Kossak, 2004). Die Hypnose selbst wurde auch als Technik von anderen Therapierichtungen aufgegriffen, wie

z.B. der Verhaltenstherapie. Besonders bei der Schmerzbewältigung, bei Schlaf-störungen und bei psychosomatischen Beschwerden zeigt die Hypnose eine gute Wirksamkeit.

Was kennzeichnet die Transaktionsanalyse?

Die Transaktionsanalyse wurde von Eric Berne (1967) entwickelt. Berne geht davon aus, dass der Mensch aus drei verschiedenen Ich-Anteilen besteht: einem Kindheits-Ich, welches spontane Gefühle äußert, einem Eltern-Ich, in dem inter-nalisierte Werthaltungen verortet sind, und einem Erwachsenen-Ich, welches den vernünftigen, überlegten Anteil repräsentiert. In der Behandlung werden typische Kommunikationsmuster analysiert, um dadurch bestimmte, charakteristische In-teraktionsweisen zu erkennen, die als Ursache oder Ausdruck einer Problematik angesehen werden können. Die Transaktionsanalyse ist eine Weiterentwicklung aus tiefenpsychologischen Theorien. Ein Beispiel hierfür ist die Annahme von unbewussten Lebensentwürfen (sog. Scripts), die das Erleben und Verhalten des Menschen bestimmen (vgl. Schlegel, 1995).

Was ist Biofeedback-Therapie?

Biofeedback bezeichnet die Rückmeldung körperlicher (biologischer) Variablen (Herz-, Atemfrequenz, Muskelspannung, Hautleitfähigkeit, Hirnaktivität etc.) mit Hilfe physiologischer Apparaturen. In der psychologischen Forschung wurde in den letzten Jahrzehnten immer deutlicher festgestellt, dass wir über diese Rück-meldungen eine Kontrolle über Prozesse erhalten können, die eigentlich unbe-wusst ablaufen. Bestimmte Symptome wie Durchblutungs-, Einschlafstörungen oder Spannungskopfschmerzen können durch Biofeedback-Sitzungen gezielt be-handelt werden, so dass der Patient eine bewusstere Kontrolle über seine körper-lichen Funktionen erhält.

Was ist Entspannungstherapie?

Bei vielen Problemen, wie z.B. Stress, Angst, Schlaflosigkeit, tritt ein erhöhtes Er-regungsniveau auf, das oft als störend erlebt wird und in der Folge die Problematik nicht nur aufrecht erhält, sondern auch verschlimmern kann. In diesen Situati-onen ist das Erlernen und Anwenden von Entspannungsverfahren eine sinnvolle Interventionsmaßnahme. Eine weite Verbreitung weisen das Autogene Training, die Progressive Muskelentspannung und verschiedene Formen der Meditation auf. Durch das Erlernen und Anwenden von Entspannungsverfahren erfährt der Klient eine zunehmende Kontrolle über seine Erregung und dadurch neben der reinen Entspannung auch eine erhöhte Selbstwirksamkeit.

2. Integrative Sichtweise

2.1 Argumente für einen integrativen Beratungsansatz

Was spricht für eine Integration verschiedener Ansätze?

Wir haben nun eine erste Vorstellung von den theoretischen Grundannahmen einiger Beratungsansätze, die uns die Augen dafür öffnet, mit welchen unterschiedlichen Betrachtungsweisen das Problem eines Klienten bzw. einer Klientin gesehen, analysiert und behandelt werden kann. Für Klienten, die sich wegen eines Problems in eine Beratung begeben wollen, ist es sehr schwer oder gar unmöglich, aus dieser Vielfalt die für sie richtige Form der Beratung auszuwählen! Wie soll es für jemanden, der sich nicht beruflich mit Beratung auseinandersetzt, auch möglich sein, die Therapieform herauszufinden, die für ihn, mit seiner speziellen Störung, auf seinem persönlichen Hintergrund, die wahrscheinlich effektivste Behandlung darstellt? Dabei hat die Wahl einer bestimmten Beratungsrichtung und eines bestimmten Beraters bzw. einer bestimmten Beraterin weitreichende Folgen für den Klienten: Abhängig davon, an welche Beraterin bzw. an welchen Berater der Klient gerät, wird ihm ein ganz bestimmtes Bild seiner Problematik (die in einigen Therapieformen gar nicht als Problem, sondern nur noch als Symptom oder gar als Lösung darstellt wird) vorgegeben. Aus einer übergeordneten Perspektive ergeben sich in dieser Situation eine Reihe von Fragen, die durch die verschiedenen Therapieschulen sehr unterschiedlich beantwortet werden: Ist die Problematik, die eine Klientin zum Berater führt, die Ursache einer problematischen, konfliktbehafteten Beziehung zu ihrer Mutter, die ihre Wurzeln in der frühen Kindheit hat? Oder stecken verdrängte, triebhafte Impulse hinter ihrer Symptomatik? Ist das Symptom nur Zeichen einer familiären Störung und die Klientin der Indexpatient? Muss die Klientin vor allem lernen, ihre Aggressionen im Hier und Jetzt richtig auszuleben, da hinter ihren Beschwerden verdrängte Emotionen stecken? Ist die Problematik ein Ausdruck einer allgemeinen Lebensangst? Steht dahinter ein massiver Partnerkonflikt, der jedoch der Klientin nicht bewusst ist? Oder stabilisiert sie mit ihrer Störung nur das Gefüge ihrer Familie? ... Die Aufzählung ließe sich noch lange fortführen, und ich hoffe, keine Beratungsrichtung fühlt sich vernachlässigt, weil ihre spezielle Sichtweise von Problemen nicht dargestellt wird.

Diese kleine Auswahl von Möglichkeiten soll die Problematik aufzeigen, die sich aus der Situation ergibt, dass keine übergeordnete Metatheorie der Beratung existiert, die in diesem undurchsichtigen Dschungel von Beratungsrichtungen eine Orientierung liefern könnte; denn fast alle Therapierichtungen haben zu ein und demselben Problem bei ein und demselben Klienten ihre eigene, spezifische Sichtweise, aus der eine (schulen-)spezifische Behandlungsform folgt: Je nachdem, zu welchem Berater bzw. zu welcher Beraterin die Klientin bzw. der Klient gelangt, wird ihr bzw. ihm eine dieser vielen möglichen Sichtweisen als *die* Sichtweise verkauft werden, aus der sich dann die entsprechenden therapeutischen Interventionen ableiten. So hängt es hauptsächlich davon ab, ob eine Klientin mit ihrem Problem zu einem Psychoanalytiker, einer Familientherapeutin, einer Gestalttherapeutin, einem Verhaltenstherapeuten, einem Gesprächspsychotherapeuten etc. kommt, welches Bild der Störung ihr vermittelt und welche Therapiemethode in der Therapie durchgeführt wird! Dieses Problem der unüberblickbaren Vielfalt an Meinungen ergibt sich störungsunspezifisch. Unabhängig davon, ob die Patientin beispielsweise an Ängsten, Depressionen, sexuellen Störungen, Persönlichkeitsstörungen, Lernstörungen, Zwangsstörungen oder Kleptomanie leidet: immer wird ihr Problem unter dem Blickwinkel – man könnte auch sagen unter den Scheuklappen – einer speziellen Schule gesehen und behandelt.

Diese Situation ist aus wissenschaftlicher Sicht alles andere als optimal und sowohl für Berater als auch für Klienten unbefriedigend. Berater sind durch diese Situation in ihrer eigenen Schulrichtung gefangen, sehen den Klienten und sein Problem nur unter dem Blickwinkel ihrer Schule und rezipieren kaum oder gar nicht die wissenschaftlichen Forschungsergebnisse anderer Beratungsrichtungen. Und ein Berater, der nicht mehr über den Tellerrand der eigenen Schulrichtung blickt, wird zwangsläufig immer stärker unter Einschränkungen seiner Wahrnehmung leiden. Den Klienten wiederum bleibt oftmals nichts anderes übrig, als sich mehr oder weniger auf ihr Glück oder die Erfahrungen von Freunden und Bekannten zu verlassen, wenn sie für die Behandlung ihrer Probleme eine Beratung aufsuchen. Sie müssen fast blind darauf vertrauen, dass der Berater und die Verfahren der Beratungsform, die er vertritt, tatsächlich zur Linderung der Probleme beitragen. – Fast schon paradox mutet diese Situation deshalb an, weil es inzwischen durchaus das Wissen gibt, welche therapeutischen Vorgehensweisen bei bestimmten Klienten und bestimmten Störungen eher indiziert sind und welche weniger. Äußerst notwendig und wünschenswert ist in dieser Situation daher eine Orientierungshilfe, die es Beratern und Klienten ermöglicht, genau jenes Vorgehen auszuwählen, welches bei einem bestimmten Klienten mit einer bestimmten Problemsituation die mit hoher Wahrscheinlichkeit besten Erfolgsaussichten verspricht.

2.2 Integration über empirische Ergebnisse

Wie kann man empirische Forschungsergebnisse für eine Integration nutzen?

Eine zentrale Orientierungshilfe stellen in dieser Situation empirische Forschungsergebnisse da, die mittlerweile für fast alle psychischen Störungen vorliegen. Diese wissenschaftlichen Forschungsergebnisse können einerseits als wichtiges Qualitätskriterium herangezogen werden (Ist die Wirksamkeit einer bestimmten Form von Beratung bei einem speziellen Problem überhaupt überprüft?) und andererseits eine erste große Übersicht im Dickicht der verschiedenen Beratungsschulen und -ansätze liefern.

Was versteht man unter empirischer Therapieforschung?

Aber was ist das eigentlich: empirische Forschung? Empirische Forschung im Beratungsbereich bedeutet, dass die Theorie, die der spezifischen Form von Beratung zu Grunde liegt, wissenschaftlichen Kriterien genügt. So sollte eine Beratungstheorie z.b. widerspruchsfrei und ihre Begriffe klar definiert sein. In diesem Sinne sollte der Klient sich mit den theoretischen Vorannahmen einzelner Beratungsansätze auseinandersetzen und sich selbst fragen, ob ihm die hier vorgestellte Sichtweise seiner Problematik plausibel erscheint oder nicht. Dies kann der Klient entweder selbst, durch das Lesen von Einführungsbüchern, die oftmals auch speziell für Betroffene geschrieben werden, oder auch durch Gespräche mit dem Berater. Hierfür hat die Krankenkasse – für Verhaltenstherapie, Psychoanalyse und tiefenpsychologisch-fundierte Therapie – jeweils mindestens fünf Probesitzungen (probatorische Sitzungen) vorgesehen. In diesen Sitzungen kann sich der Klient ein Bild von der Behandlerin bzw. dem Behandler, aber auch von der zugrunde liegenden Theorie machen, um so zu einer fundierteren Auswahl eines Beratungsansatzes zu gelangen.

Ein für den Klienten zentraler Aspekt der empirischen Forschung ist die Wirksamkeitsforschung: Gibt es wissenschaftliche Untersuchungen, die belegen, dass diese Form der Beratung überhaupt einen positiven Effekt hat? Und wenn ja: Wie groß ist dieser Effekt im Vergleich zu anderen, alternativen Beratungsansätzen?

Das Vorgehen in der empirischen Beratungsforschung besteht im einfachsten Fall darin, dass die Probleme von Klienten zwei Mal erfasst werden: Einmal zu Beginn der Beratung und ein zweites Mal am Ende der Beratung. Zwischen beiden Messungen müsste sich eine Besserung der Problematik des Klienten ergeben haben, die größer als eine rein zufällige Schwankung sein sollte. Ist dies der Fall und wurden solche Untersuchungen an vielen Patienten mit ähnlich positivem Ergebnis durchgeführt, so sind diese Untersuchungen in wissenschaftlichen Zeitschriften veröffentlicht und für alle einsehbar. Wir können dann sagen, dass dieser Beratungsansatz bzw. diese Beratungsmethode wissenschaftlich untersucht ist. Neben diesem einfachen Vorher-Nachher-Vergleich ist es sinnvoll, den Klienten eine gewisse Zeit nach Ende der Beratung erneut zu befragen, um zu sehen, ob die positiven Veränderungen, die durch die Beratung erzielt wurden, auch längerfristig Bestand haben. Ein zweiter wichtiger Aspekt betrifft die Spezifität des Problems, auf Grund dessen eine Beratung aufgesucht wird. Leidet der Patient unter einem aktuellen Konflikt mit seiner Partnerin oder leidet er unter psychotischen Schüben, die seit vielen Jahren immer wiederkehren und Symptom einer schizophrenen

Grunderkrankung sind? Die empirische Forschung nimmt daher eine differentielle Indikation vor: Welche Form der Beratung ist bei welchem Grundproblem als empirisch wirksam anzusehen?

Die Beantwortung dieser Frage ist das Anliegen der empirischen Beratungsforschung, die sich seit mehreren Jahrzehnten immer differenzierter der Frage widmet, welche Art von Intervention bei welchen Klienten mit welcher Problematik welche Effekte erzielt bzw. indiziert ist. Auch hier gibt es eine Vielzahl von veröffentlichten, empirischen Untersuchungen, die es nicht leicht machen, einen Überblick über den Stand der Forschung zu erhalten. Im Unterschied zur Vielfalt auf dem Beratungsmarkt gibt es hier jedoch anerkannte methodische Verfahren, welche eine integrative Sichtweise der Vielzahl von Untersuchungen und Teilergebnissen erlauben, wie z.B. verschiedene Verfahren der Metaanalyse. Eine der umfangreichsten Arbeiten, die den Stand der empirischen Forschung auf diesem Gebiet abbilden, stellen die metaanalytischen Ergebnisdarstellungen von Grawe, Donati und Bernauer (1994) dar. In diesem Buch, welches den optimistischen Untertitel *Von der Konfession zur Profession* trägt, werden Wirksamkeitsnachweise verschiedener Verfahren zusammengetragen und mittels metaanalytischer Auswertungsmethoden zusammengefasst. Dabei analysierten die Autoren die bisher durchgeführten empirischen Arbeiten zur Psychotherapieforschung und kamen zu einem sehr ernüchternden Ergebnis: Für die meisten Beratungsansätze existieren nur sehr wenige, teilweise auch widersprüchliche Wirknachweise. Für einige Formen, z.B. die Jung´sche Psychoanalyse, existierte keine einzige empirische Arbeit. Dieses Ergebnis hat in der Folge bei sehr vielen Therapie- und Beratungsrichtungen dazu geführt, dass sie empirische Arbeiten in Gang gesetzt haben, mit dem erklärten Ziel, die Wirksamkeit ihrer Verfahren nachweisen zu können.

Gibt es Faktoren, die in allen erfolgreichen Beratungen vorkommen?
Ein weiteres wichtiges Ergebnis der Analysen von Klaus Grawe und seinen Mitarbeitern war die Erkenntnis, dass es anscheinend nicht ein Verfahren gibt, das immer indiziert ist, sondern dass es schulenübergreifend bestimmte Faktoren gibt, die jeweils zu einer positiven Veränderung des Klienten führen. Diese wurden von Grawe (1995) als Wirkfaktoren bezeichnet.

Wie lassen sich die zentralen Wirkfaktoren der Beratung charakterisieren?
Diese schulenübergreifenden Wirkfaktoren lauten:
- Ressourcenaktivierung (Anknüpfen bei den Stärken und positiven Seiten des Patienten)
- Problemaktualisierung (Erleben des Problems ohne irgendeine strategische Einschränkung)
- Aktive Hilfe zur Problembewältigung (Anwendung konkreter Verfahren)
- Motivationale Klärung (Analyse der Motive und Werte des Patienten).

Vergleicht man das Vorgehen in den verschiedenen Beratungsrichtungen mit diesen empirisch ermittelten Wirkfaktoren, so stellt man fest, dass viele Richtungen Schwerpunkte in einigen Wirkfaktoren haben. So bietet z.B. die klassische Verhaltenstherapie sehr viel aktive Hilfe zur Problembewältigung, vernächlässigt aber evtl. die motivationale Klärung. Die Psychoanalyse wiederum legt einen Schwerpunkt auf die motivationale Klärung und lässt die aktive Hilfe zur Problembewältigung etwas außer Acht. Auch hier zeigt sich somit, wie hemmend das Denken in Therapieschulen ist und wie sinnvoll eine integrative Beratung wäre.

2.3 Menschenbildannahmen in der Beratung

Neben der Orientierung an empirischen Forschungsergebnissen besteht eine weitere Möglichkeit, die Vielfalt von Sichtweisen in der Beratung zu ordnen und zu bewerten, darin, die Grundvorstellungen vom Menschen (anthropologische Kernannahmen), die in den einzelnen Ansätzen vorhanden sind, herauszuarbeiten und kritisch zu hinterfragen.

Welche Bedeutung haben Menschenbilder in der Beratung?
Da Beratung immer – explizit oder implizit – an bestimmten Theorien oder Theorierichtungen orientiert ist, und da beraterische Tätigkeit nicht im theoriefreien Raum erfolgen kann, beinhalten verschiedene Beratungsansätze immer auch ein bestimmtes Bild vom Menschen. Diese Vorstellungen vom Menschen sind (zumindest implizit) immer in Theorien über den Menschen (also auch in allen psychologischen und psychotherapeutischen Theorien) enthalten und wirken sich auf unterschiedliche Weise auf den Beratungsprozess aus. Dies geschieht vor allem durch die Vorauswahl des diagnostischen Vorgehens und der als adäquat eingeschätzten Interventionsverfahren. Eine kritische Analyse der Menschenbildannahmen wird oft dadurch verhindert, dass diese anthropologischen Grundannahmen selten expliziert, sondern nur implizit weitergeben werden. Im Bereich der Beratung haben Menschenbildannahmen auch deswegen einen besonders großen Einfluss, weil sie im Rahmen des Beratungsprozesses implizit vom Klienten übernommen werden, seine Selbst- und Weltsicht massiv beeinflussen und dadurch auf die zukünftige Lebensgestaltung des Klienten einen mächtigen Einfluss haben. Umso wichtiger ist es daher, sich näher damit zu beschäftigen (vgl. Wagner, 1999).

Welche Menschenbildannahmen lassen sich in der Beratung unterscheiden?
Beratungsansätze bzw. Therapieschulen beziehen sich zwangsläufig auf verschiedene psychologische Theorien. Im Rahmen der Psychologie, die die Grundlagenwissenschaft der Beratung bildet, wurde von Groeben (1986) ein Ordnungssystem entwickelt, welches die Vielfalt von Theorien bündelt und unter drei verschiede-

ne wissenschaftstheoretische Einheiten subsumiert. Diese drei Einheiten nennt Groeben *Handeln*, *Tun* und *Verhalten*. Entsprechend lautet auch der Titel seines Buches: „Handeln, Tun, Verhalten als Einheiten einer verstehend-erklärenden Psychologie". Durch diesen Titel macht der Autor deutlich, worum es ihm geht: die eingefahrene Dichotomisierung zwischen Verstehen und Erklären, zwischen hermeneutischem und empirischem Forschungsansatz soll zu Gunsten einer ganzheitlichen Betrachtungsweise aufgehoben werden.

Im Folgenden werden die von Groeben für die Psychologie entwickelten drei Gegenstandseinheiten auf den Bereich der Beratung angewandt. Dabei werden für jede Einheit die zentralen anthropologischen Kernannahmen erläutert und die paradigmatischen Beratungsansätze aufgeführt (vgl. Wagner, 2004).

In welchen Beratungsansätzen wird der Mensch als Objekt von Außenreizen wahrgenommen?

Unter die Einheit des Verhaltens fallen jene Beratungstheorien, die den Menschen als Objekt äußerer Bedingungen konzipieren. Die paradigmatische Forschungsrichtung für diese Einheit ist der Behaviorismus, der dieser Einheit auch den Namen gibt (behavior – Verhalten). Der Behaviorismus, der vor allem in der ersten Hälfte des letzten Jahrhunderts weit verbreitet war, untersuchte äußere Reizbedingungen, die das Verhalten des Menschen steuern. Weil innere Variablen, wie Gefühle und Gedanken, als nicht wissenschaftlich angesehen und daher auch nicht untersucht wurden, spricht man hier auch vom *black-box-Modell* des Menschen. Klassische und operante Konditionierung sind wissenschaftliche Theorien, die dieser Gegenstandseinheit zuzuordnen sind. Sie bilden auch die Grundlage für viele Verfahren, die in der frühen Verhaltenstherapie entwickelt wurden. Auch heute noch werden in der Verhaltenstherapie (und auch in anderen Verfahren, wie z.B. der Hypnosetherapie oder dem Neurolinguistischen Programmieren) Verfahren angewandt, die diesem *black-box-Modell* des Menschen entsprechen: Verhaltensänderung durch Belohnungs- und Bestrafungsprozesse, Trainingsprogramme, die die Gabe von Konsequenzen betonen, oder Konfrontationsverfahren (z.B. bei Angst- und Zwangsproblemen) sind effektive Verfahren, die dieser Einheit zuzuordnen sind.

In welchen Beratungsansätzen wird der Mensch als Objekt unbewusster Triebe wahrgenommen?

Unter diese Einheit fallen Theorien, in denen der Mensch als Objekt unbewusster Triebe und Motive modelliert wird. Die paradigmatische Theorie für diese Einheit stellt die Psychoanalyse dar, deren Begründer Sigmund Freud mit seiner Eisberg-Metapher folgendes Bild des Menschen zeichnete: Wie beim Eisberg der Hauptteil im Meer verborgen ist und nur ein kleiner Teil – eben die Spitze des Eisbergs – aus dem Wasser ragt, so sei im Menschen das Verhältnis seiner bewussten Anteile

(Eisbergspitze) zu den Mächten der Triebe. Diese machen den größten Teil des Menschen aus, bestimmen sein Tun und sind im Meer des Unbewussten der bewussten Reflexion durch den Menschen verborgen. Zentral für Beratungstheorien, die der Tuns-Einheit zuzuordnen sind, ist ein Auseinanderfallen von subjektiver Intention und objektiver Motivation: Das, was der Mensch denkt, warum er sich so oder so verhält, stimmt nicht mit den objektiven Gründen überein. Im Rahmen dieser Theorien sind es die unbewussten Gründe, die unser Tun bestimmen. Dieses Menschenbild findet sich außer in der Psychoanalyse auch in allen davon abgeleiteten tiefenpsychologischen Beratungsrichtungen, wie z.B. der Individualpsychologie von Alfred Adler, der Jung'schen Psychoanalyse oder der tiefenpsychologisch-fundierten Beratung, die im Rahmen der ambulanten Psychotherapie eine weite Verbreitung hat. Weiterhin sind jedoch auch viele sozialpsychologische Theorien zu nennen, wie z.B. die Dissonanz-Theorie oder die Reaktanz-Theorie, die erklären, wie wir in bestimmten Situationen von unbewussten Wünschen bestimmt werden. Typische Verfahren dieser Einheit sind Übertragungsdeutungen und projektive Testverfahren.

In welchen Beratungsansätzen wird der Mensch als frei handelnde Person wahrgenommen?

Unter diese Einheit werden jene Theorien und die von ihnen abgeleiteten Verfahren subsumiert, welche die typisch menschlichen Fähigkeiten von Rationalität, Reflexion, Kommunikation und absichtsvollem Handeln betonen und diese als zentrale Merkmale des Menschen ansehen. Paradigmatische Theorie ist die Handlungstheorie, die sich mit dem (bewusstseinsfähigen) Denken und Fühlen des Menschen beschäftigt. Die Kognitive Therapie, die rational-emotive Therapie von Albert Ellis, die philosophische Beratung (Ruschmann, 1999) und viele Ansätze im Rahmen der humanistischen Psychologie stellen typische therapeutische und beraterische Vertreter dieses Menschenbildes dar.

Lassen sich diese verschiedenen Menschenbildannahmen überhaupt integrieren?

Diese drei Gegenstandseinheiten und die ihnen zuzuordnenden Beratungstheorien betonen jeweils deutlich unterschiedliche Seiten des Menschen. Sie stellen zunächst ein Ordnungssystem dar, welches die Möglichkeit bietet, die Vielfalt von Verfahren an Hand des zu Grunde liegenden Menschenbildes zuzuordnen. Darüber hinaus weisen diese drei Einheiten auch auf ethische Aspekte hin (vgl. Wagner, 1999). Denn mit der einseitigen Betonung nur einzelner Seiten des Menschen in den meisten Beratungstheorien, wird der Mensch reduziert und zwangsläufig werden andere Seiten des Menschen vernachlässigt. Die verschiedenen Menschenbildannahmen implizieren auch eine unterschiedliche Form der Beziehungsgestaltung zwischen Berater und Klient, deren ethische Problematik oft zu wenig reflektiert wird (vgl. Wagner, 1999). Aufbauend auf diesen Einheiten und den genannten Desideraten wird im Folgenden ein integrativer Beratungsansatz vorgestellt.

2.4 Ein integrativer Beratungsansatz

Was kennzeichnet das Modell der integrativen Beratung von Wagner (2004)?

Das hier vorgestellte Modell eines integrativen Beratungsansatzes versucht, die Scheuklappen einzelner Beratungsrichtungen zu beseitigen und unabhängig von der jeweiligen Schule jene Theorien, Methoden und Verfahren zur Anwendung kommen zu lassen, die sich im konkreten Beratungsanlass empirisch-wissenschaftlich bewährt haben. Durch die Vorgabe einer Rangreihe sollen gleichzeitig unnötige Reduktionismen, die in einzelnen Ansätzen (implizit) vorhanden sind, aufgehoben werden. Im Rahmen dieser Rangreihe wird ein ethisch-sequentielles Vorgehen postuliert, welches auf der Beziehungsebene soweit möglich eine handlungstheoretische Fundierung vorsieht, die durch strukturelle Gleichheit von Berater und Klient gekennzeichnet ist. Im Rahmen dieser gleichberechtigten Beziehung können dann auch empirisch bewährte Ansätze und Verfahren zur Anwendung kommen, welche ein reduktives, weil eingeschränktes Bild vom Menschen implizieren, wie z.B. die Arbeit an Projektionen oder die Anwendung von Konfrontationsverfahren. Eine solche Intervention wird jedoch zunächst auf der Ebene der gleichberechtigten Beziehung zwischen Berater und Klient besprochen und erst durch die explizite Zustimmung des Klienten umgesetzt. Eine ausführlichere Darstellung des integrativen Beratungsansatzes und des darin postulierten ethisch-sequentiellen Vorgehens folgt in Modul 9 (Ethische Fragen in Beratung).

Welche Voraussetzungen müssen für eine Integration erfüllt werden?

Notwendige Voraussetzung für dieses integrative Vorgehen ist zum einen die Aufgabe des Ubiquitätsanspruches einzelner Schulen und Ansätze. Zum anderen müssen Beraterinnen und Berater Wissen über den Tellerrand ihrer eigenen Schulrichtung hinaus erwerben und Vorurteile gegenüber anderen Verfahren abbauen. Gerade diese letzte Forderung ist nicht einfach zu erfüllen. Führen wir uns jedoch das Ziel des integrativen Beratungsansatzes vor Augen – eine nicht-reduktive, ganzheitliche Sichtweise des Menschen und eine Behandlung der Probleme des Klienten entsprechend dem Stand der wissenschaftlichen Forschung (Wagner, 2004) – so lohnt diese Mühe. Denn nur vor diesem Hintergrund gelingt es, dass die Klienten durch die Beratung ein Mehr an Selbstbestimmung und persönlicher Freiheit erwerben können.

3. Arbeitsteil

Zusammenfassung:

Der Bereich der Beratung ist durch eine große Heterogenität verschiedener Schulen und Verfahren gekennzeichnet: Die Verhaltenstherapie und die sog. Tiefenpsychologie (Psychoanalyse und tiefenpsychologisch-fundierte Therapie) haben in Deutschland eine sozialrechtliche Anerkennung, d.h. die Krankenkassen bezahlen diese Form der Behandlung. Die klientenzentrierte Beratung (oder auch Gesprächspsychotherapie) hat die wissenschaftliche Entwicklung des Beratungsprozesses sehr vorangetrieben und dabei die Basisvariablen der Gesprächsführung entwickelt: Akzeptanz, Empathie und Kongruenz). Obgleich die Gesprächspsychotherapie wichtige Impulse für den gesamten Beratungsbereich lieferte, ist ihre sozialrechtliche Anerkennung noch offen. Neben diesen drei Verfahren existiert eine Vielzahl unterschiedlich weit ausgearbeiteter Theorien und Verfahren, wie die Systemische Beratung, die Transaktionsanalyse, die Gestalttherapeutische Beratung u.v.a. Diese Heterogenität unterschiedlicher Theorien und Verfahren macht es einem Menschen, der Hilfe sucht, äußerst schwer, die für ihn richtige Form der Beratung zu finden. Zudem zeigen wissenschaftliche Analysen, dass die verschiedenen Schulen der Beratung oft nur einzelne Aspekte focussieren. Beides spricht für eine Integration der verschiedenen Ansätze. Dabei soll die Effektivität von Verfahren, die im Rahmen der empirischen Therapieforschung untersucht wird, eine zentrale Rolle spielen. Es zeigt sich, dass es einzelne Faktoren gibt, die unabhängig von einer bestimmten Beratungsrichtung einen deutlich positiven Einfluss auf die Beschwerden des Klienten ausüben. Diese schulenübergreifenden Wirkfaktoren wurden von Klaus Grawe und Mitarbeitern erforscht. Er nannte die vier Wirkfaktoren *Ressourcenaktivierung*, *Problemaktualisierung*, *aktive Hilfe zur Problembewältigung* und *motivationale Klärung*. Neben dem Kriterium der empirischen Wirksamkeit sollte in einer integrativen Beratung auch die Vorstellung vom Menschen (sog. Menschenbildannahmen) eine Rolle spielen. Sie können zur Orientierung im Dschungel der verschiedenen Beratungsrichtungen dienen, und sie eröffnen einen Blick auf die ethischen Aspekte der Beratung, da das Menschenbild einer Beratungsrichtung implizit in jeder Beratung weitergegeben wird und so die Selbst- und Weltwahrnehmung des Klienten bestimmt. Drei Gruppen von Menschenbildannahmen lassen sich unterscheiden: Der Mensch als Objekt von Außenreizen, der Mensch als Objekt unbewusster Triebe und der Mensch als frei handelnde Person. Diesen Gruppen lassen sich verschiedene Beratungsrichtungen zuordnen. In einer integrativen Beratung werden diese unterschiedlichen Sichtweisen des

Menschen sinnvoll miteinander in Beziehung gesetzt. Dies erfordert jedoch von den einzelnen Beratungsrichtungen die Aufgabe ihres Ubiquitätsanspruchs und die Auseinandersetzung mit empirischen Forschungsergebnissen anderer Schulen. Erst in einer solchen integrativen Beratung erfährt der Klient ein ganzheitliches Bild seiner Person.

Zum Verständnis

(a) Beschreiben Sie die zentralen Grundannahmen vier verschiedener Beratungsansätze!

(b) Was versteht man unter Wirkfaktoren der Beratung?

(c) Nennen Sie drei zentrale Menschenbildannahmen eines integrativen Beratungsansatzes!

4. Literatur

Empfohlene Literatur:

Kritz, J. (2007). Grundkonzepte der Psychotherapie. Weinheim: Beltz.

Wagner, R. F. & Becker, P. (Hrsg.). (1999). Allgemeine Psychotherapie. Neue Ansätze zu einer Integration psychotherapeutischer Schulen. Göttingen: Hogrefe.

Wagner, R. F. (2004). Ein integrativer Beratungsansatz. In F. Nestmann, F. Engel & U. Sickendiek (Hrsg.), Das Handbuch der Beratung, Band 2 (S. 663–674). Tübingen: DGVT.

Verwendete Literatur

Berne, E. (1967). Spiele der Erwachsenen. Reinbek: Rowohlt.

Biermann-Ratjen, E.-M., Eckert, J. & Schwartz, H.-J. (2002). Gesprächspsychotherapie. Stuttgart: Kohlammer.

Dietrich, G. (1991). Allgemeine Beratungspsychologie. – Eine Einführung in die psychologische Theorie und Praxis der Beratung. Göttingen: Hogrefe.

Eckert, J., Biermann-Ratjen, E. & Höger, D. (Hrsg.). (2006). Gesprächspsychotherapie. Lehrbuch für die Praxis. Heidelberg: Springer.

Erickson, M. H. (1967). Advanced techniques of hypnosis. New York: Grune & Stratton.

Grawe, K., Donati, R. & Bernauer, F. (1994). Psychotherapie im Wandel. – Von der Konfession zur Profession. Göttingen: Hogrefe.

Grawe, K. (1995). Grundriß einer Allgemeinen Psychotherapie. Psychotherapeut, 40, 130–145.

Groeben, N. (1986). Handeln, Tun, Verhalten als Einheiten einer verstehend-erklärenden Psychologie. Tübingen: Francke.

Kossak, H.-C. (2004). Hypnose. Lehrbuch für Psychotherapeuten und Ärzte. Weinheim: Beltz.

Kritz, J. (2007). Grundkonzepte der Psychotherapie. Weinheim: Beltz.

Lazarus, A. A. (1973). Multimodal behavior therapy: Treating the BASIC ID. Journal of Nervous and Mental Disease, 156, 404–411.

Margraf, J. (2003a). Lehrbuch der Verhaltenstherapie. Band 1. Berlin: Springer.

Margraf, J. (2003b). Lehrbuch der Verhaltenstherapie. Band 2. Berlin: Springer.

McLeod, J. (2004). Counselling – eine Einführung in Beratung. Tübingen: DGVT.

Mertens, W. (1996). Psychoanalyse. Stuttgart: Kohlhammer.

Minuchin, S. (1979). Familie und Familientherapie. Freiburg: Lambertus.

Nestmann, F., Engel, F. & Sickendiek, U. (Hrsg.). (2004a). Das Handbuch der Beratung. Band 1. Tübingen: DGVT.

Nestmann, F., Engel, F. & Sickendiek, U. (Hrsg.). (2004b). Das Handbuch der Beratung. Band 2. Tübingen: DGVT.

Perls, F. S. (1974). Gestalt-Therapie in Aktion. Stuttgart: Klett.

Rogers, C. R. (1951). Client-centered therapy. Middlesex: Penguin. (Deutsch 1983. Die Klientenzentrierte Gesprächspsychotherapie. Fischer: Frankfurt.)

Ruschmann, E. (1999). Philosophische Beratung. Stuttgart: Kohlhammer.

Schlegel, L. (1995). Die Transaktionale Analyse. Tübingen: Francke.

Selvini Palazzoli, M., Boscolo, L., Cecchin, G. & Prata, G. (1975). Paradoxon und Gegenparadoxon. Stuttgart: Klett.

Stierlin, H. (1975). Von der Psychoanalyse zur Familientherapie. Stuttgart: Klett.

Tausch, R. & Tausch, A. M. (1960/1990). Gesprächspsychotherapie. Göttingen: Hogrefe.

Wagner, R. F. (1999). Ein integratives Menschenbild einer an ethischen Dimensionen orientierten Allgemeinen Psychotherapie. In R. F. Wagner & P. Becker (Hrsg.), Allgemeine Psychotherapie. Neue Ansätze zu einer Integration psychotherapeutischer Schulen (S. 43–74). Göttingen: Hogrefe.

Wagner, R. F. (2004). Ein integrativer Beratungsansatz. In F. Nestmann, F. Engel & U. Sickendiek (Hrsg.), Das Handbuch der Beratung, Band 2 (S. 663–674). Tübingen: DGVT.

Watzlawick, P., Beavin, J. H. & Jackson, D. D. (1967). Pragmatics of human communication. New York: Norton. (Dt.: (1980). Menschliche Kommunikation. Bern: Huber.)

Modul 4: Beratung im Kontext von Interventionsformen

Arnold Hinz

Beratung muss im Kontext anderer Interventionsformen gesehen werden. Dietrich (1991) sieht Beratung in einer Zwischenstellung zwischen „Erziehung" und „Psychotherapie". Die Abgrenzung insbesondere zur Psychotherapie ist nicht einfach, da seit den 1970er Jahren psychotherapeutische Konzepte in die Praxis der Beratung eingingen und sich die Auffassung durchsetzte, dass zumindest psychologische Beratung nicht aus dem Geben von Ratschlägen besteht und auch nicht einfach nur Informationsvermittlung ist. Zudem ist Beratung gegen andere Formen der Intervention abzugrenzen wie „Krisenintervention", „Betreuung" und „Mediation". Als Sonderformen der Beratung können Interventionen wie „Supervision", „Intervision bzw. Kollegiale Teamberatung" und „Coaching" angesehen werden.

1. Abgrenzung von Beratung und Psychotherapie

Bevor im Folgenden auf verschiedenen Ebenen der Unterschied zwischen psychologischer Beratung und Psychotherapie erörtert wird, muss zunächst gefragt werden:

Gibt es einen Unterschied zwischen psychologischer Beratung und Psychotherapie?
Carl Rogers, der Begründer der Gesprächspsychotherapie, verwendet die Begriffe Beratung („counseling") und Psychotherapie („psychotherapy") vollkommen gleichbedeutend. In seinem Buch „Die nicht-direktive Beratung" (Originaltitel: „Counseling and Psychotherapy") führt er zu Beginn an, dass der Begriff „Beratung" häufiger im pädagogischen Bereich benutzt werde, der Begriff „Psychotherapie" hingegen von Psychologen und Psychiatern. Zudem werde der Begriff „Beratung" eher für gelegentliche und oberflächliche Gespräche verwendet, der Begriff „Psychotherapie" hingegen für intensivere und länger dauernde Kontakte mit dem

Ziel einer tieferen Reorganisation der Persönlichkeit. Rogers wendet gegen diese Unterscheidung ein, dass eine intensive und erfolgreiche Beratung nicht von einer intensiven und erfolgreichen Psychotherapie unterschieden werden könne. Deshalb werde er die Bezeichnungen „Beratung" und „Psychotherapie" „mehr oder weniger austauschbar" (Rogers, 1942/1972, S. 17) verwenden.

Als Hintergrund für die Argumentation von Rogers muss gesehen werden, dass er zwischen »schlechter« Beratung und Psychotherapie auf der einen Seite und »guter« („intensiv und erfolgreich") Beratung und Psychotherapie auf der anderen Seite unterscheidet. Schlechte Beratung und Psychotherapie sind für ihn alle direktiven Vorgehensweisen wie Ermahnen, Belehren, Befehlen, Verbieten, Überreden, Suggestion, das Einfordern von Versprechungen und von Gelöbnissen, Stützen und Ermutigen, das Erteilen von Ratschlägen und intellektualisierte Interpretationen. »Gute« Beratung und Psychotherapie sind für Rogers hingegen alle nicht-direktiven Vorgehensweisen, die die Selbstverantwortung, die Unabhängigkeit und die Entwicklung des Klienten stärken. Die Unterscheidung zwischen Beratung und Psychotherapie macht für Rogers keinen Sinn, weil sich der Berater auch bei kürzeren Kontakten empathisch, akzeptierend und kongruent verhalten soll, das heißt, er soll einfühlend sein und sich in die Welt des Ratsuchenden hineinversetzen (= Empathie), er soll den Ratsuchenden so akzeptieren, annehmen und wertschätzen, wie dieser als Person ist (= Akzeptanz), und er soll als Ratgeber in Übereinstimmung mit seinen eigenen Gefühlen handeln, das heißt, die Gefühle des Beraters und das Verhalten des Beraters sollten übereinstimmen (= Kongruenz). Die Unterscheidung zwischen Psychotherapie als tiefergehende und Beratung als oberflächlichere Interventionsform teilt Rogers nicht, da seiner Auffassung nach auch in der Beratung das Individuum im Mittelpunkt steht und nicht die Lösung eines Problems. „Das Ziel ist es nicht", sagt Rogers (1942/1972), „ein bestimmtes Problem zu lösen, sondern dem Individuum zu helfen, sich zu entwickeln, so daß es mit dem gegenwärtigen Problem und mit späteren Problemen auf besser integrierte Weise fertig wird" (S. 36). Wenn für Rogers einerseits Beratung nicht einfach die Lösung eines Beratungsproblems ist, so versteht Rogers andererseits unter Psychotherapie auch nicht einen umfangreichen Rückgang in die Kindheit des Klienten. Die Vergangenheit sei nur zum Zwecke der Forschung wichtig, für die Therapie "aber nicht unbedingt notwendig" (Rogers, 1942/1972, S. 37). Es gehe vielmehr um die derzeitige Situation, um die emotionalen Strukturen des Individuums sowie um die momentane Anpassung.

Als Hintergrund des Fehlens einer Unterscheidung zwischen Therapie und Beratung muss man sehen, dass Rogers selbst zwölf Jahre lang in der Erziehungsberatung gearbeitet und dabei die fehlende Effektivität direktiver Formen der Beratung kennengelernt hatte. Zu berücksichtigen ist auch, dass Therapien bei Rogers nur einen Umfang von wenigen Sitzungen hatten (der in „Die nicht-direktive Beratung" abgedruckte Therapiefall Herbert Bryan umfasst acht Sitzungen) und dass bei Rogers insofern auch hinsichtlich der Länge kein Unterschied zwischen Therapie und Beratung möglich ist.

Rogers' Gleichsetzung von Beratung und Psychotherapie findet man zwar auch heute noch in vielen Fachtexten, sie hat sich in der Praxis aber nicht durchgesetzt, auch nicht innerhalb der Gesprächspsychotherapie. So wird in der „Deutschen Gesellschaft für wissenschaftliche Gesprächspsychotherapie" nicht nur in der Ausbildung zwischen Beratung und Psychotherapie unterschieden, sondern auch in ihrer Organisationsstruktur. Zudem gab es auch in der Gesprächspsychotherapie einige Versuche einer Abgrenzung zwischen Beratung und Psychotherapie (Esser, 1986; Linster & Panagiotopoulos, 1990; Sander, 1975). Die Gleichsetzung von Psychotherapie und Beratung ist aus heutiger Sicht eher als eine Phase in den 1980er Jahren anzusehen, als einerseits Psychotherapie noch nicht rechtlich anerkannt war und als andererseits psychotherapeutische Zusatzausbildungen für Berater in Beratungseinrichtungen selbstverständlich wurden (Großmaß, 2004). Sowohl in der psychologischen Praxis als auch im Alltagsverständnis wird zwischen Beratung und Psychotherapie unterschieden. In der Schule hat jeder Lehrer auch die Aufgabe der Beratung, aber selbstverständlich nicht die Aufgabe der Therapie. Thiersch (2004) führt an, dass es angesichts der Unterschiede in der Praxis blauäugig sei, Beratung und Psychotherapie in eins zu setzen. Eine wissenschaftlich fundierte Abgrenzung ist aber nicht einfach. Manchmal wird auch „Beratung" als umfassender und „Psychotherapie" als spezieller Begriff verwendet (Steinebach, 2006).

Wie wird die Abgrenzung zwischen Beratung und Psychotherapie gesehen?

In der Literatur findet man vielfältige Vorschläge zur Abgrenzung zwischen Beratung und Psychotherapie, wobei allerdings kaum eine feste Grenze gezogen wird. Viele Autoren sprechen von einem fließenden Übergang, von einer teilweisen Überlappung beziehungsweise von einem Kontinuum mit den Polen Beratung und Psychotherapie (Dietrich, 1991; Sieland, 1994; Steinebach, 2006; Stefflre & Grant, 1972). Im Folgenden werden auf verschiedenen Ebenen Unterscheidungsmerkmale zwischen Beratung und Psychotherapie diskutiert. Während es auf einigen Ebenen klare Abgrenzungen gibt, sind diese auf anderen Ebenen eher undeutlich.

Gibt es historische Unterschiede zwischen Beratung und Psychotherapie?

Einzelne Formen der Beratung gab es schon im Altertum. Man befragte den Schamanen nach dem besten Zeitpunkt für die Aussaat des Getreides, das Orakel nach den Erfolgsaussichten bei einem Feldzug oder den Weisen nach den persönlichen Glücksaussichten. Durch die Ärzte erfolgte in der Antike eine Beratung bezüglich der Ernährung, der Fortpflanzung, des Alkoholgenusses, des Schlafs etc. Auch Hetären hatten eine Funktion als Beraterinnen in den Bereichen Erotik, Körperpflege, Musik, Literatur, Philosophie und Rhetorik. Weit verbreitet war eine

Art Coaching mit Bezug auf die politische Karriere. Von Psychotherapie sowie von institutionalisierter psychologischer Beratung kann man in der Antike nicht sprechen. Während die psychoanalytische Therapie in den 1890er Jahren entwickelt wurde, entstand eine institutionalisierte Beratung erst in den 1920er Jahren, und zwar als Sexualberatung, als Erziehungsberatung und als Berufsberatung. So bot beispielsweise das nach dem ersten Weltkrieg gegründete Berliner Institut für Sexualforschung (1933 von den Nationalsozialisten geschlossen) jährlich etwa 18.000 Beratungstermine an, größtenteils im Kontext der Verhütungsberatung, aber auch zur Beratung bei Homosexualität oder bei sexuellen Störungen (Beier, Bosinski, Hartmann & Loewit, 2001). Psychoanalytisch orientierte Erziehungsberatungsstellen wurden zuerst in Wien gegründet und institutionell im Jugendamt verankert (Datler, Steinhardt & Gstach, 2004). Durch das Gesetz über die Einrichtung der Arbeitslosenversicherung und der Arbeitsvermittlung wurde 1927 die staatliche Berufsberatung eingeführt (Thiel, 2004). Die Psychotherapie entwickelte sich mit Bezug auf die Konzepte von Freud, Jung und Adler relativ abgegrenzt von Beratungsstellen.

In den 1940er und 1950er Jahren war Beratung Teil eines autoritären Fürsorgesystems mit normierender Lenkung (Großmaß, 2004). Im Mittelpunkt der Beratung stand die Leistungsfähigkeit der psychologischen Diagnostik. Berater waren vor allem Testdurchführer sowie Vermittler der Testergebnisse und sonstiger Informationen. Parallel zum Psychoboom wurden dann in den 1960er und 1970er Jahren psychotherapeutische Beratungskonzepte für die Praxis der Beratungsstellen immer wichtiger, wobei vor allem gesprächspsychotherapeutische und verhaltenstherapeutische Konzepte nun in die Beratungspraxis eingingen. Die Gesprächspsychotherapie, die in den USA im Kontext der Erziehungsberatung entstanden war (unter anderem auch aus der Situation heraus, dass eine aufwändige Psychoanalyse in der Erziehungsberatung zeitlich nicht zu leisten war), bot sich an, weil ihre Gegenwartsorientierung, das räumliche Setting (keine Couch), ihre einfache Terminologie, der vergleichsweise geringe zeitliche Umfang und ihr Menschenbild den Bedürfnissen der Beratungsstellen entgegenkamen. Sowohl in den USA als auch in Deutschland wirkten die humanistischen Psychotherapieverfahren stärker in die öffentlichen Beratungseinrichtungen als in die psychotherapeutischen Praxen. Die Möglichkeiten und der Nutzen der Diagnostik wurden nun eher skeptisch beurteilt, was auch damit zu tun hatte, dass die Testdiagnostik nicht zur angestrebten hierarchiefreien Beratung passte. Beratung galt nun als kleine Psychotherapie; die Abgrenzung zwischen Beratung und Therapie wurde schwieriger (Engel, Nestmann & Sickendiek, 2004). Dies hatte auch damit zu tun, dass sich keine eigenständige Beratungstheorie entwickelte (Großmaß, 2004). Der für die Praxis so wichtige Bereich der Beratung wurde von der Psychologie als Wissenschaft ausgesprochen stiefmütterlich behandelt. Einerseits wurde Beratern, insbesondere wenn sie methodenübergreifend und problemorientiert vorgingen, die Psychotherapeutenqualifikation abgesprochen, andererseits vermittelte die wissenschaftliche Psychologie den Beratern „aber auch kein alternatives Selbstverständnis" (Schröder, 2004, S. 55). Die Anpassung psychotherapeutischer Konzepte an die Besonderheiten der Beratungsklienten erfolgte weitgehend theorielos und wurde von den Beratern mehr oder weniger in Eigenregie durchgeführt. Die Schwierigkeiten einer Abgrenzung von Beratung und Psychotherapie haben mit diesem Theoriedefizit zu tun.

Gibt es organisatorische Unterschiede zwischen Beratung und Psychotherapie?

In organisatorischer Hinsicht zeigen sich die klarsten Unterschiede zwischen Beratung und Psychotherapie. Während Psychotherapie als Teil der *medizinischen Versorgung* angesehen werden kann (Großmaß, 2004) und entweder privat bezahlt oder über die Krankenkasse abgerechnet wird, gehört Beratung zu den *öffentlichen Aufgaben*, die von den Ländern und Kommunen sowie von den großen Kirchen getragen werden. Psychotherapeuten arbeiten zumeist entweder selbstständig in freier Praxis oder als Angestellte in Kliniken; Berater arbeiten als Beamte oder Angestellte des Landes, der Kommune oder der Kirche. Die Inanspruchnahme von Beratung ist, weil sie durch Steuergelder finanziert wird, *kostenlos* (dies gilt aber nicht für den Bereich Supervision/Coaching); eine Psychotherapie hingegen muss entweder *selbst bezahlt* oder über die *Krankenkasse* beantragt und abgerechnet werden. Viele Beratungsstellen bieten auch eine Art offener Sprechstunde (ohne feste Terminvereinbarung) und Online-Beratung an, was für Psychotherapeuten eher ungewöhnlich ist.

Das Psychotherapeutengesetz regelt seit einigen Jahren die Ausübung einer Tätigkeit als psychologischer Psychotherapeut sowie als Kinder- und Jugendlichenpsychotherapeut. Die Ausbildung zum Psychotherapeuten ist stark formalisiert und sehr umfangreich. Zugangsvoraussetzung ist ein abgeschlossenes *Psychologie- oder Medizinstudium*. Der Zugang zum Beruf des Beraters ist wesentlich breiter: Berater sind *Psychologen, Sozialpädagogen, Diplom-Pädagogen, Heilpädagogen, Lehrer, Kinder- und Jugendlichenpsychotherapeuten, Ärzte, Soziologen* etc. Oft haben aber Berater in Beratungsstellen auch eine oder sogar mehrere Therapieausbildungen und der jeweilige professionelle Hintergrund prägt die Beratungsarbeit. Längere Psychotherapien können allerdings in Beratungsstellen aufgrund begrenzter Kapazitäten nur zu einem geringen Umfang oder auch gar nicht angeboten werden.

Viele Beratungseinrichtungen wurden als freiwillige Leistung der Kommunen und Länder eingerichtet; Grundlage der Erziehungsberatung ist das Kinder- und Jugendhilfegesetz (KJHG). Die Kinder- und Jugendhilfe ist ausdrücklich nicht an die Krankenkassendefinition der Therapie und der Therapiearten (derzeit können nur Psychoanalyse, tiefenpsychologisch fundierte Psychotherapie oder Verhaltenstherapie über die Krankenkasse abgerechnet werden) gebunden, umfasst also auch gesprächspsychotherapeutische Leistungen oder Beschäftigungs-, Kunst-, Gestaltungs-, Bewegungs- oder Musiktherapie (Barabas, 2004).

Unterscheiden sich Beratung und Therapie hinsichtlich der Indikation?

Eine Indikation zur Psychotherapie setzt in der Regel beim Klienten *Leidensdruck, Krankheitseinsicht, Veränderungsmotivation* und *Freiwilligkeit* voraus. Beratung hingegen kann auch bei Personen erfolgen, die keinen Leidensdruck und kein seelisches Problem haben, die jedoch Unterstützung bei einer Entscheidung brauchen. In diesem Fall gehören Krankheitseinsicht und Veränderungsmotivation nicht zum Aufsuchen von Beratung. Anlässe für eine Beratung können beispielsweise die Absicherung einer anstehenden Entscheidung durch Expertenwissen sein (beispielsweise bei der Entscheidung, ob das eigene Kind eingeschult oder zu welcher Schulform es angemeldet werden sollte), die Suche nach professioneller Unterstützung beim Umgang mit anderen (wenn beispielsweise die studentische Mitbewohnerin magersüchtig geworden ist) oder die Suche nach Überprüfung des eigenen professionellen Verhaltens. Bei den genannten Beratungsanlässen kann es dann zwar dazu kommen, dass auch eigene biographische Hintergründe angesprochen und berücksichtigt werden (wenn beispielsweise Eltern selbst als Kind zu früh oder zu spät eingeschult worden sind oder aufgrund von Fehlentscheidungen ihrer eigenen Eltern eine problematische Schullaufbahn erlebten), diese stehen aber in einer Beratung anders als in einer Psychotherapie nicht dauerhaft im Mittelpunkt.

Auch die Freiwilligkeit gehört nicht notwendigerweise zur Beratung. So kann beispielsweise der Klassenlehrer mit Hinweis auf die drohende Nichtversetzung Eltern und Schüler veranlassen, mit dem Beratungslehrer zu sprechen oder eine schulpsychologische Beratungsstelle aufzusuchen. Die gesetzlich geregelte Schwangerschaftskonfliktberatung ist eine Zwangsberatung, da nur nach Aufsuchen der Beratung ein Schwangerschaftsabbruch straffrei bleibt. Zwangsberatung gibt es auch im Kontext der Jugendgerichtshilfe und der Insolvenzordnung (Barabas, 2004). Zwangstherapie gibt es allerdings als Auflage insbesondere bei sexuellen Straftaten auch. Insgesamt stellt aber eine Indikation zur Psychotherapie hinsichtlich Leidensdruck, Krankheitseinsicht, Veränderungsmotivation und Freiwilligkeit höhere Anforderungen an den Klienten als eine Indikation zur Beratung. Eine Psychotherapie setzt eher eine Veränderungsmotivation voraus, bei Beratung kann der Klient auch durch Angehörige, durch Eltern oder Lehrer gedrängt oder einfach mitgebracht werden. Beratung hat nicht nur eine *Kommstruktur*, sondern in bestimmten Bereichen wie Schulsozialarbeit oder Drogenhilfe kann es auch sinnvoll sein, dass der Berater selbst den Weg zu einem hilfebedürftigen Schüler oder Drogenabhängigen aufsucht („*Gehstruktur*").

Im Sinne des Gesetzes ist Psychotherapie jede mittels wissenschaftlich anerkannter psychotherapeutischer Verfahren vorgenommene Tätigkeit zur Feststellung, Heilung oder Linderung von Störungen mit Krankheitswert. Ein Krankheitswert im rechtlichen Sinne ist gegeben, wenn *Behandlungsbedürftigkeit oder Arbeitsunfähigkeit oder beides* nachgewiesen werden können. Wer Psychotherapie in Anspruch nimmt, fühlt sich „krank und belastet bzw. in wichtigen Lebensfunktionen gestört" (Großmaß, 2004, S. 90). Mit Ausnahme von Lehranalysen oder Lehrtherapien kann eine Psychotherapie nur von Personen in Anspruch genommen werden, die psychisch krank sind. Beratungsklienten können hingegen vollkommen ungestörte *„normale"* (Sander, 1975, S. 52) *Personen* sein. Falsch wäre es jedoch, stark gestörte Personen automatisch der Psychotherapie und mittelstark bis gar nicht gestörte Personen der Beratung zuzuordnen. So führt etwa Sieland (1994) an, dass man von Beratung eher bei guten Selbststeuerungskompetenzen und einer geringeren Schwere der Störung des Klienten sprechen könne (S. 158). Dagegen spricht, dass Beratung je nach Schwerpunkt der Beratungseinrichtung ein weiteres Feld abdeckt als die Psychotherapie. So kann eine Beratungsstelle mit Personen zu tun haben, die zwar schwerste Persönlichkeitsstörungen aufweisen, denen aber die Therapiemotivation fehlt. Sogar Beratungslehrer an Schulen haben oft mit besonders schwierigen Fällen zu tun, weil Personen, die eine Erziehungsberatungsstelle, eine schulpsychologische Beratungsstelle oder gar einen Psychotherapeuten aufsuchen, eine höhere Veränderungsmotivation mitbringen und damit bereits einen deutlichen Schritt in Richtung Heilung gegangen sind. In der Beratung geht es häufig darum, eine Therapiemotivation erst aufzubauen, die Eignung des Ratsuchenden für eine psychotherapeutische Behandlung zu testen und schließlich eine psychotherapeutische Behandlung anzubahnen (Engel, Nestmann & Sickendiek, 2004). Zudem kann das Aufsuchen einer Beratungsstelle auch damit zu tun haben, dass die Wartezeit bis zur Psychotherapie überbrückt werden soll. Die Indikation zur Beratung ist also umfassender als die Indikation zur Psychotherapie.

Eine mögliche Differenzierung hinsichtlich der Indikation zur Therapie oder zur Beratung wäre noch, dass Beratung eher eine Intervention für *akute* Probleme, Psychotherapie hingegen für *chronische* Probleme ist (Dietrich, 1991). Im Mittelpunkt der Beratung steht eher die *(akute) problematische Situation*, im Mittelpunkt der Psychotherapie eher die *(chronische) persönliche Problematik* (Linster & Panagiotopoulos, 1990). Für diese Differenzierung könnte man anführen, dass Beratungsstellen eher baldige Beratungstermine anbieten, so dass akute Probleme thematisiert werden können, während Psychotherapeuten längere Wartelisten haben und zumeist nicht bereit sind, bei akuten Problemlagen unmittelbar Termine anzubieten. Als Differenzierung könnte man auch benennen, dass Beratung durch den Bezug auf akute Probleme eher gegenwarts- und alltagsbezogen ist, während die Psychotherapie eher vergangenheitsbezogen ist. Der Bezug der Psychotherapie zu den Dimensionen der Zeit hängt aber von der Psychotherapierichtung ab. Die humanistischen Psychotherapieverfahren als auch die Verhaltenstherapie beziehen sich eher auf die Gegenwart, die Psychoanalyse hingegen stärker auf die Vergangenheit. Wer sich auf der psychoanalytischen Couch in großem Umfang mit Alltagsproblemen beschäftigt, setzt sich leicht dem Verdacht aus, dass dies eine Form des Widerstands sein könnte.

Unterscheiden sich Beratung und Therapie hinsichtlich des Auftrags?

Man könnte sagen, dass der Auftrag bei einer Therapie eher der einer *Persönlichkeitsänderung* ist, während der Auftrag bei einer Beratung eher ein *handlungs- und situationsbezogener Auftrag* ist (Linster & Panagiotopoulos, 1990). Die Ausgangssituation bei einer Psychotherapie ist aber keineswegs so eindeutig, weil auch Psychotherapieklienten oft nur ein Problem beseitigt haben und nicht unbedingt ihre Persönlichkeit verändern wollen. Selbst bei hoher Veränderungsmotivation bezieht sich diese eher nicht auf die Persönlichkeit, sondern auf unangenehme Emotionen und Kognitionen. Zudem wird die Behauptung, dass Psychotherapie mit dem Auftrag der Persönlichkeitsänderung verbunden sei, nicht der Verhaltenstherapie gerecht, bei der die Symptombeseitigung im Mittelpunkt steht. Andererseits gelingt auch in der Beratung die Erörterung eines Problems oft nur, wenn die Persönlichkeit des Ratsuchenden in den Fokus der Aufmerksamkeit gelangt. Richtig ist aber, dass sich Beratungsklienten in ihren Erwartungen zumeist von denen unterscheiden, die einen Psychotherapeuten aufsuchen. Diese Erwartungsunterschiede beziehen sich sowohl auf den zeitlichen Gesamtumfang der Intervention als auch auf das Ausmaß, in dem die Persönlichkeit des Ratsuchenden in den Mittelpunkt des Beratungsgesprächs gelangt. Ein Berater in einer Beratungsstelle wird also vorsichtiger sein müssen, wenn er Selbstbild, Emotionen, Kognitionen und Erfahrungen des Ratsuchenden thematisiert. Je nach therapeutischer Ausrichtung ist jedoch eine Enttäuschung der Erwartungen des Ratsuchenden nicht zu vermeiden. Diese Enttäuschung der Erwartungen macht gerade den Unterschied zwischen einem professionellen Beratungsgespräch und einem Alltagsgespräch aus und ist Voraussetzung für Veränderungsprozesse beim Ratsuchenden.

Die von Linster und Panagiotopoulos (1990) vorgeschlagene Unterscheidung zwischen einem Auftrag der Persönlichkeitsänderung (= Psychotherapie) und der Problemlösung (= Beratung) lässt sich also kaum aufrechterhalten. Hinsichtlich des Auftrags bei Psychotherapie und Beratung könnte weiter die These aufgestellt werden, dass zur Beratung auch die *Informationsvermittlung* gehört und dass Beratung im Unterschied zur Therapie von vornherein eine begrenzte Thematik hat (in alphabetischer Reihenfolge: Aids, Arbeitslosigkeit, Beruf, Bildungslaufbahn, Drogen, Ehe, Ernährung, Erziehung, Familie, Genetik, geistige Behinderung, Gesundheit, Jugend, Krebs, Migration, Missbrauch, Organisation, Recht, Rehabilitation, Scheidung, Schulden, Schule, Schwangerschaftskonflikt, Sexualität, Studium, Trauer). Sander (1975) weist darauf hin, dass die thematische Einschränkung der Beratungsstellen in starkem Gegensatz zur freien Wahl der Beratungsziele des Klienten kommen kann, während eine solche Einschränkung bei einer Therapie nicht gegeben sei. In der Beratungspraxis hängt es aber von der zeitlichen Kapazität und der therapeutischen Überzeugung des Ratgebers ab, ob ein solcher Gegensatz wirklich entsteht. Da jeder Berater neben seinem Wissen und Können über Gesprächstechniken zusätzlich noch fachspezifisches Wissen je nach der Thematik der Beratungseinrichtung hat, kann man durchaus von einer stärkeren *Spezialisierung* der Beratung auf ein Themengebiet sprechen. Engel, Nestmann und Sickendiek (2004) sprechen von einer Doppelverortung der Beratung durch das Eingebundensein in den Diskurs der Gesprächstechniken und in den fachspezifischen Diskurs. Eine Spezialisierung auf einzelne Störungen oder Problemfelder ist im Bereich der Psychotherapie eher unüblich, kann aber auch vorkommen (beispielsweise eine Spezialisierung auf Essstörungen). *Informationsvermittlung* gehört eher kaum oder nur in sehr geringem Umfang zur Psychotherapie, sie ist jedoch ein wichtiger Bestandteil der Beratung und wird von Klienten, die eine Beratungsstelle aufsuchen, auch erwartet. Informationsvermittlung widerspricht sowohl psychoanalytischen als auch gesprächspsychotherapeutischen Techniken. In der Psychoanalyse wird Informationsvermittlung durch den Therapeuten negativ gesehen, weil sie die Entwicklung der Übertragungsbeziehung behindert. In der Gesprächspsychotherapie wird Informationsvermittlung durch den Therapeuten abgelehnt, weil hierdurch der Therapeut eine aktive Rolle übernimmt und der Klient im Zustand der Passivität, Abhängigkeit und Inaktivität bleibt. Da Informationsvermittlung aber zweifellos bei vielen Beratungsanlässen (z.B. Schuldenberatung, Schullaufbahnberatung etc.) unerlässlich ist, bleibt psychoanalytisch oder gesprächspsychotherapeutisch orientierten Beratern nichts anderes übrig als eine theorielose Anpassung an die Notwendigkeiten der Praxis.

Unterscheiden sich Beratung und Therapie hinsichtlich des Ziels?

Generell wird eine starke Zielorientierung als typisch für Beratungsprozesse angesehen. Vertreten wird die Auffassung, dass in der Beratung vor dem Hintergrund definierter Ziele Handlungsstrategien entwickelt und ausgewählt, Handlungspläne entworfen und neue Verhaltensweisen im Alltag implementiert werden (Steinebach, 2006). Kritisch ist zu diesem Unterscheidungsversuch anzumerken, dass Beratung nicht immer so handlungsnah erfolgt, dass Auftrag und Ziel von Beratung oft zunächst unklar sind und dass es auch in der Psychotherapie eine Zielorientierung gibt.

Engel, Nestmann und Sickendiek (2004) sehen als Ziel der Beratung das „Helfen" und als Ziel der Therapie das „Heilen". Auch dieser Unterscheidungsversuch trifft nicht immer, weil es auch Formen der stützenden Psychotherapie gibt, bei der das „Heilen" ausdrücklich nicht das Therapieziel ist. Zudem sprach Freud (1895/1975) als Therapieziel nur von der Verwandlung des hysterischen Elends „in gemeines Unglück" (S. 97), wozu der emphatische Begriff „Heilen" schlecht passt. In der „Neuen Folge der Vorlesungen zur Einführung in die Psychoanalyse" spricht Freud (1933/1969) davon, dass auch das „angeblich gesunde Leben von einer Unzahl geringfügiger, praktisch nicht bedeutsamer Symptombildungen durchsetzt" (S. 439) sei. Und Freud (1933/1969) führt weiter aus: „Die Erwartung, alles Neurotische heilen zu können, ist mir der Abkunft verdächtig von jenem Laienglauben, daß die Neurosen etwas ganz Überflüssiges sind, was überhaupt kein Recht hat zu existieren" (S. 582). Auch das griechische Ursprungswort passt nur ungenau zum Begriff „Heilen", weil θεραπεύω mit „dienen/einem Freund helfen/die Götter verehren" zu übersetzen ist.

Sander (1975) vertritt die Auffassung, dass im Unterschied zur Therapie in der Beratung bescheidenere Ziele verfolgt werden. Es gehe in ihr häufig darum, eine *Lösung für eine problematische Situation* oder eine Entscheidung zu finden, während in der Psychotherapie eher eine tiefgehende Persönlichkeitsumgestaltung angestrebt werde. Dies gilt allerdings nicht bei stützender Psychotherapie und auch nicht in der Verhaltenstherapie.

Nach Auffassung von Mutzeck (1996) kann Beratung auch *präventive* Zielsetzungen verfolgen, während die Psychotherapie eher *kurativ* orientiert sei. Im Sinne des Psychohygienekonzepts (Meng, 1973) gab es allerdings auch die Idee, dass die Psychoanalyse als präventive Maßnahme dienen könne. Und schon Freud spricht von „Kinderanalysen als einen ausgezeichneten Weg der Prophylaxis" (1926/1975, S. 340). Insofern passt die Zuordnung von *„auch präventiv"* zur Beratung und von *„kurativ"* zur Therapie nur bedingt.

Unterscheiden sich Beratung und Therapie hinsichtlich des Vorgehens?

Wie bereits erwähnt ist Beratung eher spezialisiert als Therapie und umfasst in ihrem Vorgehen (ihrem Auftrag entsprechend) häufig auch Informationsvermittlung. Da es in der Beratung anders als in der (aufdeckenden) Psychotherapie nicht um eine tiefgehende Umstrukturierung der Persönlichkeit geht, spielen Ermittlung, Aktivierung und Stärkung von Ressourcen in der Beratung eine größere Rolle (Engel, Nestmann & Sickendiek, 2004; Steinebach, 2006).

Nach Dietrich (1991) „arbeitet die Beratung mehr mit anregenden und stützenden Umbauhilfen, während in der Therapie sehr häufig zunächst einmal Abbauhilfen getätigt werden müssen, ehe andere Formen der Hilfe Platz greifen können" (S. 15). Der Begriff „Abbauhilfen" in Bezug auf die Psychotherapie passt jedoch nicht. Am ehesten könnte man ihn noch für die Verhaltenstherapie geltend machen, wenn man ausführt, dass in ihr störendes Verhalten (beispielsweise Ängste) abgebaut werden soll. In der Gesprächspsychotherapie wird nicht ausdrücklich ein Abbau verfolgt, sondern es wird eine Entwicklung eingeleitet, die Aktivierung der Selbstheilungskräfte. Auch die Psychoanalyse betont, dass es ihr nicht darum geht, Widerstände aufzubrechen, sondern Widerstände gelten als wichtiges Erkenntnisinstrument, weshalb sie sich in der Therapie entwickeln dürfen, um dann erkannt zu werden (Greenson, 1981). Vielleicht könnte man anführen, dass eine

Psychotherapie eher aufwühlend ist und dass in der Psychotherapie zeitweise Verschlechterungen einkalkuliert werden müssen (Therapiepatienten werden zumeist darauf vorab hingewiesen). Andererseits gilt aber auch für die Beratung, dass sie sehr aufwühlend sein kann.

Der Hauptunterschied zwischen Beratung und Therapie hinsichtlich des Vorgehens ist die durchschnittliche *Länge der Intervention*. Psychotherapie bedeutet zumeist eine Langzeitbehandlung (z.b. 50–240 Sitzungen, es gibt aber auch die „Kurzzeittherapie"), während Beratung eher eine Kurzzeitbehandlung ist (z.B. 1–6 Sitzungen) (Dietrich, 1991; Steinebach, 2006). Damit zusammenhängend ist der Einfluss der Therapie auch eher intensiv, verbunden mit der Gefahr einer stärkeren Abhängigkeit vom Therapeuten. Im Vergleich hierzu lässt die Beratung dem Ratsuchenden mehr Freiheit.

Die Beratung ist im Vergleich zur Psychotherapie deutlich *unverbindlicher*, weil der Ratsuchende ohne negative Folgen fernbleiben kann, während ein Psychotherapieklient Therapiesitzungen privat bezahlen muss, wenn er unentschuldigt der Therapie fernbleibt (in der psychoanalytischen Therapie gibt es sogar die Praxis, dass Klienten auch dann bezahlen müssen, wenn sie wegen Erkrankung oder aus anderen Gründen fernbleiben). Ein Fernbleiben von der Beratung hat, von der Zwangsberatung einmal abgesehen, keine Konsequenzen, was mitverantwortlich ist für die hohe Quote nicht eingehaltener Beratungsgespräche (vor allem Erstgespräche) in der Beratungspraxis.

Gibt es Unterschiede zwischen Beratung und Therapie in Bezug auf die Enge der Beratungs- bzw. Therapiebeziehung?

Die Unterschiede der Beziehung Berater-Ratsuchender zur Beziehung Therapeut-Klient hängen in erster Linie damit zusammen, dass Psychotherapie in der Regel deutlich länger dauert als die Beratung. Bei einem über Jahre hinweg andauernden Kontakt mit vielen Höhen und Tiefen, mit Entwicklungsfortschritten und -rückschritten ist es natürlich, dass eine Therapiebeziehung enger ist als eine Beratungsbeziehung. Sowohl Klient als auch Therapeut haben viel Lebenszeit miteinander verbracht, wenn auch mit unterschiedlichen Motiven. Es gibt aber keinen prinzipiellen Unterschied in der Einstellung und Haltung des Beraters bzw. Therapeuten zum Klienten, das heißt ein Berater hält beispielsweise im Vergleich zu einem Therapeuten nicht absichtlich mehr Distanz. Die Nähe zwischen Berater/Therapeut und Klient/Patient hat vielmehr mit den Persönlichkeitseigenschaften der Personen und mit der Therapie-/Beratungsrichtung zu tun. So betont beispielsweise die Psychoanalyse die Notwendigkeit einer Distanz deutlicher als die Gesprächspsychotherapie.

Dietrich (1991) hebt hervor, dass die Beratung dem Ratsuchenden mehr Freiheit lässt. Der Ratsuchende bleibe mehr für sich und könne frei entscheiden, was er vom Psychologen hält und wie er sich entscheidet. Dies gilt allerdings auch

Tab. 1: Unterschiede: Beratung – Psychotherapie

Beratung	Psychotherapie
in den 1920er Jahren institutionell begründet, in den 1940er und 1950er Jahren vor allem Testdiagnostik, in den 1960er und 1970er Jahren Übernahme therapeutischer Konzepte	in den 1890er Jahren zuerst entwickelt
keine eigenständigen Theorien der Beratung	eigenständige Psychotherapietheorien
öffentliche Aufgabe	Teil der medizinischen Versorgung
kostenlos, Finanzierung durch Steuermittel (Land, Kommune, Kirchen)	selbst bezahlen oder über Krankenkasse
Berater: Psychologe, Sozialpädagoge, Heilpädagoge, Diplom-Pädagoge, Lehrer, Arzt	Therapeut: Psychologe oder Arzt, formalisierte und umfangreiche Ausbildung
jeder kann zur Beratung	Psychotherapie nur bei Behandlungsbedürftigkeit oder Arbeitsunfähigkeit oder beides
Leidensdruck, Krankheitseinsicht, Veränderungsmotivation und Freiwilligkeit sind nicht Voraussetzung	Leidensdruck, Krankheitseinsicht, Veränderungsmotivation und Freiwilligkeit sind Therapievoraussetzung
Beratung auch bei normalen Personen ohne psychische Krankheit, beispielsweise bei Entscheidungsproblemen, aber auch psychisch schwer Erkrankte	Psychotherapie nur bei eingetretener psychischer Krankheit (Ausnahme: Lehranalyse/Lehrtherapie)
akute Probleme, problematische Situation	chronische Probleme, persönliche Problematik
Spezialisierung	zumeist keine Spezialisierung
neben Beratungstechniken auch fachspezifisches Wissen nötig; Informationsvermittlung ist auch Teil der Beratung	nur Therapietechniken, keine Informationsvermittlung
Ziel: Lösen einer problematischen Situation oder Entscheidungsfindung	Ziel: Persönlichkeitsumgestaltung
auch präventive Zielsetzungen möglich	kurativ
Aktivierung von Ressourcen aus dem Umfeld	
Gesamtumfang eher kurz (1–4 Kontakte)	Gesamtumfang eher lang (50–240 Sitzungen)
eher geringe Verbindlichkeit	hohe Verbindlichkeit: Verpasste Sitzungen müssen privat bezahlt werden.

für die Psychotherapie und kann deshalb kaum als Strukturunterschied zwischen Beratung und Therapie angesehen werden. So haben beispielsweise die psychoanalytischen Deutungen durchaus den Status von Empfehlungen, die man auch ablehnen kann.

Zusammenfassung:

Insgesamt fällt auf, dass es zu nahezu jedem Unterscheidungsversuch zwischen Beratung und Psychotherapie Gegenargumente gibt. Am klarsten sind die organisatorischen Unterschiede zwischen Beratung und Therapie, dass nämlich Beratung zu den staatlich finanzierten öffentlichen Aufgaben und dass Psychotherapie zur medizinischen Versorgung gehört. Tabelle 1 gibt einen Überblick über die Unterschiede zwischen Beratung und Therapie, wobei in die Tabelle auch einige der Unterschiede aufgenommen wurden, die in obigem Text kritisch beleuchtet wurden.

2. Beratung – Psychotherapie – Erziehung

Wie sah man in der Erziehungswissenschaft das Verhältnis von Beratung und Erziehung?
Beratung wurde in der pädagogischen Literatur als Teilaspekt der Erziehung angesehen. Für Bollnow (1959) bildet Beratung eine unstetige Form der Erziehung, bei der der existentielle Kern des Menschen für einen Augenblick hervorblitze. Bollnow betont, dass die Beratung die Aufgabe habe, verschiedene Möglichkeiten zu entwickeln, Gründe zu verdeutlichen, eine Empfehlung auszusprechen, aber keine Entscheidung zu fällen. Der Berater dürfe den Ratsuchenden nicht entmündigen und auf dessen Entscheidung keinen Einfluss nehmen. Je mehr sich die Beratung dem inneren Kern des Menschen nähere, desto mehr rücke die Beratung unter einen erzieherischen Gesichtspunkt und sei darum zugleich eine pädagogische Angelegenheit.
Anders als die heutige Pädagogik sah Bollnow aber Beratung nicht als Berufsfunktion des Lehrers, und er betonte, dass das für die Beratung nötige Sich-Öffnen bei einer Person außerhalb des gewöhnlichen Umgangs leichter falle, zumal dann auch die Unbefangenheit beim späteren Zusammenleben gewahrt bleibe. Zudem fehlten dem Lehrer die speziellen Fachkenntnisse beispielsweise im Bereich der Berufsberatung.
Ähnlich kritisch steht Mollenhauer (1965) zu den Möglichkeiten einer Beratung durch den Lehrer. Aber auch er subsumiert Beratung unter die Erziehung. Be-

ratung sei ein pädagogischer Vorgang, der in besonderer Weise auf Selbstverantwortlichkeit und Handlungsfähigkeit ziele. Der Ratsuchende wolle von Abhängigkeiten und Zwängen freier werden und begebe sich nur um dieses Zieles wegen vorübergehend in eine begrenzte Abhängigkeit vom Berater. Wie Bollnow betont Mollenhauer, dass der Ratsuchende das Subjekt der Situation bleibe, dass es nicht um das Ausarbeiten von Direktiven, sondern um das Erarbeiten und Vermitteln von Alternativen gehe. Die Beratungssituation erhalte gerade dadurch einen genuin pädagogischen Sinn, dass sie die Selbsttätigkeit, die Rationalität und die Phantasie des Ratsuchenden fördere und diesen instand setze, „selber auf einen Ausweg zu verfallen" (Mollenhauer, 1965, S. 31). Beratung läuft im Verständnis von Mollenhauer (1965) vor allem über den Verstand, sie wird als „Aufklärung im fast reinen Fall" (S. 41) angesehen.

Während sowohl Bollnow als auch Mollenhauer die Möglichkeiten einer Beratung durch den Lehrer eher skeptisch sahen, so sieht die heutige Erziehungswissenschaft Beratung durchaus als eine Berufsfunktion des Lehrers an. Nach Terhart (2000) gehört Beraten neben Unterrichten, Erziehen, Beurteilen, Diagnostizieren, Selektieren, Innovieren und Organisieren zu den Basisqualifikationen von Lehrern. Die Beratung an sich wird hier aber nicht mehr generell unter die Erziehung subsumiert.

Wie ist das Verhältnis von Beratung und Psychotherapie zur Erziehung?

Dietrich (1991) behauptet, man könne „mit einer gewissen Berechtigung" von einer „Mitte-Position der Beratung" (S. 15) zwischen Erziehung und Psychotherapie sprechen. Neben der therapeutischen Version der Beratung gebe es auch die edukative Richtung der Beratung, die jedoch von der Erziehungswissenschaft lange und gründlich vernachlässigt worden sei. In der Schule gebe es vielfältige Situationen, in denen eine Beratung auch ohne klinische Indikation nötig sei.

Gegen die Behauptung einer Mitte-Position der *Beratung* zwischen *Erziehung* und *Psychotherapie* ist anzuführen, dass es in vielen Bereichen stärkere Berührungspunkte zwischen Psychotherapie und Erziehung als zwischen Beratung und Erziehung gibt, jedenfalls dann, wenn man Erziehung nicht auf die Schule reduziert. So fällt zunächst einmal auf, dass alleine vom zeitlichen Umfang her eine psychotherapeutische Behandlung mehr Ähnlichkeit mit der Erziehung hat als die Beratung. Dies gilt vor allem für die Psychoanalyse, die bei Freud sechsmal in der Woche stattfand und auch heute noch wenigstens zweimal in der Woche stattfindet. Freud sprach explizit von der „Nacherziehung" durch die Übertragungsbeziehung in der Psychotherapie, durch die es möglich sei, Missgriffe der Eltern zu korrigieren. Die Gesamtlänge einer psychoanalytischen Therapie wird damit begründet, dass es um korrigierende Erziehungsarbeit gehe, die notwendigerweise Zeit beanspruche, da auch die Erziehung durch die Eltern zeitlich intensiv war. Das Verhältnis von Analytiker und Analysand hat sehr viel mehr Ähnlichkeit mit dem zwischen Mutter/Vater und Kind als das Verhältnis zwischen Berater und Ratsuchendem. Während die *Beratung* die Freiheit des Ratsuchenden betont, der nicht nur frei bei seinen Entscheidungen und Handlungen ist, sondern sogar der Beratungssitzung ohne negative Konsequenzen fernbleiben kann, so ist die *therapeutische Beziehung* zwischen Analytiker und Analysand doch eher ähnlich wie die *Mutter/Vater-Kind-Beziehung* ein Abhängigkeitsverhältnis, auch wenn Freud (1940/1975) explizit warnt, dass der Analytiker sich bei der „Nacherziehung" nicht „von seiner Neigung fortreißen" lassen und „die frühere Abhängigkeit" nicht „durch eine neuere" (S. 414) ersetzen solle. Der Analytiker wiederhole „dann nur einen Fehler der Eltern, die die Unabhängigkeit des Kindes durch ihren Einfluß erdrückt hatten" (Freud, 1940/1975, S. 414).

Hinsichtlich des zeitlichen Umfangs und der zwischenmenschlichen Beziehung gibt es also eine deutlichere Nähe der Psychotherapie zur Erziehung als der Beratung zur Erziehung. Auch thematisch gibt es eine größere Nähe der Psychotherapie zur Erziehung, jedenfalls bei den Formen der Psychotherapie, die die Vergangenheit der Klienten zum Thema machen. Hinzu kommt, dass es zumindest in der Psychoanalyse auch Konzepte einer Verbindung von Erziehung mit psychoanalytischen Vorgehensweisen gegeben hat, schon zu Lebzeiten Freuds bei Heinrich Meng, dann nach dem zweiten Weltkrieg durch die Ausbildung von *Psychagogen* am Berliner Psychoanalytischen Institut. Kindergärtnerinnen, Kinderhortmitarbeiter, Heimmitarbeiter sowie Lehrerinnen und Lehrer wurden hier zur Ausbildung zu Psychagogen zugelassen, wozu eine umfangreiche Eigenanalyse, Anamnesen und Kinderbehandlungen gehörten. Diese Ausbildung setzte sich allerdings nicht durch, es gibt sie aber auch heute noch in Wien (Tschötschel-Gänger, 2005).

Während vor allem eine Nähe der elterlichen Erziehung zur analytischen Psychotherapie auffällt, so gibt es eine Nähe von Beratung zur Erziehung eher im Bereich der Schule sowie in der Beziehung von Eltern zu ihren jugendlichen Kindern. Beratung impliziert in starkem Maße die Autonomie des Ratsuchenden und eine solche Autonomie gibt es eher, wenn auch eingeschränkt, bei Schülern im Kontext der Schule sowie bei Jugendlichen im Kontext der elterlichen Erziehung. Insgesamt fällt auf, dass die Nähe der Beratung zur Psychotherapie sehr viel größer ist als die Bezüge zwischen Beratung und Erziehung sowie zwischen Psychotherapie und Erziehung. Von einer Mitte-Position der Beratung zwischen Erziehung und Psychotherapie kann auch deshalb kaum gesprochen werden. Für Beratung, Psychotherapie und Erziehung gilt in gleicher Weise, dass es sich hierbei um Formen der zwischenmenschlichen Beeinflussung in Richtung auf Autonomie und Entwicklung handelt.

3. Beratung und Krisenintervention

Was ist eine Krise?

Eine Krise ist ein Ausnahmezustand, in dem der Betroffene sich überfordert und hilflos fühlt, heftige negative Gefühle spürt und keine Hoffnung auf eine Besserung der Situation hat. Typisch sind ein Gefühl des Überwältigtseins und das Fehlen von Ressourcen zur Bewältigung. Anlässe für eine Krise können traumatische Erfahrungen sein (Gewalterfahrungen, schwerwiegende Verluste, Unfälle, Katastrophen), eine schwere Krankheitsdiagnose, plötzliche Invalidität, der Tod eines Kindes oder des Lebenspartners, die Trennung des Partners, das Erhalten einer Kündigung etc. Typisch im Verlauf ist der Beginn mit einer Schockphase, die mehrere Stunden oder einige Tage dauern kann. Nicht selten erscheint den Betroffenen der Suizid als einziger Ausweg, um Gefühle der Kränkung, der Scham, des Selbstzweifels und der Wertlosigkeit zu beenden.

Was versteht man unter Krisenintervention?

Die Krisenintervention unterscheidet sich von Beratung und Psychotherapie vor allem durch die „besondere Intensität und Dringlichkeit" (Sieland, 1994, S. 156) der Intervention. Die Krisenintervention muss ein niedrigschwelliges Angebot sein, das heißt, potentielle Nutzer müssen ohne Probleme möglichst sofort, kostenlos und rund um die Uhr Hilfe bekommen können. Anders als in der Beratung müssen sich die Helfer bei entsprechenden Notlagen auch zu den Betroffenen hinbegeben, beispielsweise zu Opfern und Rettungskräften bei Unfällen, Naturkatastrophen oder Attentaten. Zur Krisenintervention gehören nicht nur die Face-to-Face-Beratung, sondern auch die Telefonseelsorge, die Notfallpsychiatrie, Frauennotrufe für Opfer sexueller Gewalt, die stationäre Aufnahme, Hausbesuche etc. Häufig gehört zur Krisenintervention auch eine pharmakotherapeutische Behandlung, die nur Ärzte vornehmen dürfen. Im Bereich der Krisenintervention sind Psychologen, Psychiater, Ärzte, Seelsorger, Pflegekräfte und auch Laien tätig (der Einsatz von Laien hat den Vorteil, dass diese die Betroffenen nicht pathologisieren). Typisch für die Krisenintervention sind die zeitliche Begrenzung der Intervention und die Weitervermittlung zu Beratung oder Psychotherapie. Die zeitliche Begrenzung kann allerdings variieren, vom einmaligen Gespräch bei der Telefonseelsorge bis hin zum mehrwöchigen stationären Aufenthalt in einer psychiatrischen Kriseninterventionsstation. In der Regel ist aber die qualifizierte Weitervermittlung ein wesentlicher Teil der Krisenintervention. Daneben ist für die Krisenintervention typisch, dass der Versuch unternommen wird, die Ressourcen im sozialen Umfeld zu aktivieren. Im Mittelpunkt der Krisenintervention stehen nicht die Persönlichkeit des Betroffenen oder eine zugrunde liegende Neurose, sondern das akute Problem und die Bewältigungsmöglichkeiten (Giernalczyk, 2006; Schürmann, 2004).

4. Beratung und Betreuung

Was ist der Unterschied zwischen Beratung und Betreuung?

Von Betreuung ist zu sprechen, wenn eine Veränderung durch Beratung oder Psychotherapie nicht zu erreichen ist, der Klient aber trotzdem nicht alleine gelassen werden soll. Ziel ist eher eine Stabilisierung, zudem eine Erhöhung der Akzeptanz des Leidens des Klienten (Sieland, 1994), nicht aber eine Heilung. Betreuung ist eine sinnvolle Intervention beispielsweise in der Sterbebegleitung, bei chronischen psychiatrischen Erkrankungen, in der Gerontologie, bei therapieunwilligen oder -resistenten Drogenabhängigen, bei schweren chronischen Erkrankungen, bei Obdachlosen und Alkoholkranken. Betreuung ist im Unterschied zur Krisenintervention auf Dauer angelegt, hat aber ähnlich wie die Krisenintervention nicht das Ziel, die Persönlichkeit des Betroffenen zu analysieren oder zu verändern. Während Beratung nicht eingreift und dem Ratsuchenden keine Arbeit abnimmt, ist Betreuung insbesondere im Kontext der Sozialarbeit eher damit verbunden, dem Klienten auch Aufgaben abzunehmen. Während Beratung zumeist eine Kommstruktur hat (= der Berater wartet darauf, dass der Ratsuchende ihn mit ausreichender Motivation aufsucht), ist für Betreuung häufig die Gehstruktur typisch, das heißt der Betreuer geht selbstständig auf die Klienten zu.

5. Beratung und Mediation

Was ist Mediation?

Mediation ist ein psychologisches Vermittlungsverfahren für Personen, die einen massiven Streit haben und die diesen nicht aus eigener Kraft überwinden können oder wollen, die aber mit Hilfe eines neutralen Vermittlers (= Mediator) eine Übereinkunft anstreben. Ziel der Mediation ist erstens ein besseres Verstehen der Motive und Bedürfnisse der Konfliktpartner, zweitens das Erreichen einer einvernehmlichen Lösung sowie drittens eine Erhöhung der Kompetenz der Streitpartner bei der Lösung zukünftiger Konflikte. Mediation unterscheidet sich von einer anwaltlichen oder gerichtlichen Einigung durch die Einschaltung des neutralen Mediators sowie durch den Ausgang von den Bedürfnissen der Konfliktpartner. Basis der Vermittlung sind ausdrücklich nicht die juristischen Forderungen und Ansprüche, sondern die realen Bedürfnisse, Interessen und Wünsche der Konfliktpartner.

Wie entwickelte sich die Mediation?

Die Arbeit von Mediatoren spielte bei politisch-militärischen Konflikten bereits im Mittelalter eine Rolle (medius = in der Mitte sein, neutral, unparteiisch sein). Nachdem sie dann in Vergessenheit geriet, fand sie seit den 1960er Jahren ausgehend von den USA weite Verbreitung, vor allem im Kontext familiärer Trennungen und Scheidungen, aber auch bei Tarifauseinandersetzungen sowie bei strittigen Entscheidungen im politischen Bereich. Im familiären Umfeld kann die Mediation auch bei Streit über die Familienplanung, über die Aufgabenverteilung oder bei Streitigkeiten zwischen Eltern und Kindern eingesetzt werden.

Wie unterscheidet sich bei Trennung/Scheidung die Mediation von der Beratung?

Gemeinsam mit der Trennungsberatung hat die Mediation die Freiwilligkeit, den Kurzzeitcharakter und die thematische Eingrenzung. Spezifisch für Mediation sind das stark strukturierte Vorgehen und das Ziel eines Vertragsabschlusses.

Wie ist der Mediationsprozess strukturiert?

Zunächst werden die Konfliktpartner über das Verfahren informiert und der Mediator holt seinerseits Informationen über die jeweiligen Bedürfnisse und Wünsche ein. Es kann auch ein Vertrag über das Vorgehen in der Mediation abgeschlossen werden. In der Verhandlungsphase achtet der Mediator darauf, dass die Interessengegensätze nicht eskalieren und dass Sach- und Beziehungsebene getrennt werden. Zunächst einigt man sich auf die Verhandlungsthemen, dann erfolgt bei einem Thema eine Klärung der jeweiligen Bedürfnisse und Interessen. Anschließend werden verschiedene Möglichkeiten der Problemlösung generiert und schließlich erfolgt eine Einzelvereinbarung. Nach Durchgang durch alle Verhandlungsthemen erfolgt schließlich eine abschließende Gesamtvereinbarung, die bei einer Trennungs- oder Scheidungsmediation dann noch mit den Kindern besprochen und, falls gewünscht, auch rechtsverbindlich festgehalten wird (Bastine & Theilmann, 2004).

6. Spezialformen der Beratung

Spezialformen der Beratung sind die Supervision, die Intervision und das Coaching. Supervision ist eine aus der Sozialarbeit entstandene Beratung für das berufliche Handeln insbesondere im Kontext der Einzelfallarbeit, Intervision ist eine gegenseitige Beratung im beruflichen Kontext ohne externen Berater und Coaching ist eine Beratung für Führungskräfte mit Managementaufgaben.

6.1 Supervision

Wie vollzog sich die Entwicklung der Supervision?

Frühe Vorläufer einer Supervision im Sinne einer Kontrolle der Pfarrer und Priester als auch der Beamten gab es in den Kirchen und im Feudalismus. Die Entwicklung der Supervision im heutigen Sinne wurzelt zum einen in der Ausbreitung der Sozialarbeit im 19. Jahrhundert in den USA und England sowie in der Entwicklung der psychoanalytischen Kontrollanalyse seit den 1920er Jahren. In beiden Kontexten hatte der Supervisor sowohl eine anleitende und ausbildende als auch eine Kontrollfunktion mit dem Ziel einer Sicherung der Qualität der Arbeit. Im Kontext der Sozialarbeit („social casework") diente die Supervision – häufig in Form eines Gruppengesprächs – der Vorbereitung, Beratung, Nachbereitung sowie der Bewertung des beruflichen Handelns, und zwar insbesondere im Kontext der Ausbildung von karitativ engagierten Laienhelferinnen (vornehmlich im Bereich der Armen- und Obdachlosenfürsorge in den USA). In der Psychoanalyse erfolgte die Supervision vornehmlich durch eine Einzelsupervision beim jeweiligen Lehr- und Kontrollanalytiker im Rahmen der Ausbildung zum Psychoanalytiker. Im Mittelpunkt der Supervision stand dabei nicht nur der Behandlungsfall, sondern auch der Zusammenhang zwischen den jeweiligen Behandlungsschwierigkeiten und der Persönlichkeit des Supervisanden (gibt es beim Supervisanden/Therapeuten »blinde Flecken«, die den Erfolg seiner therapeutischen Arbeit behindern?). In den 1960er Jahren trat eine Soziologisierung der Supervision durch eine stärkere Berücksichtigung sozialer Rahmenbedingungen sowie durch das verstärkte Auftreten der Gruppen- und Team-Supervision ein. Ab den 1980er Jahren wurde die Supervision von den »klassischen« sozialen und klinischen Arbeitsfeldern auf Bereiche wie Schule, Verwaltung und Wirtschaft übertragen. Neben der Psychoanalyse wurden nun auch Konzepte der Humanistischen Psychologie, systemtheoretische und lerntheoretische Ansätze für die Supervision fruchtbar gemacht. 1989 schlossen sich in Deutschland verschiedene Ausbildungsstätten zur „Deutschen Gesellschaft für Supervision" (DGSv) zusammen (Bauer, 2004; Belardi, 1994; 2006, Böckelmann, 2002; Denner, 2000). Seit den 1990er Jahren erfolgten eine Flexibilisierung und ein Expansionismus der Supervision insbesondere in den Profitsektor, wodurch Supervision einerseits den Stallgeruch der Herkunft aus dem bescheidenen Sektor der Sozialarbeit verloren hat, andererseits aber in Gefahr gerät, ihr Profil durch Auflösung in Coaching, Organisationsentwicklung, Qualitätsmanagement oder Training for Excellence zu verlieren (Gaertner, 2004).

Was ist Supervision?

Supervision wird hier als Sonderform der Beratung für den beruflichen Bereich (Schlee, 2004) aufgefasst, obwohl man Supervision ähnlich wie Krisenintervention und Betreuung auch als eigenständige Interventionsform verstehen könnte. Der Aspekt der Kontrolle (super, visere = von oben, genau besehen) geht deutlich über Beratung hinaus, spielt bei der deutschen Verwendung des Begriffs „Supervision" aber nur eine untergeordnete Rolle (dem deutschen Begriff entspricht im angloamerikanischen Sprachraum „clinical supervision", sonst wird im angloamerikanischen Sprachraum der Begriff Supervision im Sinne einer Kontrolle und Anleitung durch Vorgesetzte verstanden). Supervision ist die fachlich fundierte *Beratung des Beraters*, des Therapeuten, des Sozialarbeiters, des Lehrers, der Führungskraft etc. durch einen *Supervisor* oder eine Supervisorin mit dem Ziel einer Unterstützung bei der *Selbstreflexion* des beruflichen Handelns, und zwar sowohl bezogen auf die Arbeit mit Ratsuchenden, Klienten, Patienten, Schülern, Mitarbeitern etc. als auch in Bezug auf die eigene personale, interaktionale und rollenspezifische Situation im Kontext teamspezifischer und institutioneller Gegebenheiten (Elbing & Huber, 1992). Reflektiert werden zumeist problematische Situationen, die der Supervisand im Beruf, in der Freiwilligenarbeit oder in Bildungssituationen erlebt hat oder erwartet. Zu einer Supervision gehört ein Supervisor, mindestens ein Supervisand und ein Auftraggeber der Supervision, wobei der Auftraggeber mit dem Supervisanden identisch sein kann. Die Supervision sollte von unabhängigen und externen Supervisoren durchgeführt werden, nicht hingegen von Vorgesetzten oder von privat bekannten Personen. In der Therapieausbildung hat allerdings der Supervisor durchaus eine hierarchische Position, da er über die Zulassung mitentscheidet.

Welche Formen der Supervision gibt es?

Eine Supervision kann als Supervision einer einzelnen berufstätigen oder sich in Ausbildung befindlichen Person erfolgen (= Einzel-Supervision), als Supervision von Personen aus verschiedenen Arbeitsstätten (z.B. Lehrer aus verschiedenen Schulen) (= Gruppen-Supervision) sowie als Supervision von Personen aus derselben Arbeitsstätte (= Team-Supervision). Zudem gibt es noch die Peer-Supervision ohne Supervisor (Fengler, 1992), die im Abschnitt „Intervision/Kollegiale Teamberatung" besprochen wird. Die *Einzelsupervision* hat den Vorteil, dass in einer geschützten Zweierbeziehung, unbelastet von Konkurrenz oder Versagensängsten, an akuten Problemen und Fällen gearbeitet werden kann, wobei auch eigene persönliche Schwierigkeiten thematisiert werden können. Der Nachteil der Einzelsupervision ist, dass durch die Abwesenheit weiterer Supervisanden keine weiteren Deutungsmuster angeboten werden und zudem eine größere Abhängigkeit vom Supervisor besteht. In der *Gruppen-Supervision*, die sich aus den Balintgruppen entwickelte, können sowohl Fälle als auch die Situation am Arbeitsplatz besprochen werden. Da die Teilnehmer einer Gruppen-Supervision nicht aus einem gemeinsamen Team stammen, kann hier in einem geschützten Rahmen sowohl über Probleme am Arbeitsplatz als auch über die Fallarbeit gesprochen werden, ohne dass der Supervisand berufliche Nachteile befürchten muss. Da alle Supervisanden aus anderen Arbeitszusammenhängen kommen, erleichtert dies den Blick über den Tellerrand des eigenen Arbeitszusammenhangs. Ungünstig ist die Gruppen-Supervision dann, wenn entweder alle anderen Supervisanden dieselbe Rolle einnehmen wie der Supervisor oder wenn alle anderen Supervisanden nur passiv dem Supervisor folgen. Beim ersten Fall ist die Gefahr, dass sich alle Gruppenmitglieder zu sehr auf den jeweiligen Falldarsteller stürzen; beim zweiten Fall wird das Potential der Gruppe ungenügend genutzt. Tiefergehende persönliche Probleme können in der Gruppen-Supervision im Unterschied zur Einzel-Supervision nur schwer angegangen werden (Böckelmann, 2002). Die *Team-Supervision* ist in der historischen Entwicklung der Supervision eher eine Späterscheinung, ist heute jedoch das häufigste Supervisionssetting. Bei der Team-Supervision kommen alle Supervisanden aus einem Arbeitsteam, beispielsweise die Belegschaft einer Pflegestation, die Mitarbeiter eines Kindergartens oder das Kollegium einer kleinen Schule. Während in der Einzel- oder Gruppensupervision berufliche Probleme als „Dort-und-Dann-Probleme" bearbeitet werden, gibt es bei der Team-Supervision notwendigerweise auch „Hier-und-Jetzt-Probleme", das heißt Spannungen oder Konflikte zwischen den Teammitgliedern, die in den Supervisionssitzungen direkt bearbeitet werden können (Schlee, 2004). Zu unterscheiden ist zwischen der Team-Fallsupervision und der Team-Entwicklung. Während in der Team-Fallsupervision die Beziehung zwischen Helfer und Klient im Mittelpunkt steht, geht es bei der Team-Entwicklung vornehmlich um die Klärung der Beziehungen innerhalb eines Teams (Pühl, 2004). Die Team-Entwicklung ist abzugrenzen von der Organisationsentwicklung (OE) auf der einen Seite und der Mediation auf der anderen Seite. Organisationsentwicklung setzt voraus, dass das Team bereits gut zusammenarbeitet und sich weiter entwickeln will, wobei es einerseits um Effektivitätskriterien der Organisation insgesamt sowie um die Stellung der Organisation am Markt und im Vergleich mit anderen Anbietern geht; Mediation ist sinnvoll, wenn das Team vollkommen zerstritten ist. Team-Entwicklung ist eine passende Intervention, wenn die Probleme des Teams vorwiegend mit den Mitgliedern des Teams und der Interaktion zwischen diesen und nicht mit der Organisation zu tun haben, wenn sich die Teammitglieder hinsichtlich ihrer Kompetenz als gleichwertig verstehen und wenn eine Lösung der internen Probleme gewünscht wird.

Neben der Unterscheidung zwischen Einzel-Supervision, Gruppen-Supervision und Team-Supervision kann zwischen einer *Ausbildungs-* und einer *Fortbildungs-Supervision* unterschieden werden. Zur Ausbildungs-Supervision zählen alle Supervisionssettings, die im Rahmen einer Beratungs- oder Therapieausbildung vorgeschrieben sind und durch Einzel- oder Gruppen-Supervision erfolgen; das

Verhältnis zwischen Supervisor und Supervisand ist dabei eher ein Lehrer-Schüler-Verhältnis. Alle anderen Supervisionen können als Fortbildungs-Supervisionen angesehen werden. Obwohl der Supervisor eigentlich immer von außerhalb kommen und auf Honorarbasis bezahlt werden sollte, gibt es neben der *externen* auch die *interne* Supervision. Bei der internen Supervision leitet ein Vorgesetzter oder ein Teammitglied die Supervisionssitzungen. Ein interner Supervisor kann in der Regel nur Fallbesprechungen durchführen. Problematisch ist, dass Fallbesprechungen häufig erfordern, dass auch die persönlichen Erfahrungen des Beraters thematisiert werden, was schlecht zur Vorgesetztenfunktion eines internen Supervisors passt (Belardi, 2006; Elbing & Huber, 1992; Fengler, 2006; Pühl, 2004).

Wie lässt sich Supervision von Psychotherapie, von Organisationsentwicklung und von Coaching abgrenzen?

Der Begriff „Supervision" wird heute so weit gefasst, dass die Abgrenzung von anderen Interventionsformen nicht einfach ist. Im Unterschied zur *Psychotherapie* steht in der Supervision die berufliche Tätigkeit im Mittelpunkt. Zwar kann in der Supervisionsarbeit vor dem Hintergrund der beruflichen Tätigkeit auch die Persönlichkeit der Supervisanden in den Fokus der Aufmerksamkeit gelangen. Ziel der Supervision ist aber in erster Linie die Qualität der beruflichen Arbeit und erst in zweiter Linie die seelische Gesundheit oder die Genesung des Supervisanden, wobei natürlich beides verknüpft ist. Während man früher eine scharfe Trennung zwischen Supervision und Psychotherapie gesehen hat, wird die Abgrenzung heute eher als fließend wahrgenommen, was auch damit zu tun hat, dass Supervisoren heute oft Psychotherapeuten sind. Trotzdem besteht Einigkeit darin, dass die persönlichen Probleme eines Supervisanden nur bis zu einem bestimmten Punkt betrachtet werden können und dass eine weitergehende Betrachtung in die Eigentherapie gehört (Auckenthaler, 1999; Belardi, 1994).

Im Unterschied zur *Organisationsentwicklung (OE)* ist die Veränderung von Organisationsstrukturen, von beruflichen Aufgaben und Abläufen nicht direkt Ziel einer Supervision. In der Teamentwicklung geht es vielmehr um die Klärung der bestehenden Strukturen sowie der Interaktion der einzelnen Mitglieder. Eine erfolgreiche Teamentwicklung kann allerdings den Boden für eine Organisationsentwicklung bereiten und diese erleichtern. Bei der Organisationsentwicklung geht es immer auch um die Organisation im Ganzen, während sich die Supervision zunächst nur auf Subsysteme einer Organisation bezieht.

Während sich das, was Supervision ist, noch relativ klar benennen lässt, ist die Verwendung des Begriffs *Coaching* vergleichsweise unklar. Deshalb ist auch eine Abgrenzung von Supervision und Coaching schwierig. Bei der Supervision geht es eher um das Reflektieren der eigenen Tätigkeit sowie um Selbstaufklärung.

Coaching gilt eher als Fitmacher und als Anpassungsinstrument, verbunden mit Trainingsmöglichkeiten, mit klarer Wettbewerbs- und Outputorientierung sowie mit Anwendungsmöglichkeiten sowohl in Non-Profit-Organisationen als auch im Profitbereich. Oft wird Coaching auch als Spezialform der Supervision für Führungskräfte verstanden. In den letzten Jahren gibt es generell die Tendenz, den Begriff Supervision durch Coaching zu ersetzen, weil sich Coaching besser verkauft (Bauer, 2004; Bürgisser, 2006; Belardi, 2005; Gotthardt-Lorenz & Lorenz, 2005).

Welche theoretischen Hintergründe hat die Supervision?

Seit den 1970er Jahren wird das Fehlen einer theoretischen Fundierung der Supervision beklagt, ohne dass Anstrengungen zu einer forschungsgestützten Theoriebildung unternommen wurden. Eine fundierte, allgemein anerkannte Supervisionstheorie liegt noch nicht vor. Typisch sind der Transfer von Theorie- und Handlungswissen aus den verschiedenen psychotherapeutischen Schulen, aus der Gruppendynamik sowie entweder ein wilder Eklektizismus oder eine schulengebundene Dogmatik (Denner, 2000; Eck, 1990). Theoretische Hintergründe der Arbeit des Supervisors sind die Psychoanalyse (die „Balintgruppen" für Ärzte, benannt nach dem ungarischen Psychoanalytiker Michael Balint, waren hier wegweisend), der systemische Ansatz, die Gruppendynamik, die klientenzentrierte Gesprächspsychotherapie, die Gestalttherapie, das Psychodrama, die Themenzentrierte Interaktion (TZI) und die Organisationsentwicklung (OE). In der Praxis der Supervisionsarbeit spielen selbst geschaffene persönliche („eklektizistische") Ansätze eine wichtige Rolle.

Welches Ziel hat die Supervision?

Entsprechend den unterschiedlichen Formen der Supervision gibt es unterschiedliche Ziele der Supervision. Allgemein geht es darum, berufliche Probleme des Supervisanden wahrzunehmen, zu verstehen, Lösungsansätze zu entwickeln und deren Umsetzung reflektierend zu begleiten. Zudem wird versucht, den Supervisanden durch den Prozess der Supervision kompetenter zu machen, so dass die Möglichkeiten der Selbstreflexion und der Selbstkontrolle verbessert werden. Ziel der Supervision ist es auch, dass die jeweilige Berufsrolle klarer bestimmt und abgegrenzt wird. Bei der Teamentwicklung (Teamsupervision) steht die Verbesserung der Zusammenarbeit in Teams und Projekten im Mittelpunkt. In den therapeutischen Berufen wird Supervision heute als unerlässlicher Bestandteil professionellen Handelns angesehen. Das heißt, eine therapeutische Behandlung ist unprofessionell, wenn sie nicht in regelmäßigen Abständen durch einen Supervisor begleitet wird.

Wie ist das Vorgehen in der Supervision?

Der erste wichtige Schritt in einer Supervision ist, dass der Supervisor mit dem Auftraggeber klärt, welches Ziel die Supervision haben soll. Sodann muss der Supervisor mit den Supervisanden besprechen, was das Thema der Supervision sein soll. Bei einer erstmaligen Supervision ist es aufschlussreich zu erfahren, warum gerade jetzt eine Supervision gewünscht wird (Belardi, 2005). In der Team-Supervision wird nicht selten ein Thema präsentiert, das gar nicht das eigentliche Problem ist. Die Problemdefinition steht dann zunächst im Mittelpunkt. In der Team-Supervision ist in einer Sondierungsphase zu klären, was die einzelnen Aufgaben der Teammitglieder sind, welches die Aufgaben der Leitung sind, in welche Gesamtorganisation das Team eingebunden ist und welches Arbeitsbündnis mit den Teammitgliedern geschlossen werden kann.

Belegen Forschungen den Nutzen der Supervision?

Es gibt bislang nur wenige kontrollierte Studien zur Wirksamkeit von Supervision, was ähnlich wie im Bereich der Psychotherapie mit den unterschiedlichen Therapieschulen sowie mit den damit verbundenen ökonomischen Interessen zu tun hat. Einige Studien zeigen, dass die Akzeptanz der Supervision in sozialpädagogischen Bereichen hoch, im klinischen und gerontologischen Bereich hingegen weniger groß ist. Die Forschungen zeigen vor allem, dass die Supervision von den Supervisanden als entlastend erlebt wird; direkte Einflüsse auf Klienten, Patienten, Ratsuchende, Schüler etc. wurden bislang kaum belegt. Die Supervisionsteilnehmer berichten über ein größeres Sicherheitsgefühl hinsichtlich der eigenen Tätigkeit und über bessere Möglichkeiten der Abgrenzung gegenüber den Ansprüchen von Klienten sowie gegenüber beruflichen Konflikten. Festgestellt wurde zudem ein Rückgang der Krankenstände, der Versetzungsanträge sowie der Beschwerden (Belardi, 2005, 2006; Petzold, Schigl, Fischer & Höfner, 2003).

6.2 Intervision/Kollegiale Teamberatung

Was ist Intervision?

Die Intervision wird als besondere Form der Supervision aufgefasst, von einigen Autoren aber auch als eigenständige Form der Beratung angesehen. Unter Intervision versteht man ein terminlich fest verankertes Treffen im Kollegenkreis ohne Hinzuziehung eines externen Beraters (= „supervision without parents"), wobei dieses Treffen sowohl dem Austausch als auch der gegenseitigen Beratung dient. Andere Begriffe hierfür sind *Peer-Supervision, Kollegiale Teamberatung oder Kollegensupervision, Teamgespräch* oder einfach nur *Fallbesprechung.* Ziel der Intervision ist es, im Kollegenkreis alternative Ideen und Interventionsstrategien zu erarbeiten, eigene blinde Flecken zu erkennen, schwierige Entscheidungen kollektiv abzusichern und/oder durch Lernen am Modell für die eigene Arbeit zu profitieren. Im Unterschied zu *Selbsterfahrungsgruppen* geht es in Intervisionsgruppen genauso wie bei der Supervision um die berufliche Tätigkeit. Jeder Teilnehmer einer Intervisionsgruppe nimmt abwechselnd die Rolle eines Beraters und eines Ratsuchenden ein.

Die Mitglieder einer Intervisionsgruppe sollten ein gleiches Grundverständnis ihrer Arbeit haben und sich persönlich und fachlich gegenseitig akzeptieren. Wenn diese Akzeptanz fehlt, ist eine Intervision nur schwer möglich, da sich die Mitglieder dann nicht gerne in die Karten schauen lassen oder sich gegenseitig durch perfektionistische Fall-Präsentationen zu übertrumpfen versuchen. Imponiergehabe und Wettbewerbsverhalten widersprechen jedoch der Intervisionsidee, da es eigentlich um die Optimierung der Fallarbeit durch das mehrperspektivische Sehen durch die Gruppe und nicht um das Rangeln um Positionen in einer Hierarchie gehen sollte. Die Intervision setzt voraus, dass die Teilnehmer über eine gute Selbstreflexion verfügen, dass Neid, Missgunst und Rivalitäten nicht das Gruppengeschehen prägen und dass eine angstfreie Atmosphäre herrscht. Vorherige positive Erfahrungen mit geleiteter Supervision sind zudem eine gute Grundlage für eine erfolgreiche Intervisionsarbeit. Das Verhältnis der Intervision zur Supervision ist ungefähr so wie das Verhältnis von Selbsthilfegruppen zur professionellen Beratung oder Psychotherapie (Belardi, 2005; Elbing & Huber, 1992).

Was sind Vor- und Nachteile der Intervision gegenüber der geleiteten Supervision?

Vorteile der Intervision gegenüber der geleiteten Supervision sind die Stärkung der Selbsthilfe, die Verringerung der Abhängigkeit von Experten, die Stärkung der Eigeninitiative der Teilnehmer, der Wegfall des Honorars für den Supervisor sowie die intensivere Kooperation mit Kollegen. Da letztlich auch die Supervision wie jede Beratung oder Psychotherapie das Ziel hat, sich selbst überflüssig zu machen, entspricht die Intervision dem Ziel der Supervision. Positiv an der Intervision ist auch, dass die Intervisionsteilnehmer zumeist eine ähnliche Berufssituation haben, so dass das Problem einer Berufsdistanz des Supervisors zu den Supervisanden wegfällt. Bei der psychotherapeutischen Intervision ist es für die Teilnehmer wohltuend, dass sie ohne Rücksicht auf psychotherapeutische Dogmen und Schulen ihre Ideen zu einem Fall austauschen und ihre Fallarbeit darstellen können. Besonders effektiv ist die psychotherapeutische Intervision, wenn deren Teilnehmer aus verschiedenen psychotherapeutischen Richtungen kommen und wenn sich auf diese Weise aus der Intervision so etwas wie eine integrative Psychotherapie entwickelt (Toman, 1996).

Risiken der Intervision liegen in der Gefahr der Überforderung sowie in der Gefahr gemeinsamer blinder Flecken durch eine fehlende Außenperspektive. Zudem kann die fehlende Leitung dazu führen, dass die Gespräche in Alltagsgespräche abgleiten (Belardi, 2005).

Wie ist der Stellenwert der Intervision in Publikationen?

Man findet nur wenig Publikationen zur Intervision, was damit zu tun haben könnte, dass sich damit kein Geld verdienen lässt (Bürgisser, 2006) und dass Autoren eher wenig Intervisionserfahrung, jedoch häufiger Erfahrungen als Supervisor haben.

Gibt es historische Vorläufer der Intervision?

Im psychotherapeutischen Kontext kann Freuds berühmte Mittwochs-Gesellschaft genannt werden, in der es jedoch vor allem um wissenschaftliche Vorträge zu einzelnen Aspekten der Psychoanalyse und weniger um die jeweilige Fallarbeit ging (zumal viele Teilnehmer keine Psychotherapeuten waren). Zu nennen sind zudem der freie Austausch mit Gleichgesinnten im Zuge der Emanzipationsbewegungen des 19. Jahrhunderts, die Selbsthilfegruppen (die sich im Kontext der Bekämpfung der Alkoholabhängigkeit bildeten) sowie Projekte mit Selbstverwaltung (Bürgisser, 2006). Sehr stark verbreitet ist die Peer-Supervision (zumeist im Wechsel mit externer Supervision) in der Psychotherapieausbildung, beispielsweise in der Ausbildung zur klientenzentrierten Gesprächspsychotherapie. Die Teilnahme ist hier jedoch nicht freiwillig, sondern verpflichtender Teil der Psychotherapieausbildung.

In welchen Bereichen können sich Intervisionsgruppen bilden?

Intervisionsgruppen beziehen sich genauso wie die Supervision auf die berufliche Tätigkeit, beispielsweise in Kliniken, Schulen, Heimen, Kindergärten oder in der eigenen psychotherapeutischen Praxis.

Welche Intervisionsgruppen sind effektiv?

Sehr homogene Gruppen (gleiche berufliche Gruppen, gleiche methodische Ausrichtung) erleichtern Intimität und die Entwicklung eines Zusammengehörigkeitsgefühls, können aber auch schnell an Attraktivität für die Teilnehmer verlieren, weil sie nicht die nötige Perspektivenvielfalt gewährleisten. Die ideale Größe für Intervisionsgruppen liegt bei 4 bis 8 Personen. Bei weniger Personen ist das Spektrum unterschiedlicher Meinungen zu gering, bei größeren Gruppen wird es schwieriger, eigene Fragestellungen in angemessenem Umfang einzubringen.

Wie sind Intervisionsgruppen zeitlich organisiert?

Intervisionsgruppen sind in der Regel auf eine Dauer von mehreren Jahren hin angelegt. Die Intervalle zwischen den Treffen und der zeitliche Umfang der Treffen sind unterschiedlich, am häufigsten sind Intervalle von vier bis sechs Wochen und eine Dauer der Sitzungen von zwei bis vier Stunden (Bürgisser, 2006).

6.3 Coaching

Was ist Coaching?

Coaching ist eine professionelle Form der Beratung für Personen mit Managementaufgaben. Der Coach unterstützt einzelne Personen oder Gruppen bei der Bewältigung der auf die Arbeitswelt bezogenen Probleme. Coaching verfolgt den Ansatz, eine Person dabei zu unterstützen, ein vorab definiertes persönliches Ziel (beispielsweise Teilnahme an einem Sportwettkampf, Erreichen einer Medaille) zu erreichen. Coaching findet außer im Sport auch als Berufscoaching zur Unterstützung von Führungspersonen statt. Coaching richtet sich dabei an Menschen, die in Betrieben, in der Verwaltung oder in Dienstleistungseinrichtungen mit Managementaufgaben wie Planung, Organisation, Kontrolle sowie Personalauswahl und -führung betraut sind. Im Unterschied zur Supervision wird Coaching eher mit schnellem Fitmachen für den Handlungsbereich assoziiert. Es geht vornehmlich um die konkrete unkomplizierte Anwendbarkeit. Coaching ist ein interaktiver „Beratungs- und Begleitungsprozess im beruflichen Kontext, der zeitlich begrenzt und thematisch (zielorientiert) definiert ist". Während Supervision eher eine Beratung für Berater ist, ist Coaching eine Beratung für Manager (Bauer, 2004; Gotthardt-Lorenz & Lorenz, 2005, S. 166).

Wo kommt der Begriff Coaching her und wie wird der Begriff heute verwendet?

Den Begriff Coaching verwendete man zunächst für die Betreuung von Studierenden an angelsächsischen Hochschulen. Populär wurde der Begriff dann im Zusammenhang mit dem Sport, nämlich im Sinne der Einzelbetreuung eines Spitzensportlers mit dem Ziel der emotionalen und körperlichen Wettkampfvorbereitung. Seit den 1980er Jahren taucht der Begriff in der Managementliteratur auf und wird seitdem eher inflationär benutzt, beispielsweise auch für konventionelle Seminare oder für die Anleitung durch einen Vorgesetzten (Schreyögg, 2004). Gegenwärtig zeigt sich die Tendenz, dass der Begriff Coaching den Begriff Supervision ersetzt.

Was ist der theoretische Hintergrund von Coaching?

Es gibt keine eindeutige theoretische Fundierung für das Coaching. Der Coach sollte über eine Vielfalt von Methoden und über eine Vielfalt von Theorien verfügen. Der theoretische Hintergrund ist somit eklektisch, das heißt, der Coach verwendet für den konkreten Fall jeweils das Verfahren und die Theorie, die ihm passend erscheinen (Hinz & Hänel, 2006). Fallner und Pohl (2001) formulieren knapp, aber eindrücklich: Der „Coach stiehlt, wo er kann" (S. 14).

Was sind die Themen und Ziele von Coaching?

Coaching bezieht sich auf sämtliche Managementaufgaben. Führungskräfte aus dem betrieblichen Bereich haben oft Anliegen hinsichtlich der Personalführung und zwischenmenschlichen Interaktion, Führungskräfte aus dem Dienstleistungssektor haben hingegen häufiger Anliegen hinsichtlich der betriebswirtschaftlichen Organisation. Die Anliegen beziehen sich also eher auf den Bereich, der nicht Schwerpunkt der Ausbildung war. Ziel des Coachings ist die Entwicklung des Selbstmanagements der Führungskräfte. Mit möglichst sparsamer Nutzung der Ressourcen sollen die angestrebten Ziele menschengerecht erreicht werden. Es geht dabei auch um Stressbewältigung und Burnout-Prophylaxe. Der zentrale Fokus von Coaching ist jedoch nicht die psychische Gesundheit, sondern das Erreichen der wirtschaftlich-beruflichen Ziele (Bauer, 2004; Gotthardt-Lorenz & Lorenz, 2005).

Was sind Anlässe für Coaching?

Anlässe für Coaching sind auf der individuellen Ebene berufliche Krisen, die Karriereberatung, die Übernahme einer Führungsposition, Burnout- und Stresserleben, Zeitmanagementprobleme, Kreativitätsblockaden, Sinnkrisen, Teamkonflikte, Mobbingerfahrungen, die Vorbereitung auf Präsentationen oder Prüfungen sowie angestrebte Leistungssteigerungen und auf der organisatorischen Ebene Marktveränderungen, Fusionen, Wirtschaftskrisen, umfangreiche Entlassungen oder Neueinstellungen (Migge, 2007).

Wie ist Coaching organisiert?

Häufig ist Coaching Einzelcoaching, das heißt ein Coach berät und trainiert einen Coachee (= ein Coachingklient). Es gibt aber auch Gruppencoaching, bei dem ein Coach eine Gruppe hierarchie- und funktionsgleicher Führungskräfte berät. Der Coach kommt zumeist von außerhalb und ist unabhängig; es gibt aber auch den organisationsinternen Coach, der als Mitglied einer Organisation zumeist Manager auf der mittleren Führungsebene schult. Probleme beim organisationsinternen Coach sind Betriebsblindheit und Loyalitätskonflikte; von Vorteil ist jedoch die Vertrautheit mit dem Arbeitsfeld der Führungskräfte. Beim Coaching in Unternehmen ist der Auftraggeber zumeist jemand anderes als der, der gecoacht werden soll. Der Coach muss dann einen Weg finden, sowohl den Erwartungen des Auftraggebers als auch des Coachee gerecht zu werden. Eine Coachingsitzung ist anders als eine Psychotherapiestunde (= 50 Minuten) nicht genau begrenzt und dauert etwa 60 bis 120 Minuten. Coachinghonorare liegen meist deutlich höher als Psychotherapiehonorare, insbesondere bei Bezahlung durch Firmen.

Gibt es eine Ausbildung zum Coach?

Es gibt bislang kaum Hochschulkurse zum Coaching. Es gibt aber viele private Ausbildungskurse, die auch als Fernlehrgänge angeboten werden. Die Tätigkeits- oder Berufsbezeichnung „Coach" oder „Psychologischer Berater" ist bislang nicht geschützt. Es gibt auch keine vorgeschriebene Ausbildung zum Coach (Migge, 2007).

7. Arbeitsteil

Zusammenfassung:

Beratung steht im Kontext anderer Interventionsformen wie „Kriseninter-vention", „Betreuung", „Mediation", „Psychotherapie" und „Erziehung". Be-sonders schwer ist die Abgrenzung der Beratung von der Psychotherapie, da psychotherapeutische Ansätze in die Beratungsarbeit eingegangen sind und es eher einen fließenden Übergang sowie große Überlappungen gibt. Zu nahe-zu jedem Differenzierungsversuch gibt es Gegenargumente. Trotzdem sollten die Begriffe „Beratung" und „Psychotherapie" nicht austauschbar verwendet werden, zumal es auch im Alltagsverständnis eine Trennung zwischen Beratung und Psychotherapie gibt. Sonderformen der Beratung sind die Supervision, die Intervision und das Coaching. Supervision entstand ursprünglich aus der Sozi-alarbeit und ist eine „Beratung des Beraters". Hauptgegenstand der Supervision ist das berufliche Handeln. Supervision gibt es als Einzelsupervision, Grup-pensupervision und Teamsupervision. Bei der Teamsupervision ist zwischen Fall-Teamsupervision und der Teamentwicklung zu unterscheiden, wobei die Teamentwicklung zu einer Organisationsentwicklung hinleiten kann. Intervi-sion ist eine kollegiale Beratung im Kollegenkreis ohne externen Supervisor. Sie wird in der Forschung und in Publikationen eher wenig beachtet, hat aber ein großes Potential. Coaching ist im Unterschied zur Supervision stärker out-putorientiert. Coaching gilt als Fitmacher, wobei es weniger um die psychische Gesundheit geht, sondern stärker um das Erreichen beruflicher Ziele. Da sich der Begriff „Coaching" besser verkauft, ersetzt er zunehmend den Begriff „Su-pervision".

Zum Verständnis

(a) Gibt es eindeutige Unterschiede zwischen Beratung und Psychotherapie?
(b) Nennen Sie Vor- und Nachteile von Gruppen- und Teamsupervision im Ver-gleich!
(c) Wie ist das Verhältnis der Intervision zur Supervision?

8. Literatur

Empfohlene Literatur:

Dietrich, G. (1991). Allgemeine Beratungspsychologie. Eine Einführung in die psychologische Theorie und Praxis der Beratung (2. Auflage). Göttingen: Hogrefe.
Nestmann, F., Engel, F. & Sickendiek, U. (Hrsg.) (2004). Das Handbuch der Beratung, Band 1 und 2. Tübingen: DGVT.

Verwendete Literatur

Auckenthaler, A. (1999). Supervision. In R. Asanger & G. Wenninger (Hrsg.), Handwörterbuch Psychologie (S. 763–767). Weinheim: PVU.

Barabas, F. (2004). Gesetzliche Grundlagen der Beratung. In F. Nestmann, F. Engel & U. Sickendiek (Hrsg.), Das Handbuch der Beratung, Band 2: Ansätze, Methoden und Felder (S. 1203–1211). Tübingen: DGVT.

Bastine, R. & Theilmann, C. (2004). Mediation mit Familien. In F. Nestmann, F. Engel & U. Sickendiek (Hrsg.), Das Handbuch der Beratung, Band 2: Ansätze, Methoden und Felder (S. 1029–1040). Tübingen: DGVT.

Bauer, A. (2004). „Lieber mit den Wölfen heulen als mit den Schafen blöken?" Anmerkungen zur Kontroverse: Supervision oder Coaching. In F. Buer & G. Siller (Hrsg.), Die flexible Supervision. Herausforderungen – Konzepte – Perspektiven. Eine kritische Bestandsaufnahme (S. 121–141). Wiesbaden: VS Verlag für Sozialwissenschaften.

Beier, K. M., Bosinski, H. A., Hartmann, U. & Loewit, K. (Hrsg.) (2001). Sexualmedizin. München: Urban & Fischer.

Belardi, N. (1994). Supervision. Von der Praxisberatung zur Organisationsentwicklung (2. Auflage). Paderborn: Junfermann.

Belardi, N. (2005). Supervision. Grundlagen, Techniken, Perspektiven (2. Auflage). München: Beck.

Belardi, N. (2006). Supervision und Praxisberatung. In C. Steinebach (Hrsg.), Handbuch Psychologische Beratung (S. 310–319). Stuttgart: Klett-Cotta.

Böckelmann, C. (2002). Beratung – Supervision – Supervision im Schulumfeld. Eine theoretische Verankerung des Beratungshandelns. Innsbruck: Studienverlag.

Bollnow, O. F. (1959). Existenzphilosophie und Pädagogik. Versuch über unstetige Formen der Erziehung. Stuttgart: Kohlhammer.

Bürgisser, H. (2006). Intervision: Eine innovative Form selbstorganisierten Lernens. In C. Steinebach (Hrsg.), Handbuch Psychologische Beratung (S. 565–573). Stuttgart: Klett-Cotta.

Datler, W., Steinhardt, K. & Gstach, J. (2004). Psychoanalytisch orientierte Beratung. In F. Nestmann, F. Engel & U. Sickendiek (Hrsg.), Das Handbuch der Beratung, Band 2: Ansätze, Methoden und Felder (S. 613–627). Tübingen: DGVT.

Denner, L. (2000). Gruppenberatung für Lehrer und Lehrerinnen. Eine empirische Untersuchung zur Wirkung schulinterner Supervision und Fallbesprechung. Bad Heilbrunn: Klinkhardt.

Dietrich, G. (1991). Allgemeine Beratungspsychologie. Eine Einführung in die psychologische Theorie und Praxis der Beratung (2. Auflage). Göttingen: Hogrefe.

Eck, C. D. (1990). Elemente einer Rahmentheorie der Beratung und Supervision. In G. Fatzer & C. D. Eck (Hrsg.), Supervision und Beratung. Ein Handbuch (S. 17–52). Köln: Edition Humanistische Psychologie.

Elbing, E. & Huber, U. (1992). Supervision: Programmatik und Alltagsrealität. München: ars una.

Engel, F., Nestmann, F. & Sickendiek, U. (2004). Beratung. Ein Selbstverständnis in Bewegung. In F. Nestmann, F. Engel & U. Sickendiek (Hrsg.), Das Handbuch der Beratung, Band 1: Disziplinen und Zugänge (S. 33–43). Tübingen: DGVT.

Esser, U. (1986). Versuch einer Abgrenzung von Beratung und Psychotherapie. In GwG-Info, 64, 3–19.

Fallner, H. & Pohl, M. (2001). Coaching mit System. Die Kunst nachhaltiger Beratung. Opladen: Leske u. Budrich.

Fengler, J. (1992). Wege zur Supervision. In W. Pallasch, W. Mutzeck & H. Reimers (Hrsg.), Beratung, Training, Supervision. Eine Bestandsaufnahme über Konzepte zum Erwerb von Handlungskompetenz in pädagogischen Arbeitsfeldern (S. 173–187). Weinheim: Juventa.

Fengler, J. (2006). Teamberatung. In C. Steinebach (Hrsg.), Handbuch Psychologische Beratung (S. 284–292). Stuttgart: Klett-Cotta.

Freud, S. (1895/1975). Zur Psychotherapie der Hysterie (aus: Studien über Hysterie). Studienausgabe Ergänzungsband (S. 37–97). Frankfurt am Main: Fischer.

Freud, S. (1926/1975). Die Frage der Laienanalyse: Unterredungen mit einem Unparteiischen. Studienausgabe Ergänzungsband (S. 271–349). Frankfurt am Main: Fischer.

Freud, S. (1933/1969). Neue Folge der Vorlesungen zur Einführung in die Psychoanalyse. Studienausgabe Band I (S. 448–608). Frankfurt am Main: Fischer.

Freud, S. (1940/1975). Die psychoanalytische Technik (aus: Abriß der Psychoanalyse). Studienausgabe Ergänzungsband (S. 407–421). Frankfurt am Main: Fischer.

Gaertner, A. (2004). Supervision in der Krise. Expansionismus, Unschärfeprofil und die Ausblendung der Selbstreflexion. In F. Buer & G. Siller (Hrsg.), Die flexible Supervision. Herausforderungen, Konzepte, Perspektiven. Eine kritische Bestandsaufnahme (S. 79–100). Wiesbaden: VS Verlag für Sozialwissenschaften.

Giernalczyk, T. (2006). Beratung in Lebenskrisen. In C. Steinebach (Hrsg.), Handbuch Psychologische Beratung (S. 460–484). Stuttgart: Klett-Cotta.

Gotthardt-Lorenz, A. & Lorenz, H. (2005). Supervision und Coaching. In R. Reichel (Hrsg.), Beratung, Psychotherapie, Supervision. Einführung in die psychosoziale Beratungslandschaft (S. 156–171). Wien: Facultas.

Greenson, R. R. (1981). Technik und Praxis der Psychoanalyse. Stuttgart: Klett.

Großmaß, R. (2004). Psychotherapie und Beratung. In F. Nestmann, F. Engel & U. Sickendiek (Hrsg.), Das Handbuch der Beratung, Band 1: Disziplinen und Zugänge (S. 89–102). Tübingen: DGVT.

Hinz, A. & Hänel, K. (2006). Coaching für Prozessberater. In E. Bamberg, J. Schmidt & K. Hänel (Hrsg.), Beratung, Counseling, Consulting (S. 201–215). Göttingen: Hogrefe.

Linster, H. W. & Panagiotopoulos, P. (1990). Zum Wechselverhältnis von Klientenzentrierter Praxis und Klientenzentriertem Konzept. In G. Meyer-Cording & G. W. Speierer (Hrsg.), Gesundheit und Krankheit. Theorie, Forschung und Praxis der klientenzentrierten Gesprächspsychotherapie heute (S. 54–85). Köln: GwG-Verlag.

Meng, H. (Hrsg.) (1973). Psychoanalytische Pädagogik des Schulkindes. München: Reinhardt.

Migge, B. (2007). Handbuch Coaching und Beratung (2. Auflage). Weinheim: Beltz.

Mollenhauer, K. (1965). Das pädagogische Phänomen „Beratung". In K. Mollenhauer & C. W. Müller (Hrsg.), „Führung" und „Beratung" in pädagogischer Sicht. Heidelberg: Quelle & Meyer.

Mutzeck, W. (1996). Kooperative Beratung. Grundlagen und Methoden der Beratung und Supervision im Berufsalltag. Weinheim: Deutscher Studien Verlag.

Petzold, H., Schigl, B., Fischer, M. & Höfner, C. (2003). Supervision auf dem Prüfstand. Wirksamkeit, Forschung, Anwendungsfelder, Innovation. Opladen: Leske u. Budrich.

Pühl, H. (2004). Teamsupervision. In F. Nestmann, F. Engel & U. Sickendiek (Hrsg.), Das Handbuch der Beratung, Band 1: Disziplinen und Zugänge (S. 391–406). Tübingen: DGVT.

Rogers, C. R. (1972). Die nicht-direktive Beratung (Orig. 1942: Counseling and Psychotherapy). München: Kindler.

Sander, K. (1975). Einige Gesichtspunkte zur Abgrenzung des klientenzentrierten Konzepts zu anderen psychotherapeutischen Konzepten und zur Beratungssituation. In Gesellschaft für wissenschaftliche Gesprächspsychotherapie (Hrsg.), Die klientenzentrierte Gesprächspsychotherapie (S. 42–54). München: Kindler.

Schlee, J. (2004). Kollegiale Beratung und Supervision für Pädagogische Berufe. Hilfe zur Selbsthilfe. Ein Arbeitsbuch. Stuttgart: Kohlhammer.

Schreyögg, A. (2004). Coaching. In F. Nestmann, F. Engel & U. Sickendiek (Hrsg.), Das Handbuch der Beratung, Band 2: Ansätze, Methoden und Felder (S. 947–957). Tübingen: DGVT.

Schröder, A. (2004). Psychologie und Beratung. In F. Nestmann, F. Engel & U. Sickendiek (Hrsg.), Das Handbuch der Beratung, Band 1: Disziplinen und Zugänge (S. 49–60). Tübingen: DGVT.

Schürmann, I. (2004). Beratung in der Krisenintervention. In F. Nestmann, F. Engel & U. Sickendiek (Hrsg.), Das Handbuch der Beratung, Band 1: Disziplinen und Zugänge (S. 523–534). Tübingen: DGVT.

Sieland, B. (1994). Klinische Psychologie I. Grundlagen. Stuttgart: Kohlhammer.

Stefflre, B. & Grant, W. H. (1972). Theories of Counseling. New York: MacGraw-Hill.

Steinebach, C. (2006). Beratung und Psychologie. In C. Steinebach (Hrsg.), Handbuch Psychologische Beratung (S. 11–34). Stuttgart: Klett-Cotta.

Terhart, E. (Hrsg.) (2000). Perspektiven der Lehrerbildung in Deutschland. Abschlussbericht der von der Kultusministerkonferenz eingesetzten Kommission. Weinheim: Beltz.

Thiel, W. (2004). Beratung im Kontext von Selbsthilfe: Fachliche Grundlagen und gesellschaftliche Implikationen. In F. Nestmann, F. Engel & U. Sickendiek (Hrsg.), Das Handbuch der Beratung, Band 1: Disziplinen und Zugänge (S. 375–389). Tübingen: DGVT.

Thiersch, H. (2004). Sozialarbeit/Sozialpädagogik und Beratung. In F. Nestmann, F. Engel & U. Sickendiek (Hrsg.), Das Handbuch der Beratung, Band 1: Disziplinen und Zugänge (S. 115–124). Tübingen: DGVT.

Toman, W. (1996). Psychotherapeutische Intervision: Ihre Bedeutung und günstige Form. In H. Kretz (Hrsg.), Lebendige Psychohygiene (S. 125–141). München: Eberhard.

Tschötschel-Gänger, C. (2004). Beratung in der Schule: Brücken bauen. In R. Reichel (Hrsg.), Beratung, Psychotherapie, Supervision. Einführung in die psychosoziale Beratungslandschaft (S. 260–276). Wien: Facultas.

Modul 5:
Im Fokus –
pädagogisch-psychologische Beratung
Adly Rausch

1. Pädagogische Beratung

1.1 Allgemeine Einschätzung und Einordnung

Wie wird pädagogische Beratung im Alltagsverständnis beschrieben?
Bittet man Menschen aus der alltäglichen Umgebung zu erklären, was sie unter dieser Beratungsform verstehen, dann fallen Aussagen wie z.B. „hier geht es um Erziehungsfragen", „dies dürfte etwas für Lehrer sein", aber auch „dies ist doch eigentlich auch eine psychologische Beratung", „dort werden Erziehungsprobleme von Psychologen bearbeitet". Obwohl der Terminus „pädagogisch-psychologische Beratung" nicht ausdrücklich verwendet wird, zeigt sich, dass ein Großteil der Befragten (Rausch, 2004) diese Verbindung herstellt, indem er die psychologische Ausrichtung als Grundlage wählt (z.B. der Berater ist Psychologe). Der Beitrag der Pädagogik zu dieser Benennung wird dann vielfach (lediglich) in dem pädagogischen Anwendungsfeld gesehen (z.B. Disziplinschwierigkeiten in der Klasse, Erziehungsstil der Eltern). Der Weg, um solche pädagogischen Probleme zu beheben, besteht aus Interventionen von psychologischen Fachvertretern.
Im Alltagsverständnis ist also unbestritten, dass pädagogische und psychologische Sachverhalte in verschiedener Weise (entweder mit dominierendem psychologischem Fachanteil oder in relativ ausgewogener Weise) integrativ verbunden sind. Diese im Kern der Aussage – „das eine ist nicht ohne das andere zu sehen" – zutreffende Sichtweise erschwert im wissenschaftlichen Bereich „klare" Differenzierungsvorhaben. Dennoch liegen Beschreibungsversuche vor, die Beratung als pädagogisch ausgerichtet erfassen – weitgehend ohne den psychologischen Part. Eine solche Möglichkeit – stellvertretend für andere ausgewählt – wird von Tymister (1990) vorgestellt (Modul 1 – 2.2 enthält dieses Beispiel). Das Besondere an dieser spezifisch pädagogischen Bestimmung ist, dass sie aus individualpsychologischer Sicht erfolgt.

Angesichts dieser Sowohl-als-auch-Situation (Pädagogik, Psychologie oder umgekehrt) ist es notwendig, sich auf grundlegende Fragestellungen zu konzentrieren.

1.2 Spezielle Informationen

Welche Beziehung besteht zwischen Pädagogik und Beratung?
Obwohl Beratung eine Grundform pädagogischen Handelns ist, erreicht ihre wissenschaftliche Aufarbeitung nicht die Bedeutung der psychologischen Auseinandersetzung – nimmt man z.B. als ein Indiz die Anzahl der vorliegenden Veröffentlichungen. Auch die inhaltliche Seite des Forschungsinteresses am pädagogischen Beratungsgeschehen lässt die mögliche Bandbreite vermissen. Diese Situationsbeschreibung offenbart, dass die pädagogischen Ambitionen in Bezug auf den Forschungsgegenstand Beratung eher randständig bleiben. Dennoch lassen sich einige Schwerpunkte festlegen:

* So sind es sind vor allem die außerschulischen Anwendungsfelder, in denen intensive Bemühungen dazu geführt haben, dass eigene Konzepte zur Beratung entwickelt wurden (z.B. in der Sozialarbeit/Sozialpädagogik, vgl. Thiersch, 2004).
* Auch die Frage, wie pädagogisches Beratungshandeln zu gestalten ist, hat viele Untersuchungen angeregt.
* Trotz dieser Initiativen bleibt festzustellen, dass „die Inhalte und die Identität pädagogischer wie erziehungswissenschaftlicher Theoriebildung" (Engel, 2004, S.104) von den Themen Erziehung, Bildung und pädagogische Professionalität bestimmt werden.

Die Thematisierung von Beratung durch die Pädagogik folgt keinem genuin pädagogischen Weg. Sie erfolgt „bis auf wenige Ausnahmen auf zumeist psychologisch-psychotherapeutische(n) Definitionen von Beratung. Konzeptionell und theoretisch bleibt Beratung innerhalb pädagogischer Debatten somit weitgehend ein psychologischer und z.T. auch psychotherapeutischer Import" (Engel, 2004, S.103 f.). Dafür spricht, dass etliche Pädagogen sich auch als Therapeuten verstehen. Andererseits ist es kaum erfolgreich, einen Therapeuten zu finden, der sich als Pädagoge bezeichnet. Kraft (1993) spricht hier von einer „sehr einseitigen Liaison" (S.351).

Da Beratung und Pädagogik nicht in einem diskursiven Austausch ihrer Betrachtungsweisen, theoretischen Ansätze und Methoden stehen, nennt Engel diese Beziehung eine „vernachlässigte Relation" (in beide Richtungen).

**Welcher entwicklungsgeschichtlich zentrale Beitrag zum
Beratungsgeschehen kann herausgehoben werden?**
Die Wahl fällt auf den Pädagogen Mollenhauer, der „Mitte der 60er Jahre den
damals noch riskanten Versuch (unternahm), Beratung als ein ‚Pädagogisches
Phänomen' zu begründen und auf seine Bedeutung für den schulisch-pädago-
gischen Bereich ebenso hinzuweisen, wie auch die in der Beratungsinteraktion
liegenden emanzipativen Bildungsaspekte zu betonen" (Engel, 2004, S.108). In
Kurzform erfasst, nimmt Mollenhauer die folgende Charakterisierung der Beratungsforschung vor:
*„Bei der Durchsicht der einschlägigen Veröffentlichungen findet man zwar viel psycho-
logische Grundlegung, viele Fallanalysen, viel diagnostische Erörterung, kaum aber
pädagogische Reflexionen über die pädagogische Struktur und Relevanz des Beratungs-
vorgangs selbst" (1965, S.27).*
Dieser Einschätzung setzt Mollenhauer die folgende Auffassung zum
Beratungsprozess entgegen (Tab. 1):

Tab. 1: Bezug zur Beratung – Mollenhauer (1965, S.26 ff., Zusammenstellung
nach Rausch, 1989, S.14)

allgemeine Einschätzung	Kennzeichnung des Beratungsprozesses/ methodisches Vorgehen	Zielsetzung
Typus pädagogischen Verhaltens; Umgang zwischen Erwachsenen und jungen Menschen im lenkenden Gespräch außerhalb des Kontinuums nachdrücklich erzieherischer Einwirkungen (S.26)	Beratung entsteht angesichts einer Frage, die Erwartungen des Klienten bestimmen Ansatz und Fortgang der Beratung (S.34), es ist eine Ernstsituation, die Vorbereitung einer Entscheidung, Beratung ist nicht nur Auskunft, der Rat ist Beispiel, hat keine Verbindlichkeit für den Ratsuchenden (S.31), ist die Frage des Ratsuchenden eine Frage nach seinen eigenen Möglichkeiten, enthält Beratungsgespräch Elemente einer kritischen Aufklärung bzw. ist selbst diese Aufklärung als Prozess (S.34)	pädagogischer Sinn: die Selbsttätigkeit, die Produktivität, die Rationalität und die Phantasie des Ratsuchenden ansprechen, ihn instand setzen, selbst einen Ausweg zu suchen, die erteilte Antwort als selbst vollzogene zu akzeptieren oder zu verwerfen (S.31), rationale Erhellung eines Problems

Engel (2004) schätzt den Beitrag von Mollenhauer als eine Argumentation ein, „die kritische Maximen erziehungswissenschaftlicher Forschung und pädagogischer Handlung diskutiert und vorlegt" (S.108) – im Sinne einer emanzipatorischen Erziehungswissenschaft.

Wie hat sich seitdem die pädagogische Beratung im Beratungsgeschehen entwickelt?
Eine Betrachtung des gemeinsamen Entwicklungsweges von Pädagogik und Beratung lässt Engel (2004) zu einem Ergebnis kommen, das sich in folgenden Aussagen wiedergeben lässt:

- *Beratung als eine pädagogische Selbstverständlichkeit wurde weder pädagogisch-theoretisch begründet noch diskutiert.*
- *Galt für Beratung allgemein über viele Jahre, dass sie sich an psychotherapeutischen Prinzipien orientiert, gilt dies im besonderen Maße für eine Beratung in pädagogischen Bezügen. Anmerkung: Diese Kennzeichnung veranlasst Tiefel, 2004, zu der Bemerkung, dass es fast so scheint, als hätte sich seit der Charakterisierung der Beratungsforschung durch Mollenhauer nicht viel verändert – eine Einschätzung, die nachdenklich stimmt.*
- *Vor allem personenbezogene Beratungskonzepte im schulischen Bereich erweisen sich gegenwärtig immer noch sehr stark psychologisch-psychotherapeutisch orientiert. Auch bei Beratungsvorgängen im Zusammenhang mit Fragen der Schulentwicklung findet sich diese Orientierung, die allerdings zusätzliche inhaltliche Anleihen bei der Soziologie aufnimmt, wenn es um die Thematisierung von Organisationen geht.*

Diese Entwicklung überrascht, zwar nicht aus dem Alltagsverständnis heraus, nach dem – wie oben dargelegt – pädagogische und psychologische Sachverhalte ohne Wenn und Aber als integrativ verbunden angesehen werden, sondern aus wissenschaftlicher Sicht. Wie im Modul 7 dargelegt, ist jeder disziplinäre Zugang, zum Teil in nachhaltiger und produktiver Weise, um eine eigenständige inhaltliche Ausgestaltung und Abgrenzung des Beratungsgeschehens bemüht. Angesichts dieser Entwicklung fällt der Kontrast besonders auf, wenn eine Disziplin wie die Pädagogik, die in so vielfältiger Form mit dem Handlungspotential Beratung verbunden ist, sich – zugespitzt formuliert – bei einer pädagogischen „Prägung" von theoretischen Konzeptionen und von zu untersuchenden Beratungsvariablen zurückhält. Dies weckt das Interesse zu erfahren, in welchen Bereichen dennoch die pädagogische „Handschrift" deutlich sichtbar wird.

Was sind pädagogisch relevante Handlungsfelder?
Bezieht man die pädagogische Betrachtungsweise auf die biographische Entwicklung eines Menschen, dann liegt ein wesentlicher Schwerpunkt neben der frühkindlichen Entwicklung und dem Erwachsenenalter auf dem schulischen Bereich.

In diesen Entwicklungsabschnitten werden von Erziehungswissenschaftlern spezifische Handlungsmodalitäten gefordert (z.B. Erziehen, Beraten, Wissensvermittlung, Organisations-, Planungs- und Verwaltungsaufgaben). Diese müssen sich wiederum in speziellen pädagogischen Handlungsfeldern bewähren. Im Einzelnen handelt es sich um Anwendungsbereiche wie Elementarerziehung, Familienberatung, Jugendarbeit, Medienpädagogik, Soziale Dienste, Ausländerarbeit und Altenarbeit (vgl. Kraft, 1993). Sie bestimmen den Berufsweg von Diplom-Pädagogen und sollten deshalb im Diplomstudiengang Erziehungswissenschaft entsprechend vorbereitet werden. Im Folgenden wird ein Schwerpunkt ausgewählt: Schulpädagogische Fragestellungen konzentrieren sich auf Unterricht und Erziehung. Gerade in diesen Bereichen ist Beratung eine Hauptform des Handelns (siehe Modul 6). Während jeder Lehrer mit Beratungsprozessen und -inhalten in unterschiedlichster Form täglich konfrontiert wird, sind Aufgaben wie z.B. Schullaufbahnberatung, die Einzelfallhilfe (u.a. bei Lernproblemen und Sozialkonflikten) und die Systemberatung (Verbesserung der schulischen Bedingungen) eine Domäne von speziell ausgebildeten Fachkräften, hier von Beratungslehrern und Schulpsychologen.

Können Lehrkräfte ihren Beratungsaufgaben gerecht werden?

Obwohl das Anforderungsprofil an zukünftige Lehrerinnen und Lehrer die Wahrnehmung von Beratungsaufgaben ausdrücklich enthält und der schulische Alltag den Lehrkräften verschiedene Beratungsrollen überträgt, zeigt sich ein „ausbildungspraktisches Defizit" (Barlage, 1998, S.14).

Beratung im Kontext Schule hat in den letzten Jahren kontinuierlich an Bedeutung gewonnen und – so prognostizieren viele Experten – wird weiterhin steigen. „Der zentrale Grund für das Anwachsen von Beratung und Beratungsbedarf liegt in der stetig wachsenden Delegation von Verantwortung und Entscheidungskompetenzen aus den übergeordneten Instanzen an die sogenannte Basis sowie aus dem sich daraus ergebenden Arbeiten an ‚Lösungen vor Ort'" (Palmowski, 1995, S. 19).

Schwarzer und Posse (2004) schildern eindringlich die aktuelle Situation von Lehrkräften, die in ihrer Beratungstätigkeit angesichts von knapper werdenden staatlichen Ressourcen (Einsatz von Beratungslehrern und Schulpsychologen) mehr denn je gefordert werden. Unbestritten gehört Beraten zu den definierten Aufgaben der Lehrtätigkeit. In verschiedenen ministeriellen Verordnungen werden die einzelnen Beratungsfelder präzisiert:

Beispiele: Erlass zur „Beratungstätigkeit von Lehrerinnen und Lehrern in der Schule", Nordrhein-Westfalen, 1997: Beratung über Bildungsangebote, Schullaufbahnberatung, Beratung über berufliche Bildungswege, Berufswahlvorbereitung, Beratung bei

Lernschwierigkeiten und Verhaltensauffälligkeiten; Auszug aus einem schulspezifischen Beratungskonzept: www.learn-line.nrw.de/angebote/schulberatung vom 17.6.2007: Schulkollegium soll „Lehren und Erziehen als eine Form des Sich-Beratens begreifen. Eine Beratungskultur muss wachsen".

Dienstordnung für Lehrkräfte an staatlichen Schulen in Bayern (1998, geändert durch KMBek vom 24.6.2005: § 4 Abs. 3: „Der Klassenlehrer berät die Erziehungsberechtigten in schulischen Fragen").

Bayerisches Gesetz über das Erziehungs- und Unterrichtswesen (BayEUG), vom 31.3.2000: Art.78 „Jede Schule und jede Lehrkraft hat die Aufgabe, die Erziehungsberechtigten und die Schülerinnen und Schüler in Fragen der Schullaufbahn zu beraten und ihnen bei der Wahl der Bildungsmöglichkeiten entsprechend den Anlagen und Fähigkeiten des Einzelnen zu helfen".

Angesichts dieser Fülle an Aufgaben, die zudem noch qualifiziert erledigt werden sollen, stellt sich umso dringender die Frage, wie angehende Lehrer dieses Anforderungsprofil erfüllen können. Jeder in der Praxis stehende professionelle Berater wird sich mit berechtigter Sorge fragen, wie jemand auf diese Vielfalt vorbereitet wird. Während die fachliche Kompetenz, d.h. ein spezielles Wissen um Sachverhalte (Schullaufbahninformationen), in Ausbildung, Weiterbildung und Eigenarbeit angeeignet wird, bleibt offen, wie Lehrkräfte eine beraterische Kompetenz erwerben können. Die Vermittlung von Prinzipien der Gesprächsführung erfolgt im Studium lediglich sporadisch und deren Aneignung bleibt häufig der Eigeninitiative der Studierenden überlassen. Voraussetzungen wie aktives Zuhören, Umgehen mit Pausen etc. sind Bestandteil jeder Kommunikation. Ihre Beherrschung stellt gerade für Lehrerinnen und Lehrer ein notwendiges Element jeder Beratungstätigkeit dar.

Die Befähigung zu situationsangemessenen Gesprächsführungen steht im Vordergrund, weil in der Schulpraxis unumstritten ist, dass Lehrkräfte die ersten Ansprechpartner für Schüler und Eltern sind. Diese Erkenntnis wird von Fakten gestützt, die sich aus einer speziellen Problematik (Aggression und Gewalt; siehe unten) ergeben. Es ist davon auszugehen, dass die Ergebnisse über dieses besonders sensible Thema auch auf weniger emotionale Bereiche übertragen werden können.

Exkurs: Rausch (2006) greift die Frage auf, ob Lehrer für Schüler bei Themen wie Aggression und Gewalt Kommunikationspartner sind. Halten es Schülerinnen und Schüler für sinnvoll, sich mit solchen Problemen an ihre Lehrer zu wenden und bei ihnen Rat zu suchen? Erfreulicherweise kann diese Frage mit einem Ja beantwortet werden. So berichtet Dettenborn (1993) auf der Basis einer schriftlichen Befragung, „dass über 80 % der Schüler unter ihren Lehrern solche finden, mit denen sie sich über Aggressionsproblematik austauschen und ratsuchend unterhalten würden" (S.183) (Zusammensetzung: 13 % ja, 69 % ja, mit manchen). Dieses Ergebnis sieht Rausch in eigenen Untersuchungen bestätigt. Der überwiegende Teil der Schüler ist bereit, sich vertrauensvoll an die Lehrer zu wenden, um Unterstützung zu erfahren und sich einen Rat zu holen.

Die Erwartungen an die Beratungsbereitschaft und -fähigkeit der Lehrer sind groß. Es handelt sich um den Erwerb von speziellen Handlungskompetenzen, die – wie der systemische Prozess der fortwährenden Beratungstätigkeit zeigt – in Beratungsprozessen (im Studium, in der Weiterbildung) angeeignet werden, in denen Studierende bzw. Lehrer wechselweise als Berater bzw. Ratsuchende agieren.

Welche Formen der pädagogischen Beratung lassen sich unterscheiden?

Aus der Vielzahl von Differenzierungsangeboten wird im Folgenden der Vorschlag von Barlage (1998) aufgenommen. Dieser berücksichtigt den entwicklungspsychologischen Stand des Einzelnen oder einer Klasse, indem er zwischen zwei Beratungsformen unterscheidet:

- die erzieherische Beratung und
- die fürsorgliche Beratung.

Pädagogische Beratung ist zum einen Beratung in *erzieherischer* Absicht. Im Vordergrund steht die Selbsttätigkeit der Ratsuchenden, die es anzuregen gilt. Sie ist mit Hilfe der „reflektierenden Urteilskraft" im Beratungsprozess einzuleiten. Dreh- und Angelpunkt einer erzieherisch geführten Beratung ist also die Selbstbestimmung der Schüler. Dadurch ist das Beratungsergebnis aber unbestimmbar und nicht vorhersehbar. Bei einer erzieherisch geführten Beratung geht es vorrangig „um *Hilfe, Unterstützung und Begleitung von Selbsterziehungsprozessen* angesichts von Wertfragen, Normproblemen, Entscheidungen über moralische Grundsätze zum Zwecke der Klärung von Handlungsvoraussetzungen" (Barlage, 1998, S.140).

Pädagogische Beratung ist zum anderen Beratung in *fürsorglicher* Absicht. Sie setzt – entwicklungspsychologisch betrachtet – ein, bevor Ratsuchende über eine reflektierende Urteilskraft verfügen. Im Visier dieser Beratungsform, einer sogenannten „'vor'pädagogischen", sind deshalb vor allem jüngere Kinder, die einer fürsorglichen Beratung bedürfen. Sie richtet sich an Heranwachsende, die im fürsorglichen Schutz des durch Erwachsene vermittelten Wertehorizontes erzogen werden. Sie übernehmen „vor-bildliche Werte" und werden darauf vorbereitet, sich mit ihnen konstruktiv auseinanderzusetzen. Dieser Prozess leitet das Ende der Kindheit ein.

Fürsorgliche Beratung bedeutet also: Dem Schüler wird „vom Lehrer ein Rat gegeben, der für den Lehrer verbindlich ist, zu dem er selber steht; zugleich wird dieser Rat in der Sorge für den anderen gegeben, weil dieser andere jetzt, zu diesem Zeitpunkt, in dieser Situation, in dieser Entwicklungsphase, sich diesen Rat noch nicht selber geben kann" (a.a.O., S. 142). Nimmt der Schüler den Rat an oder lehnt er ihn ab, trifft – nach der vorgeschlagenen Einteilung – eine bestimmte Beratungsform zu. Wird ein Rat abgelehnt, dann wird die Basis einer fürsorglichen Beratung verlassen und eine erzieherisch geführte eingeleitet, weil der Schüler nunmehr die Entscheidung selbst fällt.

Die von Barlage vorgeschlagene Unterscheidung fordert zur Diskussion heraus: Betrachtet man die Ausführungen zur Beratung (Definitionen, Grundaussagen) im Modul 1, dann widerspricht die Form einer fürsorglichen Beratung dem eigentlichen Beratungsgedanken: der Hilfe zur Selbsthilfe. Der Vorschlag, eine vorgelagerte Beratungsform abzugrenzen, die einen direktiven Weg verfolgt, ist geprägt von der Übernahme von Verhaltensnormen. Das bedeutet: „Fürsorgliche Beratung ist affirmativ, da der Lehrer sein Wertkonzept zunächst auf seine Schüler überträgt" (Barlage, 1998, S.143). Aufgabe des Lehrers ist es dann, den Übergang zu einer nicht-affirmativen erzieherischen Beratung einzuleiten, indem er Spielraum lässt für Reflexionen – erarbeitet an einer vorgegebenen „Richtschnur". In diesem Zusammenhang stellt sich allerdings die Frage, ob fürsorgliche „Beratung" eher als Element der Erziehung zu betrachten ist, um Irritationen auszuschließen. Hilfreich in diesem Fall kann eine „Ortung" des Beratungsgeschehens sein, wie sie von Dietrich (1983) vorgenommen wird (siehe Modul 4, zur Mitte-Position der Beratung zwischen Erziehung und Therapie). Der dort vertretene Gedanke einer mehr edukativen bzw. einer mehr therapeutischen Version von Beratung steht den professionellen Beratungsgrundsätzen, die innerhalb einer Beratungspsychologie vertreten werden, näher. Verlässt man diese beratungspsychologische Sichtweise und wendet sich stattdessen erneut einer separierten pädagogischen Betrachtung zu, rückt ein weiterer Zusammenhang in das Blickfeld:

Barlage skizziert das Lehrer-Schüler-Verhältnis als einen Dialog, der vom gegenseitigen Austausch von Argumenten bestimmt wird. Er verfolgt das Ziel, zu einer Differenzierung des Bewusstseins beizutragen, „um auf diese Art und Weise einerseits Einsicht in Fremdbestimmungen, Machtstrukturen, Interessen und Abhängigkeiten, aber auch in eigene Vorurteile und persönliche Befangenheiten und Befindlichkeiten zu bekommen und andererseits Grundlagen für eine selbstbestimmte Lebensführung zu schaffen" (1998, S.147). Konkret bedeutet dies, dass das Lehrer-Schüler-Verhältnis als eine dialogisch geführte Beratungsgemeinschaft zu verstehen ist, in der z.B. die Erörterung von Wertfragen Gegenstand einer pädagogischen Beratung ist. Barlage betont ausdrücklich, dass es hierbei nicht um Beratung im herkömmlichen Sinne, also um „die Artikulation von Ratschlägen" (a.a.O., S.149 f.), geht, sondern Ziel ist, eine Dialogfähigkeit anzuregen, um zu einer eigenen Urteilsbildung zu verhelfen. Diese Bildungsaufgabe des Unterrichts als Beratung muss von den Lehrkräften in geeigneter Weise umgesetzt werden. Das heißt, sie müssen über die unterrichtsmethodische Fähigkeit verfügen, Beratungsdialoge in Gang zu setzen. Dazu gehören Anschaulichkeit, um dem jeweiligen Entwicklungsstand der Schüler gerecht zu werden, und eine sachgemäße Gesprächsführung (Leitung einer argumentativen Auseinandersetzung). „Wenn pädagogische Beratung eine Artikulationsform des Lehrerhandelns im Unterricht ist, dann muß sie grundsätzlich für alle Formen des Unterrichts Geltung beanspruchen, denn pädagogische Aussagen gelten als Grundsätze für den gesamten Prozeß und deshalb auch für alle Unterrichtsformen" (a.a.O., S.171). Ausdrücklich spricht Barlage als eigentlichen Ort der pädagogischen Beratung den projektorientierten Fachunterricht an (die Wertauseinandersetzung ist hier ein zentrales Element) und die Freiarbeit (mit dem selbstverantwortlichen Entscheiden und Handeln).

Was ist das Spezifische an dem vorgestellten Vorschlag?

Der Vorschlag von Barlage beruht auf einer rein pädagogischen Betrachtung. Beratung in diesem Kontext ist ein allgegenwärtiger Sachverhalt (in speziellen Formen erfasst wie z.B. bei Beratungslehrern und Schulpsychologen oder in der kontinuierlichen Arbeit eines Fach- oder Klassenlehrers). Erziehungs- und Bildungsprozesse sind dem Beratungsgeschehen verpflichtet. Es ist deutlich geworden, dass das pädagogische Beratungsverständnis, wenn es explizit wird, sehr eng mit dem Erziehungsgeschehen verbunden ist. Allerdings werden durch diese Ausrichtung – wie bei Barlage erkennbar – Inhalte im weiten Sinne als Beratungsgegenstand erfasst (Fürsorge), die in der sonstigen Beratungsliteratur ausgeschlossen werden, wie z.B. die „Artikulation von Ratschlägen".

Welche grundlegenden Aussagen sind für pädagogische Handlungsfelder charakteristisch?

Auch außerhalb des schulischen Bereiches finden sich vielfältige pädagogische Handlungsfelder als Beratungsgegenstand. Dieses Berufsfeld vor allem von Diplom-Pädagogen kann mit Aussagen von Kraft (1993) beschrieben werden: *Eine pädagogische Beratung zeichnet sich durch die Art und Weise aus, in der aus Lebensproblemen Lernprobleme werden, um auf transparentem Wege zu Beratungsergebnissen zu gelangen. Im Unterschied zu einem gesprächspsychotherapeutischen Berater, der die Frage stellt:* „Wie fühlen Sie sich?", *fragt ein pädagogischer Berater:* „Was wollen bzw. müssen Sie lernen?" *Dieses didaktische Denken verhilft einem pädagogischen Berater zu dem Handlungsfreiraum, der notwendig ist,* „um in gemeinsamer Arbeit mit dem Ratsuchenden die Lernhilfen zu finden oder auch zu erfinden, die benötigt werden, um die Lernhemmungen zu beheben und das Lernen wieder auf den Weg zu bringen" *(S.355).*

Der Aufbau von Lernprozessen ist die eine Seite eines pädagogisch geführten Beratungsprozesses, die andere Seite ist – auch darauf macht Kraft aufmerksam – das Beratungsgespräch selbst. Es ist nicht nur das Instrument, um Lernprozesse in Gang zu setzen, sondern es ist auch Thema und Inhalt des Lernens selbst. „Denn durch die Art und

Weise, wie mit ihm gesprochen wird, vermag der Ratsuchende zu lernen, das unterbrochene oder verschüttete Gespräch mit sich selbst und seinen ‚bedeutungsvollen Anderen' so wieder aufzunehmen, dass er sich in freierer Weise zur Geltung zu bringen vermag" (S.356). Somit steht im Mittelpunkt einer pädagogischen Beratung nach Kraft „die didaktisch in Szene gesetzte Rede in lernhelfender Absicht" (a.a.O.).

Der Aspekt der Lernbefähigung – als kennzeichnend für das pädagogische Beratungsgeschehen – findet sich interessanterweise in der folgenden von Specht (1993, S.115) vorgelegten Unterscheidung von Pädagogik und Therapie wieder (siehe Tab. 2):

Tab. 2: Unterscheidende Merkmale von Pädagogik und Therapie (aus Specht, 1993, S.115, erweitert durch Rausch: kursiv gesetzte Aussagen)

	Pädagogik	**Therapie**
Handlungsgrundlage	Vorstellungen von wünschenswerter Erziehung *und Bildung*	Feststellung individueller Beeinträchtigung, *Leidensdruck, Handlungsdefizite*
Vorgehen	Strukturierung von Erfahrungs- und Lernmöglichkeiten, *didaktisch in Szene gesetzte Rede*	methodisch strukturierte Kommunikation/Interaktion
Risiken	Überforderung, *fehlendes individuelles Angebot, als Maßstab unreflektiert allgemeine Erziehungsnormen übernehmen*	ungenügende Berücksichtigung von Selbsthilfemöglichkeiten und Selbstbestimmung

Das Bemühen von Specht, Unterscheidungsmerkmale zu formulieren, zeigt die Grenzen und den Nutzen eines solchen Vorgehens. Die Grenzen werden dann deutlich, wenn eine einsichtige Abgrenzung erwartet wird, die nicht zu vermitteln ist. Es ist vielmehr vorstellbar, die Trennung von Pädagogik und Therapie für die benannten Unterscheidungsdimensionen aufzuheben und zugleich ersatzweise den Begriff Beratung für den Begriff Therapie einzufügen. In dieser Form können alle Beschreibungsstücke zur Charakterisierung einer „pädagogischen Beratung" herangezogen werden; ergänzt um die kursiv gesetzten Aspekte, die jeder Leser noch in geeigneter Weise erweitern kann.

Anmerkung: Der oben vorgeschlagene Austausch der Begriffe Beratung und Therapie und die Aufhebung der Trennung zur Pädagogik findet sich interessanterweise auch in ähnlicher Form in den Ausführungen von Willmann und Hüper (2004). So führen die beiden Autoren bezüglich eines (viel zitierten) Definitionsvorschlages von Dietrich (1983) zur Beratung an, dass dieser, „wenn man sich die Mühe machte, den Begriff ‚Beratung' einfach durch den der ‚Erziehung' zu substituieren – wohl im Großen und

Ganzen ebenso gut als Definition von ‚Erziehung' verstanden werden könnte" (S.42).
Die Definition von Dietrich findet sich in den Ausführungen zum Modul 1. Die hier
aufgezeigte Analogie zeigt die Problematik von Beschreibungsversuchen auf, wenn Ab-
grenzungen vorgenommen werden sollen.

Der Nutzen des Abgrenzungsversuches von Specht liegt in dem Bewusstwerden
des eigentlich Pädagogischen, wenn von einer pädagogischen Beratung gesprochen wird: Es scheint ein Konsens dahingehend zu bestehen, dass das Kernstück
„eine Strukturierung von Erfahrungs- und Lernmöglichkeiten" (Specht, 1993)
bzw. in der Formulierung von Kraft (1993) „die didaktisch in Szene gesetzte Rede
in lernhelfender Absicht" ist. In diese Reihe können auch Aussagen von Dewe und
Scherr (1989) bzw. Dewe (1995) gestellt werden, die Beratung als eine Kommunikationsform des pädagogischen Handelns sehen, die „auf die personenbezogene
pädagogische Unterstützung bei der Entwicklung einer jeweils subjektiv erträg-
lichen und sozial angemessenen Form der individuellen Auseinandersetzung"
(Dewe, 1995, S.123) mit Problemen gerichtet ist.

2. Psychologische Beratung

2.1 Allgemeine Einschätzung und Einordnung

Wie wird psychologische Beratung im Alltagsverständnis beschrieben?
Wiederholt man wie bei der pädagogischen Beratung den Versuch, dass Menschen aus der alltäglichen Umgebung beschreiben sollen, was sie unter einer psychologischen Beratung verstehen, dann zeigt sich ein anderes Ergebnis. Aus eher
„holprigen" Erklärungsversuchen werden fundierte. Das heißt, es werden präzis
formulierte Vorstellungen genannt. Beispiele: „es gilt, das Verhalten einer Person
zu ändern", „Ziel ist eine Hilfe zur Selbsthilfe bei anstehenden Entscheidungen",
„die Wiedererlangung der psychischen Gesundheit ist dort wichtig", aber auch:
„der richtige Ratschlag soll dazu führen, dass man wieder normal funktioniert,
im Beruf und in der Familie" (vgl. Rausch, 2004). Genauso flüssig wie diese Be-
stimmungsmerkmale werden in diesem Zusammenhang sofort Formen wie Erzie-
hungs-, Familien-, Paar-, Bildungs- und Sexualberatung assoziiert – um nur einige
Beispiele zu nennen.

Es ist bei solchen Umfragen auffällig, dass im Alltagsverständnis ganz selbstverständlich die Grenzen zwischen einer psychologischen Beratung, einer psychologischen Therapie oder einer therapeutischen Beratung weitgehend aufgehoben
werden. Die einzelnen Bestimmungsstücke werden auch bei der Bitte, auf Abgrenzungen zu achten, relativ willkürlich kombiniert – bis auf eine Ausnahme.
So scheint sich nachhaltig die Vorstellung zu halten, dass dem Zeitfaktor eine

entsprechende Funktion zukommt. Eine therapeutische Behandlung wird immer als Anliegen gesehen, das einen größeren Zeitrahmen einnimmt. Auch die Möglichkeit zu Kurztherapien wird kaum in Betracht gezogen (siehe Modul 4). Selbst die angesichts aktueller Entwicklungen deutlich knapper werdenden Ressourcen des Sozial- und Gesundheitssystems, die lange Behandlungen zugunsten der Entwicklung von Kurzzeitinterventionen nahelegen, ändern nichts an der im Alltagsverständnis verankerten Vorstellung „Therapie entspricht einem längeren Zeitrahmen". Tradierte Vorstellungen entwickeln, wie in diesem Falle zu sehen ist, eine Eigendynamik, die selbst aktuellen gesundheitspolitischen Veränderungen standhält. Deshalb wird es – so darf prognostiziert werden – wohl längere Zeit dauern, bis in das Alltagsverständnis solche Abgrenzungskriterien zwischen Beratung und Therapie eingehen, wie sie seit längerer Zeit im wissenschaftlichen Bereich diskutiert werden. Ein Beispiel hierzu (Schröder, 2004):

So wird der Veränderungsprozess selbst thematisiert, der nach erfolgter Beratung vom Ratsuchenden ohne Begleitung durch den Berater beschritten werden muss, während in der klinisch-psychologischen Intervention (Therapie) dieser Prozess der Gegenstand ist, der angeleitet und von Experten begleitet wird.

Bei der engen Verzahnung Beratung/Therapie handelt es sich um einen allgegenwärtigen Sachverhalt, der – äußeres Zeichen seiner Präsenz – zu einer schier unüberblickbaren Vielzahl von Veröffentlichungen geführt hat. Neben vielen praktischen Ratgebern, die – mit unterschiedlicher wissenschaftlicher Seriosität – Beraten als eine mehr oder weniger leicht zu erlernende Fähigkeit ausweisen, überschwemmen die im Rahmen der wissenschaftlichen Beratungspsychologie entstandenen Veröffentlichungen den Fachmarkt. Diese Situation ist nicht unbedingt negativ zu werten. Sie weist auf die im psychologischen Bereich vorhandene Vielfalt von Beratungsrichtungen hin. Dadurch ist sie legitimer Ausdruck der sich anbietenden unterschiedlichen Forschungsperspektiven (verbunden mit dem je nach Forschungsintention pragmatischen Interesse an der Erforschung von jeweils maßgeblichen Beratungsvariablen). Im Einzelnen handelt es sich um Beiträge, wenn es gilt, z.B. aus sozialpsychologischer Sicht gruppendynamische Prozesse zu beachten oder aus sozialökologischer Perspektive optimale Rahmenbedingungen einer Beratungssituation zu untersuchen. Positiv an dieser Vielfalt ist das sich anhäufende Wissen an Beratungssachverhalten, das sich mosaikförmig zu immer mehr überlappenden Abbildern an Beratungssituationen formt. Dies spricht für eine eklektizistische Betrachtungsweise, die sich über die üblichen theoretischen Ausrichtungen hinwegsetzt.

Wird dagegen eine andere Sichtweise eingenommen und ein stringentes Vorgehen entsprechend der zugrunde liegenden theoretischen Richtung gewählt, kann die Auswahl verwirrend wirken. Sie erschwert dem Ratsuchenden häufig die Wahl der seiner Problematik angepassten Beratungsstrategie. Deshalb ist es nicht selten, dass er einer Beratung bedarf, um die für ihn geeignete Beratungsrichtung zu finden.

2.2 Spezielle Informationen

Welche Beziehung besteht zwischen Psychologie und Beratung?
Diese Frage formuliert Schröder (2004) noch präziser: „Wie fließen psychologische Erkenntnisse und Methoden in beraterisches Handeln ein, durch was ist deren Stellenwert begründet?" (S.49).
Die folgenden zentralen Aussagen geben eine Antwort: Die geschichtliche Entwicklung der Psychologie liefert zwei Fundamente, die die Beratungsnachfrage (mit)begründen und ein entsprechendes Beratungsangebot methodisch und theoretisch absichern. Es handelt sich um

*   die psychologische Persönlichkeitsmessung und -diagnostik und
*   die psychotherapeutischen Erklärungsmodelle und Interventionsverfahren.

Warum gerade aus diesen Bereichen wesentliche Anstöße kamen, ist im Folgenden in Kürze nachzuvollziehen (nach Schröder, 2004):

Zum ersten Bereich: Im Gefolge der experimentalpsychologischen Erforschung der Persönlichkeit ging es der Psychologie seit den 1930er Jahren darum, Entscheidungen für spezielle Fragestellungen (mit praktischem Bezug) durch die Erfassung von Persönlichkeitszügen, Fähigkeiten, Eigenschaften und Veränderungspotentialen zu fundieren. Dieses Anliegen stand in einem engen Bezug zu der bereits damals sehr deutlich formulierten Erkenntnis: „Die psychodiagnostische Erfassung der Persönlichkeit ist Voraussetzung für spezielle Fragen der Beratung, Therapie und Rehabilitation" (Rösler, Schmidt & Szewczyk, 1976, S.5).
Anmerkung: Für Interessenten an der geschichtlichen Entwicklung ist es aufschlussreich, mit welcher Selbstverständlichkeit bereits zu dieser Zeit der Begriff der Rehabilitation aufgenommen wurde; ein Begriff, der erst später im Rahmen der „neuentdeckten" Rehabilitationspsychologie seine Bedeutung wiedererlangte.
Allerdings formulierte man bereits zu dieser Zeit auch die Grenzen einer Psychodiagnostik, die niemals eine voraussetzungsfreie Psychodiagnostik sein kann, sehr deutlich. Es ist vorteilhaft, sich diese – auch angesichts der aktuellen Beratungs- bzw. Therapieforschung – in Erinnerung zu rufen. Dieterich (1973, S.13) wählt folgende Aspekte aus, die es zu beachten gilt:

*   die sprachlichen Einflüsse auf das diagnostische Urteil,
*   eine Einschränkung der Erkenntnisfähigkeit durch die Struktur des kognitiven Apparates,
*   ein relativ fest gefügter Wissensbestand, Vorurteile etc.,
*   die Formulierung diagnostischer Urteile folgt vorgegebenen logischen Strukturen.

Diese Einflüsse sind nicht nur prägend für das diagnostische Urteil, sondern sie haben darüber hinaus Anteil am beratungsrelevanten Grundlagenwissen (Modul 2) und hinterlassen dadurch in verschiedenen Phasen eines Beratungsprozesses „Spuren". Nicht nur Erklärung und Vorhersagbarkeit menschlicher Potentiale und Kompetenzen unterliegen also bestimmten Beschränkungen, sondern diese Begrenzungen sind selbst wiederum kommunizierbares Beraterwissen.

Zum zweiten Bereich: Um die Vielfalt der Entwicklungen im psychotherapeutischen Bereich zu erfassen, hilft es, zur Metapher einer genealogischen Stammtafel (Stammbaum) zu greifen. Jedes umfassende Nachschlagewerk über Therapierichtungen hilft, diesen „Stammbaum" zu veranschaulichen, indem man sich der Differenzierungsfähigkeit aufgrund der zahlreichen Verzweigungen bzw. Verästelungen bewusst wird. Während Modifikationen, Weiter- und Neuentwicklungen einen inhaltlichen Einblick geben, werden auch in zeitlicher Hinsicht in angemessener Weise Entwicklungen festgehalten (Modul 3 gewährt einen Einblick).
Die Bedeutung und auch die Defizite der einzelnen Verfahren, ihre Bewährung im interventiven Bereich und die Vielzahl von Versuchen, ihre Aussagen wissenschaftlich zu begründen bzw. zu widerlegen, sind hinlänglich bekannt.
Bekannt ist aber auch der immer wieder ertönende Ruf nach einer allgemeinen Beratungstheorie, der mit unzähligen Versuchen von integrativen, systemischen oder – ausdrücklich so benannt – von allgemeinen Beratungskonzeptionen beantwortet wird. Ein solcher Versuch findet sich in der nach wie vor in der deutschsprachigen Literatur beachteten „Allgemeinen Beratungspsychologie" von Dietrich aus dem Jahre 1983. Mit ihrer Konzipierung verband sich die Vorstellung, Beratungspsychologie als eine Teildisziplin der wissenschaftlichen Psychologie zu etablieren, die „die psychischen Vorgänge, die im Zusammenhang mit Beratung stehen, und die psychischen Veränderungen, die sich auf Grund von Beratung beim Klienten ergeben, beschreibt und erklärt" (S.16).
Diese Verbindung erstreckt sich u.a. darauf, unterschiedliche therapeutische und handlungstheoretische Zugänge sowie motivationspsychologische Aspekte auf Fragen der Beratungspraxis zu lenken. Schröder (2004) hebt an diesem Versuch besonders die zentralen Anliegen hervor, die Problematik der Entstehung von Störungen und die Suche nach den Bedingungen, die ein förderliches Beratungsverhältnis gestalten helfen, auf ein allgemeines Niveau zu heben. Kritisch merkt sie an, dass Dietrich stark an den klassischen Beratungsansätzen haften bleibt.
Die bisher genannten einzelnen Markierungspunkte verfolgen das Ziel, einen Eindruck von den vielfältigen Bemühungen zu vermitteln, die Beratungsforschung in theoretischer Hinsicht weiterzuentwickeln. Es bleibt festzuhalten, dass, ungeachtet aller Kritikpunkte, die den Weg einer sich entwickelnden allgemeinen Beratungspsychologie begleiteten, von ihr Anstöße ausgingen, die von einem jeweils neuen Selbstverständnis der psychologischen Beratung zeugten. Dieses führte z.B. dazu, dass Aspekte wie der Präventionsgedanke oder die notwendige Unterstüt-

zung durch soziale Netzwerke als relevante Aspekte in die Beratungspsychologie eingebunden und als Forschungsgegenstand erkannt wurden.

Wie entwickelt sich die Beziehung Psychologie/Beratung seit den 1990er Jahren?
Da die Nachfrage nach Beratungsleistungen wesentlich das Angebot bestimmt, ist sowohl auf der einen als auch auf der anderen Seite ein stetiger Anstieg zu verzeichnen. Im Bereich der Kinder- und Jugendlichenarbeit ist dieser – um einen relevanten Aspekt auszuwählen – auch auf eine Änderung der gesetzlichen Rahmenbedingungen zurückzuführen. Mit der Einführung des Kinder- und Jugendhilfegesetzes ergaben sich für die psychologische Seite des Beratungsgeschehens neue Impulse. Diese Anregung ist auf das Wechselspiel zwischen pädagogischen und psychologischen Komponenten zurückzuführen. Wird einerseits die pädagogische Förderung junger Menschen verstärkt betont (mit einem entsprechenden Stellenwert der Erziehungs- und Familienberatungsstellen), dann bedeutet dies andererseits für die psychologische Fundierung der Beratungtätigkeit, dass neuere Erkenntnisse wie sie sich z.B. aus der Entwicklungspsychopathologie ergeben, mehr in den Vordergrund gerückt werden müssen. Individuelle und soziale Risiko- und Schutzfaktoren verbreitern demnach die Wissensgrundlage der Beratungstätigkeit.

Exkurs: Die Entwicklungspsychopathologie als eine sich etablierende eigenständige wissenschaftliche Disziplin bereichert seit ca. 20 Jahren die fachliche Diskussion. Über ihre Aufgaben und Fragestellungen ist im Alltagswissen nur wenig bekannt.
Resch (1996) formuliert das Anliegen der Entwicklungspsychopathologie in prägnanter Form: Es werden die Erkenntnisse der Entwicklungspsychologie und anderer nicht medizinischer Disziplinen für die psychiatrische Forschung zusammengeführt. Entwicklungspsychopathologie betrachtet einerseits *„Einflüsse der normalen Entwicklung* auf die Art und Intensität der Genese psychopathologischer Symptome und andererseits den Einfluß *psychopathologischer Symptome* auf die normale Entwicklung. Das setzt voraus, dass über die normale Entwicklung und über die in bestimmten Lebensabschnitten typischerweise auftretenden Problemstellungen Wissen gesammelt wird. Schließlich muß durch die epidemiologische Forschung ein Entscheidungskriterium geliefert werden, was in einer bestimmten Altersperiode noch als normale Anpassungsproblematik und was bereits als psychische Erkrankung aufzufassen ist. ... Entwicklungspsychopathologie stellt den Versuch dar, Ursachenbedingungen und Verlauf individueller Muster von Fehlanpassung im Laufe der Entwicklung zu untersuchen. Der Fokus ist dabei auf die spezifischen Problemstellungen einer Bewältigung von entwicklungsbedingten Anpassungsnotwendigkeiten gerichtet. Psychopathologische Symptome,

die therapeutische Interventionen erfordern, werden so vor dem Hintergrund von Entwicklungs- und Anpassungsaufgaben des Individuums gesehen" (S.2).

Die Erkenntnis, dass die Entwicklungspsychologie nicht mehr ausreicht, um die Entwicklung des Menschen zu beschreiben, und deshalb einer interdisziplinären Betrachtung der Vorzug gegeben werden sollte, wird von einigen Wissenschaftlern in jüngster Zeit als äußerst komplexer Gegenstand betrachtet, der in sehr umfassender Weise als *Entwicklungswissenschaft* bezeichnet wird. Ausdrücklich werden Wissenschaften wie z. B. Neuropsychologie, Genetik, Soziologie, Medizin, Gesundheitswissenschaft, Sonderpädagogik einbezogen. Die in der „typischen" Entwicklungspsychologie vorgenommene Trennung zwischen normalen und abweichenden Entwicklungsverläufen wird aufgehoben zugunsten einer interdisziplinären Betrachtung, „um die Mechanismen der Entwicklung von ‚arttypischem' und gestörtem Verhalten verstehen zu lernen, um präventiv, pädagogisch und therapeutisch die Entwicklung beeinflussen zu können" (Wienand, 2007, S.158). Informative Beiträge zur Erklärung der Disziplin Entwicklungspsychopathologie, die selbst bei ausgewiesenen Fachleuten auf der einen Seite zu vielen Divergenzen und auf der anderen Seite zu hohen Erwartungen führt, finden sich u.a. bei Cicchetti, 1999; Petermann, Kusch und Niebank, 1998.

Aber auch aus Sicht der Diagnostik gilt es, den Entwicklungsstand der Beratungstätigkeit neu zu überdenken: Diagnostische Maßnahmen beschränken sich nicht mehr darauf, dem Beratungsprozess vorgeschaltet zu sein und ihn zu begleiten, sondern sie wenden sich der Evaluation der Beratungstätigkeit selbst zu.

3. Pädagogisch-psychologische Beratung

3.1 Allgemeine Einschätzung und Einordnung

Welche Probleme ergeben sich, wenn der Begriff pädagogisch-psychologische Beratung beschrieben wird?
Es ist deutlich geworden, dass es kein einfaches Unternehmen ist, pädagogische oder psychologische Beratung zu charakterisieren. Interdisziplinäre Anteile, (tatsächliche oder vermeintliche) Dominanzbestrebungen und somit vehement erklärte bzw. eingeforderte Zuständigkeiten für bestimmte Aspekte, kontroverse Auffassungen zwischen verschiedenen theoretischen Richtungen und – nicht zu unterschätzen – einzelnen meinungsbildenden Wissenschaftlern in der Fachwelt und die durch die verstärkte Nachfrage nach Beratung ständig zunehmende Differenzierung einzelner Beratungsfelder mit ihren entsprechenden Anforderungen

erschweren die Suche nach einem gemeinsamen Nenner. Auf der anderen Seite, und auch dies ist deutlich geworden, birgt gerade diese vorhandene Heterogenität die Chance für eine lebhafte wissenschaftliche Diskussion und – davon zeugen nicht zuletzt die zahlreichen Veröffentlichungen – die Bereitschaft, Weiterentwicklungen in der Wissenschaft auch für die Beratung zur Kenntnis zu nehmen (Beispiel: Einfluss der Entwicklungspsychopathologie).

Angesichts dieser Situation drängt sich die Überlegung auf, ob diese Schwierigkeiten auch vorhanden sind, wenn die Kombination zwischen den beiden Beratungsformen, also die pädagogisch-psychologische Beratung, zur Diskussion steht. Jedem an dieser Frage Interessierten beschäftigen Aspekte wie z.B.:
*Was ist das Spezifische an dieser Kombination? Gibt es zwischen den beiden Anteilen eine Balance? Welcher Anteil am Beratungsgeschehen wird von welcher Disziplin geliefert? Trifft der allgemein vorherrschende Eindruck zu: Die Pädagogik gibt die praktischen Handlungsfelder der Beratung vor, während die psychologischen Erkenntnisse für die Grundlagen und Methoden der „Ausgestaltung" der Beratungstätigkeit sorgen?
Oder: Existiert neben der Version einer strikten Aufteilung noch die Variante, dass der Beratung eine „Spagatstellung" (dieser Begriff wird im nachfolgenden nochmals aufgegriffen werden) zwischen den beiden Disziplinen zugemutet wird?*

Eine Beantwortung dieser Aspekte hängt von der Frage ab, was unter der Disziplin Pädagogische Psychologie zu verstehen ist. Von ihr sind die Vorgaben zu erwarten, die letztlich auch das Spezifische einer pädagogisch-psychologischen Beratung ausmachen.

In welcher Weise ist die Wissenschaft Pädagogische Psychologie eine Grundlage für das Beratungsgeschehen?

Die Entwicklung der Pädagogischen Psychologie kann im Vergleich zu anderen Teildisziplinen der Psychologie auf eine längere Tradition verweisen. Diese ist mit Höhen und Tiefen verbunden, die beinhalten, dass die Pädagogische Psychologie jenseits einer kontinuierlichen Entwicklung steht. Noch immer wird verschiedentlich resümiert, dass die Pädagogische Psychologie hinsichtlich Gegenstand und Profil unklar ist (Spiel & Reimann, 2005). Eine enge Verbundenheit zur Pädagogik (auch als Abhängigkeit bzw. in einer Zulieferfunktion verstanden) und Ringen um Selbständigkeit prägen den Entwicklungsweg der Disziplin. Unzählige Beispiele ließen sich hierfür anführen. Im Vorliegenden wird – relativ willkürlich, aber angeregt durch die Lesefreundlichkeit – eine Veröffentlichung von Mietzel (1993) herausgegriffen, mit deren Hilfe einige Aspekte transparenter werden:

Die Titelüberschrift des von Mietzel vorgelegten Buches wechselt von Auflage zu Auflage zwischen „Pädagogischer Psychologie" und „Psychologie in Unterricht und Erziehung". Diese Wahl kann als Signal verstanden werden, in welchem Rahmen sich Pädagogische Psychologie zu bewegen hat. Mietzel greift bei einer kurzen Darstellung der Entwicklungsgeschichte der Pädagogischen Psychologie den bereits oben erwähnten Vergleich auf, dass sie auf dem Weg zu einem eigenen Selbstverständnis auch eine Periode durchschritten hat, die mit dem Begriff der „Spagatstellung" charakterisiert wurde. Er illustriert die Situation, dass ein Bein der Pädagogischen Psychologie im praktischen Erziehungsprozess steht, während das andere in der psychologischen Forschung steckt. Diese Charakterisierung, so betont Grinder (1981), ist aber nicht als Balancezustand zu verstehen, sondern er rückt die Pädagogische Psychologie eher ins „Niemandsland" und begreift sie nicht als „echten Mittler" zwischen pädagogischer Praxis und psychologischer Theorie. Angesichts dieser Einschätzungen ist die Entwicklungsgeschichte der Pädagogischen Psychologie als „steiniger" Weg zu begreifen, der Zeit erforderte, um die Positionen einer eigenständigen Disziplin – bei aller interdisziplinären Verbundenheit – herauszuarbeiten.

Dieser Einblick in eine interessante, aber auch sehr wechselvolle Geschichte deutet neben anderen Schwierigkeiten bereits an, dass der Gegenstand der Pädagogischen Psychologie ein kontroverses Arbeitsfeld ist: So lassen sich Auffassungen finden, die ihn auf einen engeren Bereich beschränken und andere, die eine größere Reichweite favorisieren.

Was bedeutet eine enge Auslegung des Gegenstandsbereiches Pädagogische Psychologie?

Exemplarisch ist die Auslegung von Dietrich, der die Pädagogische Psychologie einer handlungstheoretischen Betrachtungsweise unterzieht und formuliert:
„Pädagogische Psychologie ist diejenige Teildisziplin der wissenschaftlichen Psychologie, welche die auf Grund pädagogischer Einflussnahme erfolgenden Modifikationen der Handlungskompetenz und des Handlungsrepertoires des Educanden zu beschreiben und zu erklären hat" (1984, S.23).
Diese Beschreibung steckt den Rahmen der Pädagogischen Psychologie auf das Verhältnis Erzieher-Educand ab. Der Schwerpunkt liegt auf den zu erzielenden Veränderungen, weniger z.B. auf den sicherlich auch zu berücksichtigenden Verursachungsmodellen, die die erzieherisch zu begleitende Problematik erst auslösen.
Indem man solche Defizite aufzeigt, wird aber auch klar, dass keine umfassende Beschreibung erwartet werden kann. Sie ist auch nicht notwendig, wenn sie zusätzlich Akzente setzt, wie sie z.B. von Dietrich zur näheren Beschreibung der Pädagogischen Psychologie vorgeschlagen werden. Auf diese Weise erhellt sich das Bild von der jeweils vertretenen Eingrenzung: Dietrich (1984) beruft sich hierzu auf die im Rahmen der Pädagogik und Psychologie aufgezeigten Beiträge zur Fundierung und Weiterentwicklung der Pädagogischen Psychologie. Eine detaillierte Erfassung zeigt besonders deutlich das interaktive Zusammenwirken verschiedener wissenschaftlicher Bezugssysteme:

Die Psychologie liefert im Einzelnen Beiträge aus:
- der Allgemeinen Psychologie (Motivationale, kognitive und lerntheoretische Grundlagenkenntnisse werden von der Pädagogischen Psychologie im Hinblick auf einen Beitrag zum Verständnis der pädagogischen Interaktion ausgewählt und zielgerichtet weiterentwickelt.),
- der Entwicklungspsychologie (Die Pädagogische Psychologie erhält Einblick in die „tiefgreifenden Veränderungen in allen Persönlichkeitsbereichen durch die beiden ersten erziehungsrelevanten Jahrzehnte des menschlichen Lebenslaufes" (S.27f.).),
- der Persönlichkeitspsychologie bzw. Differentiellen Psychologie (Es geht vorrangig um die erforderliche /geforderte interindividuelle Einflussnahme: „ ... welche Grunderfordernisse der pädagogischen Einflussnahme auf jedermann werden ... durch die moderne Persönlichkeitspsychologie im Interesse einer möglichst differenzierten Persönlichkeitsförderung aller nahegelegt." (S.28).),
- der Sozialpsychologie (Z.B. welcher Anteil der aufzubauenden Identität des Educanden ist auf soziale Einflussnahme, welcher auf eine pädagogische zurückzuführen?),
- der Klinischen Psychologie (Störungstheorien und entsprechende Hilfsmöglichkeiten),
- der Organisationspsychologie (Erziehung erfolgt auch in formellen Gruppen und Organisationen – deshalb stehen Sozialisationsaspekte, die sich aus Organisationsstrukturen ergeben, mit im Vordergrund.).

Die Pädagogik liefert im Einzelnen Beiträge aus:
- den allgemeinen Erziehungstheorien (und ihren individualpädagogischen und sozialpädagogischen Spezifizierungen),
- Empfehlungen werden erwartet: „in welchen generellen und speziellen Zielrichtungen (soll) pädagogische Beeinflussung erfolgen ..., unter welchen spezifischen Voraussetzungen (wird) die pädagogische Beeinflussung für zulässig bzw. für notwendig gehalten ... und welche Beeinflussungsformen (sind) dabei gestattet und welche ausgeschlossen ... und warum" (S.29).

Diese „Zusammenführung" mit anderen Disziplinen präzisiert den in vielen Gebieten geforderten, aber nur selten eingelösten „Blick über den Tellerrand" hinaus. Sie stellt zwischen der Pädagogischen Psychologie als eigenständiger Disziplin und anderen Disziplinen Interdependenzen her, die – und insofern gebührt ihr besondere Beachtung – ihre Notwendigkeit und Aktualität dann entfalten, wenn die Informationen aus Modul 2 aufgenommen werden.

Die im Vorliegenden vorgenommene Konzentration auf das Beispiel von Dietrich steht stellvertretend für eine schier unüberschaubare Anzahl an Auseinandersetzungen mit dem Gegenstand und den Aufgaben der Pädagogischen Psychologie. Sie erfolgt aber auch aus dem Grund, weil sie auch nach über 20 Jahren zeigt, dass der Inhalt nicht obsolet geworden ist; er entspricht nach wie vor aktuellen Auffassungen, die einen engen Bereich der Pädagogischen Psychologie (Begrenzung auf das Erziehungsverhältnis) befürworten. Nähere Hinweise auf die gegenwärtig unterschiedlichen Betrachtungsweisen der Pädagogischen Psychologie finden sich u.a. bei Tücke (2005, S.23).

Was bedeutet eine umfassendere Auslegung des Gegenstandsbereiches Pädagogische Psychologie?

Ein erweiterter Gegenstandsbereich erfordert ein anderes Selbstverständnis der wissenschaftlichen Disziplin. Diese Betrachtung erfolgt analog zu der Auffassung der „älteren" Entwicklungspsychologie, die die Begrenzung auf die Erforschung von Kindheit und Jugend zugunsten der „neueren" Auffassung aufgehoben hat, dass Entwicklung ein lebenslanger Prozess ist.

Auch Bildungs- und Erziehungsprozesse (hier im weiteren Sinne verstanden) sind nicht auf die ersten zwei Lebensjahrzehnte zu beschränken, sondern folgen einer lebenslangen Entwicklung. Deshalb ist es nur zu verständlich, dass alle Bildungs- und Weiterbildungsmaßnahmen eines Menschen in seiner gesamten Lebensspanne und alle Umorientierungen (z.B. in moralischer Hinsicht, Auflösen von Vorurteilen, Aufbau von Toleranz und Zufriedenheit im höheren Alter) auch dem Gebiet der Pädagogischen Psychologie zufallen. Hebt man die Beschränkung auf die Rolle eines Erziehers auf (die einer engeren Fassung der Pädagogischen Psychologie zugrunde liegt) und versteht diesbezügliche Interventionen, die von Bezugspersonen bzw. Vorbildern ausgehen können, aber auch durch Medien vermittelt werden, als anleitend, unterstützend und korrigierend, dann erweitert sich der Gegenstandsbereich der Pädagogischen Psychologie in eine Richtung, die von Schwarzer und Posse (2004) zutreffend erfasst wird:

„Gegenstand der Pädagogischen Psychologie sind Theorien, Methoden und Erkenntnisse mit dem Ziel, das Verhalten und Erleben von Personen in pädagogischen Situationen zu beschreiben und zu erklären. Dabei beschäftigt sich diese Disziplin in erster Linie mit dem Gelingen und Misslingen der folgenden Prozesse:

- *dem Erziehungs- und Sozialisationsprozess,*
- *dem Lern- und Bildungsprozess und*
- *dem Organisations- und Strukturierungsprozess pädagogisch-psychologisch relevanter Institutionen (Systeme und Organisationen)" (S.74).*

Die in dieser Beschreibung vorgenommene Erweiterung und Ergänzung der Aufgaben einer Pädagogischen Psychologie, die sich auf den gesamten Lebenslauf eines Menschen erstrecken, erfassen neben dem nach wie vor bevorzugten schulischen Schwerpunkt im Einzelnen nunmehr auch Themen wie z. B. eine Analyse der Erziehungsstile der Eltern, die Erklärung und Vorhersage unterschiedlicher Bildungsmaßnahmen, eine Evaluation der beruflichen Qualifizierung (vgl. Krapp, Prenzel & Weidenmann, 2001). Dieser der Pädagogischen Psychologie zugewiesene erweiterte Aufgabenbereich wirkt sich erheblich auf das Handlungsfeld pädagogisch-psychologische Beratung aus.

3.2 Spezielle Informationen

Wie lässt sich das Verhältnis Beratung und Pädagogische Psychologie charakterisieren?
Die vorangegangenen Ausführungen haben deutlich gemacht, dass pädagogisch-psychologische Beratungen in ihrem Selbstverständnis und in ihren Inhalten vom Bezugsumfeld „Pädagogische Psychologie" entscheidend geprägt werden. Der jeweils ins Auge gefasste Gegenstandsumfang reguliert das Aufgabenfeld der Beratungsarbeit. Ordnet man die Aufgaben in konzentrischen Kreisen an, dann ergibt sich folgendes Bild (siehe Abb. 1)

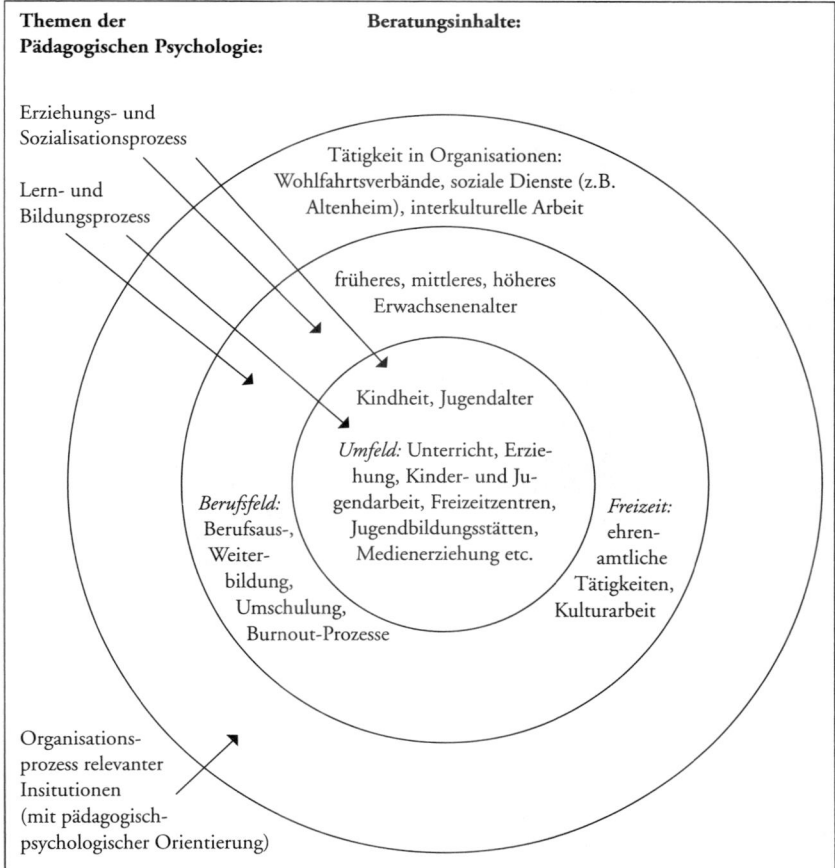

Abb. 1: Aufgabenfelder – enge und weite Fassung

Einen umfassenden Überblick über die einem weiten Verständnis der Pädagogischen Psychologie entnommenen Beratungsinhalte erhält man, wenn man – wie in Tabelle 3 erfolgt – die Gruppe der möglichen Berater (also der pädagogisch-psychologisch Handelnden) und die Gruppe der Adressaten (Educanden, Erwachsene in Aus- und Weiterbildung, Organisationen etc.) differenziert betrachtet.

Tab. 3: Themen der Beratung im Kontext der Pädagogischen Psychologie (aus: Schwarzer & Posse, 2004, S.75, modifiziert von Rausch)

Anlässe für pädagogisch-psychologische Beratungen	Pädagogisch Handelnde	Adressaten der Handlung
Erziehung und Sozialisation	*Ansprechpartner:* Eltern, Lehrer, Sozialarbeiter, Altenpfleger	*Ansprechpartner:* Kinder, Jugendliche, Arbeitnehmer, alte Menschen, Rekonvaleszenten
	Themen: Erziehungsfragen, Gesundheitsförderung, Suchtprävention, Pflegschaft und Adoption	*Themen:* Trotz, Aufsässigkeit, Missbrauch, Mobbing (Bulling), Werteerziehung, Umgang mit Belastung und Frustration, Scheidungsfolgen, Umgang mit Handikaps
Lernen und Bildung	*Ansprechpartner:* Lehrer, Erwachsenenbildner, Dozenten	*Ansprechpartner:* Schüler, Auszubildende, Teilnehmer in Kursen und Seminaren
	Themen: Gestaltung von Lehr-/Lernprozessen, Supervision, Diagnostische Fragen	*Themen:* Lernblockaden, Prüfungsangst, Bildungsgangsentscheidungen, Berufsinteressen
Organisation und Bildung	*Ansprechpartner:* Heimleitungen, Schulleitungen, Jugendamt, Weiterbildungseinrichtungen	*Ansprechpartner:* Mitarbeiter, Personal
	Themen: Konzeptentwicklung, Evaluation	*Themen:* Mobbing, Personalentwicklung

Pädagogisch-psychologische Beratung richtet sich auf alle Probleme im Zusammenhang mit der in Sozialisationsprozessen stattfindenden Aus- und Weiterbildung von Menschen. In ihrem Mittelpunkt steht die Auffassung, dass Lernen ein lebenslanger und lebensbegleitender Weg ist. Dieser bedarf einer Qualitätssicherung und erfordert daher ein entsprechendes Qualitätsmanagement. Dieses bezieht sich nach Tippelt (2006) auf folgende Weiterbildungsstrukturen:

- die etablierten Institutionen (z.B. öffentliche, kirchliche, gewerkschaftliche, verbandsnahe Weiterbildungsträger),
- unternehmensnahe Institutionen (Arbeitgeberverbände, Handwerksorganisationen, betriebliche interne und externe Angebote),
- neue Formen der Interaktion (Selbsthilfegruppen, Vereins- und Bürgerarbeit, ehrenamtliche Dienstleistungen im Bildungssektor),
- eine berufliche Weiterbildung, die durch die wissenschaftliche Weiterbildung des Hochschulsystems getragen wird,
- private Bildungsangebote (kommerzielle Anbieter).

4. Arbeitsteil

Zusammenfassung:

Engel und Sickendiek (2006) bilanzieren, dass „alle pädagogischen Tätigkeiten implizit von Beratungsanlässen und ‚kleinen' Beratungen, manchmal fast nur im Vorbeigehen, durchzogen sind und Beraten zu den Grundformen pädagogischen Handelns gehört" (S.35). Dennoch muss nach Engel und Nestmann (2006) auch gegenwärtig festgestellt werden, dass „trotz der Einrichtung von Ausbildungsschwerpunkten im Rahmen universitärer Ausbildungsstätten (z.B. in Tübingen, Bielefeld, Dresden) ... die Verankerung von Diplom-PädagogInnen im Beratungsbereich entwicklungsbedürftig (bleibt)" (S.216). Zu den Ausbildungsstätten, die die Notwendigkeit erkannt haben, Beratung ins Studienprogramm aufzunehmen, gehört seit einigen Jahren auch die Pädagogische Hochschule Ludwigsburg, die im Rahmen des Diplomstudienganges Erziehungswissenschaft das Wahlpflichtfach Beratung etabliert hat.
Obwohl also Recherchen im Hochschulbereich ergeben, dass der Beratungsschwerpunkt zunehmend in seiner Relevanz erkannt wird, findet sich noch weitgehend eine disziplinär getrennte Ausbildung. Das heißt, Pädagogik und Psychologie unterbreiten Studienangebote zum Beratungsprozess meist fachgebunden bzw. der psychologische Fachbereich stellt diesbezügliche Ressourcen bereit. Die häufig in der Theorie geforderte interdisziplinäre Zusammenarbeit wird in der Praxis selten eingelöst. Es ist lediglich eine

> *Tendenz* feststellbar, Beratung unter einer sozialwissenschaftlichen Perspektive – und damit disziplinenübergreifend – zu formulieren (Engel & Nestmann, 2006). Inwieweit diese Tendenz nachhaltige Wirkung in der Praxis zeigt, wird die Zukunft erweisen. Beratung – unter dieser „Schirmherrschaft" gesehen – wäre dann nicht mehr – so der häufig erhobene „Vorwurf" – klinisch-therapeutisch dominiert, sondern würde tatsächlich den inhaltlichen Ressourcen gerecht werden, die z.B. in dem Begriff „pädagogisch-psychologische Beratung" stecken.

Zum Verständnis

(a) Warum wird die pädagogische Beratung als klinisch-therapeutisch dominiert beschrieben? Welche Perspektive zeichnet sich in Richtung einer interdisziplinären Zusammenarbeit ab?

(b) Beschreiben Sie das Verhältnis Psychologie und Beratung!

(c) Geben Sie einen Einblick in den Aufgabenbereich von pädagogisch-psychologischen Beratungen!

5. Literatur

Empfohlene Literatur:

Krause, C., Fittkau, B., Fuhr, R. & Thiel, H.-U. (Hrsg.) (2003). Pädagogische Beratung. Paderborn: Ferdinand Schöningh.

Krawitz, R. (1997). Pädagogik statt Therapie. Bad Heilbrunn: Klinkhardt.

Ministerielle Verordnungen zur Beratungstätigkeit von Lehrerinnen und Lehrern, bezogen auf die einzelnen Bundesländer; z.B. www.learn-line.nrw.de/angebote/schulberatung vom 17.6.2007

Verwendete Literatur

Barlage, H. (1998). Pädagogische Beratung in Unterricht und Schule. Hildesheim: Georg Olms.

Cicchetti, D. (1999). Entwicklungspsychopathologie: Historische Grundlagen, konzeptuelle und methodische Fragen, Implikationen für Prävention und Intervention. In R. Oerter, C. v. Hagen, G. Röper & G. Noam (Hrsg.), Klinische Entwicklungspsychologie (S.11–44). Weinheim: PVU. Dettenborn, H. (1993). Schutz, Gegenwehr, Ratsuche – Wie Schüler auf Aggression in der Schule reagieren. Pädagogik und Schulalltag, 48 (2), 175–185.

Dewe, B. (1995). Beratung. In H.-H. Krüger & W. Helsper (Hrsg.), Einführung in die Grundbegriffe und Grundfragen der Erziehungswissenschaft (S.119–130). Opladen: Leske + Budrich.

Dewe, B. & Scherr, A. (1989). Beratung und Beratungskommunikation. Neue Praxis, 6, 488–500.

Dieterich, R. (1973). Psychodiagnostik. München: Reinhardt.

Dietrich, G. (1983). Allgemeine Beratungspsychologie. Göttingen: Hogrefe.

Dietrich, G. (1984). Pädagogische Psychologie. Bad Heilbrunn: Klinkhardt.

Engel, F. (2004). Allgemeine Pädagogik, Erziehungswissenschaft und Beratung. In F. Nestmann, F. Engel & U. Sickendiek (Hrsg.), Das Handbuch der Beratung (S.103–114). Band 1: Disziplinen und Zugänge. Tübingen: DGVT.

Engel, F. & Nestmann, F. (2006). Beratung: Lebenswelt, Netzwerk, Institutionen. In H.-H. Krüger & T. Rauschenbach (Hrsg.), Einführung in die Arbeitsfelder des Bildungs- und Sozialwesens (S.209–220). Opladen & Farmington Hills: Budrich.

Engel, F. & Sickendiek, U. (2006). Beratung. In H.-H. Krüger & C. Grunert (Hrsg.), Wörterbuch Erziehungswissenschaft (S.35–40). Opladen & Farmington Hills: Budrich.

Grinder, R. E. (1981). The „new" science of education. Educational psychology in search of a mission. In F. H. Farley & N. J. Gordon (Eds.), Psychology and education. The state of the union (S.354–366). Berkeley: McCutchan.

Kraft, V. (1993). Probleme einer pädagogischen Theorie der Beratung. Bildung und Erziehung, 46 (3), 345–359.

Krapp, A., Prenzel, M. & Weidenmann, B. (2001). Geschichte, Gegenstandsbereiche und Aufgaben der Pädagogischen Psychologie. In A. Krapp & B. Weidenmann (Hrsg.), Pädagogische Psychologie (S.3–29). Weinheim: Beltz.

Mietzel, G. (1993). Psychologie in Unterricht und Erziehung. Göttingen: Hogrefe.

Mollenhauer, K. (1965). Das pädagogische Phänomen „Beratung". In K. Mollenhauer & C. W. Müller (Hrsg.), „Führung" und „Beratung" in pädagogischer Sicht (S.25–41). Heidelberg: Quelle & Meyer.

Palmowski, W. (1995). Der Anstoß des Steines. Systemische Beratung im schulischen Kontext. Dortmund: borgmann.

Petermann, F., M. Kusch & K. Niebank (1998). Entwicklungspsychopathologie. Weinheim: PVU.

Rausch, A. (1989). Gesprächsführung in der genetischen Beratung. München: Profil.

Rausch, A. (2004). Beratung – Formen und Anlässe. Seminarpapier (unver.). Pädagogische Hochschule Ludwigsburg.

Rausch, A. (2006). Problembelastete Schülerinnen und Schüler. Bad Heilbrunn: Klinkhardt.

Resch, F. (1996). Entwicklungspsychopathologie des Kindes- und Jugendalters. Weinheim: PVU.

Rösler, H.-D., Schmidt, H.-D. & Szewczyk, H. (1976). Vorwort. In H.-D. Rösler, H.-D. Schmidt & H. Szewczyk (Hrsg.), Persönlichkeitsdiagnostik (S.5–8). Berlin: Deutscher Verlag der Wissenschaften.

Schröder, A. (2004). Psychologie und Beratung. In F. Nestmann, F. Engel & U. Sickendiek (Hrsg.), Das Handbuch der Beratung (S.49–60). Band 1: Disziplinen und Zugänge. Tübingen: DGVT.

Schwarzer, Ch. & Posse, N. (2004). Pädagogische Psychologie und Beratung. In F. Nestmann, F. Engel & U. Sickendiek (Hrsg.), Das Handbuch der Beratung (S.73–87). Band 1: Disziplinen und Zugänge. Tübingen: DGVT.

Specht, F. (1993). Zu den Regeln des fachlichen Könnens in der psychosozialen Beratung von Kindern, Jugendlichen und Eltern. Praxis der Kinderpsychologie und Kinderpsychiatrie, 42 (4), 113–124.

Spiel, C. & Reimann, R. (2005). Bildungspsychologie. Psychologische Rundschau, 56, 291–294.

Thiersch, H. (2004). Sozialarbeit/Sozialpädagogik und Beratung. In F. Nestmann, F. Engel & U. Sickendiek (Hrsg.), Das Handbuch der Beratung (S.115–124). Band 1: Disziplinen und Zugänge. Tübingen: DGVT.

Tiefel, S. (2004). Beratung und Reflexion. Wiesbaden: VS Verlag für Sozialwissenschaften.

Tippelt, R. (2006). Institutionen der Erwachsenenbildung/Weiterbildung. In H.-H. Krüger & C. Grunert (Hrsg.), Wörterbuch Erziehungswissenschaft (S.128–133). Opladen & Farmington Hills: Budrich.

Tücke, M. (2005). Psychologie in der Schule – Psychologie für die Schule. Münster: LIT Verlag.

Tymister, H. J. (1990). Individualpsychologisch-pädagogische Beratung. In H. J. Tymister (Hrsg.), Individualpsychologisch-pädagogische Beratung (S.9–26). München: Reinhardt.

Wienand, M. (2007). Entwicklungspsychologie. In W. Feuerhelm (Hrsg.), Taschenlexikon der Sozialarbeit und Sozialpädagogik (S.153–159). Wiebelsheim: Quelle & Meyer.

Willmann, M. & Hüper, L. (2004). Möglichkeiten und Grenzen schulinterner Beratung. Berlin: uniedition.

Modul 6:
Lebensabschnitte und Beratung
Adly Rausch

1. Ausgangspunkt: Lebensspanne

Beratungsangebot und -nachfrage begleiten den Lebensweg eines Menschen. Liebevolle Hinweise, Empfehlungen, Unterstützungen, Entscheidungshilfen und Korrektive für bestimmte Gedankengänge und Handlungen bestimmen die Mensch-zu-Mensch-Interaktion. Diese Interventionsformen können in Form eines geforderten, eines fürsorglichen oder aufgedrängten Ratschlages vermittelt werden. Dabei treffen sie auf eine bestimmte Erwartungshaltung des zu Beratenden, die wiederum auf einem sehr individuell geprägten Stand aus erreichter persönlicher Identität, vermeintlicher oder tatsächlicher Autarkheit bezüglich bestimmter zu bewältigender Lebenslagen basiert. Je nach erreichtem Lebensabschnitt und dem ihm entsprechenden Reflexions-, Entscheidungs- und Handlungsniveau kann die Intervention (der Ratschlag) mehr oder weniger direkt erfolgen (z. B. erziehungsbedürftig in Kindheit, „Ratschläge" in Krisensituationen, fürsorgliche Beratung bei Pflegebedürftigkeit im Alter). Neben diesen allgegenwärtigen informellen Beratungen erhalten die professionellen Beratungen im Leben jedes Einzelnen eine immer größere Bedeutung. So gibt es mittlerweile keinen Lebensabschnitt, der nicht von einem speziellen Beratungsangebot erfasst wird.

Im Folgenden wird der pädagogisch-psychologische Beratungsweg (siehe Verbindung zu Modul 5) entlang der Lebensachse eines Menschen verfolgt. Dabei werden mögliche Inhalte punktuell ausgewählt, die professioneller Hilfe bedürfen. Grundlage bildet die in der Literatur übliche Einteilung in einzelne Lebensabschnitte. Diese werden zur Einstimmung zuerst von Betroffenen selbst (mit eigenen Worten) charakterisiert (die Veranschaulichung wird einer Umfrage von Studierenden mit jeweils 100 Personen entnommen; die am häufigsten genannten Aussagen/Kategorien – positive/negative Anteile – werden ausgewählt; Rausch 2005). An diese der Illustration dienenden Eindrücke, die von jedem Leser selbst ergänzt werden können, schließen sich Aussagen aus dem wissenschaftlichen Fundus an. Auf diese Weise wird zu den jeweiligen Beratungsfeldern hingeführt.

In welche Abschnitte wird die Lebensspanne eines Menschen eingeteilt (aus pragmatischer Sicht)?

Entgegen der Auffassung einer „älteren" Entwicklungspsychologie werden in den vorliegenden Ausführungen ungefähre zeitliche Angaben für Lebensabschnitte lediglich als Orientierungspunkte gesehen. Sie sind im Sinne der Kontinuität eines Lebenslaufes zu verstehen. Es hat sich eingebürgert, neben Kindheit und Jugendzeit das Erwachsenenalter in die drei Abschnitte frühes, mittleres und höheres einzuteilen. Mietzel (1992, S.18) weist darauf hin, dass zahlreiche Entwicklungspsychologen darin übereinstimmen, einer willkürlichen Festlegung des frühen Erwachsenenalters von ca. 20 bis 40 Jahren und des mittleren Erwachsenenalters von ca. 40 bis 65 Jahren zu folgen, an das sich das höhere Lebensalter anschließt. Auf die Dichotomisierung und die Sinnhaftigkeit von Unterscheidungen wie z.B. „junge Alte" und „alte Alte" wird z.B. bei Rausch (2000) hingewiesen.

Diese Einteilungsproblematik zieht sich durch viele Disziplinen und wird noch zusätzlich von Autor zu Autor unterschiedlich gesehen. Hierzu einige Beispiele:

- Die Orientierung des Erwachsenenalters an der beruflichen Tätigkeit mit einer Vorbereitungs-, einer Erwerbs- und der Ruhephase ist überholt; nicht zuletzt, weil der Trend zu einem vorgezogenen Ruhestand und somit der frühzeitige Berufsausstieg mit herkömmlichen Vorstellungen brechen. Die aktuell eintretende Verlängerung der Berufstätigkeit bis zum Eintritt ins Rentenalter wird neue Überlegungen ins Spiel bringen.
- Laslett (1995) beschreitet einen in der Öffentlichkeit ungewohnten Weg, Kindheit und Jugend als „erstes" Alter zu bezeichnen, das Erwachsenenalter ist demnach das „zweite" Alter. Dieser umfangreiche Bereich des Erwachsenseins wird von ihm wiederum in ein „drittes" Alter, das die persönliche Errungenschaft und Erfüllung darstellt, und in ein „viertes" Alter, das Altersschwäche, Abhängigkeit und Tod beinhaltet, differenziert.

Für alle Lebensabschnitte, die im Folgenden beschrieben werden, gilt: Die individuelle Lebensgestaltung wird von gesellschaftlichen, sozialpolitischen, medizinischen, familiären etc. Bedingungen bestimmt. Einige Beispiele hierzu:

- für die Kindheit: *sozial-ökonomische Lage des Elternhauses, Erziehungsstil und -klima, Geschwistersituation, Normen- und Wertevermittlung, optimale Förderung in der Schulzeit, Anteilnahme oder Desinteresse an der Entwicklung,*
- für das Jugendalter: *Anerkennung – Ablehnung unter Gleichaltrigen, Gruppenzugehörigkeit, praktiziertes Zusammenleben im Elternhaus, Möglichkeit zu einer Berufsausbildung, Chancen auf dem Arbeitsmarkt, Freizeitinteressen und -möglichkeiten,*
- für das frühe Erwachsenenalter: *Hilfen bei der Identitätskonsolidierung, Ausgestaltung der Partnerschaft und des beruflichen Lebens: Konkurrenzdruck, kollegia-*

les Miteinander, familienpolitische Maßnahmen (Kinderbetreuung, eigene Berufs-
tätigkeit, Zukunftsaussichten),

- für das mittlere Erwachsenenalter: *Lebens- und Sinnperspektive, Sicherung des*
  Erreichten und des Alters, ungewollter Ruhestand, Existenzängste,
- für das höhere Erwachsenenalter: *physischer und psychischer Abbau gegenüber*
  Erhalt der Kompetenzen zur Lebensbewältigung, medizinische und finanzielle Ver-
  sorgungslage und -systeme, gesellschaftliche Akzeptanz und Integration des Alters.

Diese Beispiele deuten an, dass die Lebensgestaltung von einem vielfältigen Gefüge an Voraussetzungen und Bedingungen abhängt. Die im Nachfolgenden
vorgenommene Kurzbeschreibung der Lebensabschnitte kann einzelne Aspekte
lediglich punktuell aufnehmen.

2. Ausgewählte (beratungsrelevante) Aspekte der Kindheit

2. 1 Zur inhaltlichen Betrachtung

Auswahl an persönlichen Aussagen: „Wie beschreibst Du Dein eigenes
Leben, die Kindheit?"
„zu Hause ist es sehr schön, wir (mit den Eltern) machen viel gemeinsam, meine Ge-
schwister sind lieb, alles kann ich mir nicht kaufen, der Computer ist mir sehr wichtig,
die Schule ist wichtig, Lehrer sind sehr unterschiedlich, Fächer mit einem guten Lehrer
machen Spaß, viele Freunde haben – häufig mögen die anderen mich nicht, die Noten
sind schlecht, zu Hause wird viel gezankt, die Eltern streiten sich oft, bin viel auf der
Straße und in der Stadt, Geschäfte ansehen"

In Ergänzung zu diesen Informationen sollten die Untersuchungsergebnisse von
Bucher (2001) zum Glücksbefinden von Kindern gesehen werden. Nach diesen
geben Kinder als wichtigste Aspekte des Glücklichseins eine gute Familienatmos-
phäre, Anerkennung, Lob, positive Schulerlebnisse, Freizeit, Freiraum und Freunde an.

Auswahl an wissenschaftlichen Aussagen: Welche Informationen liegen über
diesen Lebensabschnitt vor?
Die Kindheit stand bei der wissenschaftlichen Analyse der menschlichen Entwicklung im Mittelpunkt intensiver Erkundungen (vgl. Hurrelmann & Bründel, 2003). Diese Fokussierung bietet sich geradezu an, weil in dieser Zeit die
Entwicklungsvorgänge in ihren Grundformen ablaufen. Ein Blick in die vielen
entwicklungspsychologischen Veröffentlichungen (Forschungsberichte, Lehrbü-

cher, Ratgeber) legt die die kindliche Entwicklung bestimmenden Themen dar (es folgt eine Auswahl, in der einzelne inhaltliche Schwerpunkte – als mögliche Beratungsaspekte – besonders hervorgehoben werden; nach Nickel & Schmidt-Denter, 1995):

- die körperliche Entwicklung (Die besonders in der Kleinkindzeit und im Vorschulalter ablaufenden tiefgreifenden motorischen Entwicklungsprozesse erfordern eine intensive Bewegungserziehung, die die Basis für eine Fortsetzung im Grundschulalter bildet; besonderes Augenmerk muss auch auf die Entwicklung der Feinmotorik im Hinblick auf den Schreiblernvorgang gerichtet werden.),
- Inhalte der Erlebniswelt (Wechsel von egozentrischer Weltsicht zur realistischen Einstellung, Abgrenzung des Ichs und Streben nach erweitertem Erfahrungsraum, Handeln als Erfahrungsmittel, anschauliches Denken, kindliche Ängste, Rolle der Phantasie, Verarbeitung von Mediendarstellungen),
- kognitive Funktionen (Verfügbarkeit über reichhaltige Sinnesanregungen, Erwerb der Konstanz des Wahrgenommenen, Bedeutung der Lernvorgänge: Verstärkung, Lernen am Modell, kognitives Lernen, Problemlösen, handlungsorientiertes Lernen),
- zur Intelligenzentwicklung (Bezug auf die Erkenntnisse von Piaget, Rolle des Wissenserwerbs und des Gedächtnisses in Theorien zur kognitiven Entwicklung),
- sprachliche Entwicklung (Förderungsmöglichkeiten, Umgang mit sprachlichen Auffälligkeiten, Schaffung geeigneter Rahmenbedingungen),
- Bedeutung des Spielverhaltens (Spielen zur kindgemäßen Lebensbewältigung, Entwicklung des Kinderspiels, Anregung des Spielverhaltens, Auswahl von geeigneten Spielmaterialien, Spielförderung (vgl. Arbeitsausschuss Kinder und Spielzeug, 1992: z.B. altersangemessener, phantasiefördernder Spielgegenstand, Bezug zur alltäglichen Lebenswelt, vielseitige Verwendbarkeit mit geeigneten Materialien)),
- Entwicklung des Sozialverhaltens (familiäre Beziehungen, Bedeutung des elterlichen Erziehungsstiles: Konfliktverhalten zwischen Eltern und Kind etc., Geschwisterbeziehungen, Beziehungen zu Gleichaltrigen, Umgang mit Entwicklungsabschnitten wie Trotzphase, Moralentwicklung und Ausbildung von Verhaltensnormen),
- Schuleintritt und schulische Entwicklung (Anforderungen an Sozial- und Leistungsverhalten, Integration von behinderten Kindern, Umgang mit hochbegabten Kindern, Intervention bei Problembelastungen).

2.2 Zur Beratungssituation

Welche Beratungsinhalte sind gefordert?

Die an Entwicklungsmöglichkeiten reichhaltige Kindheit bietet äußerst vielfältige Ansatzpunkte für notwendige pädagogisch-psychologische Beratungen. Interessant – aber nicht überraschend – ist, dass diese Angebote z.B. im Vergleich zum höheren Erwachsenenalter (geringere Vertrautheit mit professionellen Beratungsdiensten) erwartet, gefordert und sehr rege angenommen werden (z.B. Zulauf in den Erziehungsberatungsstellen, zeitliche Auslastung der Beratungslehrer und Schulpsychologen). Dennoch finden sich vereinzelt bei Eltern Vorbehalte, eine Beratung aufzusuchen. Die Abneigung steht häufig in einem engen Zusammenhang zur anzusprechenden Problematik, z.B. Angst, innerfamiliäre Tabuisierungen darzulegen.

Auch von Schülern selbst werden Vorbehalte gegenüber z. B. einer schulpsychologischen Beratung geäußert. So zieht Vetter (1991) aufgrund der Ergebnisse einer Untersuchung folgendes Resümee: Bei den Schülern ist nur ein sehr allgemeines und weitgehend undifferenziertes Bild über die schulpsychologische Beratung verbreitet. Der Informationsstand besteht darin: Schüler mit Schulproblemen müssen zum Schulpsychologen gehen. Dieser hilft, untersucht, redet mit ihnen. Allerdings wird diese Hilfe nur ungern in Anspruch genommen. Das bedeutet: Wenn Schüler nicht aus eigener Initiative zur schulpsychologischen Beratung kommen, sondern „geschickt" werden, dann wissen sie, dass ihnen geholfen werden kann, aber „spezifische Voreingenommenheiten und dadurch bedingte mangelnde Beratungsbereitschaft" (Vetter, 1991, S.21) hindern sie, sich auf dieses Angebot selbst einzulassen.

Außerdem ist fraglich, ob ein angenommenes Beratungsangebot auch bedeutet, dass die Eltern einsichtig sind, bei Problemen, die ihre Kinder betreffen, mitzuarbeiten. Viele Praktiker berichten, dass häufig die Meinung vorherrscht, man erhalte in der Beratung einen Ratschlag, der in kürzester Zeit zum Erfolg führt. Der Beratungsverlauf wird entscheidend beeinflusst, ob der zu Beratende aus eigenem Antrieb die Beratung aufsucht („Sie sind meine letzte Hoffnung!") oder ob er aufgrund fremder Initiative das Angebot annimmt („Ich bin hierher geschickt worden!"). Zu den typischen Anlässen für eine Beratungsaufnahme gehören:

- familiäre Probleme (Schwierigkeiten mit Erziehungsberechtigten, Uneinigkeit der Erziehungspartner, Verwöhnung durch Großeltern, Probleme mit Geschwisterkindern, Entwicklungsstörungen und Verhaltensauffälligkeiten aller Art, Erleben von Traumata, etc.),
- schulische Probleme (Leistungsprobleme, Disziplinschwierigkeiten, unsoziales Verhalten, Kontaktschwierigkeiten),

- Entwicklungsprobleme (z. B. beginnende Pubertät, spezielle psychosomatische Störungen etc.).

Das heißt: Defizite, Risiken oder Chancen sind mögliche pädagogisch-psychologische Beratungsinhalte, also alle Varianten, die die Entwicklung, die Sozialisation und das Lernen eines Kindes beeinträchtigen können (unter Einbezug des außerschulischen und -familiären Bereiches) oder die die Entwicklung eines Kindes förderlich beeinflussen (z.B. Schullaufbahnberatung, spezielle Förderungsmöglichkeiten bzw. Trainingsprogramme). In diesen Beratungssituationen ist die fachliche Kompetenz des Beraters gefordert. Diese umfasst sowohl das wissenschaftliche Wissen über die inhaltliche Beratungsthematik als auch die Möglichkeit, in geeigneter Weise mit den Ratsuchenden in Interaktion treten zu können. Diese beiden Komponenten spricht Drave (1992) auf der Basis einer Untersuchung deutlich an:

Beratungslehrer, die sehbehinderte Kinder und ihre Familien bei der Integration in Regelschulen begleiten, bemängeln ein fachliches Defizit, das sie gerne mit gezielten Fortbildungsmaßnahmen ausgleichen möchten. Als besonderes Problem sehen sie auch die Ausbildung in „Gesprächsführung". Diese Aspekte treffen auch für die zuständigen Regelschullehrer zu. Sie wünschen sich, ein fundiertes Wissen über diese speziellen Thematiken vermittelt zu bekommen.

Aus diesen Untersuchungsergebnissen zieht Drave das Fazit, dass eine „rein behindertenspezifische Beratung" zweifelhaft ist. Im Vordergrund sollte vielmehr die Erkenntnis stehen, dass es sich um eine allgemein-pädagogische – (psychologische – Ergänzung durch die Verfasserin) Beratung handeln muss, um die ganze Komplexität einer Integration berücksichtigen zu können.

Welche Aspekte enthält eine pädagogisch-psychologische Beratung in der Kindheit (an einem Beispiel aufgezeigt)?

Pädagogisch-psychologische Beratungen, die Kinder betreffen, kommen meist auf Initiative der Bezugspersonen (Familie, Lehrer, Betreuer) zustande. Bestimmte Situationen aber veranlassen Kinder selbst, sich vertrauensvoll an Klassen- bzw. Beratungslehrer oder Schulpsychologen zu wenden. Zu diesen gehören z.B. erlebte Hänseleien, Spott und Ausgrenzungen. Kinder, die diesen Reaktionen von Mitschülern ausgesetzt sind, suchen, wenn sie die eigene Hemmschwelle überwinden können, Hilfe und Unterstützung. Gerade im schulischen Umfeld bleibt diese angespannte Situation aufmerksamen Lehrkräften nicht verborgen. Insofern kann es – im optimalen Fall – ein gegenseitiges Aufeinanderzugehen sein.

Solche Fälle werden aus der Praxis z.B. von Kindern mit Aussprache- bzw. Redestörungen berichtet. Diese Offenheit erklärt sich, wenn man bedenkt, dass die sprachliche Kommunikation das wesentliche Ausdrucksmittel im alltäglichen Umgang ist. Ist diese so belastet, dass sie für jedermann in ihrer Besonderheit „hörbar" ist, erzeugt dies bei den Betroffenen einen Leidensdruck, der durch die

Reaktion der Umgebung erheblich verstärkt werden kann. Kinder bzw. Mitschüler nehmen diese Schwierigkeiten häufig zum Anlass, um die Aussprache-, die Redestörung nachzuahmen. Die Betroffenen werden zur „Zielscheibe" von Angriffen gemacht. Diese Situation veranlasst betroffene Kinder, leichter den Weg zu einer Beratung zu finden.

Zu den dem Berater zur Verfügung stehenden wissenschaftlichen Hintergrundinformationen gehören u.a. folgende Aspekte:
Bei Störungen der Aussprache handelt es sich um Stammeln (gestörte Artikulation) oder Näseln (Störung des Stimmklanges). Bei Störungen der Rede handelt es sich vorwiegend um Stottern (klonisches, tonisches Stottern) und Poltern (eine überhastete und überstürzte Sprechweise mit undeutlicher Aussprache).
Bei 70 bis 90 Prozent der Stotternden treten die Stottersymptome erstmals vor dem 8. Jahr auf. Kinder sind häufiger als Erwachsene vom Stottern betroffen. Deshalb ist gerade die Schulzeit der zeitliche Rahmen, in dem die mit einem Stottern verbundenen Probleme ein besonderes Gewicht erhalten. Da jedes Stottern individuell, also anders und somit einzigartig ist, liegt es auch in vielfältigen Abstufungen vor (von einer harten Unterbrechung des Redeflusses bis zu effizienten Vermeidungsstrategien, um Stottern zu verheimlichen). Gerade die Strategie der Unterdrückung ist mit einer kreativen kognitiven Planungsarbeit, einer extremen Anspannung und äußerster Kontrolle verbunden. Auf diese Weise wird ein großes Potential an physischer und psychischer Energie gebunden.

Wählt eine Schülerin bzw. ein Schüler den Weg, sich an einen Berater (Lehrer oder Schulpsychologen) zu wenden, liegt der eigentliche Problemkern bereits offen dar. Die Problemanalyse kann sich deshalb auf den besonderen Leidensdruck, die ihn verstärkenden Bedingungen und die anamnestischen Informationen (wie z.B. in der Familie mit der Auffälligkeit umgegangen wird, ob professionelle Hilfe bereits eingeholt wurde) konzentrieren.
Im Mittelpunkt des Beratungsgeschehens stehen alle Möglichkeiten, die den Betroffenen helfen können. Im Einzelnen handelt es sich um den Austausch von Empfehlungen, wie bei einer Redestörung unterstützend eingegriffen werden kann:

- Absprache und Abstimmung aller Interventionen (Familie, Schule, Therapeuten),
- Erleichterung des Lern- und Sozialverhaltens (z.B. Meldesignale, Mitteilung des Schülers, in welchen Situationen er mit dem Stottern besser umgehen kann, Minderung des Erwartungsdruckes bei der Abnahme von mündlichen Leistungen, Chorlesen etc.),
- Mitschüler aufklären, sensibilisieren,
- Stärkung des Selbstwertgefühls (den betroffenen Schüler ermuntern, mit der Redestörung aktiv umzugehen).

Dieses Beispiel zeigt deutlich, dass es viele Möglichkeiten gibt, um Kinder mit besonderen Problembelastungen zu unterstützen. Voraussetzung dafür ist das offene Gespräch, das von fachkundiger Kompetenz der Berater und der erforderlichen Sensibilität für die unterschiedlichen Probleme, die Kinder belasten können, getragen wird (vgl. Rausch, 2006). Diese Kompetenz muss die Erkenntnis beinhalten, dass die heutige Kindheitsgeneration nicht als die „nur" erziehungsbedürftige anzusehen ist, sondern im Vergleich zu den folgenden Generationen in wesentlichen Bereichen kompetenter ist. Das betrifft z.B. den Umgang mit Medien und einen selbstbewussteren Umgang mit bestimmten Problemfelder (vgl. Hurrelmann & Bründel, 2003). Aufgrund dieser im technischen und sozialen Bereich schnelleren Entwicklung ergeben sich aber auch neue Beratungsfelder (z.B. Internet-Sucht).

3. Ausgewählte (beratungsrelevante) Aspekte des Jugendalters

3.1 Zur inhaltlichen Betrachtung

Auswahl an persönlichen Aussagen: „Wie beschreibst Du Deinen Lebensabschnitt?"
„schwierig, aber auch schön, habe viel Freiheit, unternehme viel mit Freunden, Freundeskreis ist sehr wichtig, Partnerwahl, möchte etwas erreichen, interessiere mich viel für die Umwelt, engagiere mich für die Gemeinschaft (Kirche, soziale Dienste), erprobe viel Neues, Spaß macht das besondere Abenteuer, wenn ich will, kann ich viel erreichen, denke viel über den Sinn des Lebens nach, finde mich schön/möchte mein Äußeres verändern, Schulabschluss ist sehr wichtig, habe etwas Angst vor Zukunft (Ausbildung, Beruf) – Schulzeit ist weggeworfenes Leben, Spaß ist wichtig im Leben, kann mich häufig selbst nicht leiden, bin oft traurig, Taschengeld reicht nicht, Verbote ärgern mich, möchte endlich eine eigene Wohnung, Eltern nerven, Draufgänger imponieren mir, cool"

Auswahl an wissenschaftlichen Aussagen: Welche Informationen liegen über diesen Lebensabschnitt vor?
Kindheit, Jugendzeit und Erwachsenenalter folgen einem kontinuierlichen Ablauf. Die jeweils zu erfolgenden „Neu- bzw. Umorientierungen" sind in einem fließenden Übergang zu sehen. Zur Kennzeichnung des Jugendalters dienen die Begriffe Pubertät und Adoleszenz. Während die Pubertät vor allem die körperliche Entwicklung im Sinne der biologischen Reifungsprozesse erfasst, erfolgt in der Adoleszenz eine psychische Auseinandersetzung mit allen Veränderungen, die letztlich zum Erwachsensein führen und dazu gehören (vgl. Resch, 1996). Diese

Vielfalt kann von den Jugendlichen in einer angemessenen Form bewältigt werden oder in verschiedenen Bereichen unter Umständen auch eine krisenhafte Entwicklung einleiten. Es sind – vereinfacht dargestellt – drei Entwicklungsrichtungen, die das Jugendalter prägen (siehe Tab. 1). Die ausgewählten Schwerpunkte geben einen Einblick in die stattfindenden Veränderungen (allerdings, ohne die wechselseitigen Abhängigkeiten und Einwirkungen berücksichtigen zu können); ein umfassender Überblick findet sich bei Kohnstamm (1999).

Tab. 1: Entwicklungsrichtungen

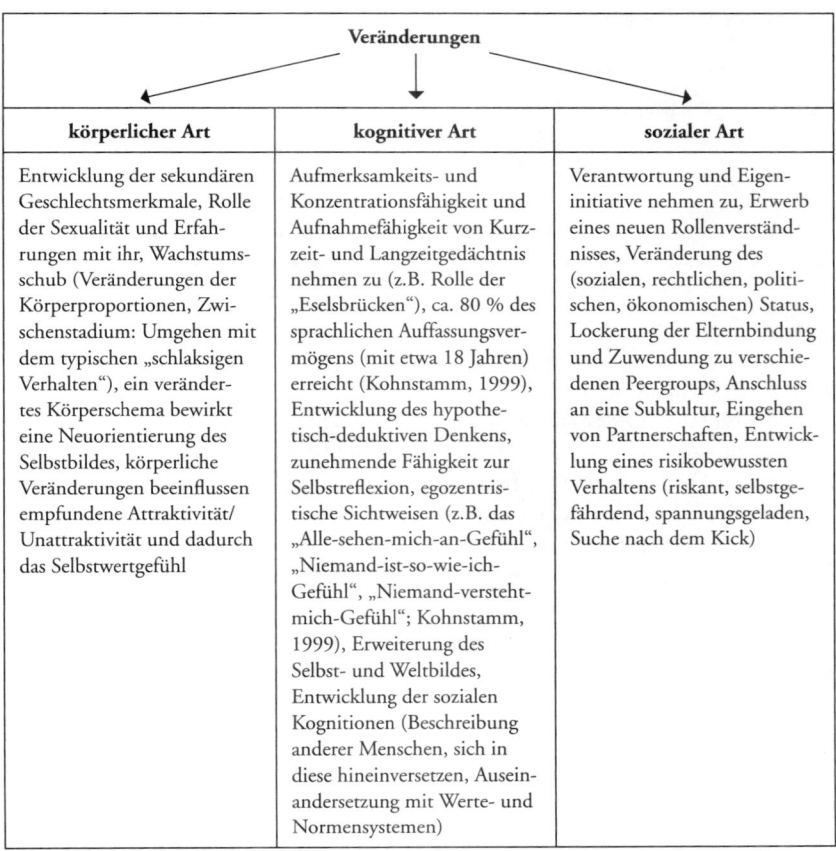

Veränderungen		
körperlicher Art	**kognitiver Art**	**sozialer Art**
Entwicklung der sekundären Geschlechtsmerkmale, Rolle der Sexualität und Erfahrungen mit ihr, Wachstumsschub (Veränderungen der Körperproportionen, Zwischenstadium: Umgehen mit dem typischen „schlaksigen Verhalten"), ein verändertes Körperschema bewirkt eine Neuorientierung des Selbstbildes, körperliche Veränderungen beeinflussen empfundene Attraktivität/ Unattraktivität und dadurch das Selbstwertgefühl	Aufmerksamkeits- und Konzentrationsfähigkeit und Aufnahmefähigkeit von Kurzzeit- und Langzeitgedächtnis nehmen zu (z.B. Rolle der „Eselsbrücken"), ca. 80 % des sprachlichen Auffassungsvermögens (mit etwa 18 Jahren) erreicht (Kohnstamm, 1999), Entwicklung des hypothetisch-deduktiven Denkens, zunehmende Fähigkeit zur Selbstreflexion, egozentristische Sichtweisen (z.B. das „Alle-sehen-mich-an-Gefühl", „Niemand-ist-so-wie-ich-Gefühl", „Niemand-versteht-mich-Gefühl"; Kohnstamm, 1999), Erweiterung des Selbst- und Weltbildes, Entwicklung der sozialen Kognitionen (Beschreibung anderer Menschen, sich in diese hineinversetzen, Auseinandersetzung mit Werte- und Normensystemen)	Verantwortung und Eigeninitiative nehmen zu, Erwerb eines neuen Rollenverständnisses, Veränderung des (sozialen, rechtlichen, politischen, ökonomischen) Status, Lockerung der Elternbindung und Zuwendung zu verschiedenen Peergroups, Anschluss an eine Subkultur, Eingehen von Partnerschaften, Entwicklung eines risikobewussten Verhaltens (riskant, selbstgefährdend, spannungsgeladen, Suche nach dem Kick)

In Tabelle 2 werden die angesprochenen Veränderungen in den Entwicklungsrichtungen mit einigen Risikoaspekten verbunden. Sie führen in mögliche Beratungsanlässe ein, die für das Jugendalter kennzeichnend sind:

Tab. 2: Mögliche Risikobereiche

körperliche Veränderungen	kognitive Veränderungen	soziale Veränderungen
Diskrepanz zwischen körperlicher Entwicklung und den emotionalen Bedürfnissen führt zu Unsicherheit, Ablehnen der körperlichen Veränderungen (z.B. Essstörungen bei Mädchen), das Aussehen, die physische Attraktivität (Eigen- und Fremdinteresse) trägt besonders bei Mädchen zu einer Verunsicherung und emotionalen Labilität bei (siehe unten, Fallbeispiel)	Klagen der Eltern über Arbeitsweise (ein Beispiel: Hausaufgabenanfertigung bei lauter Musik; ist aber eine Folge der Zunahme der selektiven Aufmerksamkeit), über eine enorme „Empfindlichkeit", über die Einstellung „Ich-kann-alles-und-ich- mache-was-ich-will", Reflexion über Sinnhaftigkeit des Lebens kann beispielsweise in depressive Stimmungen abgleiten, defizitäre Identitätsbildung	Problematische Elternbindungen behindern das Erreichen von Autonomie und Selbständigkeit, Jugendliche suchen die Grenzen und fordern die Grenzen heraus, Konflikte im Elternhaus, waghalsige Versuche, sich zu beweisen und Spannung in das eigene Leben zu bringen, negative Gruppenzugehörigkeit und Beeinflussung, Unterordnen unter Gruppendruck, Verhaltensauffälligkeiten können sich entwickeln: Aggression, Außenseiter, Weglaufen und Vagabundieren

3.2 Zur Beratungssituation

Welche Beratungsinhalte sind gefordert?
Die angeführten Problembereiche vermitteln lediglich einen Eindruck. Gerade im Jugendalter können einzelne Problemfelder sich in extremer Weise so steigern, untereinander kombinieren und für Erwachsene unbegreiflich, nicht nachvollziehbar und belastend werden, dass pädagogisch-psychologische Hilfe in Form von Beratungen in Anspruch genommen wird. Aber auch von Jugendlichen selbst – hier zeigt sich gegenüber anderen Generationen eine größere Akzeptanz von Beratungsangeboten – werden Informationen und Problemhilfe bei bestimmten Sachverhalten eingeholt. Im schulischen Bereich sind besonders die Beratungslehrer und Schulpsychologen gefragt. Diese professionelle Seite nennt als unmittelbare Beratungsanlässe Probleme mit anderen Schülern, mit Lehrern und Eltern, aber auch Leistungsprobleme, Schullaufbahnorientierungen und mögliche berufliche Zukunftsaussichten.

Welche Aspekte enthält eine pädagogisch-psychologische Beratung im Jugendalter (an einem Beispiel aufgezeigt)?
Im Folgenden wird ein Beratungsanlass aufgegriffen, der in der Literatur noch nicht zum „beliebten" Forschungsfeld zählt, der aber, das darf angesichts der „Vorbereitungen" im medizinischen Bereich (Zunahme an Schönheitsoperatio-

nen) prognostiziert werden, in Zukunft sicherlich „entdeckt" werden wird. In der Praxis ist seine Bedeutung bereits erkannt worden und wird weitgehend kritisch betrachtet. So berichten Berater, die von Jugendlichen aufgesucht werden, dass es bei vielen im Gespräch erwähnten Schwierigkeiten vor allem um Anerkennung in Peergroups, um das Zugehörigsein geht. Probleme entstehen dann, wenn Jugendliche das Gefühl haben, von Gleichaltrigen, von der von ihnen bevorzugten Clique abgelehnt zu werden. Für die Berater ist es oftmals ein längerer Weg, um zu erkennen, dass hinter den vorgebrachten Gründen der Ablehnung (fehlendes cooles Auftreten und Ausdrucksfähigkeit, eingeschränkte finanzielle Mittel etc.) das Aussehen als vermeintlicher Grund steht. In einem Stadium, in dem Jugendliche um eine neue Körperidentität ringen, kann jede negative Aussage über das Aussehen, das Ansprechen eines vermeintlichen Mangels, den man zur Schau trägt, das Selbstwertgefühl stark beeinträchtigen. Fast jeder kennt aus eigenem Erleben diesbezügliche Äußerungen, die einen Menschen lebenslang begleiten können.

Das Stadium der erreichten Selbstreflexion, in dem die Jugendlichen sich befinden, verstärkt diesen Prozess – auch der äußerlichen Eigeneinschätzung – erheblich. Identität kann erarbeitet oder übernommen werden. Bilden sich auf diese Weise Überzeugungen wie z.B. „alle lachen über meine lange Nase", „meine Ohren verstecke ich hinter den Haaren, am Sport nehme ich mit Ausreden nicht mehr teil", „wegen meines Aussehens werde ich gehänselt", dann handelt es sich um Verletzungen, die verinnerlicht werden.

Obwohl das „Urteil" der anderen über das eigene Aussehen häufig ein Tabubereich ist, den man nicht gern der Öffentlichkeit preisgibt, mehren sich – so wird aus der Praxis berichtet – die Jugendlichen, die auch über diese Probleme mit Beratern, z.B. Schulpsychologen, sprechen.

Zu den dem Berater zur Verfügung stehenden wissenschaftlichen Hintergrundinformationen gehören u.a. folgende Aspekte:
Im Vergleich zu den männlichen Jugendlichen sind es die weiblichen, die sich eher offenbaren. „Eingebildete oder vermeintliche Hässlichkeit" zählt in der Psychologie zu den Körperdysmorphen Störungen (KDS). In der internationalen Klassifikation psychischer Störungen (ICD-10 der WHO, 2005, S.187)) wird die KDS als Unterform der Hypochondrie angeführt. In der Beschreibung dieser Kategorie wird als eine diagnostische Leitlinie angeführt: „die anhaltende Beschäftigung mit einer vermuteten Entstellung". Diese Aussage trifft auf den oben beschriebenen Zustand zu. Etwas ausführlicher und somit informativer nimmt das Diagnostische und Statistische Manual Psychischer Störungen (DSM-IV, 1998, S.204 f.) dazu Stellung: Hier wird die KDS in einer eigenen Kategorie (in Abgrenzung zur Hypochondrie) u.a. mit folgenden Leitlinien angesprochen: „übermäßige Beschäftigung mit einem eingebildeten Mangel oder einer Entstellung in der äußeren Erscheinung" – Leiden und Beeinträchtigungen dadurch in sozialen, beruflichen oder anderen Bereichen.

Stangier und Hungerbühler (2001, S.77 ff.) werten die bislang vorliegende Forschung zu diesem Problembereich aus und geben einen aktuellen Einblick. Im Folgenden werden einige Informationen, die zum Verständnis einer Beratungssituation geeignet sind, ausgewählt:

- *Die Unzufriedenheit mit dem eigenen Aussehen ist ein allgegenwärtiges Phänomen (von normaler bis klinischer Abstufung). Die Autoren führen als Ergebnis einer Fragebogenuntersuchung mit Studenten an, dass 70 % unzufrieden mit ihrem Aussehen sind; 28 % erfüllten die Diagnosekriterien für eine KDS.*
- *häufigste Problembereiche sind: Gesicht, Hautbeschaffenheit, Form von Gesichts- und Körperteilen*
- *Leidensdruck und Einschränkungen in verschiedenen Lebensbereichen*
- *charakteristisch: ein ständiges Überprüfen im Spiegel und Bestreben, den Mangel zu verbergen*
- *vermeintlicher Mangel kann sich bis zum Wahn steigern (hohe Komorbiditätsraten zu depressiven Störungen, Angststörungen und Zwangsstörungen)*
- *über die Prävalenz liegen noch keine genauen Angaben vor, es wird vermutet, dass eine hohe Dunkelziffer vorliegt*
- *typischer Störungsbeginn in Adoleszenz bzw. Pubertät (durchschnittlich 14,8 Jahre)*
- *eine psychotherapeutische Behandlung wird aufgrund fehlender Einsicht (in psychische Ursachen) häufig abgelehnt.*

Zwei Anmerkungen dazu: Die angesprochene Dunkelziffer reduziert sich mit der Zunahme an Wünschen zur Veränderung, den operativen Möglichkeiten und der zunehmend populärer werdenden Einstellung dazu. Während die Autoren berichten, dass Vorbehalte gegenüber einer psychotherapeutischen Behandlung bestehen, scheinen – siehe oben – die Beratungsangebote leichter annehmbar zu sein.

Diese Informationen zur KDS sollten zum Hintergrundwissen pädagogisch-psychologischer Berater gehören. Betrachtet man die von Jugendlichen geäußerten Probleme (die Beeinträchtigung und Wirkung von negativen Kommentaren bzw. Hänseleien über Aussehen, die Einflussnahme über soziokulturelle Faktoren wie Medien, Mode, gesellschaftlich vermittelte Schönheitsideale), dann sollten diese in ein Kontinuum gestellt werden, das zum großen Umfeld einer KDS gehört. Eine übermäßige Beschäftigung mit dem (vermeintlichen) Mangel und eine Beeinträchtigung berühren gerade einen Jugendlichen, der auf der Suche nach der eigenen Identität ist, in besonderem Maße. Die in der Arbeit mit Jugendlichen ausgewiesenen Praktiker bestätigen die von Stangier und Hungerbühler (2001) wiedergegebene Vermutung, dass trotz fehlender empirischer Daten von einer sehr viel höheren Prävalenz, als bisher angenommen, auszugehen ist. Die beiden Autoren betonen als Fazit ihrer Recherche: „Angesichts gut ausgearbeiteter Methoden der kognitiven, Wahrnehmungs- und Sozialpsychologie ... stellt sich das

Störungsbild der KDS als ein Forschungsgebiet dar, in dem wichtige Impulse von psychologischen Grundlagenfächern ausgehen können" (2001, S.82).

Dieses Beispiel wird in der Forschung als relativ „neu" betrachtet. Es darf prognostiziert werden, dass mit dieser Auffälligkeit, die in der Praxis wohlbekannt ist, ein Thema aktuell werden wird, das in Zukunft rege Forschungstätigkeit auf sich zieht. Allerdings sollte beachtet werden, dass die Spannbreite der KDS sehr groß ist. Erst wenn für die Jugendlichen Äußerlichkeiten zum Problem werden und einen Leidensdruck verursachen, wird unter günstigen Umständen pädagogisch-psychologische Hilfe in Anspruch genommen. Da – wie eingangs erwähnt – dieses Problem in einer Beratungssituation häufig nicht sofort geäußert wird, sondern andere Symptome im Vordergrund stehen können, ist die Sensibilität (das genaue Zuhören-Können) eines Beraters gefragt. Im Mittelpunkt der praktischen Beratungsarbeit stehen deshalb eine genaue Problemerfassung und Analyse. In diesem Zusammenhang hat sich ein gesprächspsychotherapeutisches Vorgehen, gepaart mit kognitiv-behavioralen Methoden (kognitive Einsicht und Umstrukturierung), bewährt. In den Vordergrund der gemeinsamen Beratungsarbeit rückt das Bemühen, das eigene Aussehen und den vermeintlichen Defekt nicht zum Maßstab der Bewertung der eigenen Persönlichkeit zu machen. Ein „Hinterfragen" von Schönheitsidealen, auch über die unterschiedlichen Zeitepochen betrachtet, eine Reflexion der übermittelten Botschaften aus den verschiedenen Medien und deren Zweckgerichtetheit, ein Einschätzen von verschiedenen Ausdruckstypen, als pädagogischer Aspekt: die Auseinandersetzung mit der Frage, wie man z.B. eigene Kinder erziehen möchte etc. – all dies sind mögliche Ansatzpunkte, die die Beratungstätigkeit bestimmen können.

Dieses Beispiel zeigt stellvertretend für andere, wie vielseitig die inhaltliche Arbeit eines pädagogisch-psychologischen Beraters sein kann/ist.

4. Ausgewählte (beratungsrelevante) Aspekte des frühen Erwachsenenalters

4.1 Erwachsenenalter – allgemein

Dieser Abschnitt, gerade im Rahmen der „älteren" Entwicklungspsychologie über lange Zeit in Forschung und Theorie weitgehend ausgeklammert, hat mittlerweile mit dem Bereich „Alter(n)" als Modethema in einer Vielzahl von Veröffentlichungen Einzug gehalten. Aber nicht nur die angesagte Popularität, eine neue „Lücke" zu füllen, sondern auch objektive Gründe zwingen dazu: Die demographische Entwicklung, die eine zunehmend alternde Gesellschaft anzeigt, legt nahe, dem berechtigten Interesse Rechnung zu tragen, dass charakteristische Prozesse des Altern(s) erhellt werden. Entwicklung wird als ein „Prozeß von Verlusten und Gewinnen über die gesamte Lebensspanne" (Zank & Baltes, 1999, S.512) verstanden. Während der Übergang vom Jugendalter zum Erwachsenenalter noch am ehesten pauschal beschrieben werden kann, treten Schwierigkeiten vor allem dann auf, wenn das Erwachsenenalter in inhaltlich prägende Formen differenziert wird. Die Kontinuität des Entwicklungsverlaufes wird auf diese Weise durch willkürlich gesetzte, aber sinntragende Abschnitte – wie noch zu zeigen sein wird – markiert. Dieser Auffassung hat sich die Psychologie differenziert angenommen. Die in der Altersforschung gesetzten Akzente entsprechen ihrem umfangreichen Aufgabenbereich (z.B. Lern- und Gedächtnispsychologie, Klinische Psychologie, Sozialpsychologie). Die in diesen Bereichen geleistete Forschungsarbeit geht (häufig) von theoretischen Modellkonzeptionen und entsprechenden Hypothesen aus. Die in die Praxis übertragenen Erkenntnisse kommen somit nicht „theorielos" daher (vgl. Rausch & Rustemeyer, 2000). Sie leisten einen fundierten Beitrag für die in der gegenwärtigen Fachdiskussion geführte Auseinandersetzung um „normale, kranke und optimale" Alterungsprozesse (vgl. Zank & Baltes, 1999). Diese differenzierte Orientierung bietet einerseits die Basis für eine geforderte disziplinär zu erbringende qualitative „Fein"-analyse; sie setzt andererseits aber auch Voraussetzungen, um die innerhalb eines breiten disziplinären Umfanges gesetzten Forschungsschwerpunkte integrativ zu verbinden. Zugleich trägt sie wesentlich dazu bei, eine interdisziplinäre Forschung anzuregen, zu erweitern und auf eine qualitativ höhere Stufe zu stellen. Während Lenk, Rudolph und Sickendiek noch im Jahre 1999 das Fazit ziehen, „dass integrierende theoretische Perspektiven für das gerontologische Feld (bislang) nicht existieren" (S.37), wird die Forderung nach einer gemeinsamen Plattform der Altersforschung – trotz einiger Fortschritte – immer wieder neu erhoben. Sie entspringt Einschätzungen wie z.B. von Baltes und Baltes (1992), die sich den Ausführungen des amerikanischen Altersforschers Birren anschließen: „Das Alter und das Altwerden sind zu wichtig, als dass man ihre Behandlung einzelnen wissenschaftlichen Disziplinen und gesellschaftlichen Bereichen überlassen sollte. Im Gegenteil, Altern ist gleichzeitig ein körperliches, psychisches, soziales und gesellschaftliches Phänomen, und von daher gilt es, Wissen aus unterschiedlichen beruflichen und gesellschaftlichen Lebensbereichen zusammenzuführen" (S.2). Gerontologie ist demzufolge eine Wissenschaft, die sich sowohl aus person- als auch aus gesellschaftsorientierter Perspektive mit der Analyse, Beschreibung und Erklärung aller Aspekte des Alterns befasst, einschließlich der erforderlichen präventiven und interventiven Möglichkeiten.

4.2 Zur inhaltlichen Betrachtung

Auswahl an persönlichen Aussagen: „Wie beschreiben Sie Ihren Lebensabschnitt?"
„die Unruhe aus der Jugendzeit beginnt sich zu legen, es wird viel Unsicherheit abgelegt, man nimmt sich selbst mehr an, plant sein Leben, gereift, habe mein Selbst erworben, Familie und Freundeskreis stützen, Bedeutung der sozialen Integration (Sportvereine, soziale Dienste), Auseinandersetzung mit der geplanten oder bereits übernommenen Elternrolle, Zufriedenheit – Unzufriedenheit mit den gesellschaftlichen Chancen, der Berufswahl, Partnerwahl, Suche nach dem Ideal, Angst vor Chancenlosigkeit, Arbeitslosigkeit, orientierungslos, beginnende Resignation"

Auswahl an wissenschaftlichen Aussagen: Welche Informationen liegen über diesen Lebensabschnitt vor?
Der junge Erwachsene ist intensiv mit seiner Ausbildung, „mit den Anfängen und weiteren Planungen seiner beruflichen Karriere, mit dem Aufbau einer Partnerschaft, mit seiner Familie beschäftigt" (Mietzel, 1992, S.247). Aufbau und Konsolidierung wechseln sich stetig in den verschiedenen Lebensbereichen ab. In dieser aktiven Zeit geht es vorrangig weder um rückschauende Bestandsaufnahmen noch um gedankliche Beschäftigungen mit der Endlichkeit des Lebens. Das produktive Tätigsein stellt sich zu Beginn dieser Lebenszeit als relativ entscheidungsfreudiges, risikoreiches, sehr flexibles Handeln dar, das über die Jahre hinweg in bedächtigeres Verhalten im mittleren Erwachsenenalter übergehen kann.

4.3 Zur Beratungssituation

Welche Beratungsinhalte sind gefordert?
Das inhaltliche Spektrum der pädagogisch-psychologischen Beratungen in diesem Lebensbereich ist weit gefasst. Mit zunehmendem Alter verändern sich die Beratungsanlässe. Während zu Beginn des frühen Erwachsenenalters vor allem familiäre, partnerschaftliche, soziale und berufliche Probleme auftreten, steht beim Übergang zum mittleren Erwachsenenalter auch zunehmend die Elternrolle im Mittelpunkt von Beratungsprozessen. Aus diesen einzelnen Problembereichen setzt sich der Inhalt von Beratungsprozessen zusammen. Im Einzelnen können z.B. thematisiert werden:
- Probleme, die sich aus dem beruflichen Werdegang ergeben: Dies kann zum einen die Beratung bei der Ausbildung, bei der Berufseinstiegsphase, aber auch eine nach mehreren Jahren Berufstätigkeit erkannte Neuorientierung sein, also ein neuer Anfang, der den eigenen Neigungen mehr entspricht und der in diesem Alter noch möglich ist.

Ein Beispiel: Das Durchschnittsalter der Studierenden in Deutschland liegt bei 25 Jahren. Eine Studienberatung als eine besondere Form der Bildungsberatung ist in diesem Lebensabschnitt häufig gefragt. Nußbeck (2006) setzt sich ausführlich mit der Notwendigkeit, den Inhalten und den möglichen Beratungshilfen auseinander. Sie betont, dass Studienberatung neben den zu vermittelnden Informationen „auch einen hohen psycho-sozialen Beratungsanteil (hat)" (S.155). Prüfungsängste und eine mangelnde Fähigkeit, die eigenen Leistungen kritisch einzuschätzen, sind neben vielen anderen Aspekten belastende Faktoren. Die nicht selten auftretenden Ereignisse eines Studienabbruches und eines -wechsels sind „neben einer emotionalen, zufälligen und unüberlegten Studienwahl ... häufig Lern-, Leistungs- und psycho-soziale Probleme" (a.a.O., S.154).

Ist der Berufseinstieg aufgrund der Arbeitsmarktlage verwehrt, dann geht es vor allem um eine Sinngebung im Leben, um das Finden sinnvoller Alternativen.

- Probleme, die sich aus dem sozialen Umfeld ergeben: Wesentliche Beratungsinhalte sind Partnerschaftsbeziehungen mit Ablehnung, Trennung, Zusammenfinden.

- Erziehungsprobleme: Erziehungsschwierigkeiten aufgrund unterschiedlicher Anlässe und mit unterschiedlichen Auswirkungen, Unstimmigkeiten über den Erziehungsstil, Verhaltens- und Lernprobleme der Kinder.

- Probleme, die sich aus einer personzentrierten Betrachtungsweise ergeben: Die in der Jugendzeit begonnene Auseinandersetzung mit dem äußeren Erscheinungsbild setzt sich in späteren Lebensjahrzehnten fort. Es geht um die Frage, ob man das eigene Aussehen, körperliche Mängel oder Umstellungen akzeptieren kann. Diese reichen in ganz verschiedene Bereiche hinein: so z.B. von einem Nachlassen der Haarpracht – Glatzenbildung, einem Alterungsprozess der Haut über ein mögliches Einsetzen der sensorischen Schwerhörigkeit bei jungen Menschen infolge intensiver Musikbeschallung bis zu einer Umstellung von Ernährungsgewohnheiten, weil sich der Energiebedarf des Körpers allmählich vermindert – Gewichtszunahme und mangelnde Bewegung belasten den Organismus (vgl. Mietzel, 1992). Diese Auswahl an Umstellungen, die bereits junge Erwachsene betrifft, wird durch gesellschaftliche Signale, die mit Hilfe der Medien oder dem vorgegebenen Ideal-Zustand vermittelt werden, verstärkt. Sie werden als abhilfenotwendig und -möglich (Wellness-Bewegungen, Schönheitsoperationen) diskutiert.

Welche Aspekte enthält eine pädagogisch-psychologische Beratung im frühen Erwachsenenalter (an einem Beispiel aufgezeigt)?
Zu den dem Berater zur Verfügung stehenden wissenschaftlichen Hintergrundinformationen gehören u.a. folgende Aspekte: Das typische Beratungsfeld „Erziehungsberatung" enthält Anlässe aus dem familiären, dem schulischen und dem außerschulischen

Bereich. Der im Nachfolgenden ausgewählte Beratungsinhalt ist kein Ausnahmefall. Er drückt vielmehr die veränderten familiären Strukturen aus, die eine große Vielfalt beinhalten.

Eltern sehen sich veranlasst, eine Beratung aufzusuchen, weil ihre Kinder auffallen durch z.B. akute Schulprobleme, einen plötzlichen Leistungsabfall, sozialen Rückzug, aggressives Verhalten oder Eigentumsdelikte.

Während der Anamnese ergibt sich, dass häufig die familiäre Situation spezifische Charakteristika aufweist: So bestehen z.B. Scheidungsabsichten, die Eltern leben in einer Trennungsphase, geschiedene Eltern gründen mit ihren leiblichen Kindern eine neue Familie, ein Partner bringt eigene Kinder mit in eine neue Beziehung, in der ein gemeinsames Kind bzw. mehrere Kinder geboren werden. In der Literatur finden sich für die verschiedenen möglichen Strukturen unterschiedliche Begriffe: So wird von „Zweitfamilien", „zusammengesetzten Familien", „Patchworkfamilien" etc. gesprochen. Hubbertz und Merz (1998) demonstrieren am Beispiel einer Stieffamilie die Beratungsarbeit. Die beiden Autoren wählen den Begriff „Stieffamilie", um deutlich zu machen, dass die neuen Familien einen Verlust erlitten haben, der möglicherweise noch als Hypothek in die neue Situation hineinreicht. Als Information schicken die Autoren voraus, dass Längsschnittuntersuchungen glücklicherweise belegt haben, „dass die Mehrheit aller in Stieffamilien lebenden Kinder zufriedenstellende Lebensverhältnisse hat" (S.220). Innerhalb von ca. vier Jahren ist – so ein Forschungsergebnis – ein positiver Konsolidierungsprozess zu erwarten.

Für Familien, in denen diese Entwicklung – aus welchen Gründen auch immer – nicht in dieser Weise gelingt, stellen Hubbertz und Merz ein formales Prozessmodell der Erziehungsberatung vor, das problemlöseorientiert ist. Die einzelnen Teilschritte können von Beratern flexibel gehandhabt werden. Es ist das Anliegen der Autoren, sich mit diesem Vorschlag von „therapieschulspezifischen Rückgriffen" auf spezifische Störungs- und Interventionsmodelle abzusetzen. Der Beratungsverlauf soll nicht von vornherein in eine bestimmte Richtung gelenkt und dadurch eingeengt werden:

Huppertz und Merz bezeichnen als Stieffamilie „jede kontinuierliche Partnerschaft von Frau und Mann ..., bei der zumindest einer der Partner ein Kind aus einer früheren Verbindung hat, ohne dass eine Verehelichung oder ein Daueraufenthalt der Kinder in der Familie vorausgesetzt wird" (S.219). Der Gründung einer Stieffamilie gehen voraus: Aufwachsen in einer Einelternfamilie, Tod eines Elternteils oder Trennung bzw. Scheidung.

Vorschlag eines Prozessmodells für Erziehungsberatung mit Stieffamilien in vier Phasen:

1. Eröffnungsphase: Beratungsanliegen klären, Kontext für Vertrauen, Verständnis und Veränderung schaffen, Besonderheit der Familienform ansprechen, jedes Mitglied nach seinem Anliegen und den aktuellen Bedürfnissen fragen

(z.B. der Stiefelternteil stößt auf Ablehnung eines Kindes, der leibliche Elternteil sitzt „zwischen den Stühlen"), den aktuellen Beratungsanlass im Kontext der Gesamtfamilie sehen (frühere Belastungen, Schwierigkeiten des Zusammenwachsens und Erwartungen für die Zukunft äußern),

2. Phase der Problemanalyse: Erkennen des vorgestellten Problems und seiner Hintergründe, die Familiensituation kann auf drei Ebenen erfasst werden: – Struktur der Familie (Bindungen, Akzeptanz bestimmter Konstellationen und Grenzziehungen werden erfasst: Ist die Rolle des Stiefelternteils geklärt?) – Geschichte der Familie (Die früheren Trennungs- und Bindungserfahrungen sind wesentlich, um „Versäumnisse" nachzuholen: „Eine noch nicht beendete emotionale Trennung vom Ex-Ehepartner; eine fehlende Erlaubnis für Kinder zu trauern; ein Überspringen der Phase des Getrenntlebens und der Neuorientierung bei Erwachsenen oder eine mangelnde Pflege der neuen Partnerschaft zugunsten von Eltern- und Familienaufgaben" (S.223).) – Phantasien und Hoffnungen der Einzelnen (Erfassen der persönlichen Verarbeitungs- und Bedürfnislage, Enthüllung der „inneren Sprache"). Ein Berater stellt Hypothesen zwischen dem aktuellen Beratungsanlass und den Informationen aus der Familiensituation her. In diesem Zusammenhang können für ein aktuelles Problemverhalten eines Kindes folgende Überlegungen sinnvoll sein: „Wird das Problem durch die Bewertungen eines Elternteils generiert oder verstärkt? Liegt eine kindliche Stellungnahme zu einem Familienkonflikt oder einem inneren Konflikt vor, den die Eltern nicht verstehen? Drückt das Kind mit seinem auffälligen Verhalten ein tabuisiertes Thema der Familie aus? Wird es mit seinem Problemverhalten für Bedürfnisse der Eltern funktionalisiert?" (S.224).

3. Phase der gemeinsamen Zieldefinition und Kontraktbildung: Hilfreich ist es, Probleme mit positiven Konnotationen zu versehen (als Bewältigungsversuch von Aufgaben und Konflikten, als Ausdruck normaler Rollenunsicherheit bzw. Neuorientierungsversuch). Eine Kontraktbildung ist gelungen, wenn eine entwicklungsbezogene Zieldefinition von allen Familienmitgliedern geteilt wird und sich die zu bearbeitende Thematik in klaren Strukturen abzeichnet.

4. Phase der Konfliktbewältigung, Veränderung und Reorganisation: Bewusstmachen, dass ein „Weitergehen" in die eingeschlagene Richtung das Problem nicht löst. Eine Abkehr, ein Suchprozess, eine Umkehr müssen einsetzen. Eine wesentliche Rolle spielt dabei, dass folgende Aspekte geklärt werden: Meinungsverschiedenheiten in Erziehungsfragen (Stieffamilien haben häufig keine Gelegenheit, sich diesbezüglich gemeinsam anzunähern, oft ist eine sofortige Übereinstimmung gefragt, Spannungen, Konflikte können die Folge sein) – Konflikte mit Institutionen (Von unverheirateten Stiefvätern bzw. -müttern werden Erklärungen, Rechtfertigungen verlangt; deshalb ist eine gegenseitige Unterstützung der Eltern erforderlich.) – unbewältigte Trennungserfahrungen (Ängste, Versagen, Schuld, „das Scheitern" müssen verstanden, verarbeitet, be-

trauert werden. Neuanfang darf nicht bedeuten, dass ein Verbot besteht, über die Vergangenheit zu reden; Motto: „Das liegt hinter uns!". Deshalb eventuell in Sonderberatungen mit der „Restfamilie" Aspekte der gemeinsam erlebten Vergangenheit durcharbeiten.) – adäquate Beziehungsformen entwickeln (Stiefelternteile müssen im Austausch mit dem Partner bzw. den leiblichen Elternteilen der Kinder ihre Rolle in Bezug auf eine von allen akzeptierte „Erziehungsatmosphäre" klären) – Paarbeziehung (Besonderer Wert liegt auf der Festigung und dem „Eigenleben" der sich festigenden Zweierbeziehung.) – Konflikte um die Aufteilung von Hausarbeiten, Zimmer und Finanzen (Viele Gewohnheiten müssen neu organisiert werden, geht es hier doch um die „Fusion zweier Firmen mit unterschiedlichen Werte- und Organisationsstrukturen" (a.a.O., S.232).) – Regeln, Rituale und Gewohnheiten (Es gilt, für die neue Familie eine einzigartige Familienkultur zu entwickeln: Etablierung neuer Rituale etc., die auch klären, wie mit den außerhalb der Familien lebenden Elternteilen umzugehen ist.).

Die von Huppertz und Merz vorgelegten Ausführungen zu einer Erziehungsberatung mit „Familien mit einer ‚besonderen Normalität'" (a.a.O., S.234) bedeuten, dass vor allem von Beraterinnen und Berater spezifische Kompetenzen verlangt werden: So ist es notwendig, das eigene Werte- und Normensystem bezüglich der Kernfamilien und der neu zusammengesetzten Familien zu reflektieren. Erst auf dieser Grundlage ist es möglich, sich nicht in andere Lebensentwürfe zu verstricken, die eigene Ängste, Erfahrungen, Verlusterlebnisse und Vorurteile einfließen lassen. Neben den in Beratungen erfahrbaren Belastungen sind vor allem auch die Chancen einer neugegründeten Familie hervorzuheben, die sich zu einer toleranten „Aushandelungsgemeinschaft" (mit realistischen Erwartungen) entwickeln kann.

5. Ausgewählte (beratungsrelevante) Aspekte des mittleren Erwachsenenalters

5.1 Zur inhaltlichen Betrachtung

Auswahl an persönlichen Aussagen: „Wie beschreiben Sie Ihren Lebensabschnitt?"
„Phase der Konsolidierung in beruflicher und privater Hinsicht ist weitgehend abgeschlossen, erste Rückschau beginnt, in Abhängigkeit von erreichten Zielen zufrieden – unzufrieden, ‚eingerichtet im Leben', Zeit der inneren Ausgeglichenheit oder Zerrissenheit (Zukunftsängste, Angst um Arbeitsplatz, um Entwicklung der Kinder, der

Partnerschaft, Midlife Crisis, plötzliche Umorientierung), Vorbereitung des nächsten Lebensabschnittes (verbunden mit dem Auszug der Kinder, ‚leeres Nest'), eventuell Wiederaufnahme alter Freundschaften, soziale und finanzielle Vorsorge für das Alter, Planung alternativer Wohnformen für das Alter, Existenzängste, Ängste vor dem physischen und psychischen Abbau (Merkfähigkeit, Aussehen), Kampfansage an den Alterungsprozess (Fitnesswelle, Antiaging, Schönheitsoperationen), Annahme der Großelternrolle"

Auswahl an wissenschaftlichen Aussagen: Welche Informationen liegen über diesen Lebensabschnitt vor?
Wann beginnt der mittlere Abschnitt, wann tritt der Alterungsprozess ein, so dass von dem Alter gesprochen werden kann?

Mietzel (1992, er beruft sich auf Kimmel) wählt einen einprägsamen Vergleich, um den Weg vom jungen zum mittleren Erwachsenenalter zu veranschaulichen: Ein Mensch als junger Erwachsener folgt zuerst einem ausgetretenen Pfad, der durch dichte Wälder führt, um sein Ziel – einen Berg – zu erreichen. „Für die nächsten 10 bis 15 Kilometer (Jahre) war der Aufstieg für ihn so schwierig, dass ihm keine Zeit blieb, einmal den Blick zurückzuwenden oder sich die Frage zu stellen, was ihm auf dem Weg alles entgangen sein könnte. Vielleicht musste er den Gipfel erst erreichen, eventuell hat er aber auch schon vorher innegehalten, um sich zu fragen, was ihn dazu veranlasst hat, diesen Pfad und diesen Berg auszuwählen" (S.213).

Auf diese direkten Fragen wird häufig – wie in der Demographie üblich – mit einer bestimmten Anzahl an absolvierten Lebensjahren geantwortet. Dem vielschichtigen Phänomen „Alter(n)" ist es jedoch angemessener, Alter nicht als Konstante, sondern als kulturelle Festschreibung zu sehen. „Alter" ist dem sozialen Wandel unterworfen, so dass gegenwärtige Auffassungen mit den in der Vergangenheit vorgenommenen Beschreibungen und Einteilungen diskrepant sind, so wie diese auch mit zukünftigen nicht übereinstimmen werden (vgl. Lenz, Rudolph & Sickendiek, 1999). Trotz dieser zu beachtenden Beschränkung, die besonders deutlich noch einmal bei der Charakterisierung des höheren Erwachsenenalters angesprochen werden muss, werden im Folgenden wesentliche inhaltliche Eckpunkte einer aktuell diskutierten Einschätzung erfasst:
Anzahl und Vielfalt der dem Einzelnen übertragenen und von ihm übernommenen Rollen nehmen im Erwachsenenalter zu. So wird zu Beginn des mittleren Erwachsenenalters – je nach dem gewählten Lebensentwurf – möglicherweise die Elternrolle im Vordergrund stehen, die dann allmählich in die Rolle der Großeltern übergeht. Allein dieser Wechsel weist – stellvertretend für andere Umstellungen – auf die unterschiedlichen Anforderungen und Erwartungen, die dieser Lebensabschnitt mit sich bringt, hin.

Whitbourne und Weinstock (1982) fassen die Aufgaben, die im mittleren Lebensbereich zu bewältigen sind, folgendermaßen zusammen. Es gilt, „eine öffentliche und soziale Verantwortlichkeit als Erwachsener zu entwickeln, einen ökonomischen Lebensstandard zu erreichen und aufrecht zu erhalten, den eigenen Kindern im Jugendalter dabei zu helfen, verantwortungsbewusste und glückliche Erwachsene zu werden, Freizeitaktivitäten als Erwachsener fortzuentwickeln, auf seinen Ehegatten als Person einzugehen, die physiologischen Veränderungen im mittleren Erwachsenenalter hinzunehmen und sich ihnen anzupassen sowie sich an die eigenen alternden Eltern anzupassen" (S.214 f).

Gerade der zuletzt genannte Aspekt bedeutet für viele Menschen auch eine Zeit der Rückbesinnung und möglichen Neuorientierung.

Mietzel (1992) spricht von einer neuen Zeitwahrnehmung im mittleren Erwachsenenalter: Aus der Sichtweise, meine Jahre von der Geburt bis zur Gegenwart, wird nun die Überlegung, wie viele Jahre stehen mir noch zur Verfügung.

Frühere Entscheidungen werden überprüft und bewertet. Fällt die Bilanz zufriedenstellend aus, „etablieren" sich viele Menschen in ihrem Lebensraum. Auch die Erkenntnis, dass nun einem beruflichen Fortkommen Grenzen gesetzt sind („alle attraktiven Posten sind besetzt") bewirkt, dass man sich darauf konzentriert, den erreichten Zustand zu erhalten („Erhaltungsstadium" nach Mietzel, 1992) und die frei werdenden Energien mehr auf Familie und Freizeit verlagert.

Gelangt man in der Gesamtbilanz zu keinem zufriedenstellenden Resultat, stellt sich die Alternative, die eigenen Hoffnungen und Erwartungen zu „begraben", also diesbezüglich zu resignieren, oder sich nach neuen Möglichkeiten umzusehen – manchmal zum Unverständnis der vertrauten Umgebung.

5.2 Zur Beratungssituation

Der Umfang der angesprochenen inhaltlichen Bereiche legt dar, dass sich unzählige Ansatzpunkte benennen lassen, die einen Beratungsbedarf erzeugen. Anders als im späten Erwachsenenalter, in dem auf ein Beratungsangebot „verhaltener" eingegangen wird (siehe unten), wird dieses von der mittleren Altersgruppe gerade bei Partnerschaftsfragen, Trennungen, neuen Sinnfindungen im Leben etc. bereitwilliger in Anspruch genommen.

Junkers (1995, S.19, sie beruft sich auf Wasilewski und Funk, 1989) erwähnt Ergebnisse einer Befragung von niedergelassenen Psychologen, der zu entnehmen ist, dass 21,8 % der Therapeuten mit 41–60 Jährigen arbeiten, aber nur 1,8 % mit den über 60 Jährigen. Selbst wenn Beratungsdienste allgemein zunehmend mehr akzeptiert und gefordert werden, gilt dies für ältere Menschen nicht in dem üblichen Maße.

Die geschilderte Lage der Menschen im mittleren Alter lässt bislang einen inhaltlichen Schwerpunkt außer Acht, der – gesellschaftlich und gesetzlich gefordert – Beratungstätigkeit erfordert: Arbeitslosigkeit. Die „Freisetzung" von Menschen aus dem beruflichen Prozess ist eine so einschneidende Zäsur im Lebenslauf, dass – in Abhängigkeit von der ökonomischen Lage – nach alternativen Möglichkeiten gesucht wird. Dies kann mit Hilfe einer speziellen Form der pädagogisch-psychologischen Beratung, der Weiterbildungs- bzw. der Qualifizierungsberatung, erfolgen.

Welche Aspekte enthält eine pädagogisch-psychologische Beratung im mittleren Erwachsenenalter (an einem allgemeinen Beispiel aufgezeigt)?
Zu den dem Berater zur Verfügung stehenden wissenschaftlichen Hintergrundinformationen gehören u.a. folgende Aspekte: Balli und Storm (1994) schließen sich der Auffassung an, den Begriff „Bildungsberatung" als Oberbegriff zu verstehen, dem sich die Begriffe Weiterbildungsberatung und Qualifizierungsberatung als eigenständige Bereiche zuordnen lassen (neben: der Studienberatung, der Schul-, Berufsberatung, der Arbeitsberatung).
Diese Differenzierung erfasst im Vergleich zu anderen Auffassungen das Bildungsangebot entlang der biographischen Entwicklung eines Menschen angemessen. Begrenzt man die Bildungsberatung auf die Ausbildungszeit (Schule, Studienzeit, vgl. z.B. Heller, 1998), dann werden wesentliche Bildungsbereiche außer Acht gelassen.
Weiterbildungs- und Qualifizierungsberatung unterscheiden sich – wie Tabelle 3 zeigt – nach ausgewählten Schwerpunkten.

Existenzsicherung bzw. der Versuch, eine Neuorientierung vornehmen zu können, sind die Beweggründe, die Menschen veranlassen, dieses Beratungsangebot zu ergreifen. Die Gegenüberstellung unterschiedlicher Kriterien lässt an verschiedenen Stellen deutlich werden, dass es gerade neben den arbeitsmarktpolitischen Kenntnissen vor allem die pädagogisch-psychologische Kompetenz der Beratungsstelle ist, die den Beratungserfolg ausmacht.

Tab. 3: Weiterbildungs- und Qualifizierungsberatung (aus Balli und Storm, 1994, S.25, leicht modifiziert von Rausch)

Kriterium	Weiterbildungsberatung	Qualifizierungsberatung
Gesellschaftlicher Hintergrund	Bildungswerbung, Umstellung auf neue technologische Anforderungen, erforderliche Mobilität und Flexibilität etc.	Arbeitslosigkeit, Mangel an Fachkräften
Ziele	individuelle Förderung (berufliche Anpassung, Aufstieg, Umschulung, Förderung von Interessen)	Verbesserung des regionalen Arbeitskräfteangebotes, der Neu-Einstellungschancen, der Wettbewerbsfähigkeit von Betrieben
Adressaten	Individuen mit Interesse an Allgemeinbildung, Anpassungs- und Aufstiegsfortbildung, Umschulung	Zuständige für Personal-, Organisations- und Regionalentwicklungsplanung in Institutionen
Erforderliche Qualifikationen	Sozialkompetenz, Kenntnis des Weiterbildungsangebotes (Datenbanken), Überblick über den Arbeitsmarkt, Kenntnis in Sozialwissenschaften	organisations-, wirtschaftswissenschaftliche und juristische Kenntnisse, Kenntnis des regionalen und unternehmensbezogenen Bedarfs, Sozialkompetenz, Kenntnis von Weiterbildungsangeboten (Datenbanken)
Schwerpunkte der Tätigkeit	Ermittlung individueller Weiterbildungsinteressen und -voraussetzungen, Hilfe bei der Auswahl geeigneter Weiterbildungsangebote	Auswertung von Prognosen zur wirtschaftlichen, technischen, politischen Entwicklung, Vorschläge zur Umsetzung der Beratungsergebnisse (interne/externe Weiterbildung, lernförderliche Arbeitsgestaltung)

6. Ausgewählte (beratungsrelevante) Aspekte des höheren Erwachsenenalters

6.1 Zur inhaltlichen Betrachtung

Auswahl an persönlichen Aussagen: „Wie beschreiben Sie Ihren Lebensabschnitt?"

Gesundheitliche oder finanzielle Probleme teilen die Gruppe: „Freude über den Ruhestand, kein Pensionierungsschock, Zeit der Unabhängigkeit, Selbstbestimmung, Versäumtes wird nachgeholt (Reisen, Kultur, Weiterbildung, Seniorenstudium), ‚Zeitmanagement', berufliche Erfahrungen sollen weitergegeben werden, ‚Jobsuche', Engagement in sozialen Diensten – Angst vor Partnerverlust, Witwen- bzw. Witwerstatus, Verarbeitung/Nichtverarbeitung des physischen und psychischen Verfalls, Bedrohung durch verschiedene Ängste (Existenzangst, Einsamkeit, Angst vor dem Sterben, dem Sterbeprozess, vor dem Aufgeben der eigenen Selbständigkeit und Selbstbestimmung, vor der Reduzierung auf Unmündigkeit), Reduzierung des sozialen Umfeldes, Aktivitätsverlust"

Auswahl an wissenschaftlichen Aussagen: Welche Informationen liegen über diesen Lebensabschnitt vor?

Die bisherigen Ausführungen zum Erwachsenenalter schaffen die Grundlage, um zu verstehen, warum gerade die „letzte" Etappe des Lebensweges aus theoretischer Sicht immer neuen Differenzierungen und Benennungen unterzogen wird. Begleitet werden diese Versuche von neueren Erkenntnissen aus der Medizin, der Psychologie, der Soziologie etc., die „ältere" Auffassungen revidieren und so zu einem neuen Verständnis dieser Lebensperiode beitragen (z.B. Gedächtnisforschung, medizinische Interventionsverfahren bei Abbauprozessen, Einsicht in ein neues und Leben nach einem neuen Gesundheitsverständnis).

Ein Einblick in unterschiedliche Sichtweisen zum Thema Alter vermittelt nicht nur ein heterogenes Erscheinungsbild, sondern spiegelt zugleich den variationsreichen Spielraum bei der Interpretation der Frage, was Alter ist, wider. In diesem Zusammenhang weisen die zu erwähnenden inhaltlichen Schwerpunkte zugleich – abhängig von der vorgenommenen individuellen Verarbeitung/Nichtverarbeitung – auf ein mögliches und dann notwendiges Beratungspotential hin. Es handelt sich um ausgewählte Inhalts- bzw. Beratungsfelder.

Welche Aussagen können zum Zusammenhang „kognitiver Leistungsstand und Alter" getroffen werden?

- Grundsätzlich gilt: Die gesellschaftliche und technische Entwicklung erfordern einen lebenslangen Lernprozess, an dem auch die „Hochaltrigen" (Menschen über 80 Jahre, Begriff aus dem Bericht der Enquetekommission des Bundestages, 1994) teilnehmen (sollten). Beispiele sind Informationsaufnahme durch Medien, PC-Beherrschung, alltägliche veränderte Handhabungen, z.B. telefonische Banküberweisungen.

- Obwohl im Alltagsdenken noch vorherrschend, ist die Annahme eines Rückgangs der kognitiven Leistungen im Alter überholt. Im Gegenteil: Kognitive Leistungen wie Allgemeinwissen, sprachliche Kompetenz, spezifische „Alterskompetenzen" (positive Lösungen beim Bewältigen sozialer und praktischer Alltagsprobleme im Rahmen des Konzeptes „Altersweisheit"; vgl. Hasselhorn, 1999) etc. können im Alter noch ansteigen. Lenz, Rudolph und Sickendiek (1999) stellen diese Ergebnisse in den Zusammenhang: *„Je nach persönlicher Lebensführung, Beruf, Bildung, Gewohnheiten, Haltungen und Orientierungen, nach ausgeübten Rollen, nach kognitiver und verhaltensmäßiger Starrheit oder Flexibilität und Lernfähigkeit als Charaktereigenschaften können sich einzelne Personen im Alterungsprozeß weiterentwickeln und sogar ihre geistigen Fähigkeiten ausbauen, andere verharren auf dem Status quo oder erleiden wirklich einen Abbau, da sie sich nicht neuen Anforderungen, wie die veränderte Lebensweise im Alter sie mit sich bringt, aussetzen oder diese nicht bewältigen können" (S.42).*

Kognitive Leistungseinbußen werden mit veränderten individuellen Bedingungen der Informationsverarbeitung verbunden: Die Sensitivität der Sinnesorgane nimmt ab, die Informationsverarbeitung im Alter verläuft durch veränderte Motivsysteme und Selbstkonzepte langsamer.

Die von den Betroffenen registrierten Veränderungen: Verlangsamungen der Informationsverarbeitung, Defizite in der kognitiven Leistungsfähigkeit, die im Vergleich zu früheren Jahren überbewertet werden und eine Leistungsverschlechterung (wird als „natürliche" Folge des Alterns angenommen) führen zu ungünstiger werdenden Selbsteinschätzungen. Das Selbstkonzept der eigenen Leistungsfähigkeit sinkt. Emotionale Störungen, Resignation, Depressivität können die Folge sein.

Welche Aussagen können zum Zusammenhang „Berufstätigkeit und Alter" getroffen werden?

Sollte nicht Arbeitslosigkeit einen vorzeitigen Ruhestand erzwingen, wird an der Schwelle vom mittleren zum höheren Lebensalter der Arbeitsausstieg geplant, vorbereitet bzw. vollzogen. Stellt diese Aufgabe der beruflichen Rolle für einen Teil der Menschen ein Problem dar, weil damit die bisherige Lebens- und Sinngrundlage entzogen wird, stellt sich ein anderer Teil mit Vorfreude auf diesen Berufsausstieg ein und empfindet ihn als ein lang ersehntes Ziel. Gerade angesichts einer angespannten Lage auf dem Arbeitsmarkt und einer unsicheren wirtschaftlichen Lage werden viele Menschen von dem Gefühl bestimmt, sich mit der gegenwärtigen Situation zu arrangieren, bevor die gesetzliche finanzielle Versorgung im Rentenalter weiter reduziert wird. Während also eine Gruppe mit Sorge auf die veränderte Lage reagiert (finanzielle Verluste, fehlende Anerkennung, Geselligkeit, Kollegialität, Einflussmöglichkeiten), freut sich die andere auf neue Herausforderungen und auf den neuen Lebensabschnitt. Mit dieser Trennung verbinden sich auch unterschiedliche Ausgangspositionen und Entwicklungen: Resignation, Vereinsamung, Rückzug, Ziel- und Planlosigkeit, Verlust an Eigeninitiative etc. stehen einem neu erwachten Tatendrang gegenüber, der sich in flexiblen Zielsetzungen äußert (Weiterbildung, Reisen, Kultur, Suche nach neuer „Berufstätigkeit", um die erworbenen Erfahrungen weiterzugeben).

Diese Palette unterschiedlicher Beschreibungen wird auf der Grundlage empirischer Befunde diskutiert:

So stellten z.B. Cumming und Henry (1961) fest, dass ältere Menschen häufig weniger soziale Kontakte aufnehmen als Jüngere und sich weniger öffentlich engagieren (Disengagement-Theorie; Rückzug durch materielle Beschränkung, Verlust von Bezugspersonen etc.). Dagegen postulieren Baltes und Montada (1996) u.a., dass der Rückzug nicht freiwillig erfolgt, sondern eine Folge der beruflichen Tätigkeit und der damit verbundenen Ausgrenzung ist. Im Gegensatz dazu geht die Aktivitätstheorie davon aus, dass Rollen- und Funktionsverluste im Alter durch neue Sinngebungen und Anforderungen kompensiert werden können. Lenz, Rudolph und Sickendiek (1999) betonen, dass die „Anforderungs-Leistungs-These ... empirisch vor allem medizinisch und psychologisch belegt (ist). Sozialmedizinische Untersuchungen z.B. zeigen, dass verminderte körperliche Leistungsfähigkeit oder verminderte funktionale Kompetenzen nicht nur durch Krankheit und Alter bedingt seien, sondern vor allem durch Mangel an körperlicher Betätigung und durch allgemeine Passivität. ... Außerdem soll Aktivität – vor allem sozial, z.B. mit Bekannten, Freund/innen, Nachbar/innen – eine der wichtigsten Voraussetzungen für Lebenszufriedenheit oder für ein positives Selbstbild im Alter sein, wobei sowohl die Häufigkeit von Kontakten als auch deren emotionale Qualität relevant sind" (S.40). Sowohl die Disengagement-Theorie als auch die Aktivitätstheorie haben in der wissenschaftlichen Diskussion Pro und Kontra erfahren (Zusammenfassung bei Lenz, Rudolph & Sickendiek, 1999).

Mit diesen Hinweisen wird das Augenmerk darauf gerichtet, dass Aktivität – Inaktivität im höheren Alter (mit allen emotionalen Konsequenzen) Gegenstand der theoretischen und praktischen Forschungsarbeit war und – angesichts der immer älter werdenden Bevölkerung – bleiben wird.

6.2 Zur Beratungssituation

Der mit Hilfe der vorangegangenen Ausführungen vermittelte Einblick deutet an, dass genügend Ansatzpunkte für eine pädagogisch-psychologische Beratungs- arbeit vorliegen. Diese fließen vor allem in die Sozialarbeit von verschiedenen Institutionen und Organisationen ein.

Welche Schwerpunkte werden in der Beratungsarbeit gesetzt?

Um den Teufelskreis „tatsächlicher oder vermeintlicher kognitiver Leistungsab- bau und emotionale Situation" zu durchbrechen, wurden direkte und indirekte Zugangswege erprobt. Hasselhorn (1999) bezeichnet als „direkten" Zugang die Kompetenztrainings, in denen alltagsnahe Fertigkeiten, Handlungen und die Leistungsfähigkeit von speziellen kognitiven Funktionen geübt werden. Über eine nachhaltige Wirkung solcher Übungsmaßnahmen bestehen allerdings unter- schiedliche Auffassungen. Erfolgversprechender sind nach Hasselhorn „indirekte" Zugangswege, bei denen kognitive Funktionstrainings mit psychischen Einfluss- möglichkeiten wie Entspannungsübungen etc. verbunden werden. In der Realität haben sich Beratungen für Betroffene bewährt, die Defizite der benannten Art äußern und beheben wollen. Gerade in diesem höheren Alter sind es zumeist die Hausärzte, die als Ansprechpartner aufgesucht werden und die Hinweise auf entsprechende Anlaufstellen und Übungsprogramme geben können (vgl. Junkers, 1995). Beratungs- und Trainingsprogramme werden auch in Rehabilitationsein- richtungen, von sozialen Diensten und bestimmten Verbänden angeboten. Neben der regionalen Verfügbarkeit über solche Möglichkeiten (realistischerweise haben diese eher Seltenheitswert) muss eine besondere Motivierung der Betroffenen im Vordergrund stehen. Kennzeichnend für diese Beratungssituationen ist, dass Lern- und Übungsphasen mit entsprechenden psychologischen Möglichkeiten zur Selbstwertstärkung gekoppelt werden. Eine Vielzahl von erprobten Program- men steht zur Auswahl, so z.B. das Selbstsicherheits-Training zur Verbesserung der sozialen Kompetenz im Alter (vgl. Stuhlmann, 1995).

In welcher Weise bestimmen soziale Kontakte den Beratungsbedarf?

Veränderte Gesellschaftsstrukturen beeinflussen das Leben in einem Familien- verbund (Integration – Desintegration). Gesellschaftlich geprägte „Trends" der Lebensführung und -ausgestaltung zeichnen sich ab. Diese Tendenzen nehmen Einfluss auf die individuell gewählte Lebensform. Sogenannten „intakten" Fami- lien stehen „aufgelöste" Familienverbände oder Formen des Alleinlebens gegenü- ber. Neben einer Lockerung bis zum Zerreißen von Familienbindungen zerfallen soziale Netzwerke gerade im höheren Alter durch Tod oder durch ein Ausweichen von Bezugspersonen in andere Wohn- und Lebensformen. Auf diese Weise werden die sozialen Kontakte beträchtlich reduziert, sie können aber auch durch entsprechende Aktivitäten von älteren Menschen ausgeweitet werden. Neue Netzwerke müssen aufgebaut werden. Beratungsangebote können hierbei hilfreich sein.

Wird das Beratungsangebot angenommen?

Voraussetzung jeglicher Beratung ist die Akzeptanz dieser Unterstützungsform. Wie ist hier die Aufnahmebereitschaft? Obwohl Beratungs- und Therapieangebote bei älteren Menschen im Vergleich zu anderen Altersgruppen eher mit Skepsis betrachtet werden („ich habe mein Leben immer allein gemeistert" – eine typische Aussage), scheint sich – vorsichtig formuliert – ein Wandel abzuzeichnen. Anstelle der sonst üblichen „Konsumentenmentalität" gilt es, ältere Menschen über die Möglichkeiten und Grenzen der Beratungsangebote aufzuklären. Über diese Transparenz findet sich ein Zugang. Dieser muss aber noch eine weitere Barriere ausräumen: Betroffene äußern sich zum Älterwerden und den damit verbundenen Begleiterscheinungen häufig in der Form: „Meine jetzige Lage ist Schicksal", „da ist nichts zu machen, dies ist unveränderbar", „so geht es allen" (vgl. z.B. auch Gatterer, 1994). Erst wenn diese Hemmnisse überwunden werden können, werden die Beratungsangebote in sinnvoller Weise in Anspruch genommen werden. Kirchliche Trägerschaften, gemeinnützige Einrichtungen, staatliche- und städtische Betreuungsstellen bieten mittlerweile ein vielfältiges Angebot, um ältere Menschen zur Mitarbeit zu motivieren oder um die Voraussetzungen zu schaffen, dass Hilfe und Unterstützung angenommen werden können. Im Vordergrund jeglicher Beratungsarbeit steht der Respekt vor der gewünschten Lebensform der älteren Menschen. Diesen Aspekt geht es im Besonderen auch bei der gewählten Wohnform einzuhalten. Beratung hat sich deshalb stets an der besonderen Lebenssituation der Betroffenen zu orientieren und angemessene Möglichkeiten aufzuzeigen, um die Lebensqualität auch im Alter zu erhalten bzw. zu optimieren. Es ist deshalb Fegebank (1999) zuzustimmen, wenn sie formuliert: „Man weiß schon vieles, jedoch längst noch nicht alles über die Zusammenhänge zwischen Wohnen, Wohnung und Lebensqualität, so dass Forschung hier noch aussteht, insbesondere auch Forschung, die das Wohnen alter Menschen in den Blick nimmt und Forschung, die die Qualität des Wohnens als Resultante von architektonischer Wohnungsgestaltung, Wohnungswahl und vor allem des Wohnverhaltens der Bewohner ermittelt" (S.260).

Welche weiteren Themen des Alter(n)s erfordern Beratungsarbeit?

Neben den bereits erwähnten Inhalten, die den Beruf und die Familie betreffen, gibt es unzählige Möglichkeiten, Menschen im höheren Lebensalter beratend zu begleiten, zu unterstützen. Stellvertretend für andere werden weitere Beratungsfelder benannt:

- Wie ist die Situation älterer ausländischer Mitbürger? Welche Beratungsangebote werden in welchen Bereichen gewünscht? (vgl. z.b. Lenz, Rudolph & Sickendiek, 1999, S. 66 ff.)
- Wie erleben Frauen und Männer das Altern? (vgl. z.b. Sickendiek, 1999)
- Welche Ansprüche verbinden ältere Menschen mit ihrer Großelternschaft?
- Wie gehen ältere Menschen mit der Partnerschaft um? Welche Erwartungen bzw. Hoffnungen haben sie?
- Wie wird sich mit der immer kürzer werdenden Lebenszeit auseinandergesetzt?
- Auf welche Weise kann der Tod eines Partners verarbeitet werden?

In diesem Zusammenhang sollte nicht unerwähnt bleiben, dass gerade ältere Menschen als Zielgruppe für Dienstleistungen erkannt werden. Da deren Potential als Konsumentenmacht bedeutend ist, überrascht es nicht, dass auch pädagogisch-psychologische Beratungsangebote ausgeweitet werden. Ihre Seriosität muss allerdings unterschiedlich eingeschätzt werden. Deshalb ist eine genaue Prüfung – eigentlich eine erneute Beratung – erforderlich (z.B. Werbung für Freizeitangebote, der Zugriff auf den großen Markt der „Lebensberatungen" – astrologische Angebote, Methoden der „Zukunftsvoraussage").

Welche Aspekte enthält eine pädagogisch-psychologische Beratung im höheren Erwachsenenalter (an einem allgemeinen Beispiel dargestellt)?
Schwerpunkt: Verlusterlebnis durch Tod
Zu den dem Berater zur Verfügung stehenden wissenschaftlichen Hintergrundinformationen gehören u.a. folgende Aspekte:
Im zunehmenden Alter engt sich der Verwandten- und Bekanntenkreis von alten Menschen zunehmend ein. Sie erleben, dass Vertraute und möglicherweise der Partner sterben. Der Verlust des Partners gehört zu den einschneidenden Krisenerlebnissen im Alter. Junkers (1995, S.99) stellt einige Forschungsergebnisse zusammen.
Haben Männer und Frauen ihr Leben nach traditionellen Rollenerwartungen eingerichtet, wird der Verlust schlechter bewältigt.
Das erste Trauerjahr gilt als besonders kritische Zeit (häufig kommt es zu einer pathologischen Entwicklung, psychiatrische Krankenhausaufenthalte, erhöhte Sterblichkeit).
Hilfestellungen können in diesen Fällen pädagogisch-psychologische Beratungsangebote geben, die auch auf die wichtige Aufgabe von Selbsthilfegruppen hinweisen.

Die spezielle Situation des Trauerns und der Trauerbewältigung, die sich zwangsläufig im höheren Lebensalter wiederholt, erlegt den Betroffenen bestimmte Aufgaben auf, die je nach dem individuell erreichten Trauerzustand den Ausgangszustand von Beratungssituationen bilden. Im Einzelnen handelt es sich um die folgende Abfolge: Der Verlust ist als Realität zu akzeptieren. – Es gilt, den Trauerschmerz durchzuarbeiten. – Der Trauernde muss sich mit einer Umwelt arrangieren, in der der Verstorbene fehlt. – Die vom Verstorbenen abgezogene emotionale Energie ist in andere Beziehungen zu investieren. In diese Befindlichkeitsprozesse kann der Berater unterstützend eingreifen. Worden (1987) formuliert Leitlinien für Berater, die Trauernden helfen können:

- *Dem Hinterbliebenen helfen, den Verlust zu akzeptieren.*
- *Dem Hinterbliebenen helfen, Gefühle zu identifizieren und auszudrücken.*
- *Dem Hinterbliebenen helfen, beim Weiterleben ohne den Verstorbenen (Erkennen von Bewältigungs- und Entscheidungsfindungstechniken).*
- *Die emotionale Ablösung von dem Verstorbenen anbahnen.*
- *Zeit lassen für das Trauern (kritische Zeitpunkte beachten: Geburtstage, Jährung des Todestages).*
- *„Normales" Verhalten interpretieren (Bandbreite eines normalen Trauerverhaltens erklären).*
- *Individuelle Unterschiede einkalkulieren.*
- *Kontinuierlich beistehen (z.B. Unterstützung in Gruppen).*
- *Abwehrverfahren und Bewältigungsstile untersuchen (z.B. extremer Alkoholkonsum, Weigerung, alte Fotos zu betrachten).*
- *Krankhaftes identifizieren und für entsprechende Überweisung sorgen (Einleiten von Therapien).*

Spätes Erwachsenenalter und Beratung, das ist im vorliegenden deutlich geworden, ist ein differenziertes und noch weiter auszudifferenzierendes Gebiet. Vielleicht sollte man sich bei diesem Vorhaben der Auffassung von Tornstam (1996) anschließen, der für eine humanere Gerontologie plädiert. Zu dieser gehört auch, dass nicht jüngere Forscher die wesentlichen Themen des Alters als erforschungswürdig bestimmen, sondern dass die Alten selbst, die die „alternden" Veränderungen erleben, die Forschungsfragen formulieren und die -ergebnisse interpretieren. In analoger Weise wäre mit dem Beratungsangebot zu verfahren.

7. Arbeitsteil

Zusammenfassung:

Jeder Lebensabschnitt weist Besonderheiten auf, die für Beratungssituationen vielfältige Anlässe liefern. Er stellt die ihm Angehörenden vor spezifische Aufgaben, erfordert die Übernahme bestimmter Rollen und verbindet diese mit entsprechenden Erwartungen. Beratung greift unterstützend, klärend, korrigierend, begleitend und fördernd ein. In der Zwischenzeit liegt ein äußerst differenziertes professionelles Beratungsangebot vor, um die einzelnen Problematiken angemessen bearbeiten zu können. Diese Differenzierung erfordert von den Beratern ein präzises bereichsspezifisches Wissen und eine Gesprächsführung, die auf die Belange der jeweiligen Klientel abgestimmt ist. Entscheidend für einen Beratungserfolg ist neben dem vorhandenen Leidensdruck von Ratsuchenden die Motivation, sich beraten zu lassen. Die Bereitschaft dazu ist gegenwärtig noch eine Generationenfrage. Während Beratung als Dienstleistung ein nahezu selbstverständlicher Bestandteil der Lebensgestaltung jüngerer Menschen ist, akzeptieren und fordern ältere Menschen dieses Angebot nicht in vergleichbarem Maße. Im Zuge der demographischen Entwicklung ist hier ein Einstellungswandel vorprogrammiert.

Zum Verständnis

(a) Formulieren Sie Beratungsanlässe, die in der Kindheit Anstoß sein könnten, um eine pädagogisch-psychologische Beratung aufzusuchen (aus Sicht der Eltern, aus Sicht der Kinder)!

(b) Leiten Sie aus der aus pragmatischer Sicht erfolgten Einteilung des Jugendalters in Entwicklungsrichtungen (körperlich, kognitiv, sozial) mögliche Beratungsinhalte ab!

(c) Wählen Sie einen Lebensabschnitt im Erwachsenenalter! Formulieren Sie einen Beratungsfall und legen Sie dar, welche Schwerpunkte Sie für den Berater in diesem Fall sehen (Was hat der Berater zu beachten?)!

8. Literatur

Empfohlene Literatur:

Benesch, H. (1995). Enzyklopädisches Wörterbuch. Klinische Psychologie und Psychotherapie (Begriff: Erziehungsberatung. S.183–187). Weinheim: PVU.
Langer, I. & Langer, St. (2005). Jugendliche begleiten und beraten. München: Reinhardt.
Sander, K. (1999). Personzentrierte Beratung (daraus: Beispiel Studienberatung, S.213–214). Köln: GwG Verlag.

Verwendete Literatur

Arbeitsausschuss Kinder und Spielzeug e. V. (Hrsg.). (1992). Gutes Spielzeug von A bis Z. Ulm: Spiel Gut.
Balli, C. & Storm, U. (1994). Weiterbildungs- und Qualifizierungsberatung – ein Beitrag zur Klärung von Begriffen und Strukturen in der Bildungsberatung. In N. Kailer (Hrsg.), Beratung bei Weiterbildung und Personalentwicklung (S.15–30). Wien: Linde.
Baltes, P. B. & Baltes, M. M. (1992). Gerontologie: Begriff, Herausforderung und Brennpunkte. In P. B. Baltes & J. Mittelstrass (Hrsg.), Zukunft des Alterns und gesellschaftliche Entwicklung (S.1–34). Berlin: de Gruyter.
Baltes, P. B. & Montada, L. (Hrsg.) (1996). Produktives Leben im Alter. Frankfurt a. M.: Campus.
Bucher, A. A. (2001). Was Kinder glücklich macht. Historische, psychologische und empirische Annäherungen an Kindheitsglück. Weinheim: Beltz.
Cumming, E. & Henry, W. E. (1961). Growing old. The process of disengagement. New York: Basic Books.
Diagnostisches und Statistisches Manual Psychischer Störungen (DSM-IV). Saß, H., Wittchen, H.-U., Zaudig, M. & Houben, I. (Hrsg.). 1998. Göttingen: Hogrefe.
Drave, W. (1992). Beratung – eine Bedingung bei der Integration von (seh)-behinderten Kindern in Allgemeinen Schulen. Zeitschrift für Heilpädagogik, 43 (3), 164–169.
Fegebank, B. (1999). Altengerechtes Wohnen – altersgerechtes Wohnen. In K. Lenz, M. Rudolph & U. Sickendiek (Hrsg.), Die alternde Gesellschaft (S.247–260). Weinheim: Juventa.
Gatterer, G. (1994). Psychotherapie im Alter. In A. Pritz & H. Dellisch (Hrsg.), Psychotherapie im Krankenhaus. Erfahrungen – Modelle – Erfolge (S.195–209). Wien: Verlag Orac.
Hasselhorn, M. (1999). Informationsverarbeitung im Alter – Ergebnisse und Perspektiven der kognitiven Gerontopsychologie. In K. Lenz, M. Rudolph & U. Sickendiek (Hrsg.), Die alternde Gesellschaft (S.175–186). Weinheim: Juventa.
Heller, K. (1998). Bildungsberatung. In D. H. Rost (Hrsg.), Handwörterbuch Pädagogische Psychologie (S.44–49). Weinheim: PVU.
Hubbertz, K.-P. & Merz, T. (1998). Die Beratung von Stieffamilien. In W. Körner & G. Hörmann (Hrsg.), Handbuch der Erziehungsberatung (S.219–236). Göttingen: Hogrefe.
Hurrelmann, K. & Bründel, H. (2003). Einführung in die Kindheitsforschung. Weinheim: Beltz.
Internationale Klassifikation psychischer Störungen (ICD-10) Kapitel V (F) (WHO). Dilling, H., Mombour, W. & Schmidt, M. H. (Hrsg.) (2005). Bern: Huber.
Junkers, G. (1995). Klinische Psychologie und Psychosomatik des Alterns. Stuttgart: Schattauer.
Kohnstamm, R. (1999). Praktische Psychologie des Jugendalters. Bern: Huber.
Laslett, P. (1995). Das dritte Alter. Historische Soziologie des Alterns. Weinheim: Juventa.
Lenk, K., Rudolph, M. & Sickendiek, U. (1999). Alter und Altern aus sozialgerontologischer Sicht. In K. Lenz, M. Rudolph & U. Sickendiek (Hrsg.), Die alternde Gesellschaft (S.7–96). Weinheim:

Juventa.

Mietzel, G. (1992). Wege in die Entwicklungspsychologie. München: Quintessenz.

Nickel, H. & Schmidt-Denter (1995). Vom Kleinkind zum Schulkind. München: Reinhardt.

Nußbeck, S. (2006). Einführung in die Beratungspsychologie. München: Reinhardt.

Rausch, A. (2000). Alter(n) – ein vielschichtiges Thema. Ethik und Sozialwissenschaften. 11, 3, 455–458.

Rausch, A. (2005). Umfrageergebnisse zu Lebensabschnitten. Seminarpapier (unver.). Pädagogische Hochschule Ludwigsburg.

Rausch, A. (2006). Problembelastete Schülerinnen und Schüler. Bad Heilbrunn: Klinkhardt.

Rausch, A. & Rustemeyer, R. (2000). Der alternde Mensch im Blickpunkt der Interdisziplinarität. Voitsberger Manuskripte. 16 (2), 36–40.

Resch, F. (1996). Entwicklungspsychopathologie des Kindes- und Jugendalters. Weinheim: PVU.

Sickendiek, U. (1999). Frauen im Alter. In K. Lenz, M. Rudolph & U. Sickendiek (Hrsg.), Die alternde Gesellschaft (S.149–173). Weinheim: Juventa.

Stangier, U. & Hungerbühler, R. (2001). Eingebildete Hässlichkeit: die Körperdysmorphe Störung aus psychologischer Sicht. Zeitschrift für Klinische Psychologie und Psychotherapie. 30 (2), 77–83.

Stuhlmann, W. (1995). Selbst-Sicherheits-Training zur Verbesserung der sozialen Kompetenz im Alter. In N. I. Jovic & A. Uchtenhagen (Hrsg.), Psychotherapie und Altern (S.278–294). Zürich: Fachverlag AG.

Tornstam, L. (1996). „Gerotrascendence". Journal of Aging and Identity. 1, 37–50.

Vetter, G. (1991). Das Bild von Schülern über schulpsychologische Beratung unter besonderer Beachtung stigmatisierender Auffassungen. T. Kieselbach (Hrsg.), Bremer Beiträge zur Psychologie. Reihe A: Psychologische Forschungsberichte. Nr.97. Universität Bremen.

Whitbourne, S. K. & Weinstock, C. S. (1982). Die mittlere Lebensspanne. München: Urban & Schwarzenberg.

Worden, J. W. (1987). Beratung und Therapie in Trauerfällen. Bern: Huber.

Zank, S. & Baltes, M. M. (1999). Entwicklungsorientierte Intervention im Alter. In R. Oerter, C.v. Hagen, G. Röper, G. Noam (Hrsg.), Klinische Entwicklungspsychologie (S.512–521). Weinheim: Beltz.

Modul 7:
Beratung – aus unterschiedlichen Perspektiven betrachtet
Adly Rausch

1. Spezifische disziplinäre Zugangswege im Überblick

Zu den Disziplinen, die Beratung als Anwendungsfeld haben, zählen die Psychologie, Medizin, Pädagogik, Soziologie, Philosophie, Theologie, Wirtschaftswissenschaften, Rechtswissenschaften. In ihnen wird das Beratungsgeschehen jeweils aus zwei unterschiedlichen Perspektiven betrachtet: So setzen sie sich zum einen aus theoretischer Sicht mit Grundpositionen des Beratungsgeschehens auseinander. Davon zeugen die proklamierten Beratungskonzeptionen und die fachspezifisch ausgewiesenen Beratungsinhalte (Tab. 1 vermittelt einen Einblick). Zum anderen präzisieren sie aus praktischer Sicht den Zuständigkeitsbereich und benennen die Adressatengruppe des Beratungsprozesses.

Im Folgenden wird das Verhältnis einzelner Wissenschaften zum Anwendungsfeld Beratung nach den Schwerpunkten thematisiert:
Welche Verbindungen bestehen zur Beratung?
Worin liegt der fachspezifische Beitrag?
Wie lässt sich die etablierende/etablierte (fachwissenschaftliche) Beratungskultur beschreiben?
Welche Diskussionspunkte ergeben sich aus der vorgestellten Verbindung?
Die angesprochenen Bezugssysteme geben einen Einblick in das heterogene Beratungsgeschehen.

Tab. 1: Beratungsrichtungen – eine Auswahl

Grundlagendisziplin	Richtungen	Inhalte
Psychologie		
Klinische Psychologie	verhaltenstheoretische Beratung, kognitive Beratung, psychoanalytische Beratung, systemische Beratung gesprächspsychotherapeutische Beratung	Verhaltensprobleme, Lebenskrisen, Arbeitsstörungen, soziale Probleme
Pädagogische Psychologie	Erziehungsberatung, Bildungsberatung	Schullaufbahnfragen, Lern- und Verhaltensauffälligkeiten
Suchtpsychologie	Suchtberatung	Prävention und Intervention bei abhängigem Verhalten
Gesundheitspsychologie	Gesundheitsförderung (z.B. personenorientierte, umweltbezogene Programme)	Gesundheitsbeeinträchtigungen bzw. -störungen, Vermittlung von sozialen Fertigkeiten bei Handlungsdefiziten, Erwerb eines Körperbewusstseins etc.
Medizin		
Allgemeinmedizin/ fachärztliche Praxis	Beratungsgespräche (anamnestische, diagnostische, aufklärende etc. Gesprächsführung)	psychische und physische Beeinträchtigungen
Ernährungswissenschaft	Ernährungsberatung (Informationsvermittlung, Aufklärung)	Prävention und Intervention
Humangenetik	humangenetische Beratung (Informationsvermittlung, Aufklärung, Problemlösungen erörtern)	erbliche Risiken, Ergebnisse der Pränataldiagnostik
Pädagogik		
Frühpädagogik	Entwicklungsberatung (Diagnostik und Aufklärung)	altersentsprechende bzw. unangemessene Entwicklungen, Erziehungsklima und -stil
Schulpädagogik	Beratungsprozesse zur Schulorganisation, zur Sozialisation in der Schule, zum Schulleben, Beratung von Lehrern und Schülern	strukturelle und organisatorische Fragen, Gestaltung des Schulklimas (gemeinsame Planung), Definition der eigenen Lehrerrolle, Schulschwierigkeiten
Sozialpädagogik	sozialpädagogische Beratung	z.B. Arbeitsplatzprobleme
Soziologie	klinisch-soziologische Beratung	Passungsprobleme (Mensch-Umwelt-Bezug)

2. Positionen ausgewählter Disziplinen

2.1 Grundlagendisziplin Soziologie

Welche Verbindungen bestehen zur Beratung?
Nimmt man die Anzahl von Veröffentlichungen als Indikator für die theoretische und praktische Bedeutung eines Forschungsthemas, dann kommt der Verbindung Soziologie und Beratung nur ein geringer Stellenwert zu. Bereits das Alltagsverständnis steht der Kombination „Soziologischer Berater – soziologische Beratung" eher mit Befremden gegenüber. Dieses wird auch von der Fachwelt weitgehend geteilt; besonders der professionellen (etablierten) Beratungspraxis. Anders verhält es sich mit der Auffassung, das soziologische Wissen könne die professionelle Beratungspraxis bereichern. In dieser Funktion wird ihm zugebilligt, ein wünschenswerter und mitunter notwendiger Bestandteil in der Beratungspraxis zu sein, die allerdings von den näher am Beratungsgeschehen stehenden Disziplinen getragen wird. Soziologisches Wissen wird somit im Zuge der interdisziplinären Kooperation bzw. des Austausches zu einem Vermittlungspotential an andere Professionen.

Worin liegt der fachspezifische Beitrag?
Eine Aufgabe der Soziologie besteht darin, das berufliche Fachwissen von Angehörigen anderer Disziplinen zu ergänzen. Es geht z.B. darum, „der didaktischen Perspektive von Lehrern eine Sichtweise für die strukturelle Bedingtheit von schulischen Interaktionsprozessen oder über die funktionale Einbettung der Schule in das soziale System hinzuzufügen oder die organmedizinische Denkweise von Ärzten auf die Einbettung von Krankheit und therapeutischem Erfolg in ein soziales Umfeld hinzuweisen" (Dewe, 2004, S.131). Diese soziologischen Wissensbestände können Lehrer bei der Beratung von Bildungs- und Erziehungsprozessen oder Ärzte bei der Beratung von präventivmedizinischen Maßnahmen und Prognosen einfließen lassen. Soziologische Aktivitäten möchten aber nicht nur auf diesen Beitrag reduziert werden. In der Vergangenheit konnten ausgebildete Soziologen nur in Ausnahmefällen aufgrund der erarbeiteten soziologischen Identität im Beratungssektor Arbeit finden (vgl. v. Alemann, 1996). Aus diesem Grunde werden seit ungefähr 15 Jahren Anstrengungen unternommen, im Rahmen einer klinischen Soziologie ein soziologisches Beratungsfeld zu erschließen. „Dieses der Psychologie und der Medizin nachgeformte Modell hätte nicht nur Funktionen einer Diagnose sozialer Bedeutungszusammenhänge zu erbringen, sondern wirkt im unmittelbaren Umgang mit Klienten an deren Gestaltung von Lebensverhältnissen mit nach dem Muster von ‚Therapie', wobei klinische Soziologie als Prototyp einer fallorientierten Beratung (Behrend & Wienke, 2001) verstanden wird" (Dewe, 2004, S.129). Wenn sich die berufliche Tätigkeit auf

diesen anwendungsbezogenen Bereich erstrecken kann, dann bedeutet dies neue berufliche Perspektiven. Eine inhaltliche Legitimation und Notwendigkeit für soziologisch geprägte Beratungssituationen leiten sich nach Flick (1990) aus einer gesellschaftlichen Entwicklung ab, die das Individuum einem „Freisetzungsprozeß" aus traditionellen Lebensformen unterwirft (vgl. Keupp, Strauss & Gmür, 1989). Mit den durch diesen Individualisierungsvorgang gewonnenen Freiräumen treten aber auch Gefährdungspotentiale zu Tage, die durch komplexe Anforderungen entstehen (z.B. Einnehmen von verschiedenen Berufsrollen und den dazugehörigen Identitäten, schneller Wechsel zwischen Übernahme und Abgabe einer Berufsrolle). Diese sogenannten „neuen" sozialen Probleme der Anpassung und der Auseinandersetzung mit immer neuen gesellschaftlichen Erwartungen, die in immer kürzerer Zeit zu erfüllen sind, bilden die Basis für das Engagement von Soziologen für eine eigene Beratungstätigkeit.

Wie lässt sich die etablierende soziologische Beratungskultur beschreiben?
Fachwissenschaftlich gesehen bedeutet die „Eroberung neuer Märkte", traditionelle soziologische Arbeitsfelder wie z.B. Forschung und Lehre sowie anwendungsorientierte Aufgaben, eingebunden in organisatorische bzw. institutionelle Strukturen, zu ergänzen. Was bedeutet diese Entwicklung aber für das Beratungsangebot selbst? Welche Form der Beratung steht dadurch zusätzlich zur Verfügung?
Dewe (2004) gibt auf diese Fragen eine – seine – Antwort, indem er Eckpunkte einer soziologischen Beratung vorstellt:
- Soziologische Beratung sieht den Klienten als soziales System, das aufgrund seiner Komplexität und von Alltagsproblemen sein Handlungspotential nicht voll entfalten kann. „'Klinische Soziologie' ist folglich stark an individueller Autonomie seiner Klientel orientiert. Dies zwingt sie, sich sowohl mit der Ethik von Interventionen als auch mit gesellschaftlichen und subjektiven Handlungszielen zu befassen. Eine solche Orientierung lässt sie aber auch für die Verbesserung kreativer und außerrationaler Komponenten der Entscheidungsbegründung bzw. ihrer Entwicklung geeignet erscheinen" (S.129).
- Da Klienten ihre Handlungsprobleme häufig nicht ausreichend analysieren können, besteht soziologische Beratungstätigkeit auch darin, „die latenten Sinnentwürfe" für das praktische Handeln mit zu entfalten.
- Durch selbständige Exploration gilt es, die Ursachen für Handlungsentscheidungen zu finden, die nicht ohne weiteres begründbar sind.
- Die Beziehung zwischen soziologischem Berater und Klienten kann in Analogie zur Psychotherapie belastet werden, wenn Klienten den Deutungen und Befunden Widerstand entgegensetzen. Erfahrungsgemäß ist dies umso nachhaltiger, je zutreffender die Interpretationen sind. Deshalb ist die klinische Soziologie daran interessiert, nicht nur die Angemessenheit von Handlungen, sondern auch deren Richtigkeit zu thematisieren.

- Nicht nur der zu Beratende wird als Klient gesehen, sondern sein gesamtes involviertes Umfeld. Eine entscheidende Frage ist, wie der Vermittlungsprozess zwischen Wissenschaft und Alltagswissen zu gestalten ist? Dewe führt dazu aus, dass im Prozess der soziologischen Beratungskommunikation „nicht im Sinne ärztlichen Heilens oder juristischer Belehrungen für den Klienten stellvertretend lebenspraktische Deutungen und Entscheidungen getroffen (werden), sondern unter der erkenntnislogischen Bedingung einer prinzipiellen Rationalitätssymmetrie zwischen soziologischen und alltagsweltlichen Sinnkonstruktionen argumentative Begründungen und Deutungsalternativen für vergangene oder geplante Handlungsentscheidungen angeboten (werden), die aufgrund der handlungslogisch bedingten unengagierten und handlungsentlastenden Perspektive des soziologischen Beraters Einblicke vermitteln können in die 'losgelöste Sozialität' (Matthes, 1973), von der die Klienten im Alltag unter der Bedingung eines prinzipiell nicht suspendierbaren Begründungs- und Entscheidungszwanges für ihre praktischen Handlungen lediglich implizite Vorstellungen haben" (S.135 f.).

  Der Berater setzt in diesem Prozess auf die persuasive Kommunikation bzw. die überzeugende Rede, um dem zu Beratenden den beanspruchten Entscheidungsfreiraum zu lassen. Aufgabe des Beraters ist es, Zusammenhänge aufzuzeigen, die vom Dialogpartner nicht gesehen werden können (auf Grund des Involviertseins in der Problematik) oder gesehen werden wollen, weil sie mit der emotionalen Verträglichkeit nicht vereinbar sind. Bei der Explikation der Begründungsstrukturen richtet sich der Berater auf das Herausfinden „der ‚optimalen', das heißt lebenspraktisch adäquaten und … relativ wahren Begründungen" (S.136). In diesem Prozess sollte es dem soziologischen Berater gelingen, den Klienten dazu zu bringen, ein distanzierter Beobachter seines eigenen sozialen Wirkungsgefüges zu werden. Bei der Unterbrechung des alltagsweltlichen Handlungsflusses setzt der Berater hermeneutisch-analytische und taktisch-rhetorische Kompetenz ein, um im Moment nicht verfügbares Handlungswissen zu versprachlichen (d.h. hermeneutisch erfasste Zusammenhänge werden wirkungsorientiert überarbeitet, also taktisch-rhetorisch; vgl. Badura, 1972). Dialoghermeneutik und -rhetorik werden somit zu den grundlegenden Elementen einer soziologischen Beratungskommunikation, die auf der alltagsweltlichen Handlungsunterbrechung beruht.

- Dewe fasst die Erwartungen an eine soziologische Beratung zusammen:

  „Die Wirksamkeit der Soziologie im Sinne einer klinischen Handlungskonzeption lässt sich also faktisch nur über Diskurse zwischen Soziologen und seinen Klienten rekonstruieren, in denen neben Situationsdeutungen ein manifest folgenreicher Einsatz soziologischer Expertise erwartbar ist, ohne dass es dabei zu einer Verkürzung interpretativer, stellvertretender Sinnauslegung kommt.

Voraussetzung dafür ist, dass der Klient des soziologischen Beraters sich auf eine handlungsentlastete Erörterung eines Falles einlässt, obwohl der Handlungs- und Problembezug fortbesteht. ‚Klinische Soziologie' nimmt hier Strukturdeutungen vor und adressiert sie in der personalen Interaktion an ihre jeweiligen Klienten, wobei neben der hermeneutischen eine spezifisch rhetorisch argumentative Kompetenz eingesetzt wird" (2004, S.130).

Welche Diskussionspunkte ergeben sich aus der vorgestellten Verbindung?

- Im Alltagsverständnis und im interdisziplinären Umfeld stößt der Versuch der Soziologie, im Beratungsangebot eine eigene Variante, also eine soziologische Form der Beratung zu etablieren, auf unterschiedliche Resonanz. So wird er entweder kaum zur Kenntnis genommen, seine Notwendigkeit wird bezweifelt, er wird abgelehnt oder unkommentiert akzeptiert.

- Aus Sicht der Soziologie wird diese Form der Beratung als ein erweitertes Angebot an das Klientel verstanden. Wie Dewe (2004) zeigt, wird eine auf soziologischen Annahmen basierende Beratungskonzeption mit speziellen Zielsetzungen versehen. Sie weist in der Beschreibung sehr deutlich auf eine Abgrenzung zu anderen Beratungsformen hin und strebt eine eigene Profilbildung an. Diese Charakterisierung ist sicher in der Phase einer „Neueinführung" notwendig. Allerdings setzt sie sich damit von Versuchen im gesamten Beratungssektor ab, Beraterwissen in interdisziplinärer Verzahnung einzubringen. Das eigenständige Anforderungsprofil an eine soziologische Beratung muss sich – das werden die Erfahrungen zeigen – in der Beratungspraxis bewähren. Die Nachfrage nach diesem wird darüber entscheiden, ob die Hoffnungen der Soziologie, hier für ausgebildete Soziologen ein erweitertes Tätigkeitsfeld zu finden, eingelöst werden können.

- Betrachtet man die bisherige Aufnahmebereitschaft für diese Konzeption, dann erklärt sich das geringe Interesse sicher zum einen aus der Verhaltenheit, wenn der Markt der professionellen Beratung um einen weiteren Konkurrenten erweitert wird. Ein weiterer wesentlicher Grund ist, dass die fachwissenschaftliche Terminologie den Zugang zur Beratungspraxis erschwert. Diese Ansicht scheint von Dewe (2004) geteilt zu werden, wenn er ausdrücklich formuliert, dass „die Soziologie ihr Wissen in weit höherem Maße als andere Humanwissenschaften in schriftgebundener Form an die Öffentlichkeit weitergibt und weniger in der Form personengebundener Beratungskommunikation" (S.127). Dieser Weg ist für die angestrebte Praxisrelevanz eher hinderlich.

- Die soziologische Konzeption muss sich mit anderen Beratungskonzeptionen auch an den aufgestellten inhaltlichen Abgrenzungs- bzw. Verständniskriterien messen lassen. Diskussionspunkte können in diesem Zusammenhang sein: „der Klient als soziales System" – ein Aspekt, der der psychologischen Beratung mit der systemtheoretischen Sichtweise nicht fremd ist; „eine Orientierung an

der Autonomie des Klienten" – findet sich u.a. in dem in anderen Beratungs-
konzepten enthaltenen Terminus „Hilfe zur Selbsthilfe"; die Aufnahme eines
„Deutungs- und somit Interpretationsgeschehens" verweist auf eine psychoanalytisch orientierte Beratung; der zu „bearbeitende Widerstand" von Klienten
aufgrund der Deutungen mit einer „taktisch-rhetorischen Form" wirft Fragen
nach der Angemessenheit auf; der Vermittlung „zwischen Wissenschafts- und
Alltagswissen" wird auch in anderen Beratungskonzeptionen nachhaltig Raum
eingeräumt; hier findet sich die im pädagogisch-psychologischen Bereich ausführlich geführte Diskussion „objektive/subjektive Theorien" (implizite, naive
Theorien).

2.2 Grundlagendisziplin Philosophie

Welche Verbindungen bestehen zur Beratung?
Im Alltagsverständnis eines großen Teils der Bevölkerung stoßen philosophische
Fragestellungen, Beschreibungen etc. als Elemente von Beratungsprozessen für
spezifische Beratungsanlässe auf allgemeine Akzeptanz. Ruschmann (1999) betrachtet aus philosophischer Sicht diese Verbindung. Seiner Analyse sind u.a. folgende Aspekte zu entnehmen:
- Obwohl die Philosophie für die Bereiche Erziehung, Beratung und Therapie einen wichtigen Bezugspunkt darstellt, entwickelten sich erst in den 1970er bzw.
  1980er Jahren philosophische Beratungsformen für Einzelpersonen, Gruppen
  und Institutionen.
- Philosophische Beratung versteht sich als ein spezifischer Teil des Beratungsangebotes, der sich zum einen durch die Grunddisziplin Philosophie von anderen
  Ansätzen unterscheidet und der zum anderen mit ihnen durch das grundlegende kommunikative Wissen über den Beratungsprozess verbunden ist.
- Die gegenwärtige Entwicklung der philosophischen Beratung (entstanden aus
  der Praxis) steht am Anfang, der „durch erste Fundierungsversuche und metatheoretische Reflexion zunehmend inhaltliche und strukturelle Konturen (gewinnt)" (S.152).
Abgesehen von einer sich entwickelnden eigenständigen philosophischen Beratung, sind es vor allem philosophische Erörterungen und Erkenntnisse, die im beraterischen, psychotherapeutischen und seelsorgerlichen Bereich genutzt werden.
Die Philosophie intensiviert mit ihren zu vermittelnden Einsichten die Beratungsarbeit. Der umfangreiche philosophische Hintergrund gilt demnach als Reservoir,
aus dem für eine erfolgreiche Beratungsarbeit „geschöpft" werden kann. Dieses
Vorgehen wird im Folgenden exemplarisch angedeutet:
Die in den 1960er und 1970er Jahren einsetzende sogenannte „kognitive Wende" beeinflusste entscheidend den psychotherapeutischen Sektor. Kognitive Psy-

chotherapeuten wählten mit der „kognitiven Umstrukturierung" ihrer Patienten einen neuen Weg der systematischen interventiven Beeinflussung (siehe Modul 3). Dieser ist problemzentriert ausgerichtet und konzentriert sich auf die einer Störung/einem Problem zugrunde liegenden generalisierten Denkmuster und Sichtweisen. Um hier Veränderungen anzustoßen, wendeten sich kognitive Verhaltenstherapeuten verstärkt philosophischen Fragestellungen zu. Mit Hilfe von philosophischen Betrachtungen – so die Erkenntnis – kann in diesen Prozess wirksam eingegriffen werden. Ein wesentliches Mittel ist hierbei der Einsatz des Sokratischen Dialogs. Diese ursprünglich philosophische Unterrichtsmethode, die zu einer reflektierten Selbstbesinnung anleitet, wird heute – über die kognitive Verhaltenstherapie verbreitet – von verschiedenen Therapieschulen als Mittel zur Einsichtsgewinnung genutzt. Eine differenzierte Anleitung, die Sokratische Gesprächsführung in Beratung, Therapie und Seelsorge sinnvoll einzusetzen, findet sich bei Stavemann (2002).

Worin liegt der fachspezifische Beitrag?

Da der Philosophie, so formuliert Ruschmann (2004), keine allgemeinverbindliche Definition zugrunde liegt, ist das Wesen einer philosophischen Beratung immer in Abhängigkeit vom Philosophieverständnis des jeweiligen Beraters zu sehen. Damit deutet sich eine Variabilität in den Auffassungen an, die einem einheitlichen fachspezifischen Aufgabenbereich entgegen läuft. Dieser Spielraum in der Beschreibung, was Philosophie ist (sein soll), stößt jedoch auf Widerspruch innerhalb der Philosophie. Bei der von Ruschmann (1999) vorgestellten philosophischen Konzeption von Beratung handelt es sich deshalb um eine (seine spezielle) Auffassung. Sie beruht u.a. auf folgenden Annahmen:

Philosophische Beratung dient der Rekonstruktion, Interpretation und Modifikation des Selbst- und Welterfassens (der Alltagsphilosophien) eines Ratsuchenden. Sie versteht sich als hermeneutische Rekonstruktion epistemischer Prozesse. Da Handlungsentscheidungen von persönlichen Werten geleitet werden, kann eine „Reflexion konkreter Erfahrungen unter dem Aspekt des eigenen Wertesystems ... eine Verbesserung des ‚ethischen' Könnens ergeben" (S.489). Auf dieser Basis wird in zukünftigen Situationen ein angemessener Umgang mit Problemen etc. erwartet.

Wie lässt sich die etablierende philosophische Beratungskultur beschreiben?

Das eben skizzierte Verständnis von Beratung regt zur Diskussion an: In der Zeitschrift „Ethik und Sozialwissenschaften" griffen 33 Wissenschaftler aus unterschiedlichen Fachrichtungen die Position von Ruschmann mit zustimmenden, ergänzenden oder ablehnenden Beiträgen auf.

Aus philosophischer Sicht wenden z.B. Deloch und Mohrs (1999) ein, dass Ruschmann die Grenzen der Kompetenz philosophischer Beratung nicht anspricht. Sie vermissen klare Aussagen zur Verantwortung des Beraters bzw. der Beraterin und zur Ethik der philosophischen Praxis.

Aus pädagogisch-psychologischer Sicht resümiert Brunner (1999), dass das Besondere einer philosophischen Beratung nach Ruschmann Schwerpunktsetzungen sein können wie „kosmologische, ontologische, epistemologische und ethische Grundfragen bei den Ratsuchenden, auf die der Philosoph qua Profession speziell eingehen kann" (S.495). Aber dieses Interesse am Menschenbild des Ratsuchenden teilt der philosophische Berater – so stellt Brunner nachdrücklich heraus – mit den psychologischen und pädagogischen Beratern. Die Begründung einer philosophie-spezifischen Beratung analog zu einer psychologischen und pädagogischen Beratung wirft die Frage auf, welche Disziplin welchen konkreten Lebenszusammenhang analysiert. Brunner stellt deshalb konsequenterweise die Frage, ob es sinnvoll ist, fachspezifische Problemfelder voneinander abzugrenzen. Eine Alternative wäre, „die pädagogischen, psychologischen und philosophischen Ambitionen unter dem gemeinsamen Begriff ‚Lebensberatung' zusammenzufassen" (a.a.O.).

Welche Diskussionspunkte ergeben sich aus der vorgestellten Verbindung?

- Die wissenschaftliche Auseinandersetzung mit philosophischen Beratungsformen bildet ein sich erst allmählich konstituierendes Fundament. Dagegen sind philosophische Inhalte, Anregungen und Argumentationen häufig bereits ein bewährter und relevanter Part in Beratungsgesprächen. Erziehungsvorstellungen, Sinn- und Lebenskrisen – um nur eine Auswahl zu nennen – berühren philosophische Fragestellungen. Solche Erörterungen – bewusst oder unbewusst eingesetzt – sind somit längst ein untrennbarer Bestandteil von spezifischen Beratungsanlässen. Die praktische Beratungsarbeit bewegt sich auf diese Weise konsequent in Richtung einer interdisziplinären Verzahnung.
- Allerdings scheint das unterschiedliche Philosophieverständnis dafür ausschlaggebend zu sein, dass weitgehend übereinstimmende Positionen zum Beratungsgeschehen bislang nicht in Sicht sind.

2.3 Grundlagendisziplin Medizin

Welche Verbindungen bestehen zur Beratung?

Kaum ein anderer Bereich ist so eng mit dem Beratungsgeschehen verbunden wie der medizinische. Beratung ist ein untrennbarer Bestandteil der medizinischen Wissenschaft. Der durch die Angehörigen des medizinischen Dienstes verkörperte Gedanke des Helfens und der Heilung ist auf die Kommunikation zwischen Fachkräften (Ärzte, Apotheker, Pflegekräfte etc.) und einer Klientel angewiesen. Diese spielt sich im großen Rahmen eines Beratungsprozesses ab. Im Spektrum der Beratungsanlässe ist der medizinische Anlass nach dem Alltagsverständnis und auch bei aufgeklärten und sich kundig gemachten Klienten häufig mit dem Gefühl verbunden: Beratung ist Ratschlag-Erteilung. Diese tradierte Auffassung hält sich bei ratsuchenden Klienten nachhaltig, obwohl im medizinischen Bereich große Anstrengungen unternommen wurden, das traditionelle Beratungsbild (medizinischer Fachmann versus nicht informierten Klienten) durch Leitlinien einer allgemeinen Beratungswissenschaft zu ersetzen. Zu diesen zählen die grundlegenden Auffassungen wie die Beratung ist eine Hilfe zur Selbsthilfe und die Beziehung zwischen Berater und Klient ist als symmetrisches Verhältnis zu gestalten. Obwohl diese Grundsätze mittlerweile auch im medizinischen Bereich Allgemeingut geworden sind, findet sich im Selbstverständnis einiger medizinischer Fachleute und von Klienten noch die Vorstellung, doch den gewünschten Rat zu erteilen bzw. zu erhalten. Viele Dienstleister im medizinischen Bereich berichten, dass, obwohl alle Prinzipien einer erfolgreichen Gesprächsführung beachtet werden, in der Schlussphase eines Beratungsprozesses von Klienten dennoch die Fragen aufgeworfen werden: „Was würden Sie mir also raten?" bzw. „Wie würden Sie an meiner Stelle entscheiden?".

Ein spezieller Bereich der medizinischen Beratung ist die genetische Beratung. Diese wird im Nachfolgenden als Beispiel für den entwicklungsgeschichtlichen Wandel im Beratungsgeschehen gesondert angesprochen. An dieser Stelle wird auf sie zur Veranschaulichung Bezug genommen: Auszüge aus transkribierten Gesprächsprotokollen vermitteln, in welcher Weise Ratsuchende den Berater zu einer Stellungnahme bewegen wollen (vgl. Rausch, 1989: in 8 von 20 Gesprächsprotokollen finden sich entsprechende Hinweise). Sie appellieren an die Kompetenz des Beraters, der aufgrund seines Fachwissens und aus der Kenntnis des individuellen Falles heraus Position beziehen soll. Neben der abgeschwächteren Form „Würden Sie mir das empfehlen?", finden sich folgende Varianten:

Beispiel 1:
Klient   *mhm mhm ‚hh und sie würden dann ähm (.) ja zu- oder abraten*
Berater   *t-das is ‚ne schwierige Frage*

Beispiel 2:
Klient   *die Frage is immer die ‚hh also mich fragen die Leute immer was würd'n*
           se machen wenn's ihre eigene Frau is ne
Berater   *‚das is immer so'*
Klient   *ma- man wertet immer viel daran was ma ja tun würde wenn ma selber*
           betroffen is (.) und was ham sie'n da für Meinung (Klient ist selbst Arzt)

Wie eine Umfrage von Rausch (2005) im medizinischen Bereich (Allgemeinarztpraxen) zeigt, werden als Gründe für dieses Verhalten u.a. angeführt: bei gesundheitlichen Problemen muss man einem Fachmann vertrauen, Entscheidungen können gravierende Folgen haben, Erkrankungen bedrohen die angenommene Unversehrtheit des Körpers, sie machen verletzbar, aus der eigenen Betroffenheit heraus sollte man für sich selbst nicht die Verantwortung übernehmen. Diese Vorstellungen tragen wesentlich dazu bei, dass der medizinische Bereich und die in seinem Rahmen geführten Beratungsgespräche nach wie vor vielschichtig verbunden sind: von einer reinen Informationsvermittlung über mitgeteilte Entscheidungsdirektiven bis zu einer umfassenden Aufklärung und einer unterstützenden Hilfe für eine eigenständige Entscheidung des Klienten.

Worin liegt der fachspezifische Beitrag?

Während es in anderen Beratungsbereichen zum Standard gehört, dass die Frage der Eigenverantwortlichkeit des Klienten für eine Entscheidung geklärt ist bzw. im Gespräch geklärt wird, scheint gerade dieser Aspekt im medizinischen Bereich ein besonders sensibler Punkt zu sein.

Obwohl bereits in der medizinischen Ausbildung die allgemein anerkannten Prinzipien der Gesprächsführung für Beratungsprozesse vermittelt, akzeptiert und verinnerlicht werden (können), überwiegen in der Praxis andere Erfahrungen: So erwarten viele Klienten, dass sie bei Entscheidungen nicht nur unterstützt werden, sondern sie möchten eine mögliche Bedrohung des Ichs durch eine Intervention von außen, also einen Ratschlag, abwehren. Der Irrationalität ihres Denkens (Autonomie des Ichs gegenüber der Verantwortungsabgabe) sind sich die Klienten in diesen Fällen zumeist sehr deutlich bewusst. Dieses Spannungsfeld kann als besonderes Spezifikum der medizinischen Beratung angesehen werden.

Für den medizinischen Sektor ist charakteristisch, dass es angesichts

- der Vielzahl von einzelnen Disziplinen,
- der unterschiedlichen Beratungsanlässe und
- der für Beratung zur Verfügung stehenden unterschiedlichen Institutionen und damit auch Berufsfelder (z.B. Apotheken, medizinische Physiotherapie)

unterschiedliche Beratungsformen geben muss (mit unterschiedlichen Schwerpunkten: Informationsvermittlung, gemeinsame Lösungssuche etc.). Aufgrund der besonderen Problemlage der häufigsten medizinischen Beratungen ist eine Aufklärungspflicht unabdingbar geboten. Vor- und Nachteile bestimmter Methoden bzw. Entscheidungen müssen in besonderem Maße abgewogen und dem Klienten in verständlicher Form vermittelt werden. Dieser Aspekt ist Teil der jedem Beratungsvorgang zugrunde liegenden allgemeinen Grundsätze, hier konkret: der Vermittlung zwischen objektiven und subjektiven Theorien. Mit der Pflicht zur Aufklärung erhalten die objektiven Theorien in diesem Beratungsbereich ein besonderes Gewicht. Diese besondere Situation erklärt die im medizinischen Beratungsprozess traditionell vorherrschende Auffassung *mit*, dass der medizinische Berater der Wissensübermittler und somit der Entscheidungsträger ist. Der eigentliche Beratungsgedanke wurde auf diese Weise ad absurdum geführt und stand auch nicht im Visier der Zielsetzung. Ebenso wurde aufgrund dieser Kompetenzverteilung eine Beziehungsgestaltung zwischen Berater und Klient akzeptiert, die von einem asymmetrischen Verhältnis ausging.

Erst mit der Etablierung einer Beratungspsychologie und der theoretischen und praktischen fächerübergreifenden Auseinandersetzung mit dem Beratungsgeschehen verankerten sich die Grundsätze der Beratungsarbeit. Dementsprechend veränderten sich auch die Strukturen der Beziehungsgestaltung zwischen einem fachlich kompetenten Ratgeber und einem Ratsuchenden hin zu einer fachlich kompetenten Aufklärung. Das Beratungsziel richtete sich auf die Hilfe zur Selbsthilfe und die Verantwortungsübernahme für getroffene Entscheidungen. Dieser Wandel wurde bereits im Medizinstudium eingeleitet, indem z.B. „Prinzipien der Gesprächsführung" als Ausbildungsinhalt aufgenommen wurden. Inwieweit sich hier tatsächlich eine Breitenwirkung zeigt, wird jeder aus seinen Alltagsbegegnungen beurteilen können. Dabei darf nicht übersehen werden, dass das Spektrum der medizinischen Beratungsformen so groß ist, dass diesem nur mit unterschiedlichen Beratungsformen begegnet werden kann.

Wie lässt sich die etablierte medizinische Beratungskultur beschreiben?

Der in der medizinischen Beratung vollzogene Wandel wird am Beispiel der genetischen Beratung eindrucksvoll belegt. Epstein (1984) – er steht stellvertretend für die Meinungsbildung in dieser Disziplin – berichtet, dass er im Abstand von ca. 10 Jahren das Beratungsgeschehen unterschiedlich verstanden und letztlich auch definiert hat.

Epstein im Jahre 1973: „Die genetische Beratung ist ein Prozeß der Informationsvermittlung über das Häufigkeits- und Wiederholungsrisiko genetischer Krankheiten und, falls durchführbar, der Bemühungen, diese Risiken zu modifizieren. Die Beratung besteht aus zwei Komponenten, einer passiven – der Weitergabe von Risikozahlen, und einer aktiven – der Modifizierung dieser Risiken" (Epstein, 1984, S. VIII).

Nachfolgende Definitionen – auf die sich Epstein beruft – zeugen bereits von einer erheblichen Verlagerung der Schwerpunkte:

„Die genetische Beratung ist ein Kommunikationsprozeß, der sich mit menschlichen Problemen befasst, die eng verknüpft sind mit dem Auftreten oder dem Risiko des Auftretens einer genetischen Erkrankung in der Familie. An diesem Prozeß sind eine oder mehrere geschulte Personen beteiligt, die versuchen, dem Individuum oder der Familie zu helfen" (a.a.O.).

Während die Schwerpunkte Informationsvermittlung und Prävention den Ausgangspunkt bildeten, änderte sich die Auffassung dahingehend, dass es nunmehr primär um eine Hilfestellung geht, die in einem Kommunikationsprozess gegeben wird. Diese Entwicklung greifen Reif und Baitsch (1986) auf, wenn sie ein Interaktionskonzept der genetischen Beratung vorlegen. Dieses beruht u.a. auf folgenden Annahmen:

Zielstellung der genetischen Beratung ist es, den Klienten Hilfestellung für eine selbst-verantwortliche Entscheidung zu geben.
Der Entscheidungsprozess der Klienten wird nicht unmittelbar von den vermittelten Informationen und dem Interaktionsverhalten des Beraters beeinflusst. Es ist vielmehr entscheidend, wie diese Aspekte von den Klienten wahrgenommen und erlebt werden. In diesem Prozess spielen Erwartungen, das Vorwissen und die Sichtweisen der Klienten eine wesentliche Rolle. Solche prägenden Bestandteile gilt es im Beratungsprozess zu erkunden. Beratung ist also nicht einseitige Informationsvermittlung, sondern ein gegenseitiger Informationsaustausch. „Um den Klienten zu ermöglichen, offen über ihre Erwartungen, Vorkenntnisse und Sichtweisen zu sprechen, sind bestimmte Verhaltensweisen erforderlich, die eine Vertrauensbasis schaffen" (S.67). Hierzu gehören die vom Berater einzunehmenden Haltungen Empathie, Wertschätzung und Echtheit.

Diese Überlegungen beschreiben einen Erkenntnisstand, der allgemein akzeptiert wird. Der Weg dahin erwies sich gerade bei einer Beratungsform, die sich ursprünglich als Übermittlungsmedium medizinischer Informationen/genetischer Fakten verstand, als mühevoll. So galt es, die Hürden zu überspringen, die Reed (1972) in dem Vergleich erfasst, dass die genetische Beratung einer „Investment-Beratung" gleicht, ohne die starke psychologische Gebundenheit des Beratungs-anlasses und der -situation zu berücksichtigen. Die Entwicklung eines Interaktionskonzeptes der Beratung wurde gestützt von Untersuchungsergebnissen, wie sie z.B. von Sorenson (1974) mitgeteilt wurden: Informationen bzw. Fakten liefern bei einer inhaltsorientierten Beratung zwar die Basis; sie stellen sich jedoch bei späteren Befragungen häufig als nicht verstanden oder nicht erinnerbar dar. In den Entscheidungsprozess von Ratsuchenden fließen Tendenzen ein, die aufzeigen, wie Personen Informationen bewerten oder unklare Situationen beurteilen. Kessler (1984) fasst solche Ergebnisse zusammen:

- Statistische Wahrscheinlichkeiten werden in hohem Maße subjektiv interpretiert.
- Individuen neigen bei Unsicherheiten häufig zur Vereinfachung: Das heißt, in Abhängigkeit von der individuellen Ausgangs- und Erwartungslage treten Reaktionen auf wie: Erwartet jemand ein 100%iges Risiko, wird er bei einem Risiko von „nur" 50 % außer sich vor Freude sein; umgekehrt kann jemand, der sich auf ein 1%iges Risiko einstellt, bei einem 5%igen Risiko am Boden zerstört sein. Ein relativ hohes Risiko kann also als unrealistisch klein und ein relativ geringes als unrealistisch hoch empfunden werden.
- Statistischer Sachverstand schützt nicht vor einer Fehleinschätzung unklarer Sachverhalte.
- Die kognitiven Schemata von Beratern und Ratsuchenden bewerten Entscheidungsfindungen unterschiedlich; rationale Gesichtspunkte eines Individuums erscheinen einem anderen irrational.

Welche Diskussionspunkte ergeben sich aus der vorgestellten Verbindung?
Die genetische Beratung steht beispielhaft für den im medizinischen Bereich
vollzogenen Wandel im Beratungsgeschehen. Dieser findet sich trotz der nach
wie vor feststellbaren Kluft zwischen theoretischen Erkenntnissen über den Beratungsprozess, Vermittlungsbemühungen von Grundlagen der Gesprächsführung
(z.B. in der Medizinerausbildung) und dem beurteilbaren Anwendungserfolg in
unterschiedlichen medizinischen Teildisziplinen. Im medizinischen Alltag finden
sich vielfältige Beratungsanlässe mit korrespondierenden Beratungsformen (d.h.
unterschiedlicher Gewichtung des Sachwissens). Allen Kommunikationsformen
sollten dennoch die in der Beratungswissenschaft erfassten Grundprinzipien der
Gesprächsführung zugrunde liegen. Dies gilt ebenso für den Bereich der Gesund-
heitsberatung, in dem die Schwerpunkte „Ernährung, Bewegung, Entspannung,
Selbsterfahrung und Verhalten, Gesellschaft und Umwelt, Erkrankung, Heilung
sowie Leben mit Krankheiten und Abhängigkeiten mit jeweils zugeordneten Ak-
tivitätsformen" (Hörmann, 2004, S.174) thematisiert werden.

2.4 Grundlagendisziplin Theologie

Welche Verbindungen bestehen zur Beratung?
Im Alltagsverständnis hat die beratende, die helfende Beziehung im theologischen
Bereich eine lange Tradition. Während sich die psychologische Beratung erst allmählich von dem zu thematisierenden Inhalt „psychisch auffälliges Verhalten" lös-
te und zu dem gegenwärtig vorherrschenden breit gefächerten Beratungsangebot
entwickelte, ist eine theologische Begleitung bei Lebensproblemen und -krisen,
in Glaubensfragen etc. seit jeher selbstverständlich. Beratung basiert – allgemein
betrachtet – auf dem seelsorgerlichen Handeln, also der „Freisetzung eines christlichen Verhaltens zur Lebensbewältigung" (Winkler, 2000, S. 3).

Worin liegt der fachspezifische Beitrag?
Er reicht „vom Gespräch mit dem Beichtvater bis zur Telefonseelsorge, von der
Besprechung von Glaubensfragen bis zur Krisenintervention, von der Aussprache
mit dem Spiritual in den Priesterseminaren bis zum Pastoral Counseling, von der
Beratung im Umfeld der individuellen und der Gruppen-Katechese bis zur Ge-
meindeberatung" (Schmid, 2004, S.155).
Diese Aufzählung erfasst neben den traditionellen Anwendungsfeldern auch eine
Ausweitung der Beratungsangebote, die vom steigenden Bedarf im kirchlichen
Bereich zeugt. Schmid (a.a.O.) fasst die gegenwärtige Situation zusammen:
„Heute können die Seelsorge und ihre Theorie, die Praktische Theologie, einer-
seits auf ihre eigenen Quellen, ihre lang bewährten Erfahrungen und Reflexionen
zurückgreifen und an ihre spirituelle und karitative Kompetenz anschließen, ande-

rerseits sind sie selbst Bestandteil der modernen Human- und Sozialwissenschaften in Praxis und Theorie geworden, deren Ergebnisse gleichzeitig eine Herausforderung für sie bedeuten".

Wie lässt sich die etablierte theologische Beratungskultur beschreiben?

Das integrative Zusammenwirken pastoraler und sozialwissenschaftlicher Erfahrungen verlief nicht so problemlos, wie es die oben erfassten Aussagen nahelegen: Mit einem zunehmenden psychologischen Beratungsangebot wurde der seelsorgerliche Zuständigkeitsanspruch eingeschränkt. Es konkurrierten also nicht nur Beratungsansätze im psychologischen Bereich, sondern auch mit der pastoralen „Lebensberatung". Schmid (2004) spricht gegenwärtig noch von einer Rivalität und „eifersüchtige(n) wechselseitige(n) Ablehnung bzw. Ignoranz und Ahnungslosigkeit" (S.155 f.), aber auch von einem zunehmenden Dialog und einer Kooperationsbereitschaft. Ein – relativ frühes – Ergebnis interdisziplinären Agierens sind die von Harsch (1973) erstellten Materialien zur „Theorie und Praxis des beratenden Gesprächs" für die Telefonseelsorge, erprobt in Aus- und Fortbildungskursen im Bereich der Pastoralpsychologie (vgl. die Reihe der katholischen Publikationen: z.B. Schwermer, 1991). Aus Sicht der Pastoralpsychologie betont Baumgartner (1990), dass Seelsorgerinnen und Seelsorger das „Heilungswissen der Psychologie und Psychotherapie" für ihre Arbeit, Menschen in Lebenskrisen und Gekränktheiten zu begleiten, benötigen.

Das Spezifische an der Pastoralpsychologie ist dabei, dass sie „sich ihrer eigenen kirchlichen Tradition bewusst wird, sich als Teildisziplin der Praktischen Theologie begreift, im Beziehungshandeln Gottes, wie es in Jesus Christus kulminiert, Agens, Maßstab und Grundlage seelsorglicher Beratung erblickt, auf die differenzierte Begleitungskompetenz der Gemeindeseelsorger ebenso wie der Mitarbeiter in den kirchlichen Beratungsstellen abzielt" (Baumgartner, 1990, S.29).

Der kritische Dialog zwischen Pastoralpsychologie und Psychologie/Psychotherapie sollte nach Baumgartner dazu führen, dass das pastorale Bewusstsein für eine heilende Seelsorge sensibilisiert wird. Dieser Vorgang ist – wie anvisiert – keine Einbahnstraße, sondern ein Dialog. Schmitz (1992, S.151) bemerkt dazu, dass erstaunlich viele Psychologen und Ärzte die Heilungskraft der Religion erkannt haben. Hier bietet sich ein Forschungsgebiet an, das unzählige Fragestellungen aufwirft (z.B. Einfluss bestimmter religiöser Einstellungen und ihr Zusammenhang mit verschiedenen psychischen Variablen bzw. mit Verhalten).

Pastoralpsychologie ist nach Baumgartner (praktisch-)theologisch so einzubinden, dass erkennbar ist, hier steht Theologie im Vordergrund und prägt die pastorale Praxis, die ihre Themen *auch* durch das Einbinden psychologischer Erkenntnisse reflektiert (vgl. z.B. Stenger, 1988). Das pastorale Primärziel, das mit der Heilsbotschaft von Jesus Christus (Baumgartner, 1990) verbunden ist, richtet sich überwiegend auf die Schwerpunkte „Beratung, seelsorgliche Begleitung, seelsorgliches

Gespräch". Allerdings hält die Pastoralpsychologie ebenfalls relevante Anregungen für Verkündigung, Liturgie und Gemeindewerdung bereit.

Die Dialogfähigkeit zwischen Theologie und Psychologie erweist sich bei der Frage, wie die Beziehung Berater- Klient zu gestalten ist. Dabei helfen die im psychologischen Bereich gewonnenen Erkenntnisse, dass die Effektivität unterschiedlicher Therapieformen entscheidend von der Qualität der Berater-Klient-Beziehung abhängt und positive Veränderungen beim Klienten mit den vom Berater „gelebten" Grundhaltungen Echtheit, Wärme, Kongruenz in Einklang stehen. Diese von Rogers beschriebenen Variablen sind die entscheidenden Faktoren, die schulenübergreifend über verschiedene theoretische Paradigmen hinweg wirken (vgl. Tscheulin, 1981). Diese Auffassung ist mittlerweile ein unverzichtbarer Bestandteil der Aus- und Weiterbildung im pastoralen Bereich (siehe oben, z. B. Harsch, 1973). Ihre theologische Entsprechung findet sie, wenn Baumgartner (1990) formuliert: „Die pastorale Relevanz dieser Grundbedingungen heilender Prozesse wird dadurch noch entscheidend untermauert, dass sich elementartheologisch zeigen lässt, welch tiefe Entsprechung sie zu biblisch bezeugten Grundhaltungen Jesu und zu Haltungen des Glaubens aufweisen" (S.526).

Welche Diskussionspunkte ergeben sich aus der vorgestellten Verbindung?

Die Praxis der pastoralen Beratung ist eng mit der Praxis der psychologischen Beratung verbunden. Wie die Vergangenheit zeigt, ist es nicht einfach, diese Verzahnung – sowohl aus theoretischer Sicht (also konzeptionell) als auch praktisch – so zu gestalten, dass die von Schmid (2004) vorgenommene Einschätzung zu einer neuen Qualität führen kann: „Sowohl die Psychologisierung theologischer und pastoraler Themen als auch die ‚Taufe' psychologischer Inhalte stellen, wissenschaftstheoretisch gesehen, eine simple Reduktion dar, was auch für Versuche zur Verschmelzung der beiden verschiedenartigen Disziplinen gilt. Quasireligiöse Metaphern in der Beratungstheorie führen ebenso wenig weiter wie pseudopsychologische Seelsorgetheorien" (S.167). Diese prägnante Einschätzung skizziert eine Entwicklung eher pessimistisch, wenn nicht auch gegensteuernde Aspekte vermittelt würden. Zu diesen zählt Schmid die Bedeutung der Ethik für die Beratung: „Wo immer Beratung ‚philosophiefeindlich' oder einseitig effektivitäts- und effizienzorientiert zur Technologie und Ware am Psychomarkt zu degradieren droht, wird gerade aus ethischen Gründen Einspruch anzumelden sein" (2004, S.168). Hier handelt es sich um einen interdisziplinär orientierten Beitrag der pastoralen Beratung.

2.5 Grundlagendisziplin Wirtschaftswissenschaften

Welche Verbindungen bestehen zur Beratung?
Der Forschungs- und Lehrgegenstand der Wirtschaftswissenschaften richtet sich auf den Aufbau, den Ablauf und das Ziel von Volkswirtschaften. Dabei werden traditionell die beiden Hauptgebiete Betriebswirtschaftslehre und Volkswirtschaftslehre unterschieden (siehe Abb. 1).

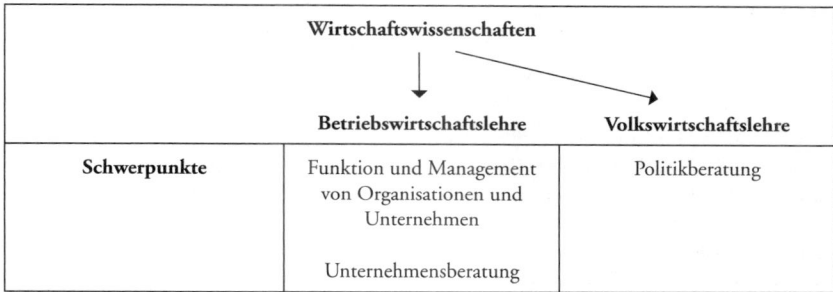

Abb. 1: Wirtschaftswissenschaften und Beratung

Wirtschaftswissenschaften und Beratung sind in vielfältiger Weise verbunden. Beratungsprozesse nehmen auf der Grundlage von wirtschaftswissenschaftlichen Erkenntnissen eine zentrale Stellung ein. Die Interdependenzen zwischen einer gesellschaftlichen und der wirtschaftlichen Entwicklung erfordern eine fortwährende Anpassung und Innovation der Beratungsprozesse. Immer wieder neue und differenziertere Beratungsinhalte sind das Resultat von veränderten Problemstellungen und Erwartungen.

Der Zusammenhang von Wirtschaftswissenschaften und Beratung wird u.a. von Becker (2004) analysiert. Er wendet sich in seiner Bestandsaufnahme der Betriebswirtschaftslehre und der Unternehmensberatung zu. Diese Reduktion begründet Becker damit, dass er im Bereich der Politikberatung eine systematische Auseinandersetzung mit dem Beratungsprozess vermisst.

Zur Politikberatung: Mit der Fragestellung „Wirtschaftswissenschaftliche Beratung. Fluch oder Segen für die Politik?" setzt sich Schips (2006) differenziert auseinander. Wie Becker registriert er, dass die wirtschaftswissenschaftliche Politikberatung keinen angemessenen Stellenwert einnimmt. Schips nennt einige Grundprinzipien, die beachtet werden sollten, damit eine wissenschaftliche Politikberatung erfolgreich sein kann. Dabei erweist sich nach ihm folgender Aspekt als zentral: „Die Beratung muss sich unbedingt auf die Problemanalyse und die Bereitstellung von daraus abgeleiteten Entscheidungsgrundlagen für die Politik beschränken. Eine Mitwirkung im Entscheidungsprozess selbst führt zwangsläufig zum Versuch einer Durchsetzung der eigenen

Werturteile. … Für den (wirtschafts-)wissenschaftlichen Berater muss gelten, dass das, was – bei sorgfältiger empirischer Analyse und theoretischer Reflexion – als ökonomisch ‚falsch' erkannt wurde, niemals politisch ‚richtig' sein kann" (S.17).

Betriebswirtschaftslehre und Unternehmensberatung sind wechselseitig verbunden: So ist einerseits die Unternehmensberatung im Fokus der betriebswirtschaftlichen Forschung, während andererseits die Betriebswirtschaftslehre wiederum die Beratungspraxis innoviert. Allerdings nimmt der sich ständig differenzierende Markt der Unternehmensberatung Impulse zur Weiterentwicklung verstärkt aus dem eigenen Bereich auf, anstatt aus der akademischen Disziplin Betriebswirtschaftslehre. Die Betriebswirtschaftslehre sollte deshalb – so bemerkt Becker (2004) – ihre eigenen Positionen festigen und ausbauen. Diese Forderung ist notwendig, weil das Interesse an Dienstleistungstätigkeiten wie der Unternehmensberatung ein zukunftsorientierter Aspekt ist, der der theoretischen Fundierung (z.B. Organisations- und Beratungstheorien) und der wissenschaftlich geleiteten empirischen Analyse der Beratungstätigkeiten in und für Unternehmen bedarf.

Worin liegt der fachwissenschaftliche Beitrag?
In der betriebswirtschaftlichen Beratungsforschung lassen sich grundsätzlich vier Hauptrichtungen unterscheiden (nach Becker, 2004):

Die klassisch betriebswirtschaftliche Beratungsforschung, die ökonomischen Ansätze, der Ansatz der Organisationsentwicklung, der systemorientierte Ansatz.

Die *betriebswirtschaftliche Beratungsforschung in klassischer Weise* legt den wesentlichen Schwerpunkt auf die Entwicklung normativer Modelle. Unternehmensberatung wird in ihnen als sachlich-rationaler Problemlösungsprozess verstanden. Deshalb formuliert Hoffmann (1991, S.40): Unternehmensberatung ist „eine von einem unabhängigen, eigenverantwortlichen, professionellen Berater individuell für die Klientenorganisation marktmäßig erbrachte Dienstleistung, welche darauf ausgerichtet ist, in einem interaktiven Prozeß gemeinsam mit dem Klienten ein Lösungskonzept für eine komplexe betriebswirtschaftliche Problemstellung zu erarbeiten und auf Wunsch auch dessen Implementierung zu unterstützen".
Die auf diese Weise erbrachten Beratungsleistungen werfen Fragen auf wie z.B.: Von welchen Faktoren hängt es ab, dass eine Lösung als angemessen bezeichnet werden kann? Wer beurteilt die Beratungseffizienz (Rolle des Auftraggebers)? Welche Interessenkonflikte treten auf?
Die *ökonomischen Ansätze* der Beratungsforschung gehen bei der Problemdefinition differenzierter als die klassisch betriebswirtschaftlichen Ansätze vor. Sie „basieren auf Ansätzen der so genannten Neuen Institutionenökonomie, insbesondere dem Transaktionskostenansatz und der Prical/Agent-Theorie … " (Becker, 2004, S.196 f.).

Der Transaktionskostenansatz geht davon aus, dass ökonomische Transaktionen, die eingegangen werden, Kosten verursachen, wie z.B. eine in Anspruch genommene Beraterleistung. Es handelt sich hierbei um Kosten der Abwicklung und Organisation (Kosten des Vertragsabschlusses, der Umsetzung und Kontrolle). Grundsätzlich ist bei Beratungsleistungen zu berücksichtigen, dass sie in einem Unternehmen selbst erbracht werden, wenn die Transaktionskosten geringer sind als eine Fremdleistung. Sind sie intern höher anzusetzen, wird die Leistung einem Beratungsanbieter übertragen. Beratungsinstitute haben sich auf häufig nachgefragte Leistungen spezialisiert. Im eigenen Unternehmen müssten diese erst in einem langwierigen Prozess erarbeitet werden. Deshalb ist hier die Wahrscheinlichkeit hoch, dass externe Beratungsdienste eingeschaltet werden.

Exkurs: In diesem Zusammenhang stellt sich die Frage, was einen internen von einem externen Berater unterscheidet? Tabelle 2 erfasst einige Überlegungen:

Tab. 2: Zur Situation unterschiedlicher Beraterteams

Externer Berater	Interner Berater
Auftragslage: wird von Position im Markt, von Angebot und Nachfrage bestimmt	Befindlichkeit: zu erwartender Prestigegewinn bzw. -verlust
Kompetenz und Interessenlage: spezifisches Fachwissen Einarbeiten in Auftragssituation	Kompetenz und Interessenlage: fehlendes Sachwissen gründliche Kenntnis der Problemlage
vorgefasste und erprobte Konzepte	Neuigkeitswert, Probierverhalten

Schuh (1993, S. 171) – beispielsweise – formuliert aus der Sicht der Beratungspraxis wesentliche Unterscheidungskriterien: Auftragssituation (Welche Besonderheiten liegen dem jeweiligen Beratungskontrakt zugrunde?), Rollenklarheit (In welchen Rollen steht der Berater zum Klienten?), organisationskulturelle Eingebundenheit (In welcher Weise ist der Berater selbst in die zu beratende Organisationsstruktur eingebunden? Welche Konsequenzen hat das?), Wissensaspekte (Welcher Berater verfügt über die spezifischen Wissensbestände?), Dauer der formalen Beziehung (Welche Konsequenzen hat eine dauerhafte Beziehung?), Unabhängigkeit des Beraters (Welche spezifischen Abhängigkeiten bzw. Unabhängigkeiten liegen vor?), Anschlussfähigkeit (Inwieweit sind die Interventionen des Beraters dem Klientensystem einsichtig und tragbar?), Zielkonflikte (Vor welchen typischen Zielkonflikten stehen die Berater?). – Betrachtet man die von Schuh vorgelegte Differenzierung, dann wird deutlich, dass alle Aspekte (außer dem Wissensaspekt – bei einer ersten Betrachtung) letztlich auf die entscheidende Frage zu reduzieren sind, in welchem Verhältnis (abhängig – unabhängig) Berater und Klien-

tensystem stehen. Selbst der bei einer oberflächlichen Betrachtung (siehe oben) zunächst ausgenommene Wissensaspekt ordnet sich bei näherer Betrachtung dem Abhängigkeits-Unabhängigkeitsverständnis unter. So ist es durchaus vorstellbar, dass Wissensvorteile eines externen Beraters gegenüber einem internen Berater nicht eingesetzt werden aus Sorge, den Auftrag zu verlieren, wenn diese dem Erwartungsgefüge des auftraggebenden Unternehmens entgegenlaufen. Im Vordergrund für den Berater steht dann die häufig latent vorhandene Vorstellung des Auftraggebers: Was wird gewünscht? Was ist erwünscht?

Der Pricipal/Agent-Ansatz basiert auf den Überlegungen, dass Unternehmen im Vorgriff auf die Beratungsleistung von einem Anbieter ein Leistungsversprechen kaufen, da die Beratungslösung (das Kontraktgut) in Kooperation zwischen Anbieter und Abnehmer erst im Beratungsprozess erarbeitet wird. „Für die Klientenorganisation ist das Gut ‚Unternehmensberatung' nicht *ex ante* wahrzunehmen und zu beurteilen. Vertrauenseigenschaften spielen daher eine große Rolle und Klienten orientieren sich bei der Wahl einer Beratungsorganisation zu einem großen Teil an deren Reputation" (Becker, 2004, S.197).

Der *Beratungsansatz der Organisationsentwicklung* geht davon aus, dass der Berater Wandelprozesse anstoßen und begleiten soll, um die organisationale Leistungsfähigkeit zu erhöhen. Es handelt es sich um eine prozessorientierte Beratung.

Der *systemorientierte Ansatz* der Beratungsforschung setzt die Rahmenbedingungen für Unternehmens- und Organisationsberater, die auf der Grundlage beruhen, dass Organisationen autopoietische Systeme sind. Autopoietische Systeme werden dadurch charakterisiert, „dass sie operativ geschlossen sind und die Elemente, aus denen sie bestehen, als Systemelemente selbst hervorbringen" (Becker, 2004, S.199). Operativ geschlossen selbst bedeutet, „dass sich die Operationen des Systems Organisation auf andere Systemoperationen beziehen" (a.a.O.).

Wie lässt sich die etablierte wirtschaftswissenschaftliche Beratungskultur beschreiben?

Becker (2004) schätzt die vorgestellten Ansätze der betriebswirtschaftlichen Beratungsforschung nach der grundsätzlichen Ausrichtung und Zielsetzung ein. Dabei gelangt er zu folgendem Resümee: Die Ansätze verbindet die Konzentration auf die Problemlösungsfunktion, während die Problemdefinition sie unterscheidet. Der Schwerpunkt liegt dabei entweder auf den Sachproblemen, der Organisation des Wandelprozesses oder – allgemeiner – auf einer Erhöhung der Lebensfähigkeit des Systems Klientenorganisation.

Welche Diskussionspunkte ergeben sich aus der vorgestellten Verbindung?

Neben der Funktion, Probleme zu lösen, kommen der Unternehmensberatung noch weitere Aufgaben zu. Diese werden in der Literatur meist nur am Rande erwähnt. Becker spricht in diesem Zusammenhang eine neuere Richtung der Beratungsforschung an, die er dem Begriff „kritische Beratungsforschung" subsumiert. Ihr Anliegen ist es, die Rolle von Beratern in Organisationen umfassend zu reflektieren. Berater stellen demnach:

- Interpretationsmuster zur Verfügung (als Ausweg aus der „Betriebsblindheit" der Klientenorganisation),
- erhöhen die Legitimität der Organisation/des Unternehmens (die gesellschaftliche Akzeptanz der Unternehmensberatung stützt ein gutes Management eines Unternehmens – die besten Verfahren werden hinzugezogen) und
- handeln in politischen Prozessen innerhalb einer Organisation (Berater ergreifen Partei bei Interessenkonflikten).

Kritische Beratungsforschung verfolgt das Anliegen, diese unterschiedlichen Funktionen der Unternehmensberatung zu integrieren (Interpretations-, Legitimations- und politische (Macht-)Funktion sind untrennbar mit der Problemlösungsfunktion verbunden).

Diese Auffassung ringt innerhalb der Betriebswirtschaftlehre – so schätzt Becker ein – noch um Anerkennung; unterschiedliche Positionen stehen also zur Diskussion. Einen wesentlichen Grund sieht er darin, dass auf der Grundlage dieser integrativen Betrachtung keine klaren Handlungsempfehlungen und -abläufe abzuleiten sind. Anstelle von Rezepten geht es vielmehr um die „Erarbeitung von frameworks und ‚Redeinstrumenten' ... für die betriebliche bzw. organisationale Praxis" (Becker, 2004, S.204).

Die Zusammenarbeit von Wirtschaftsunternehmen und Beratungseinrichtungen kann mittlerweile auf eine Erfahrung von etwa drei bis vier Jahrzehnten zurückblicken. Aus ersten zögerlichen Versuchen hat sich ein zunehmend etablierter Markt entwickelt. Der rasanten gesellschaftlichen und technisch-ökonomischen Entwicklung wird mit einem immer differenzierteren Beratungsangebot begegnet. Aus anfänglich angehäuften praktischen Erfahrungswerten, die das beraterische Tun legitimierten, entsprang die Forderung nach einer gezielten Beratungsforschung. Die Wirksamkeit beraterischen Tuns stand zur Diskussion. Inzwischen liegen vielfältige Versuche vor, differenzierte professionelle Beratungsdienstleistungen zu evaluieren. Die Suche nach angemessenen Kriterien trifft dabei auf das komplexe Geflecht von sich gegenseitig beeinflussenden Variablen in einem Wirtschaftsunternehmen. Hier breitet sich ein Forschungsfeld aus, das erst in Ansätzen bearbeitet wurde. Allerdings wird bei allen Ergebnissen berücksichtigt werden müssen, dass angesichts der vielschichtigen Verbindungen, die in einem äußerst komplexen Gebilde wie einem Wirtschaftsunternehmen bestehen, immer nur eingegrenzte Auswirkungen der Beratungstätigkeit im Wirtschaftsbereich erfasst werden können.

2.6 Grundlagendisziplin Rechtswissenschaften

Welche Verbindungen bestehen zur Beratung?
Die Vermittlung von juristischen Fakten, die Aufklärung von Einzelnen, von Gruppen oder von Organisationen über eine Rechtslage, die Inanspruchnahme einer anwaltlichen Vertretung – all dies sind Inhalte, die einem sofort in den Sinn kommen, wenn über die Beziehung Rechtswissenschaften und Beratung reflektiert wird. Zu den Kernbereichen der juristischen Beratung gehören das Straf-, das Sozial-, das Familien-, das Arbeits- und das Verwaltungsrecht. Eine andere Sichtweise bietet sich an, wenn die Bedeutung der Rechtswissenschaft *für* die Beratung thematisiert wird. In die Diskussion geraten nunmehr alle rechtlichen Probleme, die mit einer Beratungstätigkeit verbunden sind. Ein sich stetig differenzierendes Beratungsangebot erfordert eine ebenso differenzierte Antwort auf rechtliche Belange, die mit ihm auftreten.

Worin liegt der fachspezifische Beitrag?
Für das Beratungsgeschehen ist eine Rechtsgrundlage geschaffen worden, die sich im Wesentlichen in vier Schwerpunkten erfassen lässt (nach Barabas, 2004, S.182 ff.):

- Verankerung von Rechtsansprüchen auf Beratung: vielfältige Beratungsangebote und -formen sind z.B. im Sozialgesetzbuch, im Bundessozialhilfegesetz und im Kinder- und Jugendhilfegesetz erfasst,
- Schadensersatzpflicht für unsachgemäße und falsche Beratung: Schadensersatzansprüche ergeben sich bei behördlichen Institutionen aus der Amtshaftung (Aufklärungs-, Beratungspflicht) und dem Herstellungsanspruch (objektive Pflichtwidrigkeit der Beratung, wenn z.B. eine Behörde ihre Betreuungspflicht gegenüber Sozialleistungsberechtigten verletzt); bei privaten Trägern regelt das Bürgerliche Gesetzbuch die Haftung; generell gilt: Schadensersatzanspruch oder Vertragsverletzung bedingen eine Haftung, diese liegt bei psychosozialen Beratungen, also individuellen Hilfestellungen, nicht vor,
- der strafrechtliche Schutz (in beraterischen bzw. therapeutischen Kontexten dürfen ethische Grundsätze nicht verletzt werden; keine persönliche/sexuelle Beziehung zwischen Berater und Ratsuchenden),
- Garantie der Vertraulichkeit (Gesetzgebung und Rechtsprechung regeln den Vertrauensschutz – strafrechtliche Normen und datenschutzrechtliche Vorschriften).

Wie lässt sich die etablierte rechtswissenschaftliche Beratungskultur
beschreiben?
Zahlreiche Gesetze regeln einzelne Aspekte des Beratungsgeschehens. Sie schreiben dadurch bestimmte Handlungsweisen vor. Die Verrechtlichung von Beratungsleistungen führt u.a. dazu, dass „erwartbare Leistungen, aber auch fachliche und methodische Standards im Beratungssektor durchsetzbar sind" (Barabas, 2004, S.190). Allerdings sind gerade die Qualitätsanforderungen an Beratungen nur schwer zu präzisieren. Außerdem fehlt gegenwärtig noch eine einheitliche Basis für die Ausbildungsanforderungen an zukünftige Berater.

Welche Diskussionspunkte ergeben sich aus der vorgestellten Verbindung?
Die Breite des Beratungsspektrums korrespondiert mit unterschiedlichen Erwartungen an die Berater. Psychologische Beratungen zum Beispiel stellen andere Ansprüche an den Beraterberuf als rein fachliche Beratungen. Außerdem wird eine Beratung von den zu Beratenden subjektiv unterschiedlich beurteilt. Eine positive oder negative Bewertung hängt von vielen Faktoren ab, z.B. der Professionalität des Beraters, dem Persönlichkeitsgefüge des zu Beratenden und von äußeren Einflussfaktoren.
Rechtliche Vorgaben, die die Beratungspraxis verbessern können, sollten sich deshalb auf die formale Seite der Ausbildungsqualifikation von Beratern richten. Weitgehend offene Regelungen des Qualifikationsprofils müssen zugunsten verbindlich vorgeschriebener Aus- und Weiterbildungswege aufgegeben werden. Barabas (2001) stellt dazu fest: „Durch ein berufsregelndes Gesetz muß ... garantiert werden, dass nur qualifizierte Fachleute, die eine standardgesicherte Beratungsausbildung absolviert haben, in der Beratung tätig sein dürfen. Hilfreich zur Vorbereitung eines solchen Gesetzes ist die Schaffung eines möglichst einheitlichen Berufsbildes sowie die wissenschaftliche Fundierung der Beratung" (S.52). Dieser Anspruch zeigt die einzuschlagende Richtung auf. Er macht aber angesichts der gegenwärtigen Entwicklung auch deutlich, dass noch sehr viel Arbeit geleistet werden muss.

3. Arbeitsteil

Zusammenfassung:

Die Ausführungen geben einen Einblick in Wissenschaften, die sich aus theoretischer und/oder vorwiegend praktischer Sicht u.a. auch mit Fragen des Beratungsgeschehens beschäftigen. Es zeigen sich hierbei folgende Unterschiede:

- Während in einzelnen Fachdisziplinen die Beratung (mit) zum zentralen inhaltlichen Anliegen gehört, nimmt sie in anderen eher eine Randposition ein.
- Während die Auseinandersetzung mit Fragen zum Beratungsprozess in einigen Wissenschaften in äußerst differenzierter Weise erfolgt, fehlt in anderen diese fundierte Aufbereitung.
- Während das Beratungsgeschehen in einzelnen Disziplinen grundständig – also auch über einen längeren Zeitraum hinweg – in Forschung und Lehre erfasst wird, zählen andere Disziplinen die Beratung erst in jüngster Zeit zu ihrem Gegenstandsbereich.

Die dem Beratungsgeschehen zugewiesene Beachtung innerhalb einzelner Wissenschaften erklärt entweder die gewachsenen Strukturen der Beratungsforschung (wie z.B. bei der Beratungspsychologie) oder die Absicht, den Gegenstandsbereich um einen weiteren Aspekt – aus welchen Gründen auch immer – zu erweitern (wie z.B. bei der Soziologie).

Die unterschiedlichen Interessenlagen innerhalb der einzelnen Wissenschaften tragen zu einer Analyse des Beratungsgeschehens auf verschiedenen Ebenen bei. So finden sich neben Versuchen, den Beratungsgegenstand metatheoretisch zu erfassen, die Bestrebungen, ihn vorwiegend im praktischen Bezug zu sehen.

Die einzelnen Disziplinen unterscheiden sich auch im Hinblick auf die intradisziplinäre Konsensfähigkeit der Aussagen zum Beratungsprozess (Hinweis: Im vorliegenden Buch werden die Begriffe, Beratungsprozess, -vorgang, -geschehen, Berater-Klient-System etc. zur Kennzeichnung *der* Beratung verwendet; auf die von anderen Autoren gelegentlich vorgenommene differenzierte Anwendung wird verzichtet). So finden sich beim einzuschlagenden Beratungsverlauf (Weg- und Zielvorstellung) entsprechend der zugrunde liegenden theoretischen Position gravierende Unterschiede selbst innerhalb einer Disziplin.

Die inhaltliche Ausrichtung der mit dem Beratungsgeschehen verbundenen Disziplinen beeinflusst die „Kosten-Nutzen-Rechnung" für Beratungsvorgänge. So geben die ökonomischen Belange, die von den Wirtschaftswissenschaften aufgegriffen werden, das Kriterium für die Effektivität von Beratungsvorgängen vor. Dadurch unterscheiden sie sich von den sozialen Belangen, die von anderen Wissenschaften erfasst werden. Hier erfolgt eine Bewertung von Beratungsprozessen unter Gesichtspunkten wie Anleitung zur Selbsthilfe, Einsichtsgewinnung, Herstellung von Handlungsfähigkeit etc.

Zum Verständnis

(a) Die einzelnen Wissenschaften tragen in unterschiedlicher Weise zur Erforschung des Beratungsgeschehens bei. Beschreiben Sie die Schwerpunkte der von Ihnen ausgewählten Disziplinen!

(b) Stellen Sie die Hauptrichtungen der betriebswirtschaftlichen Beratungsforschung vor!

(c) Beschreiben Sie den Beitrag der Rechtswissenschaften für das Beratungsgeschehen!

4. Literatur

Empfohlene Literatur:

Clinebell, H. J. (1985). Modelle beratender Seelsorge. München: Kaiser.

Dietzfelbinger, M., Oetker-Funk, R., Struck, E. & Volger, I. (2003). Der lange Weg vom guten Rat zur fachlichen Psychologischen Beratung. Das psychologische Beratungsangebot der Kirchen. In R. Oetker, M. Dietzfelbinger, E. Struck & I. Volger (Hrsg.), Psychologische Beratung. Beiträge zu Konzept und Praxis (S.15–35). Freiburg im Breisgau: Lambertus.

Filsinger, D. (1991). Institutionsberatung. In G. Elke & A. Schubert (Hrsg.), Psychosoziale Praxis und Arbeitswelt (S.15–32). Tübingen: DGVT.

Spranz-Fogasy, T. (1992). Ärztliche Gesprächsführung – Inhalte und Erfahrungen gesprächsanalytisch fundierter Weiterbildung. In R. Fiehler & W. Sucharowski (Hrsg.), Kommunikationsberatung und Kommunikationstraining (S.68–78). Opladen: Westdeutscher Verlag.

Verwendete Literatur

Alemann, H. v. (1996). Einige allgemeine Bemerkungen zur Soziologie der soziologischen Beratung. In H. v. Alemann & A. Vogel (Hrsg.), Soziologische Beratung (S.16–26). Opladen: Leske & Budrich.

Badura, B. (1972). Kommunikative Kompetenz, Dialoghermeneutik und Interaktion. Eine theoretische Skizze. In B. Badura & K. Gloy (Hrsg.), Soziologie der Kommunikation (S.246–264). Stuttgart: List.

Barabas, F. (2001). Der rechtliche Rahmen beratender Tätigkeit. In U. Straumann (Hrsg.), Professionelle Beratung (S.27–52). Heidelberg: Asanger.

Barabas, F. (2004). Rechtswissenschaften und Beratung. In F. Nestmann, F. Engel & U. Sickendiek (Hrsg.), Das Handbuch der Beratung. Band 1: Disziplinen und Zugänge (S.181–191). Tübingen: DGVT.

Baumgartner, I. (1990). Pastoralpsychologie. Düsseldorf: Patmos.

Becker, A. (2004). Wirtschaftswissenschaften und Beratung. In F. Nestmann, F. Engel & U. Sickendiek (Hrsg.), Das Handbuch der Beratung. Band 1: Disziplinen und Zugänge (S.193–205). Tübingen: DGVT.

Brunner, E. J. (1999). Fachübergreifende versus fachspezifische Beratung. Ethik und Sozialwissenschaften. 10, 4, 494–496.

Deloch, H. & Mohrs, T. (1999). Philosophie ist niemals „unverbindlich". Ethik und Sozialwissenschaften. 10, 4, 498–501.

Dewe, B. (2004). Soziologie und Beratung. In F. Nestmann, F. Engel & U. Sickendiek (Hrsg.), Das Handbuch der Beratung. Band 1: Disziplinen und Zugänge (S.125–139). Tübingen: DGVT.

Epstein (1984). Vorwort. In S. Kessler (Hrsg.), Psychologische Aspekte der genetischen Beratung (S.VIII-XI). Stuttgart: Enke.

Flick, U. (1990). Beratung – Aufhebung erlernter Hilflosigkeit? Psychosozial. 12 (42), 63–73.

Harsch, H. (1973). Theorie und Praxis des beratenden Gesprächs. München: Kaiser.

Hörmann, G. (2004). Gesundheitswissenschaften/Medizin und Beratung. In F. Nestmann, F. Engel & U. Sickendiek (Hrsg.), Das Handbuch der Beratung. Band 1: Disziplinen und Zugänge (S.171–180). Tübingen: DGVT.

Hoffmann, W. H. (1991). Faktoren erfolgreicher Unternehmensberatung. Wiesbaden: Deutscher Universitäts-Verlag.

Kessler, S. (1984). Die Prozesse der Kommunikation, Entscheidungsfindung und Problemverarbeitung in der genetischen Beratung. In S. Kessler (Hrsg.), Psychologische Aspekte der genetischen Beratung (S.29–43). Stuttgart: Enke.

Keupp, H., Strauss, F. & Gmür, W. (1989). Verwissenschaftlichung und Professionalisierung. Zum Verhältnis von technokratischer und reflexiver Verwendung am Beispiel der psychosozialen Praxis. In U. Beck & W. Bonß (Hrsg.), Zwischen Sozialtechnologie und Aufklärung (S.149–194). Frankfurt: Suhrkamp.

Rausch, A. (1989). Gesprächsführung in der genetischen Beratung. München: Profil.

Rausch, A. (2005). Beratung im professionellen Bereich. Seminarpapier (unver.). Pädagogische Hochschule Ludwigsburg.

Reed, S. C. (1972). Genetic counseling in schizophrenia. In A. R. Kaplan (Ed.), Genetic factors in „schizophrenia" (pp. 315–324). Springfield, Thomas.

Reif, M. & Baitsch, H. (1986). Genetische Beratung. Berlin: Springer.

Ruschmann, E. (1999). Philosophische Beratung. Ethik und Sozialwissenschaften. 10, 4, S.483–492.

Ruschmann, E. (2004). Philosophie und Beratung. In F. Nestmann, F. Engel & U. Sickendiek (Hrsg.), Das Handbuch der Beratung. Band 1: Disziplinen und Zugänge (S.141–153). Tübingen: DGVT.

Schips, B. (2006). Wirtschaftswissenschaftliche Beratung. Fluch oder Segen für die Politik? Arbeitspiere des Instituts für Volkswirtschaftslehre Technische Universität Darmstadt. Nr.123. www.bwl.tu-darmstadt.de/vwl/forsch/veroeff/abstracts/abstracts123.html vom 22.08.2006.

Schmid, P. F. (2004). Beratung als Begegung von Person zu Person – Zum Verhältnis von Theologie und Beratung. In F. Nestmann, F. Engel & U. Sickendiek (Hrsg.), Das Handbuch der Beratung. Bd. 1: Disziplinen und Zugänge (S.155–170). Tübingen: DGVT.

Schmitz, E. (1992). Religion und Gesundheit. In E. Schmitz (Hrsg.), Religionspsychologie (S.131–158). Göttingen: Hogrefe.

Schuh, S. (1993). Interne Organisationsberatung In W. Schönig & E. J. Brunner (Hrsg.), Organisationen beraten (S.161–180). Freiburg im Breisgau: Lambertus.

Schwermer, J. (1991). Das helfende Gespräch in der Seelsorge. Paderborn: Bonifatius.

Sorenson, J. R. (1974). Genetic counseling: Some psychological considerations. In M. Lipkin, Jr. & P. T. Rowlev (Eds.), Genetic responsibility (pp. 61–67). New York: Plenum Press.

Stavemann, H. H. (2002). Sokratische Gesprächsführung in Therapie und Beratung. Weinheim: Beltz.

Stenger, H (1988). Kompetenz und Identität. Ein pastoralanthropologischer Entwurf. In H. Stenger (Hrsg.), Eignung für die Berufe der Kirche. Klärung – Beratung – Begleitung (S.31–133). Freiburg: Herder.

Tscheulin, D. (1981). Gemeinsame Grundelemente in verschiedenen Psychotherapieformen. In E.-R. Rey (Hrsg.), Aktuelle Psychiatrie, Bd. 2: Klinische Psychologie (S.115–127). Stuttgart: Fischer.

Winkler, K. (2000). Seelsorge. Berlin: de Gruyter.

Modul 8:
Organisationsformen von Beratung
Arnold Hinz

Beratungsprozesse können in sehr unterschiedlichen Organisationsformen erfolgen. Nicht immer bedeutet Beratung, dass sich ein Berater und ein Ratsuchender gegenüber sitzen. Beratung kann durch eine einzelne Person erfolgen, aber auch durch ein Beraterpaar; und beraten werden können auch ein Paar, eine Familie, eine Gruppe oder eine ganze Organisation. Zur Organisationsform der Beratung gehört, ob die Beratung in einer Hierarchie oder hierarchiefrei erfolgt sowie ob sie freiwillig ist oder ob es sich um eine Zwangsberatung handelt. Sowohl Beratungsräume als auch Beratungszeiten sind wichtige Settingbedingungen der Beratung. Neben der klassischen Face-to-Face-Beratung gibt es schon recht lange die Telefonberatung, die Beratung durch ein Buch, einen Brief, durch den Hörfunk sowie durch das Fernsehen. Eher neu sind die verschiedenen Formen der Mobil- und der Onlineberatung.

1. Soziale Konstellationen von Beratung

1.1 Selbstberatung

Was versteht man unter Selbstberatung?
Unter Selbstberatung (Mutzeck, 1996) ist zu verstehen, dass der Ratsuchende mit sich selbst in einen Dialog tritt, seine Wahrnehmung überprüft, seine Emotionen klärt, Vergangenes und Zukünftiges einbezieht, seinen Standpunkt hinterfragt, alternative Gedankengänge erprobt. Dies findet im Alltag regelmäßig statt und ist zumeist auch ausreichend. Hilfsmittel der Selbstberatung sind Ratgeber- und Selbsthilfebücher und das Aufschreiben der eigenen Gedanken, Emotionen und Erfahrungen. Auch normale Alltagsgespräche haben oft die Funktion, durch das Aussprechen der Gedanken und Gefühle eine Selbstberatung in Gang zu setzen. Ziel der professionellen Fremdberatung ist es, den oder die Beratungsklienten so zu fördern, dass eine ausreichende Selbstberatung erfolgen kann.

Gehört Selbstberatung wirklich zur Beratung?

Zur Beratung gehören mindestens ein Ratsuchender und ein Ratgeber, wobei beide Rollen eigentlich nicht durch dieselbe Person eingenommen werden. Andererseits gehört es zum normalen Sprachgebrauch, dass jemand »mit sich selbst zu Rate geht«, bevor beispielsweise eine Entscheidung getroffen wird. Von daher macht es Sinn, von einer Selbstberatung zu sprechen, zumal auch bei der Fremdberatung die Hilfe zur Selbsthilfe im Mittelpunkt steht. Selbsthilfe impliziert die Fähigkeit zur Selbstberatung.

1.2 Einzelberatung

Was ist Einzelberatung?

Die Einzelberatung ist die klassische und am häufigsten anzutreffende Form der professionellen Beratung. Sie findet in der Regel nur durch einen Berater statt. Die besondere Beziehung zwischen Berater und Ratsuchendem wird von Beratungstheorien mit psychoanalytischem oder klientenzentriertem Hintergrund betont. In psychoanalytischen Beratungstheorien wird die These vertreten, dass sich in die Beziehung zwischen Berater und Ratsuchendem eine Übertragungsbeziehung einschleiche, und zwar in der Form, dass sich frühere Beziehungserfahrungen des Ratsuchenden in der aktuellen Beratungsbeziehung wiederholen, wodurch die Beratungsbeziehung zum Spiegelbild früherer Beziehungen des Ratsuchenden wird. In der psychoanalytischen Therapie wird durch das besondere Setting (der Patient liegt auf der Couch und gerät gegenüber dem hinter ihm sitzenden Therapeuten in eine ähnliche Abhängigkeit wie von den Eltern) ausdrücklich eine Übertragungsbeziehung angestrebt. Auch die klientenzentrierte Beratung betont die Bedeutung der Beratungsbeziehung für die angestrebten Veränderungen. Eine tiefe Übertragungsbeziehung wird zwar nicht angestrebt, wohl aber, dass das empathische und akzeptierende Verhalten des Beraters zumindest ansatzweise den Klienten erreicht (Rogers, 1959/1987). Die Beratungsbeziehung ist nach Rogers (1942/1972) eine einmalige Beziehung, die sich von allen anderen Beziehungen im alltäglichen Leben unterscheidet. Merkmale der Beratungsbeziehung sind für ihn Wärme, Interesse, Empfänglichkeit und in begrenztem Umfang emotionale Zuneigung, das Gewährenlassen bezüglich des Ausdrucks von Gefühlen, die Erfahrung der zeitlichen Begrenzung der Beratung und das Fehlen von Druck oder Zwang. In der lerntheoretisch fundierten Beratung spielt die Beziehung zwischen Berater und Ratsuchendem zwar eine geringere Rolle, aber auch hier ist die Besonderheit der Beziehung zwischen Ratgeber und Ratsuchendem ein wichtiger Aspekt der Beratung.

Können andere Personen zur Einzelberatung hinzugezogen werden?
Die beraterische Beziehung ist eine Vertrauensbeziehung. Die Einzelberatung ist eine nahe Interaktion zwischen Berater und Ratsuchendem in einem geschützten, zeitlich begrenzten Rahmen. Hierzu gehört auch, dass die Inhalte der Beratung vertraulich sind. Es kann aber Gründe geben, diese Vertraulichkeit auf fremde Personen auszuweiten, beispielsweise zu Weiterbildungs- oder Supervisionszwecken. So gehört zur Supervision klientenzentrierter Beratungsgespräche das Anfertigen einer Tonbandaufnahme des Beratungsgesprächs, um Ausschnitte des Gesprächs in der Supervision oder Intervision vorstellen zu können. Bei Praktika in Beratungsstellen ist es üblich, dass Ratsuchende gefragt werden, ob Praktikanten beim Beratungsgespräch zuhören dürfen. Selbstverständlich können Praktikanten nur zuhören, wenn der Ratsuchende damit einverstanden ist. Bei manchen Beratungssituationen kann es sinnvoll erscheinen, eine weitere Person an der Beratungssitzung teilnehmen zu lassen. Hierdurch wird jedoch die intime Beratungssituation deutlicher durchbrochen, als wenn nur ein Tonband mitläuft oder ein Praktikant stumm dabeisitzt. Deshalb sollten solche Erweiterungen nur vorgenommen werden, wenn der Ratsuchende damit wirklich einverstanden ist und sich hiervon einen Gewinn versprechen kann.

1.3 Paarberatung

Was sind die Besonderheiten der Paarberatung?
Bei der Paarberatung oder Partnerberatung (früher: Eheberatung) steht der Berater nicht nur der doppelten Anzahl von Personen gegenüber, sondern auch einer Interaktion zwischen zwei Personen, die zudem eine gemeinsame Geschichte verbindet. Der Berater hat zu Beginn der Beratung gegenüber dem einzelnen Ratsuchenden ein Informationsdefizit, da er über die Vorgeschichte, über das nonverbale Verhalten, über das Vokabular sowie über die Emotionen und Kognitionen des einzelnen Ratsuchenden weniger weiß als der andere Ratsuchende. Deshalb ist die genaue Beobachtung in der Paarberatung besonders wichtig. Traditionelle Themen der Paarberatung waren Sexualprobleme, Ehevorbereitung, Familienplanung, Gesundheit, Hygiene und Kindererziehung; später standen vor dem Hintergrund psychoanalytischer, dann familientherapeutischer und schließlich auch verhaltenstherapeutischer Konzepte vor allem Paarkonflikte im Vordergrund. Heute gehören zur Paarberatung auch wieder präventive Anliegen wie beispielsweise Trainings zur Vorbereitung auf die Elternschaft. Sozialpolitisch wird die Paarberatung wenig gefördert, womit eine auch volkswirtschaftlich sinnvolle Chance der Trennungsprophylaxe vertan wird (Bochmann, 2004; Klann, 2006).

Gibt es besondere Risiken für den Berater bei der Paarberatung?
Wenn die Beratung eines Paares nur von einem Berater durchgeführt wird, kann ein Risiko der Beratung darin liegen, dass der Berater dem gegengeschlechtlichen Ratsuchenden als besserer Partner erscheint, was dem Berater narzisstischen Gewinn bringt, die Paarberatung aber erschwert, weil sich der andere Ratsuchende dann in die Ecke gedrängt fühlt. Ebenso ist möglich, dass der Berater mit dem Ratsuchenden des gleichen Geschlechts ein Bündnis gegen den Ratsuchenden des anderen Geschlechts schließt, beispielsweise deshalb, weil der Berater ähnliche Probleme aus seiner eigenen Paarbeziehung kennt und nun seine privilegierte Beratungsposition nutzt, um das andere Geschlecht „umzuerziehen". Auch ein solches Bündnis macht eine Paarberatung unmöglich. Es ist wichtig, dass der Berater seine eigene geschlechtliche Identität als Wirkfaktor in der Paarberatung bewusst wahrnimmt und beobachtet. Supervision kann hierbei hilfreich sein. Einfacher ist die Paarberatung mit zwei Beratern, da erstens solche Bündnisse in der Intervision (siehe Modul 4) der Berater leichter erkannt werden können und weil zweitens jedes Bündnis eines Beraters mit einem der Ratsuchenden durch ein Bündnis des anderen Beraters mit dem anderen Ratsuchenden bewusst ausgeglichen werden kann (Bochmann, 2004).

1.4 Familienberatung

Was ist Familienberatung?
Der Begriff „Familienberatung" bezeichnet ursprünglich alle Beratungen, die sich auf Fragestellungen, Probleme oder Krisen im Kontext der Familie beziehen. Dies bedeutet, dass auch die Beratung eines einzelnen Familienmitglieds als Familienberatung bezeichnet werden kann. Da es in diesem Abschnitt um die Organisationsformen der Beratung geht, soll der Begriff „Familienberatung" hier für Beratungen verwendet werden, bei denen zumindest der größte Teil einer Familie zur Beratung erscheint (vgl. Modul 3). Anlässe der Familienberatung können emotionale Probleme, soziale Auffälligkeiten, psychosomatische Erkrankungen, Probleme im Schul- und Leistungsbereich oder Schwierigkeiten in der innerfamiliären Kommunikation (Beziehungskrisen, Trennung und Scheidung der Eltern, Geschwisterrivalität, Ablösung vom Elternhaus) sein (Haid-Loh & Lindemann, 2004; Hundsalz, 2004). In Erziehungsberatungsstellen, aber auch in vielen schulpsychologischen Beratungsstellen, findet das Erstgespräch seit der Verbreitung der familientherapeutischen Methoden zumeist mit der gesamten Familie statt, auch wenn der Anmeldegrund nur eine Auffälligkeit bei einem Kind ist. Dahinter steckt die Überzeugung, dass die Familie ein komplexes System ist und dass ein Symptom bei einem Kind mit dem Gesamtsystem zu tun haben kann oder sich auf das Gesamtsystem auswirkt, so dass mögliche Beratungsinterventionen nicht isoliert betrachtet werden dürfen.

Welche Techniken werden in der Familienberatung verwendet?

Ein wichtiger Aspekt des Gesprächs mit der gesamten Familie sind die damit verbundenen diagnostischen Möglichkeiten, weshalb es auch bei einem geplanten späterem Übergang zu einer Einzelberatung sinnvoll ist, zumindest einmal der gesamten Familie gegenüberzusitzen. Aufschlussreich kann bereits die Sitzordnung sein, die beim Familiengespräch eingenommen wird. Ein besonderes Interesse gilt den verbalen und nonverbalen Interaktionen zwischen den einzelnen Familienmitgliedern. Zudem ist es diagnostisch wichtig zu wissen, wer in der Familie Interesse an Veränderungen hat und wer nicht. Welche Familienmitglieder leiden unter einem bestimmten Verhalten, wer hat sich damit arrangiert, wer profitiert davon? Was sind Auslösesituationen für ein Symptom, was sind Erklärungsmuster der Familie für ein Symptom, wie reagieren die einzelnen Familienmitglieder, wie waren die bisherigen Problemlösungsversuche? Eine besondere Technik in der Familienberatung ist das *„zirkuläre Fragen"*. Hierbei werden einzelne Familienmitglieder danach befragt, wie sie die Beziehung zwischen zwei anderen Familienmitgliedern sehen (Beispiel: „Was denkst du, Stefan, was es bei deiner Mutter auslöst, deinen Vater weinen zu sehen").

Wie ist die Stellung des Beraters in der Familienberatung?

Ein zentrales Prinzip der Familienberatung ist die *„Neutralität"* des Beraters. Dies bedeutet nicht, dass sich der Berater heraushält, sondern dass er sich nicht mit einem bestimmten Familienmitglied oder einer Subgruppe im System „Familie" verbündet. Kommt es zu einer Verbündung mit einem Familienmitglied, wird der Berater aus systemischer Sicht in den Sog einer Familie hineingezogen und verliert dadurch die Möglichkeiten der Intervention. Wichtig ist auch, dass der Berater sich nicht als besserer Elternteil präsentiert, wodurch er in Konkurrenz zu einem Familienmitglied treten würde. Ähnlich wie bei der Paarberatung sollte die Neutralität des Beraters durch eine begleitende Supervision überprüft werden. Einfacher ist die Durchführung von Familienberatung durch zwei Berater (möglichst ein männlicher und ein weiblicher), da diese in der Intervision leichter überprüfen können, ob sie Koalitionsangeboten einzelner Familienmitglieder entgegengekommen sind. Zudem können sich zwei Berater in einer Pause innerhalb einer Familienberatungssitzung über ihre Wahrnehmungen austauschen. Weitere Vorteile der Arbeit mit zwei Beratern sind die größere Sicherheit und die größere Entlastung, was Sensibilität und Kreativität der Berater erhöht (Gehring, Marti & Brägger, 2004; Hennig & Knödler, 1993; Schlippe & Schweitzer, 2007).

1.5 Systemische Beratung

Was ist systemische Beratung?

Von systemischer Beratung spricht man, wenn die Vernetzung in Systemen nicht nur auf die Familie beschränkt gedacht wird. Neben der Familie gibt es noch andere Personen-Netzwerke, die in eine Beratung einbezogen werden können (Brunner, 2004). So kann es beispielsweise notwendig sein, ein problematisches Schülerverhalten nicht nur im Kontext der Familie zu sehen, sondern auch im Kontext der Beziehungen des Schülers zur Lehrperson sowie zu den Mitschülern. Im Kontext der Organisationsformen von Beratung bedeutet „systemische Beratung", dass an einer Beratung alle teilnehmen, die an der Aufrechterhaltung und Veränderung eines Verhaltens beteiligt sind. Ein Beispiel soll dies verdeutlichen: *Schülerin Anna geht in die dritte Klasse. Aus Sicht der Lehrerin fällt sie im Unterricht weder negativ noch positiv auf. Ihre Hausaufgaben sind stets sorgfältig erledigt. Bei Klassenarbeiten wird sie oft nicht fertig, so dass ganze Sätze fehlen. Während die Lehrerin mit Anna eher kein Problem hat, sieht die Situation aus Sicht der Mutter anders aus: Täglich kämpft sie mit Anna um die Erledigung der Hausaufgaben. Anna schafft es nicht, alleine anzufangen; Mutter und Tochter verbringen dann sehr viele Stunden mit den Hausaufgaben. Für mütterliche Zuwendung neben den Hausaufgaben bleibt keine Zeit. Nachdem diese Interaktion längere Zeit Bestand hatte und funktionierte, stellt sich nun das Problem, dass Anna wegen ihrer fehlenden Selbstständigkeit bei Klassenarbeiten keine für sie angemessenen Leistungen zeigen kann.*

Aus systemischer Sicht können Veränderungen nur erfolgreich sein, wenn alle Personen im Netzwerk des Problemverhaltens an ihnen beteiligt werden. Wenn sich beispielsweise die Mutter schrittweise aus der Betreuung der Hausaufgaben zurückzieht, könnte dies die Konsequenz haben, dass Annas Hausaufgaben dann unvollständig sind, dass die ohnehin mittelmäßigen Schulnoten von Anna dann noch schlechter werden und dass die Lehrerin Anna zudem noch schlechten Willen unterstellt. Veränderungen hin zu mehr Selbstständigkeit von Anna müssen deshalb im gesamten System getroffen werden, wozu in diesem Fall auch die Einbeziehung der Lehrerin gehört.

1.6 Gruppenberatung

Von einer Gruppe spricht man bei unmittelbarem Face-to-Face-Kontakt zwischen den Gruppenmitgliedern, bei gemeinsamen Zielen, Werten und Normen, bei einer gewissen Dauer der Gruppe und bei einer Größe von drei bis maximal 25 Personen. Gruppenberatung findet zumeist in geschlossenen Gruppen statt, die für den Gesamtprozess der Beratung zusammen bleiben und die beim Ausscheiden von Gruppenmitgliedern nicht durch neue Mitglieder ergänzt werden. Die

Atmosphäre einer Gruppe bleibt so durchschaubarer und bietet mehr Sicherheit. Die Gruppenberatung bietet gegenüber einer Einzelberatung einige Vorteile: Erstens dient jedes Gruppenmitglied als Modell („Lernen am Modell") für die anderen (beispielsweise in einer Gruppenberatung zur Bewältigung von Brustkrebs), zweitens kann in einer Gruppenberatung in Rollenspielen neues Verhalten wirklichkeitsnaher erprobt werden als in der Einzelberatung und drittens ist eine Gruppenberatung für die Ratsuchenden preisgünstiger oder, falls die Beratung kostenlos ist, für einen öffentlichen Anbieter ökonomischer. Das Verhalten des Beraters gegenüber einzelnen Gruppenmitgliedern kann als Modell für das Verhalten innerhalb der Gruppe dienen. Die Gruppe kann entlasten, wenn ihr Personen mit ähnlichen Problemen angehören, da die Ratsuchenden so erfahren, dass sie mit ihrem Problem nicht alleine dastehen. Sie kann allerdings auch belasten, wenn einzelne Teilnehmer das Gefühl haben, dass sie im Vergleich mit den anderen größere Probleme haben oder wenn mehrere Gruppenmitglieder immer wieder ein bestimmtes Gruppenmitglied mit bedrängenden oder schmerzlichen Interventionen konfrontieren.

Ähnlich wie bei der Paar- und Familienberatung ist es für die Gruppenberatung wünschenswert, wenn zwei Personen eine Gruppe beraten. Neben den expliziten Themen, die in der Gruppenberatung besprochen werden, müssen die Berater auch die Kommunikationsformen in der Gruppe betrachten. Berater müssen erkennen, wer mit wem Kontakt hat, in welcher Form Kontakte ablaufen, wer welche Gruppenfunktion übernimmt und wer Macht und Einfluss in einer Gruppe hat (Rechtien, 2004).

1.7 Organisationsberatung und -entwicklung (OE)

Im Fokus der Organisationsberatung steht die Gesamt-Organisation, nicht der Einzelne im System wie bei der Supervision (siehe Modul 4). Alle Modelle der Organisationsberatung und -entwicklung beziehen sich auf Kurt Lewin als den Begründer des Konzepts einer lernenden Organisation. Auf der untersten Ebene einer Organisation ist die intrapersonelle Struktur eher eine Aufgabe der Psychotherapie, die interpersonelle Struktur (Beziehungsstruktur) ist Thema der Teamsupervision und die obere Ebene einer Organisation ist Gegenstand der Organisationsanalyse. Dazu gehören auch die gewissermaßen ganz oben stehenden Werte und Normen einer Organisation, die „corporate identity", die „Organisationskultur". Aufgabe der Organisationsberatung ist es, „größere und komplexe soziale Systeme zu analysieren, Probleme des Handlungszusammenhangs zu diagnostizieren und Lösungsvorschläge mit dem Ziel zu erarbeiten, das Entwicklungspotential der jeweiligen Organisation auszuschöpfen und ihre Problemlösungskapazität zu erweitern" (Schönig & Brunner, 1993, S. 27). Organisationsberatung kann sich zwar auch auf Einzelne oder auf Gruppen in einer Organisation beziehen, die Ergebnisse der Beratung werden aber stets in das Entwicklungsprogramm einer Organisation integriert.

In welchen Bereichen gibt es Organisationsberatung bzw. -entwicklung?
Organisationsberatung und -entwicklung gibt es nicht nur in großen Wirtschaftsbetrieben, sondern auch in der Sozialarbeit, in der Kulturarbeit, in Behörden oder in Schulen.

Was sind Anlässe für eine Organisationsberatung bzw. -entwicklung?
Die Anlässe für eine Organisationsberatung bzw. -entwicklung können unterschiedlich sein. So kann es beispielsweise für eine Schule folgende Auslöser geben: Mehrere Kollegen haben eine Projektidee, wollen eine pädagogische Konferenz gestalten oder ein Leitbild entwickeln; es gab einen größeren Wechsel im Kollegium; ein Schuljubiläum bietet Gelegenheit zum kritischen Rückblick und zur Selbstevaluation; die Schülerzahlen sinken; eine neue Schulleiterin kommt; das Ministerium fordert die Entwicklung eines Schulcurriculums etc. (Rolff, 2001). Die Nachfrage nach Organisationsberatung muss aus dem Schulkollegium selbst kommen, da die Veränderungsbereitschaft Voraussetzung für eine Organisationsberatung ist (Schönig, 1993). Organisationsberatung ist ein Kooperationsangebot und ist kein Instrument, um von oben herab dysfunktionale Einrichtungen umzukrempeln (Brunner, 2005).

Wie ist die Rolle des Organisationsberaters?
Der Organisationsberater kommt in der Regel von außerhalb und gehört nicht zur Organisation, die er berät. Bevor der Berater seine Arbeit beginnt, muss er wissen, ob er das Mandat einer großen Mehrheit der Mitarbeiter hat oder ob er nur im Auftrag einer bestimmten Gruppe handeln soll. Ähnlich wie bei der Familienberatung hat der Berater die Rolle eines „Störenfrieds" (Schönig, 1993). Der Organisationsberater muss stillschweigend gebilligte gemeinsame Normen und Organisationsmythen entdecken (z.B. „Wir sind ein harmonisches Kollegium"). Er sollte schädigende Interaktionen im System unterbrechen und die defensiven Routinen der Organisation gegen Veränderungen erkennen und reflektieren (Fatzer, 2004). Die Ansprüche an einen Organisationsberater sind somit sehr hoch: er hat nicht nur mit sehr vielen Personen zu tun, sondern auch mit den komplexen Spielregeln und Kommunikationsarten dieser Personen (Brunner, 2005).
Je nach Motiv für den Einsatz eines Beraters sind auch die Beraterrollen unterschiedlich. Der Berater kann als Krisenmanager, als Problemlöser, als Prozessberater oder als neutraler Dritter fungieren. Üblicherweise arbeitet der Organisationsberater nur in zeitlich begrenzten Projekten und mit klar definiertem Ziel und Auftrag für eine Organisation. Sobald Lösungen implementiert werden sollen,

gehört zur Organisationsberatung immer auch die Organisationsentwicklung (Sonntag & Stegmaier, 2006).

Was ist Organisationsentwicklung (OE)?

Organisationsentwicklung ist ein geplanter, langfristig angelegter Prozess der Entwicklung einer Organisation mit dem Ziel einer Verbesserung der Leistungen der Organisation (Effektivitäts- und Effizienzoptimierung) als auch der Arbeitsbedingungen der Mitarbeiter (Humanisierung). Organisationsentwicklung ist kein Instrument zur Durchführung von Erlassen oder Dekreten, sondern erfolgt unter direkter und aktiver Beteiligung der einzelnen Organisationsmitglieder bei der Planung, Gestaltung und Durchführung einzelner Maßnahmen und Veränderungen.

Wie ist die Abfolge einer Organisationsentwicklung?

Es gibt je nach Theorieansatz verschiedene Phasenmodelle vom Ablauf einer Organisationsentwicklung. Auf die Organisationsdiagnose erfolgen nach Lewin zunächst eine Phase des „Auftauens" (Unfreezing), dann eine Phase der kognitiven Umstrukturierung (Change) und schließlich eine Phase der Integration des Neuen (Refreezing). Die Diagnose einer Organisation kann erfolgen durch Fragebogenerhebungen mit geschlossenen oder offenen Fragen, durch Rückgriff auf Jahresberichte, durch gelenkte Fantasieübungen in der Gruppe mit Deutung der so entstandenen Bilder oder einfach durch eine gemeinsame Problemsammlung an einer Themenwand. In jedem Falle sollte eine Stärken-Schwächen-Analyse erfolgen.

Organisationsentwicklungsprozesse werden häufig durch Schlüsselpersonen (interne Berater in einem System) oder durch eine Steuergruppe unterstützt und begleitet. Wenn beispielsweise eine Organisationsentwicklung in einer Schule durchgeführt werden soll, soll die Steuergruppe dazu beitragen, dass das Vorhaben das gesamte Kollegium erreicht. Idealerweise werden die Mitarbeiter einer Steuergruppe vom Kollegium gewählt. Bei der Zusammensetzung einer Steuergruppe ist darauf zu achten, dass in ihr Vertreter der wichtigen Fächer sitzen, dass es eine gute Mischung von jung und alt sowie von Männern und Frauen gibt, dass sowohl Skeptiker (die Mitarbeit muss aber freiwillig sein) als auch Aktivisten vertreten sind, dass die Schulleitung vertreten ist und dass je nach Zielrichtung auch Eltern oder Schüler vertreten sind.

Ein Hilfsmittel der Organisationsentwicklung ist der Einsatz von Aktionsplänen. Der geplante Entwicklungsprozess kann so in einzelne Abschnitte und Arbeitsschritte gegliedert werden. In einem Ablaufdiagramm werden möglichst konkret künftige Tätigkeiten auf einer Zeitachse festgehalten, wobei jedoch die Planung immer nur vorläufig sein kann (Klein, 1997; Rolff, 2001; Schley, 1992; Schönig, 1993).

2. Abhängigkeiten, Hierarchie und Zwänge in der Beratung

Kann es eine Beratung bei Abhängigkeiten zwischen Berater und Ratsuchendem geben?

Abhängigkeiten zwischen Ratgeber und Ratsuchendem wie beispielsweise zwischen Chef und Untergebenem oder zwischen einem benotenden Fachleiter und einem Lehramtsanwärter passen nicht zum Wesen der Beratung. Wenn der Berater außerhalb der Beratungsbeziehung Macht über den Ratsuchenden ausübt oder ausüben soll, muss er befürchten, dass er nach erfolgter Beratung besondere Rücksicht auf den Ratsuchenden nehmen muss, da er dann dessen spezielle Situation kennt. Wenn beispielsweise ein Lehramtsanwärter dem Fachleiter in einem Beratungsgespräch seine schwierigen Lebensumstände verdeutlicht, wird es diesem zukünftig vermutlich schwerer fallen, eine schlechte Note zu vergeben. Der Berater verliert durch die Beratung die Freiheit des unbefangenen Verhaltens gegenüber einem abhängigen Ratsuchenden. Genauso ist es auch für den Ratsuchenden ein Risiko, sich bei einem Vorgesetzten Rat zu holen, da dieser sein so erworbenes Wissen bei Auseinandersetzungen gegen den Ratsuchenden einsetzen kann. Da Offenheit und Ehrlichkeit Grundvoraussetzungen der Beratung sind, gehört die Beratung nicht in eine Abhängigkeitsbeziehung, weil in Hierarchien stets abzuwägen ist, was offengelegt werden kann und was nicht. So wird beispielsweise ein Schüler gegenüber einem Lehrer nicht einfach angeben können, dass er abgeschrieben hat, obwohl diese Auskunft vielleicht für eine Beratung wichtig wäre. Man kann anführen, dass die meisten Lehrer eine solche Information nicht weiter verfolgen werden, dass Schüler hier also ehrlich sein können. Vielleicht würde sogar die Angabe des Konsums von Marihuana noch nicht zu einer schulischen Maßnahme führen. Was aber, wenn ein Schüler in einem Beratungsgespräch den Verkauf von Marihuana auf dem Schulgelände eingesteht? Spätestens dann gibt es einen Widerspruch zwischen der Beraterrolle und der hierarchischen Beziehung zwischen Lehrer und Schüler. Hierarchische Beziehungen und damit verbundene paradoxale Rollenstrukturen und -identitäten beeinträchtigen nach Willmann und Hüper (2004) auch die Möglichkeiten der Beratung durch Beratungslehrer, wenn diese beispielsweise Eltern bei Eltern-Lehrer-Konflikten beraten oder eine Systemberatung mit dem ganzen Kollegium durchführen wollen.

Besonders problematisch ist, wenn der Berater über den Ratsuchenden nahezu unbegrenzte Macht hat wie beispielsweise bei einer Psychotherapieausbildung der Ausbilder (z.B. Lehranalytiker) gegenüber dem Kandidaten. Auffällig ist, dass in hierarchischen Beziehungen mit besonderer Vorliebe die Vorgesetzten ihre Machtposition unter dem Deckmantel des Begriffs „Beratung" kaschieren. So gibt es viele Rektoren, Dekane, Direktoren, Schulleiter, Fachleiter, Prüfer, Bewährungshelfer, Lehrer etc., die angeben, dass sie in erster Linie nur beraten.

Gibt es also überhaupt keine Möglichkeiten der Beratung durch Personen, die Macht über den Ratsuchenden haben? Rogers (1942/1972) beschrieb zwei Teillösungen: erstens könnte der Berater auf seine autoritäre Funktion als Teil des Gesamtsystems explizit hinweisen und dazu auffordern, diese Funktion in der Beratung zu berücksichtigen und zu akzeptieren; zweitens könnte der Berater darauf achten, dass im Beratungsgespräch nur Themen erörtert werden, die mit der autoritären Funktion des Ratgebers nicht direkt zu tun haben. So könnte ein Lehrer außerhalb des Schulunterrichts die Beratung eines Schülers in Bezug auf dessen Schwierigkeiten mit den Eltern durchführen und trotzdem gleichzeitig im Unterricht als Lehrer Autorität ausüben. Aber auch bei dieser Konstellation können sehr leicht Rollenkonflikte entstehen. Schülerinnen und Schüler können sich schwer offen anvertrauen, wenn der Ratgeber bei der Vergabe der Leistungs- und Verhaltensnoten mitwirkt und im Rahmen der Dienstvorschrift ein bestimmtes Schülerverhalten „anmahnen" muss. Rogers führt aus, dass die vielversprechendste Lösung die Trennung der Beratungsfunktion von der autoritären Funktion sei. So kann eine schulische Beratung durch nicht unterrichtende Sozialpädagogen, durch Beratungslehrer und Schulpsychologen anderer Schulen oder durch außerhalb der Schule angesiedelte schulpsychologische Beratungsstellen erfolgen. Der Vorteil der Trennung von Unterrichten und Beraten ist, dass Rollenkonfusionen entfallen. Der Nachteil einer solchen Trennung ist aber, dass außenstehende Berater eine geringere Vertrautheit und eine geringere Informiertheit über eine bestimmte Schule entwickeln können, dass die aus der Beratung resultierenden Einsichten schwerer Eingang in das Lehrerhandeln und in Schulkonferenzen finden und dass es schwerer zu organisieren ist, bei bestimmten Interventionen auf den Berater zurückzugreifen (Tschötschel-Gänger, 2005).

In der pädagogischen Diskussion dominiert heutzutage die Position, dass Beratung zum „Pflichtenkanon jedes Lehrers" gehört (Pfitzner, 2005, S. 386, siehe auch Kiper, 2001; Terhart, 2000). Die Aufgabe der Beratung wird explizit in den Lehrplänen der verschiedenen Bundesländer und Schularten aufgeführt. Lehrerinnen und Lehrer beraten Eltern und Schüler beispielsweise bei Lernschwierigkeiten, bei der Wahl der Schulart, bei der Wahl von Fremdsprachen und Kursen, bei Schwierigkeiten mit der häuslichen Lernarbeit, bei der Berufswahl etc. Grundlage der Beratung durch den Lehrer sind seine Gesprächskompetenz und seine diagnostische und prognostische Kompetenz (beispielsweise aufgrund von Beobachtung, Leistungserhebungen, Unterlagen, Tests). Voraussetzung für eine Beratung sind Offenheit und Vertraulichkeit. Im Beratungsgespräch können jedoch Schüler die Offenheit und Lehrer die Vertraulichkeit aufgrund der zwischen ihnen bestehenden hierarchischen Beziehung manchmal nicht realisieren. In der pädagogischen Diskussion zur Beratung sind zwar lange Listen von Anforderungen an den Berater und das Beratungsgespräch zu finden, die Widersprüche zwischen diesen Anforderungen und der hierarchischen Beziehung zwischen Lehrer und Schüler oder Eltern werden jedoch wenig reflektiert.

Kasakos (1988) hat durch teilnehmende Beobachtung von Beratungen im Jugendamt aufgezeigt, dass die dortige Beratung als oberflächlicher Plausch über Lebensprobleme erscheine, in Wirklichkeit jedoch dadurch geprägt sei, dass der Berater anfallende Informationen aktengerecht registriere und Maßnahmen plane. Die Haltung des Beraters ähnle der eines Verkäufers, der Mitmenschlichkeit nur vortäusche. Jede Antwort und Äußerung des Ratsuchenden werde leicht zu einer Gefahr für die eigene Interessenlage. Die gesamte Beratung sei durch eine Doppeldeutigkeit belastet, da sie einerseits ein vertrauliches Gespräch, andererseits jedoch eine amtliche Strategie sei. Diese Doppeldeutigkeit gibt es auch bei Beratungsgesprächen zwischen einem Lehrer und Schüler. Wenn beispielsweise ein bestimmter Lehrer von der Schulleitung gebeten wird, in einem Beratungsgespräch abzuklären, was mit einem Schüler los sei, so kann die einfühlende und freundliche Haltung dieses Lehrers den Schüler zu Äußerungen verleiten, die sich für ihn negativ auswirken (wenn er beispielsweise erklärt, dass ihn die Schule nicht mehr interessiere und er nur auf die Berufsausbildung warte). Im Kontext von Abhängigkeitsbeziehungen sind Beratungsgespräche mit der Gefahr verbunden, dass einfühlende Gesprächsführungstechniken dazu dienen, mehr herauszubekommen (in diesem Sinne führten auch die Mitarbeiter der Staatssicherheit der ehemaligen DDR Beratungsgespräche).

Es gibt auch Beratungskonstellationen, bei denen eher der Ratsuchende eine hierarchische Position einnimmt, beispielsweise wenn ein Unternehmen einen Berater beauftragt und für diesen eine ökonomische Abhängigkeit von diesem Auftrag besteht. Auch in dieser Konstellation funktioniert Beratung nicht, da dann dem Ratgeber die Freiheit des Handelns fehlt.

Gibt es in der Beratung auch unabhängig von Abhängigkeiten eine Hierarchie zwischen Berater und Ratsuchendem?

Der Normalfall der Beratung sollte sein, dass es keinerlei Abhängigkeitsbeziehung zwischen Berater und Ratsuchendem gibt. Trotzdem kann man auch bei fehlender Abhängigkeit nicht von einer hierarchiefreien Beratungsbeziehung sprechen. Leider findet man in der Beratungsliteratur mehr oder weniger unreflektierte normative Vorstellungen von einer Symmetrie und Gleichwertigkeit von Berater und Ratsuchendem (Willmann & Hüper, 2004). Eine gewisse Hierarchie zwischen Berater und Ratsuchendem entsteht schon daraus, dass der Ratsuchende ein Problem oder ein Anliegen hat und insofern etwas „will", während der Berater keine persönlichen Probleme in die Beratungssituation einbringt. Die hieraus resultierende Hierarchie wird von vielen Ratsuchenden auch deutlich empfunden, insbesondere bei großen Belastungen und Problemen.

Eine Hierarchie zwischen Berater und Ratsuchendem ergibt sich auch durch den diagnostischen Blick des Beraters. Selbst dann, wenn vom Berater nicht explizit eine Diagnose (z.B. bei Schuleingangsuntersuchungen, bei Verdacht auf eine Lese-

Rechtschreibschwäche) verlangt wird, so gehört es doch zur Professionalität des Beraters, dass er im Beratungsgespräch still für sich diagnostische Überlegungen anstellt und Deutungen erwägt. Zur Professionalität des Beraters gehört auch, dass er nur solche Einsichten an den Ratsuchenden weitergibt, die dieser auch verarbeiten kann. Es behindert nämlich den Beratungsprozess, wenn der Berater Einsichten weitergibt, die den Ratsuchenden erschrecken oder überfordern. Die Kehrseite dieses angemessenen Beraterverhaltens ist, dass der Berater mit den bewusst zurückgehaltenen Einsichten auch Machtressourcen ansammelt, über die der Ratsuchende nicht verfügt. Selbst wenn Selbstreflexivität oder Supervision des Beraters verhindern, dass diese Machtressourcen in Konfliktsituationen genutzt werden, so ändert dies nichts daran, dass der Berater über diese Ressourcen verfügt, während der Ratsuchende gleichzeitig über den Berater nahezu nichts weiß. Ein weiterer Aspekt der Hierarchie zwischen Berater und Ratsuchendem ergibt sich aus der unterschiedlichen emotionalen Bedürftigkeit, aus der geringen „Einsehbarkeit" des Beraters, aus der Künstlichkeit der Beratungssituation und aus der daraus häufig resultierenden Idealisierung des Beraters bis hin zu heftigen Verliebtheitsgefühlen, was in der psychoanalytischen Diskussion als „Übertragung" diskutiert wird. Auch wenn solche Gefühle für den Berater schwer zu handhaben sind und ein Hindernis für die Beratungsarbeit bilden können, so geben sie doch dem Berater zumindest potentiell Macht über den Ratsuchenden.

Ein hierarchisches Gefälle zwischen Berater und Ratsuchendem ergibt sich auch durch die Interventionsmöglichkeiten des Beraters. So kann beispielsweise der Berater den Ratsuchenden durch empathische Deutungen zum Weinen bringen, was nicht nur als Anwendung einer Beratungstechnik im Dienste des Ratsuchenden zu verstehen ist, sondern dem Ratgeber auch Macht verleiht. Problematisch wird diese Macht, wenn sie ausgeübt wird, wenn also ein Berater einen Ratsuchenden mit tiefen Deutungen erschüttert und in die Enge treibt, weil er unbewusst oder bewusst den Ratsuchenden bestrafen will (beispielsweise dafür, dass der Ratsuchende seine Kinder schlägt).

Auch die Therapeutisierung der Beratung kann als Machtausübung gesehen werden, wenn nämlich die ökonomischen Belastungen als Ursache der misslichen Lage des Ratsuchenden ignoriert werden. Wenn sich Berater nur für die Lebensgeschichte und das innere Erleben des Ratsuchenden interessieren und die realen Lebensumstände vernachlässigen, kann bei Ratsuchenden leicht der Eindruck entstehen, dass der Berater nicht nur seine professionelle Deutungsmacht, sondern auch seine ökonomische Machtsituation gegen den ökonomisch machtlosen Ratsuchenden ausspielt. Wenn soziale und ökonomische Mängel zu Ich-Problemen und Organisations- und Strukturmängel zu Mitarbeiterproblemen individualisiert werden, wird psychologische Beratung selbst zu einem Teil von Herrschaftsausübung (Gröning, 2006).

Beratung ist also auch bei fehlenden externen Abhängigkeiten nicht frei von internen Hierarchien. Eine Hierarchie zwischen Berater und Ratsuchendem ergibt sich aus der unterschiedlichen Interessenlage, aus dem unterschiedlichen diagnostischen Wissen, aus der zumindest teilweise künstlich erzeugten Idealisierung des Beraters, aus der emotionalen Deutungsmacht des Beraters sowie aus der Individualisierung und Therapeutisierung ökonomischer Missstände. Eine wahrhaftige Beratungsbeziehung kann nur in den Momenten entstehen, in denen der Berater „aus der Deckung" geht, das heißt, sich nicht hinter seiner Deutungsmacht, seiner therapeutischen Methode und seiner Position versteckt.

Ist Zwangsberatung noch Beratung?

Zwangsberatungen gibt es im Kontext der Schwangerschaftskonfliktberatung, als Auflage in Gerichtsurteilen sowie als Studienberatung in einigen Prüfungsordnungen. Zudem gibt es Beratungen, zu denen der Ratsuchende mehr oder weniger stark von einer dritten Person (Partner, Lehrer) oder Institution (Jugendamt) gezwungen wird oder bei denen das Erscheinen Voraussetzung für den Erhalt von Geldmitteln ist. Von einer Zwangsberatung kann man auch bei einer beruflichen Verpflichtung zur Supervision sprechen, wie sie beispielsweise für Berater in der Telefonseelsorge (siehe 5.4) besteht. Der Zwang zur Beratung verhindert Offenheit und erhöht die Passivität des Ratsuchenden. In jedem Fall ist es Aufgabe des Beraters, im Beratungsprozess eine Eigenmotivation des zur Beratung gezwungenen Klienten aufzubauen. Bei Beratungsgesprächen, die offensichtlich zwangsweise erfolgen, muss der Berater für Vertrauen werben, die Anonymität der Beratung betonen und die Möglichkeiten der Beratung aufzeigen. Schwieriger zu handhaben sind Beratungssituationen, bei denen für den Berater nicht unmittelbar erkennbar ist, dass der Klient ein geschickter Klient ist (beispielsweise durch Druck vom Lebenspartner). Die Abklärung einer Eigen- oder Fremdmotivation sollte nach Möglichkeit vor dem inhaltlichen Einstieg in ein Beratungsthema erfolgen. In vielen Kontexten sind die ersten Beratungskontakte nicht freiwillig, sondern erfolgen auf Druck des Lehrers, der Eltern oder des Jugendamts. Auf lange Sicht ist eine Beratung nur erfolgversprechend, wenn Berater und Ratsuchender ein wie auch immer geartetes Arbeitsbündnis schließen. Wenn dies auch nach mehreren Beratungsgesprächen nicht möglich ist, macht eine Weiterführung der Beratung keinen Sinn. Da häufig auch eine Zwangsberatung in ein Arbeitsbündnis und somit in eine freiwillige Beratung mündet und manche Klienten sonst eine Beratungsstelle nie aufsuchen würden (z.B. Schüler mit Schulphobien, Alkoholiker, anorektische Mädchen), lässt sich ein Beratungszwang für den Anfangskontakt rechtfertigen, auch wenn er nicht dem Ideal der Beratung entspricht.

3. Beratungsräume

Wie sollten Beratungsstellen liegen?

Beratungsstellen müssen erreichbar sein und dürfen durch ihre Lage niemanden ausschließen. Wenn Kinder und Jugendliche die Dienste einer Beratungsstelle selbstständig in Anspruch nehmen sollen, muss diese mit öffentlichen Verkehrsmitteln gut zu erreichen sein. Ein besonderes Problem ist für manche Ratsuchende die Einsehbarkeit des Zutritts zu einer Beratungsstelle. Dieses Problem stellt sich insbesondere in Kleinstädten bei schambesetzten Themen, also beispielsweise bei Suchtberatungsstellen oder bei Beratungsstellen von Pro Familia.

Wie sollten Beratungsstellen ausgestattet sein?

Die Ausstattung einer Beratungsstelle, insbesondere des Wartezimmers, sollte der jeweiligen Klientel entsprechen. Die Ausstattung darf weder durch Unordentlichkeit noch durch besondere Exklusivität abschrecken. Räume, in denen auch Kinder warten, müssen mit altersgerechten Spielangeboten ausgestattet werden. Ausliegende Informationsbroschüren sollten an das Anliegen der Beratungsstelle angepasst werden. Wichtig ist, dass das Wartezimmer räumlich eindeutig vom Sekretariat der Beratungsstelle getrennt wird, damit Wartende keine Gespräche mithören können. Viele Ratsuchende sind für die Eindrücke eines Wartezimmers sehr empfänglich, da sie im Wartezimmer sowohl ihr Anliegen als auch das Für und Wider eines Besuchs der Beratungsstelle überdenken. Ratsuchende sollten vom Berater im Wartezimmer abgeholt und zum Beratungsraum geführt werden. Dies erleichtert das Sich-zu-Recht-Finden in einer fremden Umgebung und schützt andere Klienten oder Kollegen vor Störungen. Die Beratung und die kollegiale Intervision sollten in geschlossenen Räumen durchgeführt werden, damit ein Mithören durch andere Klienten ausgeschlossen ist. Berater sollten auch in Pausen, in denen spontan und zwanglos über Klienten gesprochen wird, darauf achten, dass die Türen geschlossen sind.

Wie sollten Beratungsräume beschaffen sein?

Beratungsräume sollen vor Störungen geschützte Räume sein. In Beratungsstellen ist es allgemein üblich, dass während einer Beratung keine Telefongespräche durchgestellt werden und dass die Beratungsräume während der Beratung nicht durch Mitarbeiter betreten werden. Dies wird in der Regel durch ein Schild („Bitte nicht stören") gewährleistet (Kolb, 2007). Auch bei Beratungsgesprächen außerhalb von Beratungsstellen, beispielsweise in Schulen, sollte sichergestellt werden, dass während der Beratung keine Störungen erfolgen. Dies lässt sich ebenfalls durch ein Schild sowie durch vorherige Absprachen gewährleisten.

Die Ausstattung eines Beratungsraums sollte bequem sein und Wärme ausstrahlen. Ratgeber dürfen Beratungsräume durchaus nach persönlichen Vorlieben einrichten, wobei der Raum etwas über die Person des Ratgebers verraten darf. In der psychoanalytischen Diskussion wurde die Auffassung vertreten, dass der Therapeut sowohl durch seine Kleidung als auch durch den Therapieraum möglichst wenig über sich kundtun sollte, damit die Übertragung durch Kleidung und Einrichtung nicht beeinflusst werde und der Therapeut wie ein Spiegel fungieren könne. Es ist aber unmöglich, durch Kleidung und Einrichtung nichts über sich selbst auszusagen. Auch wenn Ratsuchende mit den Anlässen für das Aufsuchen der Beratung beschäftigt sind, so nehmen sie doch den Beratungsraum genau wahr, zumal in ihm möglicherweise bedeutsame Lebenszeit verbracht wird. Problematisch sind nahezu leere Beratungsräume, da sie nicht nur zu einem unangenehmen Nachhallen der Stimme führen, sondern auch kalt wirken.

Erfolgt Beratung im Liegen auf der Couch oder im Sitzen auf dem Sessel?

Obwohl sich auch heute noch die meisten Berater der Psychoanalyse zurechnen (Steinebach, 2006), gehört die psychoanalytische Couch nicht zum Setting der Beratung, was in erster Linie zu tun hat mit den Unterschieden zwischen Psychotherapie und Beratung (siehe Modul 4). Auch innerhalb der psychoanalytischen Therapie wurde über die Vor- und Nachteile der Couch gestritten. Während Psychoanalytiker in der Tradition Freuds die Couch bevorzugen, lehnen die Analytische Psychologie (C. G. Jung) und die Neopsychoanalyse (Fromm, Sullivan, Horney) sie ab. Zum Setting der Couch gehört, dass der Klient auf der Couch liegt und dass hinter ihm versetzt (außerhalb des direkten Sichtfeldes des Klienten) der Psychotherapeut sitzt. Vorteile der Couch sind die leichtere Entspannung, eine geringere Beeinflussung und Ablenkung durch den Therapeuten, die geringere Ablenkung durch das eingeschränkte Blickfeld, der bessere Schutz des Therapeuten vor ungewollter Gegenübertragung (die nonverbale Reaktion des Therapeuten kann den Klienten nicht beeinflussen), die Förderung der Regression (= in kindliche Zustände zurückgehen), das Herabsetzen der Ich-Kontrolle und das leichtere Aussprechen von peinlichen Erlebnissen, Gedanken oder Einfällen. Nachteile der Couch sind Ängste, Verkrampfungen und Einsamkeitsgefühle des Klienten durch das Nicht-Sehen-Können des Therapeuten, die Behinderung einer gleichberechtigten Klient-Therapeut-Beziehung, die geringere Wahrnehmung der Mimik des Klienten und die größere Gefahr des emotionalen Unbeteiligt-Bleibens und der Maskenhaftigkeit des Therapeuten. Fromm (1966/1981, 1979/1981) kritisierte an der Couch, dass sich der Klient auf dieser wie ein Kind vorkommen müsse, dass so die Konfrontation des erwachsenen mit dem infantilen Klienten ausbleibe und sich die Analyse ewig hinziehe. Zudem bleibe der Therapeut trotz seiner Uneinsehbarkeit für den Klienten kein unbeschriebenes Blatt.

Wie ist die Sitzordnung in der Einzelberatung?

Bei einer Einzelberatung sollten zwei Sessel gegenüber angeordnet sein und weitere im Raum vorhandene Sessel etwas beiseite geschoben werden. Wenn der Berater einen bestimmten Sessel einnehmen will, sollte er diesen vorab mit einem Gegenstand (Schreibblock, Testunterlagen etc.) markieren. Die meisten Ratsuchenden fühlen sich wohler, wenn sie näher an der Tür sitzen, so dass sie den Raum leichter verlassen könnten. Die Zuordnung der Sessel hängt zumindest teilweise mit den Beratungsüberzeugungen des Beraters zusammen. In der klientenzentrierten Beratung sind die Sessel gegenüber und sehr nahe angeordnet, in der psychoanalytisch orientierten Beratung wird häufiger eine 90–Grad-Anordnung (Sullivan, 1976) bevorzugt, da Ratgeber und Ratsuchender dann ungestörter assoziieren und je nach Gesprächsinhalt frei entscheiden können, ob sie den Anderen ansehen wollen oder nicht. Die 90–Grad-Anordnung ermöglicht es, dass Ratgeber und Ratsuchender in bestimmten Gesprächsphasen gewissermaßen eher die Vorteile der Couch, in anderen Phasen hingegen eher die Vorteile des Sessels in Anspruch nehmen.

Gibt es eine besondere Sitzordnung für die Paarberatung?

Die Sitzordnung ist ein wichtiges Element in der Paarberatung. Wenn es nur einen Berater gibt, sollte dieser darauf achten, dass er nicht näher bei einem Partner sitzt als beim anderen. Das gewöhnliche Setting ist, dass Berater und Ratsuchende im Kreis sitzen und dass die Abstände jeweils gleich sind, so dass jeder Ratsuchende sowohl dem Partner als auch dem Berater in die Augen sehen kann. Der Berater kann die Sitzordnung aber auch je nach Situation bewusst manipulieren, beispielsweise so, dass das Paar eng nebeneinander und der jeweils Sprechende vorne sitzt, so dass dieser beim Sprechen nicht durch die Mimik seiner Partners beeinflusst wird. In Dialogphasen kann man das Paar auch direkt gegenüber sitzen lassen und sich als Berater im 90–Grad-Winkel daneben setzen (Bochmann, 2004).

Worauf ist bei der Sitzordnung einer Familienberatung zu achten?

Wenn eine Familienberatung von zwei Beratern durchgeführt wird, sollten die beiden Berater so sitzen, dass sie nonverbale Signale des anderen wahrnehmen können, das heißt, ihre Stühle sollten etwas versetzt stehen. Die Berater können auch getrennt sitzen, wenn zwei getrennte Stühle übrig geblieben sind. Sowohl bei der Beratung mit einem Berater als auch bei der Beratung mit zwei Beratern sollte immer die Familie zuerst Gelegenheit finden, sich zu setzen, da die gewählte Sitzanordnung diagnostisch interessant ist. Es kann beobachtet werden, wie die Sitzordnung zustande kommt, wie der räumliche Abstand zwischen den Sesseln ist (diese müssen leicht verschiebbar sein) und wer neben wem sitzt.

In der Beratungssitzung kann es eine sinnvolle Intervention sein, die Ratsuchenden zu einer Änderung der Sitzordnung aufzufordern, und zwar meistens in der

Form, dass der Berater genau angibt, wie getauscht werden soll. Der Berater kann dann im weiteren Beratungsverlauf erfragen, welche Erfahrungen die einzelnen Familienmitglieder mit der so geänderten Sitzordnung gemacht haben.

4. Beratungszeiten

Warum müssen Beratungszeiten begrenzt werden?
Sowohl in der Psychotherapie als auch in der Beratung wird durch die Begrenzung der Sitzungs- bzw. Beratungszeit aufgezeigt, dass diese ein kostbares Gut ist. Zudem wird auch vermittelt, dass Begrenzungen ganz allgemein zum Leben gehören. Indem der Berater seine Aktivität zeitlich klar begrenzt, verdeutlicht er erstens die Trennung zwischen seinem Privatleben und seiner professionellen Tätigkeit und zeigt zweitens als Modell für den Ratsuchenden, wie man mit den eigenen Ressourcen umgehen sollte. Bei einer unbegrenzten Beratungszeit kann es leicht vorkommen, dass dem Ratsuchenden eine lange Beratungszeit zumindest unbewusst oder im Nachhinein zum Vorwurf gemacht macht. Zudem ist die Konzentrationsfähigkeit zeitlich begrenzt und nach einer längeren Zeit drehen sich Gespräche häufig im Kreis (Kolb, 2007). Für eine zeitliche Begrenzung spricht auch, dass die Abwehrkräfte des Ratsuchenden nicht zerstört werden sollen (anders als bei Encountergruppen, in denen dies provoziert wird, siehe Hinz & Behr, 2002). Beratung soll behutsam sein; sie darf den Ratsuchenden berühren, soll ihn aber nicht vollkommen erschüttern. Die Begrenztheit der Beratungszeit gibt dem Ratsuchenden eine gewisse Sicherheit.

Wie sollte die zeitliche Begrenzung gehandhabt werden?
Die zeitliche Begrenzung der Beratung sollte Ratsuchenden vorab mitgeteilt werden, so dass es möglich ist, sich darauf einzustellen. Das Wissen über die Begrenztheit der Beratungszeit kann es dem Ratsuchenden erleichtern, die wesentlichen Beratungsanlässe bald zu thematisieren. Zur Kontrolle der Beratungszeit eignet sich eine hinter dem Ratsuchenden befindliche Wanduhr, so dass der Berater die Beratungszeit unauffällig kontrollieren kann. Es bringt Ratsuchende durcheinander, wenn der Berater während der Beratung auf seine Armbanduhr sieht. Etwa fünf Minuten vor dem Ende der Beratungszeit kann der Berater darauf aufmerksam machen, dass die Beratungszeit bald vorbei ist. Am Ende der Beratungszeit kann es je nach Thema sinnvoll sein, ein paar Minuten zu überziehen. Das Ende der Beratungszeit muss dann verbal erklärt werden und diese Erklärung muss, wenn nötig, noch einmal wiederholt werden. Wenn der Ratsuchende auch dann die Beratung nicht beendet, muss der Berater aufstehen und so das Gespräch beenden. Beim Gang zur Garderobe oder zur Tür ist darauf zu achten, dass das Beratungsgespräch nicht weitergeführt wird.

Wie ist die Beratungszeit bei einer Einzelpsychotherapiesitzung?

Eine Psychotherapiesitzung in der Einzeltherapie dauert 50 Minuten, wobei Wert darauf gelegt wird, dass der Klient pünktlich erscheint (in der Regel zur vollen Stunde), dass der Therapeut pünktlich ist und dass die Sitzung pünktlich endet (in der Regel 10 Minuten vor der vollen Stunde). Wenn Klienten zu spät erscheinen, endet die Therapiesitzung trotzdem zur vorher festgelegten Zeit. Diese strengen Regeln sind notwendig, damit mehrere Therapiesitzungen mit verschiedenen Klienten nacheinander durchgeführt werden können. Ein Psychotherapieklient kann eine Sitzung nicht vorzeitig beenden, sondern sich nur durch Schweigen entziehen. Zu den üblichen Regeln gehört auch, dass Sitzungen, die versäumt werden, privat zu bezahlen sind. Einige Psychotherapeuten verlangen auch, dass Sitzungen, die wegen Krankheit entschuldigt versäumt werden, zu bezahlen sind. So soll erschwert werden, dass sich Klienten der Psychotherapie durch Flucht in die Krankheit entziehen.

Wie ist die Beratungszeit bei einer Einzelberatung?

In Beratungsstellen werden die Regeln der Psychotherapie nicht in gleicher Strenge umgesetzt, was einerseits bedeuten kann, dass Ratsuchende im Wartezimmer eine gewisse Zeit auf die Beratung warten müssen, und andererseits auch heißt, dass eine Beratungssitzung länger oder kürzer als 50 Minuten dauern kann. Im Allgemeinen gilt aber auch für die Einzelberatung, dass eine Sitzung 50 Minuten dauert und dass sie pünktlich beginnt.

Wie ist der zeitliche Abstand zwischen den Sitzungen?

Unterschiedlich gehandhabt wird der Abstand zwischen den einzelnen Sitzungen. Bei Begründung der Psychoanalyse durch Freud fand noch an jedem Tag (außer sonntags) eine Psychotherapiesitzung statt. Die Gesamtdauer der Psychotherapie war bei ihm noch recht gering (etwa 3–6 Monate). In der psychoanalytischen Therapie sind heute zwei Sitzungen in der Woche üblich (Gesamtdauer: 2–5 Jahre), in der Gesprächspsychotherapie eine Sitzung in der Woche (Gesamtdauer: 1–2 Jahre), in der Verhaltenstherapie eine Sitzung alle 7–14 Tage (Gesamtdauer: etwa 3–10 Monate), in der Familientherapie eine Sitzung in drei bis sechs Wochen (Gesamtdauer: etwa 10 bis 20 Sitzungen).

In Beratungsstellen sind viele Beratungen nur einmalige Beratungen. Wenn es zu mehreren Beratungssitzungen kommt, ist der Abstand zwischen den einzelnen Sitzungen eher länger als eine Woche, was oft auch damit zu tun hat, dass ein gemeinsamer Termin schwer zu finden ist. Zudem kommt der zeitliche Abstand zwischen dem Erstgespräch und einem weiteren Beratungsgespräch manchmal auch dadurch zustande, dass der Berater von sich aus kein weiteres Gespräch anbietet. Weitere Beratungsgespräche finden in diesem Fall erst statt, wenn der Ratsuchende noch einmal anruft und um ein weiteres Gespräch bittet. Wenn mehrere

Gespräche vereinbart werden, richtet sich der Abstand zwischen den Gesprächen nach der jeweils verfolgten therapeutischen Konzeption, entspricht also dem Abstand in der Psychotherapie.

Wie ist die Beratungszeit bei der Paarberatung?

Die in der Einzelberatung üblichen 50 Minuten sind für eine Paarberatung zu knapp. Bewährt haben sich bei der Paarberatung Sitzungen von etwa 90 Minuten Dauer. Bei der Arbeit mit zwei Beratern kann es sinnvoll sein, für die Mitte der 90 Minuten eine Pause einzuplanen, damit sich die Berater für eine kurze Intervision in einen anderen Raum begeben können. Auch dann sollte eine Beratungssitzung nie länger als insgesamt 100 Minuten dauern, da dies die Aufmerksamkeit und Konzentrationsfähigkeit überfordern würde. Für eine Paarberatung sollte ein zwei- bis dreiwöchiger Rhythmus gewählt werden (Bochmann, 2004).

Wie ist die Beratungszeit bei der Familienberatung?

Ähnlich wie die Paarberatung benötigt auch die Familienberatung für eine einzelne Sitzung mehr Zeit als 50 Minuten, und zwar schon durch die Anwesenheit mehrerer Personen, die alle einmal zu Wort kommen sollen. Bei Anwesenheit jüngerer Kinder sollte eine Familienberatung nie länger als insgesamt 90 Minuten dauern. Auch wenn jüngere Kinder während der Familienberatung spielen oder wenn ältere Kinder mit ihnen spielen, so überfordert doch eine längere Beratung die Aufmerksamkeitsspanne der Familie. Wie bei der Paarberatung ist es auch bei der Familienberatung sinnvoll, nach etwa 40–50 Minuten eine Pause zur Intervision der Berater einzuplanen. Der Abstand zwischen den einzelnen Beratungssitzungen sollte bei der Familienberatung größer sein. In der Familientherapie wird davon ausgegangen, dass entscheidende Prozesse nicht während der Beratungszeit stattfinden, sondern zwischen den Sitzungen. Da Systemveränderungen Zeit benötigen, sind bei der Familienberatung längere Abstände zwischen den einzelnen Sitzungen sinnvoll (mindestens 3–4 Wochen). Während der Beratung getroffene Verabredungen als auch bedeutsame Erkenntnisse haben auf diese Weise Zeit, sich „durch das System hindurchzuarbeiten" (Schlippe & Schweitzer, 2007, S. 205).

Wie sind die Beratungszeiten bei anderen Medien der Beratung?

Bei anderen Medien als der Face-to-Face-Beratung wird die Beratungszeit anders gehandhabt. Bei der Telefonberatung kann eine Beratung nur fünf Minuten, 20 Minuten oder auch 60 Minuten dauern. Zudem erlauben viele Berater bei der Telefonberatung, dass der Ratsuchende am selben Tag noch einmal anrufen kann. Kritisch ist gegen diese Praxis einzuwenden, dass so Krisensituationen des Ratsuchenden finanziell ausgebeutet werden können. Bei der E-Mail-Einzelberatung spielt die Beratungszeit keine Rolle, da die Beratung hier zeitversetzt erfolgt und sowohl Ratsuchender als auch Ratgeber zumeist ihre Äußerungen erst einige Stunden später abgeben. Feste Regeln für den Abstand zwischen den einzelnen E-Mails gibt es nicht. Es sollte aber auch hier ähnlich wie bei der Telefonberatung darauf geachtet werden, dass die Kommunikation und die Ansprüche an die Erreichbarkeit des Beraters nicht uferlos werden.

5. Medien der Beratung

Medium der Beratung ist im Normalfall das Gespräch zwischen einem oder mehreren Beratern sowie einem oder mehreren Ratsuchenden. In diesem Gespräch können neben dem Medium Sprache zwar auch Skizzen, Bilder, Grafiken, Bücher oder Filme eingesetzt werden, in der Regel ist jedoch bei der Face-to-Face-Beratung das Gespräch das entscheidende Mittel der Begegnung und Veränderung. Mit der allgemeinen Ausweitung der Nutzungsdauer von Massenmedien erhält die Nutzung dieser Medien zur Beratung einen größeren Stellenwert. Schon klassische Medien der Beratung sind das Telefon, Zeitschriftenrubriken, Ratgeberbücher sowie Ratgebersendungen im Hörfunk und im Fernsehen. Zuletzt wurden vor allem die Möglichkeiten und Chancen der Onlineberatung diskutiert. Zunächst sollen hier das Für-sich-Schreiben und das Selbstgespräch erörtert werden, da sie einerseits die Medien der Selbstberatung sind und andererseits auch in der Face-to-Face-Beratung und in der Onlineberatung eine Rolle spielen.

5.1 Für-sich-Schreiben und Selbstgespräch

Das Für-sich-Schreiben und das Selbstgespräch sind die zentralen Medien der Selbstberatung. Selbstgespräche spielen auch im professionellen Beratungsgespräch und in den Pausen zwischen den Beratungsgesprächen eine große Rolle.

Welche Funktionen hat das „Für-sich-Schreiben"?
Mit „Für-sich-Schreiben" ist hier das Schreiben gemeint, dessen Adressat man selbst ist. Hierbei kann es sich um Tagebuchtexte handeln, um Traumaufzeichnungen, aber auch um Gedichte, Liedtexte oder Aphorismen. Vor allem im Jugendalter dient das Tagebuch als Hilfsmittel zur Problembewältigung und ist zugleich deutliches Kennzeichen der Identitätsentwicklung (Seiffge-Krenke, 1985). Während literarische Tagebücher meist mit Blick auf eine spätere Veröffentlichung geschrieben werden, ist bei privaten Tagebüchern wichtig, dass sie von niemand anderem gelesen werden können, vor allem nicht von den Eltern. Manchmal werden auch einzelne Seiten vollgeschrieben, die dann wieder vernichtet werden. Aufgeschrieben werden beispielsweise Probleme, über die man im Moment mit niemandem reden will.

Das „Für-Sich-Schreiben" erfüllt mehrere Funktionen, die der Selbstberatung und Selbsttherapie dienen. Die im Kontext der Beratung wichtigste ist die *heuristische Funktion* des Schreibens. Das Schreiben zwingt dazu, einen Gedanken oder ein Gefühl klarer zu fassen als beim Sprechen oder Denken und Fühlen. Zudem verliert man mit dem Niederschreiben die Angst vor dem Vergessen. Das Niederschreiben des Bedrängenden ist eine Möglichkeit, wirre Gedanken und Gefühle zu ordnen. Wenn etwas niedergeschrieben ist, kann es anschließend oder auch sehr viel später in Ruhe weiterbearbeitet werden. Da nicht mehrere Gedanken und Gefühle gleichzeitig aufgeschrieben werden können, zwingt das Für-sich-Schreiben dazu, diese aneinanderzureihen. Das Schreiben erleichtert die Selbstbeobachtung und die Selbstberatung, indem emotional Komplexes und Diffuses zu Papier gebracht, immer wieder gelesen, erweitert oder verändert wird. Wenn etwas niedergeschrieben ist, kann es eher wie von außen betrachtet werden (Hinz, 1996). Das Schreiben über einen längeren Zeitraum ermöglicht eine Selbstbetrachtung der eigenen Entwicklung im Lebenslauf. Auch Träume können niedergeschrieben und dann später selbst analysiert werden. Hierdurch kann Zugang zu unbewusstem Material gewonnen werden, wobei allerdings die Möglichkeit der Fehldeutung besteht (Horney, 1974).

Neben der heuristischen Funktion hat das Für-sich-Schreiben auch eine *kathartische Funktion*. Durch das Schreiben können unterdrückte oder sich aufdrängende Gefühle herausgelassen werden, was von dem Schreibenden als Entlastung erlebt werden kann. Geschrieben werden Kraftausdrücke, wilde Beschimpfungen, aber auch Selbstrechtfertigungen und Ausdrücke von Selbstmitleid, manchmal ähnlich wie in einem Beratungsgespräch unter Tränen, manchmal voller Zorn und Verzweiflung. Das Für-sich-Schreiben kann also durchaus eine Ventilfunktion haben. Traurige Gedanken können aber durch das Für-sich-Schreiben auch gesteigert werden, und zwar so, dass man sich in die Misere erst recht hineinschreibt und noch mehr hinuntergezogen wird, so dass schließlich nur noch der Suizid als Ausweg erscheint (Hinz, 1996).

Im Vergleich zum Selbstgespräch ist das Für-sich-Schreiben zwar aufwändiger, die leichtere Ordnung der Gedanken und die leichtere Selbstbeobachtung ermöglichen aber eine systematischere Selbstberatung.

5.2 Face-to-Face-Gespräch

Der „Königsweg" der Beratung ist das Face-to-Face-Gespräch. Berater und Ratsuchender sitzen sich gegenüber und kommunizieren dabei verbal und nonverbal. Hauptmedium der Beratung ist beim Face-to-Face-Gespräch das gesprochene Wort.

Welche Vorteile hat das Face-to-Face-Gespräch?

Das Face-to-Face-Gespräch hat im Vergleich zu anderen Medien der Beratung viele Vorteile: Erstens kommuniziert man zur selben Zeit miteinander, zweitens können Berater und Ratsuchender neben dem Klang der Stimme auch Körperhaltung, Mimik und Gestik wahrnehmen und drittens ist in gewissem Umfang auch eine direktes Handeln möglich, beispielsweise dann, wenn der Berater dem Ratsuchenden Tempotaschentücher anbietet. Das Face-to-Face-Gespräch bietet weniger Möglichkeiten des Verbergens als andere Medien der Beratung, und zwar sowohl für den Berater als auch für den Ratsuchenden. Es ist die Begegnung zweier Menschen, die zwar einerseits einen künstlichen Aspekt hat, weil sie für den Berater zur bezahlten Berufstätigkeit gehört, die andererseits aber auch real ist, weil die Gefühle und Gedanken des Beraters und des Ratsuchenden keine Maskerade sind. Es ist die Begegnung zweier Menschen, die sich in der Regel vorher noch nie gesehen haben und die sich nach Abschluss der Beratung auch nicht wieder sehen werden. Es ist eine Begegnung, die sich von alltäglichen Begegnungen stark unterscheidet, weil nur eine Person ihre Probleme und Anliegen erörtert und der anderen Person ausschließlich die Aufgabe zukommt zu helfen, indem sie zuhört, versteht, das Verstandene vermittelt, wertschätzt und eigene Gefühle wahrnimmt.

Hat das Face-to-Face-Beratungsgespräch auch suggestive Elemente?

Auch wenn die Face-to-Face-Beratung auf explizit suggestive Techniken wie die Drucktechnik (in der Anfangsphase seiner therapeutischen Arbeit drückte Freud seine Hand auf die Stirn des Patienten und versicherte, dass währenddessen eine Erinnerung als Bild oder als Einfall in Gedanken auftauchen werde, siehe Freud 1895/1975, S. 64) oder die Hypnose verzichtet, so hat doch die Face-to-Face-Beratung im Unterschied zur Online- oder Telefonberatung zumindest teilweise auch suggestiven Charakter. Der suggestive Charakter der Face-to-Face-Beratung hängt vor allem mit dem strengen zeitlichen und räumlichen Setting zusammen. Man kann die These aufstellen, dass das Ritual der Face-to-Face-Beratung von der Begrüßung bis zur Gesprächsbeendigung etwas Sakrales und Mystisches hat und dass es in Teilen suggestiv wirkt. Auch wenn die meisten Berater suggestive Elemente von ihrem Beratungsverständnis her ablehnen, so sind diese doch zumindest in Restbeständen vorhanden. Wie bei der Befragung eines Schamanen gibt es respekteinflößende Tabus und Bedeutsamkeiten: Das Beratungsgespräch darf nicht vorzeitig beendet werden, der Ratsuchende geht zum Berater und nicht umgekehrt, der Berater darf nicht nach seinen persönlichen Vorlieben gefragt werden (sonst wird man mit der Frage konfrontiert, warum man dies wissen will), jede nonverbale Äußerung des Ratsuchenden wird genau wahrgenommen und die verbalen Äußerungen des Beraters sind knapp, aber bedeutsam. Es sind vor allem die Ungewöhnlichkeit der Begegnung und die emotionale Bedeutsamkeit für den Ratsuchenden, die das Face-to-Face-Beratungsgespräch vom Alltag des

Ratsuchenden abheben. Es ist eine ungewöhnliche Erfahrung, dass sich eine fremde Person nur mit meinen Problemen und Anliegen beschäftigt, was indirekt signalisiert, dass ich wertvoll bin und dass meine Probleme und Anliegen es wert sind, dass man sich mit ihnen beschäftigt. Es ist weiter eine ungewöhnliche Erfahrung, sich trotz der emotionalen Widerstände und Belastungen den eigenen Problemen und Anliegen zuzuwenden. Ratsuchende haben vor Inanspruchnahme der Beratung oft mit sich gerungen, ob sie eine Beratungsstelle aufsuchen sollen. Sie erleben den Beginn des Beratungsgesprächs dann häufig ähnlich entlastend wie beispielsweise Prüfungskandidaten den Beginn einer mündlichen Prüfung. Falls die Beratung aufgrund der besprochenen Themen emotional belastend ist, erfolgt die Entlastung nach Beendigung des Gesprächs, ähnlich wie nach einem schmerzhaften Zahnarztbesuch. Auch in diesem Fall ergibt sich eine kathartische Befreiung. Zu dem Hervortreten der Face-to-Face-Beratung aus dem Alltag trägt auch bei, dass der Ratgeber eher entgegen den Erwartungen des Ratsuchenden handelt, beispielsweise wenn er keine Ratschläge oder Ermahnungen erteilt oder Entscheidungsprobleme nicht löst.

Werden im Face-to-Face-Beratungsgespräch auch andere Medien als das gesprochene Wort eingesetzt?
Berater suchen häufig im Beratungsgespräch nach erklärenden Bildern, die sie sprachlich darstellen und gemeinsam mit dem Ratsuchenden entwickeln und aufklären. Diese Bilder existieren aber nur sprachlich. Im Face-to-Face-Gespräch kann der Berater aber auch auf Zeichnungen oder Grafiken zurückgreifen. So ist es beispielsweise in der Rational-Emotiven Therapie (RET) üblich, ABC-Modelle (A = activating event, B= belief systems, C = consequences) aufzuschreiben und dem Ratsuchenden auf diese Weise nahezubringen. Sehr selten ist der Einsatz von kurzen Geschichten, von Gleichnissen oder von Märchen in der Face-to-Face-Beratung (Peseschkian, 1979).

5.3 Beratung durch Briefkontakt

Beratung durch Briefkontakt ist durch die Medien „Telefon" und „E-Mail" inzwischen sehr selten geworden. Wie die E-Mail-Beratung erfolgt die Beratung durch Briefkontakt zeitlich versetzt. Für Briefe, die Ratsuchende an den Berater senden, gilt zunächst einmal dasselbe wie für die Beratungsfunktion des Für-Sich-Schreibens: Das Aufschreiben erleichtert das kognitive Durcharbeiten und ermöglicht zudem ein kathartisches Herauslassen des Belastenden. Die Antwort des Beraters erhält durch die Handschrift eine sehr persönliche Note und ein starkes Gewicht. Der Ratsuchende kann an der Schrift in gewissem Maße ablesen, wie viel Mühe sich der Ratgeber gemacht hat.

Die Beratung durch Briefkontakt ist problematisch, wenn es vorher einen Face-to-Face-Kontakt zwischen Ratgeber und Ratsuchendem gegeben hat, beispielsweise durch eine Psychotherapie. Durch den Briefkontakt erfährt die professionelle Beratungsbeziehung dann den Anschein einer privaten Bindung. Wenn dies im Dienste der sachten Beendigung einer Beratungs- oder Therapiebeziehung erfolgt, wenn also die zeitlichen Abstände zwischen den Briefen größer werden, kann gegen eine solche »Nachbegleitung« wenig eingewendet werden. Schwierig wird es aber, wenn der Ratsuchende keine Nachbegleitung sucht, sondern eine Intensivierung des Kontakts.

5.4 Telefonberatung

Telefonberatung gab es zunächst nur als Krisenintervention (Telefonseelsorge) mit einem Fokus auf die Suizidprophylaxe. Erst seit den 1980er Jahren gibt es auch Telefonberatung als alternative Beratungsform insbesondere für Personen, die anders keine Beratung erhalten können. Dies sind beispielsweise Personen, die aufgrund einer starken physischen Beeinträchtigung oder aufgrund einer sozialen Phobie das Haus nicht verlassen können. Die Telefonberatung ist aber auch für nichtbeeinträchtigte Personen eine interessante Alternative, weil sie bequem ist, in hohem Maße Anonymität gewährleistet und weil sie dem Ratsuchenden mehr Macht verleiht. Das Telefon wurde auch in Antirauchertrainings sowie in Familien- und Einzeltherapien bereits erfolgreich eingesetzt (Reese, Conoley & Brossart, 2006).

Was ist Telefonseelsorge?

Telefonseelsorge ist eine telefonische Form der Krisenintervention. Sie kann jedoch bei allen Problemen in Anspruch genommen werden, so dass sie auch der Beratung dienen kann. In der Regel gehört die Telefonseelsorge jedoch nicht zur Beratung, sondern zur Krisenintervention.

Wie ist die Geschichte der Telefonseelsorge?

Schon bald nach der Anmeldung des Telefons zum Patent gründete im Jahre 1895 der Baptistenpfarrer Harry Warren in New York den ersten Vorläufer der Telefonseelsorge unter dem Namen „Telefonischer Hilfsdienst und Lebensmüdenbetreuung". Diese Idee fand jedoch keine breite Resonanz und schlief, auch im Kontext der beiden Weltkriege, wieder ein. In Nordamerika wurde sie erst 1958 wieder in Los Angeles aufgegriffen. Unabhängig von der Entwicklung in den USA entstand die Telefonseelsorge 1953 in London im Rahmen einer Zeitungsanzeige des Baptistenpfarrers West („Before you commit suicide, ring me up"). Dieser hatte vorher ein 14–jähriges Mädchen bestatten müssen, das Suizid begangen hatte. Etwas später begann der Anglikanerpater Chad Varah eine gleichartige Arbeit. Er war beunruhigt darüber, dass sich in London täglich drei Menschen das Leben nahmen. Ähnlich wie bei West meldeten sich sowohl viele Personen mit Suizidabsichten als auch viele freiwillige Helfer, die bei der Flut von Anrufen auch benötigt wurden. Es entstand die erste nationale Organisation „The Samaritans". Diese Arbeit wurde schnell in Europa bekannt und führte 1956 zur Gründung der Telefonseelsorge in Helsingborg (Schweden) durch den Pfarrer Erik Bernsprang und ebenfalls 1956 zur Gründung der Telefonseelsorge in Berlin-Zehlendorf durch den Arzt und Pfarrer Klaus Thomas (Bernsprang sprach in Berlin über Telefonseelsorge, noch am selben Abend wurde eine private Telefonnummer für die „Ärztliche Lebensmüdenbetreuung" verbreitet, was dazu führte, dass das Telefon nicht mehr still stand). 1957 entstanden eine weitere Telefonberatung in Kassel (evangelisch) und eine dritte Stelle in Frankfurt (katholisch). Es wurden Teams aus Seelsorgern, Sozialberatern, Hausfrauen, Medizinern und Psychologen gebildet. Engagierte Laien und Ehrenamtliche wurden anfangs kaum ausgebildet, da man annahm, dass es genüge, zuzuhören und menschliche Wärme auszustrahlen. Bei allen Einrichtungen sah man sich zuständig für Beratungsprobleme jeder Art, auch wenn der Suizidverhütung ein besonderes Gewicht zukam. Die meisten Stellen arbeiteten rund um die Uhr und an jedem Tag. In der Anfangsphase beschränkte man sich selten auf das Telefon, sondern sah dieses als erste Kontaktbrücke zu Face-to-Face-Gesprächen an. Die Anonymität der Telefonberatung wurde zunächst nicht als besonderer Wert wahrgenommen. 1958 wurden Telefonseelsorgestellen in Hamburg und Köln eingerichtet, 1959 in Düsseldorf, 1960 in Kiel und Stuttgart, 1963 in Dortmund. Die Verbreitung der Telefonseelsorge stieg mit der Akzeptanz des Mediums Telefon, das anfangs nur für behördliche und geschäftliche Zwecke in Gebrauch war. In der DDR wurde das erste staatliche „Telefon des Vertrauens" 1983 auf Initiative eines Obermedizinalrates in Leipzig eingerichtet. Die erste kirchliche Telefonseelsorgestelle wurde 1986 in Dresden ins Leben gerufen. Da in der DDR Telefongespräche von der Staatssicherheit abgehört wurden, spielte die Beratung durch das Telefon sowohl bei der kirchlichen Telefonseelsorge als auch beim staatlichen „Telefon des Vertrauens" keine große Rolle. Inzwischen arbeiten alle 17 Stellen in den neuen Bundesländern auch unter dem Namen „Telefonseelsorge" (Habenicht, 2006; Kappesser, 1985). Seit 1995 ist die Telefonseelsorge im Internet präsent und bietet dort eine E-Mail-Beratung an. Ein besonderes Problem ist dabei die Sicherheit der Kommunikation (Knatz, 2006; Knatz & Dodier, 2003; Wilhelm, 2006).

Was sind die heutigen Grundsätze der Telefonseelsorge?

Internationale Grundsätze der Telefonseelsorge sind die Anonymität (es wird nicht nach dem Namen gefragt und der Seelsorger nennt ebenfalls nicht seinen Namen), die Vertraulichkeit und Verschwiegenheit, die Erreichbarkeit (Tag und Nacht), die Kompetenz (Ausbildung und regelmäßige Supervision der Seelsorger, die zumeist

Laien sind), die Offenheit für alle Problembereiche, alle Konfessionen, alle Weltanschauungen und alle Nationalitäten sowie die Gebührenfreiheit (in Deutschland durch eine Vereinbarung mit der Telekom gewährleistet). In Deutschland und Österreich sind die Kirchen Träger der Telefonseelsorge.

Die Telefonseelsorge bietet bewusst einen niedrigschwelligen Zugang zu einem helfenden Gespräch an. Anrufer brauchen keinen Termin und entscheiden selbst, wie lange sie telefonieren. Die Telefonseelsorge richtet sich vor allem an Menschen in Leid und Krisensituationen, bietet aber auch sonst Seelsorge und Beratung an. Das Angebot der Telefonseelsorge wird durch ehrenamtliche Mitarbeiter realisiert, die hierfür eine Ausbildung erhalten. In dieser wird beispielsweise Wert darauf gelegt, dass keine gut gemeinten, aber kontraproduktiven Ratschläge erteilt werden. Der Telefonseelsorger soll zuhören, annehmen, begleiten und, wenn nötig, geeignete Beratungsstellen, Selbsthilfegruppen und Fachkräfte benennen. Hinter dem Einsatz von ehrenamtlichen Kräften steckt die Überzeugung, dass das begrenzte Setting der Telefonberatung keine Möglichkeiten der Psychotherapie bietet und dass professionelle Helfer weniger Enthusiasmus in die Telefonseelsorge einbringen würden. Zudem soll durch die Arbeit der ehrenamtlichen Laien der Abstand zwischen den Ratsuchenden und den Ratgebern möglichst gering gehalten werden. Ehrenamtliche Laien arbeiten im Durchschnitt etwa 20 Stunden im Monat für die Telefonseelsorge, wobei eine Schicht nie länger als vier bis fünf Stunden dauert. Zur Anonymität der Telefonseelsorge gehört auch, dass die ehrenamtlichen Laien ihre Tätigkeit für die Telefonseelsorge nicht unnötig bei Kolleginnen und Kollegen oder im Bekanntenkreis verbreiten. Erstens soll niemand abgehalten werden, bei der Telefonseelsorge anzurufen, weil er die Angst haben müsste, auf einen Bekannten zu treffen, zweitens soll das Ansehen der Telefonseelsorge nicht mit bestimmten Laien (weder positiv noch negativ) verknüpft werden und drittens soll mit der sozial ehrenhaften Tätigkeit nicht angegeben werden. Aufgrund der gewünschten Anonymität gibt es auch keine öffentliche Ehrung oder Belohnung für die Tätigkeit bei der Telefonseelsorge. Die einzigen Belohnungen sind die kostenlose Aus- und Weiterbildung sowie die kostenlose Supervision der Tätigkeit.

Ist Telefonseelsorge effektiv?

Es gibt bislang kaum Studien zur Effektivität der Telefonseelsorge, was im Wesentlichen an der zugesagten Anonymität der Beratung liegt, die eine begleitende Forschung nicht erlaubt.

Gibt es eine missbräuchliche Nutzung der Telefonseelsorge?

Durch Anonymität und Gebührenfreiheit lädt die Telefonseelsorge zum Missbrauch ein. So gab es beispielsweise schon sehr früh Männer, die bei weiblichen Seelsorgern sexuelle Probleme vortäuschten und sich dabei befriedigten. Mit der

Handywelle waren es vor allem Kinder und Jugendliche, die die Gebührenfreiheit für Test- oder Scherzanrufe nutzten oder Erwachsene mit Phantasiegeschichten schockten. Während früher in der Telefonseelsorge der Grundsatz galt, dass die ehrenamtlichen Helfer ein Gespräch nie zuerst beenden, gibt es inzwischen die Empfehlung, ein Gespräch zu beenden, wenn Würde und Grenzen der Mitarbeiter verletzt werden. Problematisch sind auch Anrufer, die immer wieder anrufen, über Stunden monologisieren und sich nicht unterbrechen lassen. Zwar kann der Berater dann nach vergeblichen Interventionen auflegen, er kann aber nicht verhindern, dass dieselbe Person noch einmal anruft. Auch wenn der Berater dann wieder auflegt, bleibt für den Ratsuchenden noch die Möglichkeit, wieder anzurufen und einfach nichts zu sagen, wodurch der Ratgeber gezwungen ist, in der Leitung zu bleiben, weil er nicht wissen kann, wer anruft (Kappesser, 1985; Schohe, 2006).

Sollte die Telefonseelsorge auf die Krisenintervention beschränkt werden?

Die Kostenfreiheit und die ständige Erreichbarkeit der Telefonseelsorge sind im Kontext der Krisenintervention, insbesondere bei Suizidintention, sinnvolle Prinzipien. Man kann aber anführen, dass es bei normalen Beratungsanlässen kontraproduktiv ist, kostenlos, zu jeder Zeit und auch beliebig wiederholbar eine telefonische Beratung anzubieten. Da der Ratsuchende kaum etwas investieren muss und zudem einen ständig erreichbaren Gesprächspartner hat, erzeugt die Telefonseelsorge so den Anschein einer Aktivität, ohne wirklich etwas ändern zu müssen. Während bei einer Face-to-Face-Beratung die Intervention eines Beraters eine Woche lang wirken kann, wird die Wirksamkeit von Interventionen in der Telefonseelsorge dadurch eingeschränkt, dass der Ratsuchende zu beliebigen Zeiten diesen oder andere Berater anrufen kann. Insbesondere der ständig mögliche Wechsel des Beraters kann dazu führen, dass Ratsuchende so lange den Berater wechseln, bis sie das hören, was sie hören wollten. Veränderungen sind hierdurch nicht zu erwarten.

Wie viele Gespräche werden in Deutschland bei der Telefonseelsorge geführt?

Von der Mitte der 1980er bis zur Mitte der 1990er Jahre blieb die Anzahl der jährlichen Anrufe (etwa 800.000) und der jährlichen Gespräche (etwa 650.000) auf einem gleichen Niveau. Seitdem hat sich die Zahl der Anrufe und Gespräche verdoppelt. Die Zahl der Anrufversuche hat sich jedoch sogar verzehnfacht. Nach Schätzungen ist inzwischen nur jeder fünfte Anrufversuch erfolgreich, was bedeutet, dass Hilfesuchende nicht sofort Gehör finden können. Die Erreichbarkeit der Telefonseelsorge ist vor allem bei Anrufen über das Handy eingeschränkt (Plöger, 2006).

Wie lange dauern Gespräche bei der Telefonseelsorge?

31 % aller Anrufe dauern kürzer als eine Minute, 16 % dauern bis fünf Minuten, 17 % bis 15 Minuten, 19 % bis 30 Minuten und 17 % dauern länger als 30 Minuten. Die meisten Anrufe erfolgen in der Zeit zwischen 16 und 22 Uhr (Deutsche Telekom, 2006).

Was sind die Anliegen der Ratsuchenden bei der Telefonseelsorge?

In allen Telefonseelsorgestationen werden in einer Statistik die Anliegen der Ratsuchenden erhoben, wobei diese Angaben nur auf der Einschätzung der Ratgeber beruhen. Etwa ¼ der Anrufer legen unmittelbar nach Erreichen der Telefonseelsorge sofort wieder auf, so dass über die Motive hier nur spekuliert werden kann. Etwa 20 % aller Gespräche beziehen sich auf Probleme in der Familie und in der Partnerschaft, bei 12 % der Gespräche stehen psychische Krankheiten und bei 5 % physische Krankheiten im Mittelpunkt. Einsamkeit (8 % aller Gespräche), die Sinnsuche (5 %) sowie Arbeit, Schule und Ausbildung (4 %) sind weitere bedeutsame Themen. Suizidgedanken, vor dem Hintergrund der Begründung der Telefonseelsorge eigentlich das „Kerngeschäft", stehen etwa bei 1 % der Anrufer im Mittelpunkt, wobei nicht auszuschließen ist, dass sie untergründig auch bei den anderen Themen von Bedeutung sind. Anrufe von Kindern und Jugendlichen haben in den letzten Jahren stark zugenommen (inzwischen etwa 30 % aller Anrufe). Etwa 2/3 aller Anrufe stammen von Frauen und 1/3 von Männern, wobei allerdings nicht alle Anrufer klar einem Geschlecht zugeordnet werden können (Plöger, 2006).

Welche Telefonberatung gibt es neben der Telefonseelsorge?

Die Telefonseelsorge deckt nur einen Teil der Anlässe für eine Telefonberatung ab. Zu nahezu allen Lebensbereichen gibt es die Möglichkeit der telefonischen Beratung, beispielsweise zu Beratungsthemen wie „Recht" oder „Steuern". Psychologische Telefonberatung bieten neben ausgebildeten Therapeuten und Beratungsstellen (z.B. AIDS-Beratung, Frauenberatungsstellen) auch selbst ernannte psychologische Berater an (der Titel „psychologischer Berater" ist nicht geschützt, das heißt, jeder kann sich auch ohne jede Ausbildung so nennen), die häufig auch Coaching, Sinnberatung, astrologische Beratung oder spirituelle Lebensberatung anbieten. Der Berufsverband deutscher Psychologen (BDP) bietet eine kostenlose persönliche Telefonberatung durch Diplom-Psychologen an, die bei der Suche nach einem passenden Psychotherapeuten unterstützt. Ein Problem der Telefonberatung ist, dass Laien nur schwer erkennen können, welche Angebote fachlich seriös sind, zumal auch „psychologische Berater" klinisches und psychotherapeutisches Vokabular verwenden.

Was macht Telefonberatung bei Ratsuchenden attraktiv?

Ein bedeutender Aspekt der Telefonberatung ist die *Anonymität* des Ratsuchenden. Die Anonymität ist für Ratsuchende interessant, die ambivalent zur Beratung stehen oder die Angst vor den Scham- oder Verlegenheitsgefühlen haben, die sie bei einer Face-to-Face-Beratung erwarten. Ein Vorteil der Telefonberatung ist auch, dass Klienten bei ihr nicht Gefahr laufen, beim Aufsuchen des Beraters oder der Beratungsstelle gesehen zu werden. Dies ist zumindest in Kleinstädten eine reale Befürchtung (Anmerkung: Als Mitarbeiter einer Beratungsstelle, die in der Fußgängerzone einer Kleinstadt lag, konnte ich häufig beobachten, dass Besucher sich durch einen Blick nach beiden Seiten absicherten, bevor sie die Treppe nach oben stiegen und die Klingel drückten).

Da der Therapeut den körperlichen Zustand des Klienten bei der Telefonberatung nicht sehen kann, können Klienten Gefühle der Unterlegenheit, Ängstlichkeit, Demoralisierung oder Schwäche vermeiden. Durch die Telefonberatung wird auch vermieden, dass die physische Attraktivität des Ratsuchenden auf die Einschätzung des Beraters abfärbt (Halo-Effekt). Zudem müssen sich Ratsuchende und Ratgeber bei der Telefonberatung nicht besonders kleiden.

Ein weiterer Aspekt der Attraktivität der Telefonberatung ist das Gefühl der *Kontrolle*, das Ratsuchende bei der Telefonberatung eher haben als bei der Face-to-Face-Beratung. So können sich Ratsuchende bei der Telefonberatung leichter als gleich stark fühlen, weil sie ihre Emotionen eher kontrollieren und verstecken und sie zudem einfach auflegen können, was leichter ist, als bei der Face-to-Face-Beratung den Beratungsraum zu verlassen.

Zur Attraktivität der Telefonberatung trägt auch bei, dass der Ratsuchende hierbei in seiner *gewohnten und vertrauten Umgebung*, nämlich bei sich zu Hause, bleiben kann, während eine Beratungsstelle oder die Praxis eines Beraters in einer fremden Umgebung Angst auslösen können. Die Privatheit im eigenen Haus kann dazu beitragen, dass Beratung entmystifiziert wird und dass sich der Ratsuchende freier fühlen kann.

Ein weiterer Aspekt der Telefonberatung ist, dass sie mit *weniger Statussymbolen* verbunden ist, so dass Unterlegenheitsgefühle bei den Klienten geringer ausfallen. So spielen Kleidung, Praxis (beispielsweise in einer Villa) und Wohngegend des Beraters bei der Telefonberatung keine Rolle. Dies kann für Klienten wichtig sein, die mit Statusunterschieden schwer umgehen können (beispielsweise Jugendliche).

Ein eher praktischer Aspekt ist die *Bequemlichkeit* der Telefonberatung. Sie macht unabhängig vom gegenwärtigen Aufenthaltsort (wichtig für Personen, die häufig dienstlich unterwegs sind), von festen Arbeitszeiten und von der für die Face-to-Face-Beratung nötigen Mobilität. Zudem ermöglicht die Telefonberatung, dass auch Spezialisten in weit entfernten Orten als Berater ausgewählt werden können. Attraktiv ist an der Telefonberatung auch, dass man Fahrtzeit und Fahrtkosten spart. Ein weiterer bedeutender Aspekt ist, dass man relativ schnell einen Termin für die Telefonberatung erhält und dass man häufig auch am selben Tag noch einmal anrufen kann. In einer Erhebung von Reese, Conoley und Brossart (2006) war dies der Aspekt, der von den Ratsuchenden als attraktivster Vorteil angesehen wurde.

Was sind die Nachteile der Telefonberatung?

Zu den Nachteilen der Telefonberatung gehört, dass der Berater nur verbale Informationen beurteilen kann. Der Ratsuchende kann sich also nicht darauf verlassen, dass der Berater seinen jeweiligen Gefühlszustand »sieht«. Zu den Nachteilen gehört auch, dass die räumliche Nähe zwischen Ratsuchendem und Berater fehlt, was es dem Ratsuchenden schwerer macht, in der Beratung Sicherheit und Geborgenheit zu empfinden. Problematisch ist auch, dass gerade das Nichtvorhandensein eines Bildes dazu führen kann, dass sowohl Berater als auch Ratsuchender falsche Übertragungsvorstellungen aufgrund einer Ähnlichkeit der Stimme mit bekannten anderen Personen entwickeln. Ein weiterer Nachteil der Telefonberatung ist, dass die größere Bequemlichkeit dazu beitragen kann, dass Beratung nicht als einschneidendes Lebensereignis, sondern als schnelllebiges Konsumgut erlebt und wahrgenommen wird. Es macht einen Unterschied, ob man eine Beratungsstelle bzw. eine psychologische Praxis aufsucht oder ob man sich nach Kontaktaufnahme über das Internet 20 Minuten Beratung für 30,- Euro, 40 Minuten für 58,-Euro oder 60 Minuten für 84,- Euro (gegen Vorabbezahlung oder Lastschrifteinzug) gönnt. Auch der Fahrtweg ist ein wichtiger Teil der Beratung, weil er häufig dazu dient, die Inhalte des Beratungsgesprächs noch einmal zu reflektieren. Eine Telefonberatung zwischen anderen privaten oder beruflichen Verpflichtungen lässt hierzu kaum Zeit und Muße.

Wie ist die Akzeptanz der Telefonberatung?

Die meisten Studien zeigen eine hohe Akzeptanz der Telefonberatung bei den Ratsuchenden. In der Erhebung von Reese, Conoley und Brossart (2006) gaben 96 % der Klienten (Rücklaufquote 37 %) an, dass sie wieder eine Telefonberatung in Anspruch nehmen würden (vorab hatten weniger als die Hälfte geglaubt, dass Telefonberatung hilfreich sein könnte).

Wie effektiv ist Telefonberatung?

Positive Effekte der Telefonberatung konnten bei der genetischen Beratung schwangerer Frauen (kein Effektivitätsunterschied im Vergleich zur Face-to-Face-Beratung), bei der Beratung von Bulimiepatientinnen (weniger Erbrechen, weniger Abführmittel und seltener Binge-Eating-Attacken), bei der Beratung von Frauen mit Krebs (weniger Isolation) sowie bei der Beratung von Angehörigen von Schlaganfallspatienten belegt werden (bessere Problemlösestrategien, geringere Depressionen, besseres Vorbereitetsein, größere mentale Gesundheit und mehr Vitalität im Vergleich zu einer Kontroll- und Placebogruppe). Bei Nichtrauchertrainings wurden mit der Telefonberatung sogar bessere Effekte erzielt als mit anderen Beratungsmethoden. Besonders erfolgreich waren Nichtrauchertrainings, in denen Face-to-Face-Beratungen und Telefonberatungen kombiniert wurden (Mallen, Vogel, Rochlen & Day, 2005). Reese, Conoley und Brossart (2002) fanden schwächere Effekte der Telefonberatung bei solchen Klienten, die vor der Beratung nur wenig zur Lösung ihrer Probleme unternommen hatten.

5.5 Mobil-Beratung

Was ist Mobil-Beratung?

Zu den mobilen Medien gehören das Handy, mobile Spielkonsolen, Handhelds, und Notebooks. Die bedeutsamste Mobil-Beratung ist die SMS-Beratung, die vom Sorgentelefon seit 2002, von der Internetseelsorge seit 1999 und von Pro Familia seit 2004 angeboten wird. Da die Anzahl der Personen mit Handy größer ist als die mit einem Internetanschluss und da vor allem Kinder und Jugendliche oft über keinen eigenen Internetanschluss, wohl aber über ein eigenes Handy verfügen, bietet sich das Medium Handy vor allem für die Beratung von Kindern und Jugendlichen an.

Was sind Vor- und Nachteile der Mobilberatung?

Das Handy ist oft für Kinder und Jugendliche die einfachste Möglichkeit, um diskret, das heißt ohne Mitwissen der Eltern, mit einer Beratungsstelle Kontakt aufzunehmen. Themen der SMS-Anfragen sind Fragen zur Sexualaufklärung, zu Freundschaftsbeziehungen, zur Familie, zu Suchtproblemen, Schulfragen, Fragen zu sexuellem Missbrauch, zur Schwangerschaft, zu Gewalt etc. Nachteile der SMS-Kommunikation sind die Kosten und die begrenzte Zeichenzahl; Vorteile sind der Zwang zur Pointiertheit und die leichte Erreichbarkeit. Ähnlich wie bei der Onlineberatung sollte bei der Mobil-Beratung ein Wechsel des Mediums angestrebt werden, wenn akute Krisensituationen (beispielsweise Suizidgefahr) erkennbar sind (Döring & Eichenberg, 2007).

5.6 Printmedien

Zu den Printmedien gehören alle gedruckten Erzeugnisse wie Zeitungen, Zeitschriften, Plakate, Flugblätter und Bücher. Beratung in Printmedien kommt vor allem in Büchern und Zeitschriften vor.

Welche Bücher haben eine Beratungsfunktion?

Bei den Büchern kann zwischen Ratgeberbüchern und Erfahrungsberichten unterschieden werden. Erfahrungsberichte dienen nicht nur dem Voyeurismus des Lesers, sondern werden häufig von Menschen mit ähnlichen Erfahrungen gelesen, die hieraus Rat und Selbsterkenntnis gewinnen wollen. Die Offenlegung von Erfahrungen in einem Buch kann als Modell für die geplante eigene Offenlegung dienen (beispielsweise bei der Offenlegung von sexuellen Missbrauchserfahrungen). Für Angehörige oder Freunde kann das Lesen von Erfahrungsberichten eine Hilfe für ein besseres Verstehen sein. Auch literarische Werke spiegeln häufig aktuelle oder frühere Neurosen ihrer Autoren und verhelfen durch die oft sehr ausgeprägte Fähigkeit zur Selbstanalyse dem Leser zu tieferen Einsichten. Insofern können Werke wie Dostojewskijs „Der Spieler" oder Falladas „Der Trinker" die Selbstwahrnehmung oder den Umgang mit erkrankten Angehörigen erleichtern.

Welchen Stellenwert hat das Beratungsbuch im Beratungsmarkt?

Psychologische Ratgeber als auch Erfahrungsberichte haben einen erheblichen Anteil am Buchmarkt und werden teilweise millionenfach verkauft. Die Anzahl der Personen, die in ihrem Leben bereits einmal oder schon mehrmals ein Ratgeberbuch gekauft haben, übersteigt ganz erheblich die Anzahl der Personen, die schon einmal eine Beratungsstelle aufgesucht haben. In nahezu jedem Buchladen findet man ganze Regalbretter mit Büchern zu verschiedenen Anlässen der Beratung.

Welche Themen werden durch Ratgeberbücher abgedeckt?

Man findet zu jedem Themenkomplex und zu jeder Gefühls- und Lebenslage Ratgeberbücher, und zwar auch von renommierten Autoren. Es geht beispielsweise um Selbstachtung, Selbsterkenntnis, Schüchternheit, Ermutigung, Vergebung, Ärger, Wut und Reizbarkeit, um Ruhe und Gelassenheit, um berufliche Zufriedenheit, um Beziehungskrisen, um Ängste, Panikattacken und Phobien, um Zwangsgedanken und Zwangshandlungen, um Depressionen, um Schizophrenie, um autistische Störungen, um Stalking, um traumatische Ereignisse, um Ess-Attacken, um Magersucht und Bulimie, um ADHS, um die Geburt des ersten Kindes, um Kindererziehung, Mädchenerziehung, Jungenerziehung, um Hochbegabung, um Spielsucht, um Alkoholabhängigkeit, um Medikamentenabhängigkeit, um Schlafstörungen, um Sexualität, um Rechenstörungen, um Zeitmanagement etc. Es ist nahezu unmöglich, eine Lebenslage oder eine klinische Diagnose zu finden, zu der es noch kein Ratgeberbuch gibt.

Wie sind Ratgeberbücher aufgebaut?

Bei Ratgeberbüchern erfolgt die Kommunikation als Einwegkommunikation, das heißt, der Ratsuchende kann zwar einen Ratgeber auswählen, diesen aber nicht beeinflussen. Oft beginnen Ratgeberbücher mit einfachen Ankreuztests. Der Leser erhält dann eine Rückmeldung, die ihm aufzeigt, in welchem Bereich seine Defizite liegen und in welchen Buchkapiteln diese Defizite behandelt werden. Dem Leser wird vermittelt, dass er mit seinem Problem nicht alleine dasteht und dass bereits andere oder gar der Autor selbst dieses Problem erfolgreich bewältigt haben. In guten Rat-

geberbüchern werden nicht nur Ratschläge erteilt, sondern ein konkretes Selbsthilfe-
programm mit Zeitplan, Arbeitsblättern, Übungen und Hausaufgaben angeboten.

Welche Vorteile hat das Ratgeberbuch?

Ein Vorteil des Ratgeberbuchs ist, dass die Beratung anonym erfolgt. Dies ist besonders wichtig bei Themen, bei denen sowohl der Besuch einer Beratungsstelle als auch
das Gespräch mit Freunden oder Angehörigen peinlich wäre. Der erhebliche Verkaufs-
erfolg von Sexualratgebern (Van de Veldes Buch „Die vollkommene Ehe" erreichte
in Deutschland 1932 trotz Verbots der römisch-katholischen Kirche die 42. Auflage, Comforts „Joy of Sex" wurde über acht Millionen Mal verkauft und Schnabls
Sexualratgeber „Mann und Frau intim" erreichte bei 18 Auflagen die höchsten
Verkaufszahlen der gesamten DDR-Geschichte, siehe Herzog, 2005) hat sowohl
mit einem offenbar erheblichen Informationsbedürfnis als auch damit zu tun, dass
man die Informationen und Ratschläge auf diese Weise ungestört, anonym und ohne
Schamgefühle aufnehmen kann. Ratgeberbücher sind eine kostengünstige und wenig
aufwändige Möglichkeit, um Beratung in Anspruch zu nehmen. Der Leser kann dabei den Zeitpunkt und den Umfang der Beratung flexibel handhaben. Zudem kann
er seinen Ratgeber überall hin mitnehmen, beispielsweise auch in den Urlaub.

Wie gut sind Ratgeberbücher?

Die fachliche Qualifikation des Ratgeberautors als auch die Qualität des Ratgeberbuchs werden nicht geprüft, so dass fachlich ausgezeichnete Ratgeber in gleicher
Weise neben den Werken selbsternannter Experten stehen. Die Kaufentscheidung
für ein Ratgeberbuch hängt ab vom Design, dem Umfang, der Machart und dem
Bekanntheitsgrad des Autors. Anders als der Berater in einer Beratungsstelle erhält
der Autor eines Ratgeberbuches keine Rückmeldung darüber, ob der Ratsuchende
das Lesen einstellt oder die Ratschläge umsetzt (von seltenen Leserbriefen abgesehen). Empirische Untersuchungen zur Effektivität von Ratgeberbüchern sind
schwer durchzuführen, weil eine repräsentative Stichprobe der Käufer gezogen
und für diese ein Prä-Post-Kontrollgruppendesign realisiert werden müsste.

Welche Bedeutung hat Beratung in Zeitschriften?

Beratung ist ein bedeutender Teil in Zeitschriften. Vor allem kostenlose Gesund-
heitszeitschriften mit erheblicher Auflage (beispielsweise ca. 9 Millionen beim
AOK Magazin Plus und über 5 Millionen bei der Apotheken-Umschau) verstehen sich als Informations- und Beratungsmedien (Merten, 2005). Psychologische
Beratung ist eine schon klassische Kategorie in Frauenmagazinen. Hier werden
Ausschnitte aus Leserbriefen an den Ratgeber sowie die Antwort des Ratgebers
abgedruckt. Ebenfalls ein Klassiker ist die „Dr. Sommer Sprechstunde" in der Ju-
gendzeitschrift „Bravo", die nicht nur schriftliche, sondern auch eine telefonische
Expertenberatung und einen Internetchat anbietet.

5.7 Hörfunk und Fernsehen

Wie erfolgt Beratung im Hörfunk und im Fernsehen?

Ratgebersendungen im Hörfunk und im Fernsehen gibt es zu Themen wie Reise, Schulden, Finanzen und Recht, Gesundheit (Teledoktor, Sprechstunde), Essen und Trinken, Raumgestaltung, Autos, Kinder, Erziehung, Partnerschaft, Liebe und Psychologie. Diese Sendungen sind überwiegend reine Informationsvermittlungssendungen, bieten aber oft auch die Möglichkeit, einen Experten anzurufen oder zu chatten. Eine persönliche Telefonberatung mit Übertragung in den Hörfunk oder ins Fernsehen gibt es zu vielen Lebensbereichen. Hohe Einschaltquoten erzielten beispielsweise im Hörfunk und im Fernsehen Brigitte Lämmle (Familientherapeutin) mit der Sendung „Lämmle live" im SWR und Jürgen Domian (Journalist) im WDR. Bei Brigitte Lämmle riefen jeweils zwischen 10.000 und 15.000 Personen an, um zur Beratung durchgestellt zu werden; bei Jürgen Domian sollen es sogar 40.000 Personen sein, die mit dem Moderator sprechen wollen.

Nutzt oder schadet Beratung mit Übertragung in den Hörfunk oder ins Fernsehen?

Problematisch ist, dass die Berater bei der Übertragung in den Hörfunk oder ins Fernsehen nur kurz zuhören, schnell unterbrechen und dann eine Deutung aussprechen oder einen Ratschlag erteilen. So entsteht nicht nur beim jeweiligen Anrufer, sondern auch beim breiten Publikum der falsche Eindruck, dass professionelle Beratung das Erteilen von Ratschlägen sei und dass man die Ratschläge einfach nur umzusetzen habe. Dies treibt sowohl die Anrufer als auch das an Beratung interessierte Publikum in die Hilflosigkeit und zur Überzeugung, dass man ein hoffnungsloser Fall sei. Im besten Fall beschränkt sich die Hilfestellung auf ein »Schön, dass wir mal darüber geredet haben« („Lämmle live").

Problematisch ist auch, dass bei der Übertragung in den Hörfunk oder ins Fernsehen eher publikumswirksame „Fälle" ausgewählt werden. So spricht beispielsweise Jürgen Domian bevorzugt mit Personen mit „abartigen" Neigungen, mit Suizidgefährdeten, mit traumatisierten Jugendlichen, mit Missbrauchsopfern oder mit schwerkranken Menschen. Die öffentliche Telefonberatung befriedigt so den Voyeurismus der Zuhörer und Zuschauer. Ob die öffentliche Telefonberatung dem Anrufer nutzt, ob die gegebenen Ratschläge umgesetzt werden können und ob die akustische Präsentation von leidenden Neurotikern wirklich, wie häufig behauptet, die gesellschaftliche Toleranz für die jeweiligen Neurosen erhöht, konnte bislang nicht belegt werden.

Während die Telefonberatung mit Übertragung in den Hörfunk oder ins Fernsehen eher anonym bleibt (es sei denn, jemand erkennt die Stimme und den Fall eines Bekannten), wird die Anonymität bei einem Coaching oder einer Psychotherapie im Fernsehen aufgegeben. Von 1976 bis 1980 luden Anne-Marie und Rein-hard Tausch zu gesprächspsychotherapeutischen Encountergruppen ins Südwest-Fernsehen ein. Diese Encountergruppen waren reale Therapiesitzungen unter pro-fessioneller Leitung (das Ehepaar Tausch gehörte in Deutschland zu den Pionieren der Gesprächspsychotherapie). Die Veröffentlichung im Fernsehen sollte der Ent-mystifizierung der Therapie, der Sensibilisierung der Öffentlichkeit für psychische Probleme als auch der Verbreitung der Gesprächspsychotherapie dienen. Proble-matisch war bereits damals, dass die Teilnahme an diesen Encountergruppen (z.B. „Betriebs-Gruppe", „Paar-Gruppe", „Einsamen-Gruppe", „Jugendlichen-Grup-pe") zwar freiwillig war, dass den Teilnehmern die Tragweite ihres öffentlichen Auftretens aber kaum bewusst war (erst recht nicht den Jugendlichen). Ähnlich problematisch sind die Zurschaustellung kindlichen und elterlichen Problemver-haltens in der eher verhaltenstherapeutisch orientierten RTL-Serie „Die Super Nanny" und das Heraustreten aus der Anonymität bei der TV-Schuldenberatung, obwohl die fachliche Qualität der im Fernsehen gezeigten Coaching- oder Thera-pieleistungen überwiegend beeindruckend ist. Beispiele professioneller Beratung oder Therapie sollten der Ausbildung dienen, nicht aber der Unterhaltung eines breiten Publikums. Zudem ist der öffentliche Schaden eher größer als der Nutzen. So können Sendungen wie die „Super Nanny" oder „Raus aus den Schulden" zwar für das Suchen von professioneller Hilfe sensibilisieren, sie wecken aber auch falsche Erwartungen. Professionelle Berater klingeln nicht an der Haustüre und viele Probleme lassen sich ohne Fernsehkamera weniger leicht lösen (beispielsweise geben Gläubiger ohne Anwesenheit eines Fernsehpublikums seltener nach).

5.8 Computer, Internet und Onlineberatung

Wie wird der Computer in der Beratung eingesetzt?

Der Computer kann im Kontext der Face-to-Face-Beratung in der Diagnostik (Testdurchführung und -auswertung am PC), bei der LRS-Förderung im Rahmen einer schulpsychologischen Beratungsstelle oder auch als Hilfsmittel zum Aus-tausch sexueller Wünsche in der Paarberatung eingesetzt werden (Jeder Partner gibt dabei separat am PC seine sexuellen Wünsche an und anschließend zeigt der PC, wo Übereinstimmungen vorhanden sind, so dass gleichzeitig niemand die sexuellen Wünsche sehen oder hören kann, die nicht übereinstimmen) (Caspar & Berger, 2005). Neben dem direkten Einsatz des Computers in der Face-to-Face-Beratung kann er durch das Internet einerseits als Informationsquelle zur Selbst-beratung oder über dem Wege der Onlineberatung zur Einzelberatung eingesetzt werden.

In welchen Formen wird das Internet zur Beratung genutzt?

Das Internet bietet wie die Printmedien, der Hörfunk und das Fernsehen einen niedrigschwelligen Zugang zu Informationen, die zur Selbstberatung genutzt werden und die die Entscheidung zum Aufsuchen von professioneller Beratung mitbestimmen. Ratsuchende mit einer auch begrifflich klaren Selbstdiagnose oder mit eindeutigen körperlichen und emotionalen Symptomen finden vorab im Netz hierzu vielfältige Informationen. Berater müssen sich darauf einstellen, dass Klienten zukünftig in stärkerem Maße vorinformiert Beratungsstellen aufsuchen. Problematisch sind für Ratsuchende zum einen die Informationsfülle des Internet und zum anderen die für Laien schwer einzuschätzende Qualität dieser Informationen (Ott & Eichenberg, 2002). Neben der Möglichkeit der Information bietet das Internet auch vielfältige Möglichkeiten der Onlineberatung.

In welchen Formen wird Onlineberatung angeboten?

Onlineberatung gibt es in Form von Videokonferenzen, von synchroner Chatberatung (Einzelchatberatung, moderierte Gruppenchats, Themenchats) sowie von asynchroner E-Mail-Beratung. Bei Videokonferenzen sehen und hören sich Ratgeber und Ratsuchender direkt durch eine Videokamera, was bedeutet, dass sich eine Videokonferenz von einer Face-to-Face-Beratung nur durch die fehlende räumliche Anwesenheit des Beraters, durch das Fehlen des gleichen Raumes sowie durch die Technikabhängigkeit des Beratungskontaktes unterscheidet. Bei der Chatberatung reagieren Ratsuchender und Ratgeber direkt über den PC. Da die Äußerungen eingetippt werden müssen, erfolgt die Interaktion langsamer als bei der Face-to-Face-Beratung oder der Videokonferenz. Für die Einzelchatberatung muss sich der Ratsuchende einloggen und dann bestimmte Beratungstermine buchen. Bei moderierten Gruppenchats wird zu einem vorher festgelegten Termin und zu einem bestimmten Thema die Möglichkeit angeboten, sich mit einer begrenzten Anzahl von Personen zu einem Thema auszutauschen. Zumeist ist es auch möglich, nur als Gast die Diskussionen zu verfolgen. Themenchats hingegen erfolgen in der Form, dass ein eingeladener Experte zu einem bestimmten Thema Fragen beantwortet. Bei der E-Mail-Beratung gibt es für Ratsuchende die Möglichkeit, eine Anfrage per e-mail an eine Beratungseinrichtung zu senden. Die Beratung erfolgt dabei asynchron, das heißt, Ratgeber und Ratsuchender antworten zeitlich stark verzögert, wobei Äußerungen zu jeder Tages- und Nachtzeit erfolgen können.

Seit wann gibt es Onlineberatung?

Die erste Onlineberatung wurde 1986 für Studierende in den USA angeboten. In Deutschland bieten die Telefonseelsorge seit 1995 und Pro Familia seit 1997 eine Onlineberatung an. Seit 1999 gibt es eine einheitliche Plattform von etwa 180 psychosozialen Beratungseinrichtungen zur Onlineberatung (www.das-beratungsnetz.de).

Zu welchen Themen wird Onlineberatung angeboten?

Themen der Onlineberatung sind beispielsweise Suchterkrankungen, sexuelle Übergriffe, Ängste, Mobbing, Partnerprobleme, Trauer nach Suizid, Hartz IV, Geschwisterbeziehungen, Schulzeugnisse, Weglaufen, Abhauen, auf der Straße leben, Tabakentwöhnung, beruflicher Stress, Körperbildstörungen, Probleme mit Angehörigen etc. Sehr schwere Störungen wie beispielsweise bei Klienten mit psychotischen Episoden, Borderline-Erkrankungen oder suizidalen Absichten sollten eher nicht durch eine Onlineberatung betreut werden.

Welche Vor- und Nachteile hat die Onlineberatung?

Zu den Vorteilen der Onlineberatung gehört, dass durch sie auch Personen erreichbar sind, die traditionelle Beratungsangebote nicht nutzen können (zum Beispiel bettlägerige Schwerstkranke) oder wollen. Bei der Onlineberatung spart man Fahrtkosten und Fahrtzeit und man kann Wartezeiten sinnvoll nutzen. Die Onlineberatung ist bequem und schnell zu erreichen und sie gewährleistet eine höhere Anonymität als die Face-to-Face-Beratung. Die Schwellenängste sind deutlich niedriger als bei der Face-to-Face-Beratung. Die Onlineberatung kann allerdings auch viel leichter von angeblichen Klienten missbraucht werden. Ratsuchende können sich hinter falschen Identitäten verbergen. Auch die Professionalität des Beraters bleibt bei der Onlineberatung für den Ratsuchenden eher im Dunkeln. Zudem ist der Beratungskontakt bei der Onlineberatung viel unverbindlicher als beim direkten Gespräch.

Bei der E-Mail-Beratung können sich Ratsuchende die Antwort des Beraters genau und in Ruhe durchlesen. Zudem können die Ratsuchenden beim Formulieren länger überlegen als bei einem mündlichen Gespräch. Auch der Berater kann sich bei seinen Antworten Zeit lassen. Möglich ist sogar eine begleitende Supervision beim Formulieren der Antworten durch Kollegen oder Ausbilder. Sowohl der Ratsuchende als auch der Ratgeber können alle bisherigen Gesprächsprotokolle durchgehen und die bisherigen Entwicklungsschritte verfolgen. Die schriftliche Form begünstigt eine kognitive Herangehensweise, wie sie beispielsweise für die Kognitive Verhaltenstherapie typisch ist.

Ähnlich wie bei der Telefonberatung ist es bei der Onlineberatung für die Ratsuchenden ein Vorteil, dass sie die Kommunikation ohne jeden Aufwand jederzeit abbrechen können, was dem Ratsuchenden mehr Kontrolle über den Ratgeber gibt. Bei der E-Mail- und Chat-Beratung können Emotionen besser kontrolliert und verborgen werden, was für die Ratsuchenden angenehm ist, den Beratungsprozess jedoch auch bremst.

Ein Vorteil der E-Mail- und Chat-Beratung ist, dass das Aussehen und Auftreten sowohl für den Ratsuchenden als auch für den Ratgeber keine Rolle spielen, wodurch Halo-Effekte vermieden oder minimiert werden. Gleichzeitig ist aber ein Nachteil der schriftlichen Kommunikation, dass nonverbale Signale nicht wahr-

genommen werden können. Wegweisende Signale wie ein trauriger Gesichtsaus-
druck oder Tränen sind in gesprächspsychotherapeutisch oder psychoanalytisch
orientierten Beratungsgesprächen ein wichtiges Hilfsmittel, um erkennen zu
können, welche Themenfelder mit emotionalen Belastungen verbunden sind und
zukünftig bearbeitet werden sollten. Solche Signale können bei der E-Mail- und
Chat-Beratung genauso wie die Kontextbedingungen nicht wahrgenommen werden. Da der Berater keine Inkongruenzen zwischen dem Wort und den nonverbalen Äußerungen wahrnehmen kann, ist es für ihn nur schwer möglich, verdeckte
Gefühle zu erkennen.

Ein weiterer Nachteil der Onlineberatung ist, dass Ratgeber und Ratsuchende über
technische Kenntnisse verfügen müssen. Besonders problematisch ist die technische Anfälligkeit der Kommunikation. Bei einer Face-to-Face-Beratung kann der
Berater nicht plötzlich verschwinden, wohl aber bei einer Videokonferenz, der
E-Mail- oder Chat-Beratung. So kann nicht ausgeschlossen werden, dass bei einem emotional stark belastenden Beratungsgespräch plötzlich die Verbindung aus
technischen Gründen unterbrochen wird, was sich verheerend auswirken kann.
Deshalb sollte bei der Onlineberatung mit dem Ratsuchenden vorab geklärt werden, wie zu verfahren ist, wenn die Verbindung plötzlich abreißt (Eichenberg,
2007; Mallen et al., 2005).

Welche Personen nutzen die Onlineberatung?

Natürlich können nur Personen die Onlineberatung nutzen, die auch „online"
sind. Der Anteil der gelegentlichen Onlinenutzer (ab 14 Jahren) stieg in Deutschland von 6.5 % im Jahre 1997 auf 28.6 % im Jahre 2000, schließlich auf 53.5
% im Jahre 2003 und sodann auf 62.7 % im Jahre 2007. Demnach sind derzeit
knapp 40 % der Bevölkerung offline, und zwar deutlich mehr Frauen (45.2 %)
als Männer, deutlich mehr ältere als jüngere Personen (77.3 % der über 60–Jährigen sind offline gegenüber 5.7 % der 20 bis 29–Jährigen) als auch deutlich mehr
Personen mit einem niedrigen Bildungsstand (ARD/ZDF-Online-Studie, 2007).
In der Altersgruppe der 14 bis 19–Jährigen hat der Computer das Fernsehen als
das wichtigste Medium abgelöst, was auch damit zu tun hat, dass er nicht nur als
Informationsquelle, sondern auch als Kommunikationsplattform genutzt wird.
Im Vergleich mit anderen Massenmedien hat kein Medium einen solch rasanten
Aufstieg wie das Internet erfahren. Innerhalb weniger Jahre hat es sich von einem
Medium für Wenige zu einem Massenmedium entwickelt.

Wegen fehlender Ausstattung und Vernetzung können durch die Onlineberatung
ältere Personen, Personen mit niedrigerem Bildungsgrad und Frauen eher schlecht
erreicht werden. Vielfältig diskutiert wurden die Möglichkeiten, durch Onlineberatung Personen zu erreichen, die sonst eher beratungsfern sind. So konnte belegt werden, dass Männer mit eingeschränkter Emotionalität die Onlineberatung
gegenüber der Face-to-Face-Beratung vorziehen. Für Personen, die Ängste beim

Ausdruck eigener Gefühle haben und die für ihre Emotionen kaum die richtigen Worte finden, ist die Onlineberatung eine hilfreiche Alternative. Dies gilt insbesondere für den ersten Kontakt, vor dem Männer eine stärkere Abwehr als Frauen haben, was damit zu tun hat, dass das Holen von Hilfe mit der Rolle traditioneller Männlichkeit konfligiert (Rochlen, Land & Wong, 2004). Die Onlineberatung ist generell günstig für Personen, die sich lieber schriftlich als mündlich ausdrücken. Natürlich profitieren auch Personen mit Sprach- oder Hörproblemen, da dieses Handicap bei der Onlineberatung wegfällt.

Gibt es Studien, die die Wirksamkeit der Onlineberatung belegen?

Mallen et al. (2005) haben in einer Metaanalyse die Wirksamkeit verschiedener Arten der Onlineberatung untersucht. Mehrere Studien zu Online-Unterstützungsgruppen (Frauen mit Brustkrebs, Eltern mit einem autistischen Kind, Personen mit Essstörungen etc.) zeigten, dass die Mitglieder hierdurch emotionalen Rückhalt, Informationen und ein Feedback erhielten. Ein direkter Effekt auf die jeweilige Symptomatik konnte nicht belegt werden. Problematisch ist, dass Online-Unterstützungsgruppen ohne professionelle Leitung agieren, so dass Falschinformationen nicht auszuschließen sind.

Verschiedene Studien zeigen, dass Ratsuchende mit der professionellen Onlineberatung zufrieden sind, während gleichzeitig die Ratgeber eher skeptisch sind. So fanden Klienten bei diagnostischen Interviews Videokonferenzen genauso gut wie Face-to-Face-Interviews, während die Diagnostiker die Face-to-Face-Interviews als überlegen einschätzten. Positive Effekte der Onlineberatung konnten in randomisierten (und in nichtrandomisierten) Studien nachgewiesen werden. So ergaben sich bei Klienten mit Körperbild- und Persönlichkeitsstörungen gleich gute Effekte unabhängig davon, ob die Klienten randomisiert eine Face-to-Face-Beratung, eine Videokonferenz-Beratung oder eine Telefonberatung erhielten. Ebenfalls keine Unterschiede hinsichtlich des Beratungsmediums (Face-to-Face versus Videokonferenz) zeigten sich bei der Beratung von Eltern mit epilepsiekranken Kindern. Langfristige positive Effekte konnten sowohl für eine Chat-Beratung zur Überwindung von Einsamkeit als auch für eine E-Mail-Beratung bei posttraumatischer Belastungsstörung (6–Monats-Follow-up) belegt werden (Mallen et al., 2005). Eine angeleitete Chatgruppe zu beruflichem Stress führte zu einer hohen Zufriedenheit der Teilnehmer, wobei allerdings keine Symptomänderungen belegt werden konnten.

Bei Untersuchungen zur Wirksamkeit der Onlineberatung ist zu berücksichtigen, dass Onlineberatung niedrigschwelliger ist, was dazu führt, dass die Onlineberatung häufiger von Ratsuchenden mit geringeren Störungen aufgesucht wird. Bei einem nur gering ausgeprägten Störungsbild sind als Effekt der Beratung Prä-Post-Unterschiede schwerer nachzuweisen als bei ausgeprägten Störungsbildern (Caspar & Berger, 2005).

Möglicherweise erklärt sich ein Teil des Effekts der E-Mail- oder Chatberatung durch den selbsttherapeutischen Effekt des Schreibens (Wright & Chuny, 2001). Bei der Onlineberatung schreibt der Ratsuchende zwar an den Berater und nicht an sich selbst, aber das Medium des Schreibens zwingt hier ähnlich wie beim Für-sich-Schreiben zur Ordnung der Gedanken und Gefühle. Der Verschriftlichungsprozess erfordert eine höhere Aufmerksamkeit und eine größere Abstraktionsleistung als die mündliche Äußerung. Zudem kann das Geschriebene immer wieder gelesen und korrigiert werden, so dass eine Weiterentwicklung der Gedanken erleichtert wird. Schreiben ist kein linearer Prozess, sondern gleicht eher einer Schleife, zu der das Schreiben, das Lesen des Geschriebenen, die Selbstüberprüfung der Wirkung des Gelesenen, die Korrektur des Geschriebenen und das nochmalige Lesen gehören. Insbesondere bei der zeitversetzten E-Mail-Beratung wird durch das Schreiben eine Selbstberatung in Gang gesetzt. Indem Gefühle und Erlebnisse verschriftlicht und anschließend gelesen werden, wobei auch der Blick des externen Beraters imaginiert wird, erfolgt beim Schreiber bereits ein Perspektivenwechsel, ein Blick von außen, was ein heilsamer Schritt in Richtung Selbsterkenntnis sein kann (Knatz & Dodier, 2003). Hilfreich ist auch, dass manche Gefühle, die verbal niemals ausgesprochen werden können, leichter schriftlich niedergelegt werden können. Wenn man diese Gefühle dann nicht nur sich selbst, sondern auch einem Berater mitteilt, ist ein erster Schritt zur Offenlegung getan. Die E-Mail- und Chat-Beratung nutzt die kathartische und heuristische Funktion des Für-sich-Schreibens und bildet gleichzeitig eine Brücke von der Eingeschlossenheit des Ichs zur Kommunikation mit anderen.

Insgesamt fällt auf, dass Klienten mit der Onlineberatung durchaus zufrieden sind, während professionelle Berater gleichzeitig eher skeptisch sind. Möglicherweise hängt die Unzufriedenheit der Berater damit zusammen, dass die Reduktion der Intervention auf elektronisch vermittelte Sätze den Narzissmus der Berater kränkt. Eine Face-to-Face-Beratung bietet eher die Illusion eines einmaligen Ereignisses, bei dem der Berater die zentrale Instanz ist. Die E-Mail- und Chat-Beratung signalisieren dem Berater die eigene Austauschbarkeit. Es gibt bislang keine Studien, die die langfristige Wirksamkeit der Onlineberatung belegen. Von daher kann man auch nicht wissen, welche Dynamik sich aus der Skepsis der Berater entwickelt und wie sich das Fehlen nonverbaler Informationen langfristig auswirkt (Mallen et al., 2005).

6. Arbeitsteil

Zusammenfassung:

Zu den Organisationsformen der Beratung gehören die sozialen Konstellationen der Beratung, der „Machtrahmen" der Beratung zwischen Freiheit, Abhängigkeit, Hierarchie und Zwangsberatung, die Beratungsräume und -zeiten und die Medien der Beratung. Bei den sozialen Konstellationen der Beratung kann zwischen der Selbstberatung, der Einzelberatung, der Paarberatung, der Familienberatung, der systemischen Beratung, der Gruppenberatung und der Organisationsberatung und -entwicklung (OE) unterschieden werden. Obwohl Abhängigkeiten, Hierarchien und Zwänge dem Gedanken der Beratung eigentlich widersprechen, spielen sie in der Beratung oft eine Rolle. Das räumliche und zeitliche Setting der Beratung ist zwar weniger streng als das der Psychotherapie, es ist jedoch trotzdem ein Element, wodurch sich professionelle Beratung klar von einem Alltagsgespräch unterscheidet. Je strenger zeitliche Begrenzungen und räumliche Anordnungen gehandhabt werden, desto eher hat die Beratung auch etwas Sakrales und Mystisches. Die räumlichen und zeitlichen Begrenzungen der Beratung werden durch die neuen Medien der Beratung aufgehoben. Aufgrund der besonderen Vorzüge des Face-to-Face-Beratungsgesprächs ist jedoch nicht zu erwarten, dass die neuen Medien dieses verdrängen. Neuere Forschungen zeigen, dass Ratsuchende positive Erfahrungen mit neuen Medien der Beratung machen, während die Ratgeber eher skeptisch sind.

Zum Verständnis

(a) Weshalb ergibt sich aus der Beratung selbst eine Hierarchie zwischen Berater und Ratsuchendem?

(b) Womit könnte es zu tun haben, dass die meisten Ratgeber neuen Medien der Beratung gegenüber skeptisch eingestellt sind?

(c) Was könnte den positiven Effekt der E-Mail-Beratung erklären?

7. Literatur

Empfohlene Literatur:

Mallen, M. J., Vogel, D. L., Rochlen, A. B. & Day, S. X. (2005). Online counseling: Reviewing the literature from a counseling psychology framework. The Counseling Psychologist, 33, 819–871.

Nestmann, F., Engel, F. & Sickendiek, U. (Hrsg.) (2004). Das Handbuch der Beratung, Band 1und 2. Tübingen: DGVT.

Weber, T. (Hrsg.), Handbuch Telefonseelsorge. Göttingen: Vandenhoek & Ruprecht.

Verwendete Literatur

ARD/ZDF-Online-Studie (2007). [Online-Dokument]. URL: http://www.daserste.de/ service/studie.asp

Bochmann, A. (2004). Paarberatung. In F. Nestmann, F. Engel & U. Sickendiek (Hrsg.), Das Handbuch der Beratung, Band 2: Ansätze, Methoden und Felder (S. 1005–1013). Tübingen: DGVT.

Brunner, E. J. (2004). Systemische Beratung. In F. Nestmann, F. Engel & U. Sickendiek (Hrsg.), Das Handbuch der Beratung, Band 2: Ansätze, Methoden und Felder (S. 655–661). Tübingen: DGVT.

Brunner, E. J. (2005). Pädagogische Organisationsberatung. In E. J. Brunner (Hrsg.), Konzepte Pädagogischer Organisationsberatung. Qualitätsentwicklung und Qualitätsmanagement in pädagogischen und sozialen Einrichtungen (S. 5–14). Jena: Edition Paideia.

Caspar, F. & Berger, T. (2005). The future is bright: How can we optimize online counseling, and how can we know whether we have done so? The Counseling Psychologist, 33, 900–909.

Deutsche Telekom (2006). Die Partnerschaft der Deutschen Telekom mit der Telefonseelsorge. In T. Weber (Hrsg.), Handbuch Telefonseelsorge (2. Auflage) (S. 259–264). Göttingen: Vandenhoek & Ruprecht.

Döring, N. & Eichenberg, C. (2007). Klinisch-psychologische Interventionen mit Mobilmedien. Ein neues Praxis- und Forschungsfeld. Psychotherapeut, 52, 127–135.

Eichenberg, C. (2007). Online-Sexualberatung: Wirksamkeit und Wirkweise. Evaluation eines Pro Familia-Angebots. Zeitschrift für Sexualforschung, 20, 247–262.

Fatzer, G. (2004). Organisationsberatung und -entwicklung: Veränderung durch Entwicklung und Lernen. In F. Nestmann, F. Engel & U. Sickendiek (Hrsg.), Das Handbuch der Beratung, Band 1: Disziplinen und Zugänge (S. 419–433). Tübingen: DGVT.

Freud, S. (1895/1975). Zur Psychotherapie der Hysterie (aus: Studien über Hysterie). Studienausgabe Ergänzungsband (S. 37–97). Frankfurt am Main: Fischer.

Fromm, E. (1981). Die Grundpositionen der Psychoanalyse (zuerst 1966). In E. Fromm, Gesamtausgabe Bd. 8 (S. 35–45). Stuttgart: Deutsche Verlags-Anstalt.

Fromm, E. (1981). Sigmund Freuds Psychoanalyse. Größe und Grenzen (zuerst 1979). In E. Fromm, Gesamtausgabe Bd. 8 (S. 259–362). Stuttgart: Deutsche Verlags-Anstalt.

Gehring, T. M., Marti, D. & Brägger, F. (2004). Familienberatung. In C. Steinebach (Hrsg.), Handbuch Psychologische Beratung (S. 274–283). Stuttgart: Klett-Cotta.

Gröning, K. (2006). Pädagogische Beratung. Konzepte und Positionen. Wiesbaden: VS Verlag für Sozialwissenschaften.

Habenicht, I. (2006). Zur Geschichte der Telefonseelsorge in Deutschland. In T. Weber (Hrsg.), Handbuch Telefonseelsorge (2. Auflage) (S. 15–24). Göttingen: Vandenhoek & Ruprecht.

Haid-Loh, A. & Lindemann, F.-W. (2004). Familienberatung. In F. Nestmann, F. Engel & U. Sickendiek (Hrsg.), Das Handbuch der Beratung, Band 2: Disziplinen und Zugänge (S. 989–1004). Tübingen: DGVT.

Hennig, C. & Knödler, U. (1993). Problemschüler – Problemfamilien. Ein praktisches Lehrbuch zum systemischen Arbeiten mit schulschwierigen Kindern (3. Auflage). Weinheim: PVU.

Herzog, D. (2005). Die Politisierung der Lust. Sexualität in der deutschen Geschichte des 20. Jahrhunderts. München: Siedler.

Hinz, A. (1996). Schreiben als Therapie? Psychische Funktionen des Schreibens, deren therapeutische Bewertung und Konsequenzen für den Unterricht. In J. Belgrad & H. Melenk (Hrsg.), Literarisches Verstehen – Literarisches Schreiben. Positionen und Modelle zur Literaturdidaktik (S. 99–113). Hohengehren: Schneider.

Hinz, A. & Behr, M. (2002). Biografische Rekonstruktionen und Reflexionen. Zum 100. Geburtstag von Carl Rogers. Gesprächspsychotherapie und Personzentrierte Beratung 3/02 , 197–210.

Horney, K. (1974). Selbstanalyse. Frankfurt am Main: Fischer.

Hundsalz, A. (2004). Erziehungs- und Familienberatung. In F. Nestmann, F. Engel & U. Sickendiek (Hrsg.), Das Handbuch der Beratung, Band 2: Disziplinen und Zugänge (S. 977–988). Tübingen: DGVT.

Kappesser, K. (1985). Verband und Ehrenamt: Telefonseelsorge. In A. Bellebaum, H. J. Becher & M. T. Greven (Hrsg.), Helfen und Helfende Berufe als soziale Kontrolle (S. 154–172). Opladen: Westdeutscher Verlag.

Kasakos, G. (1988). Familienfürsorge zwischen Beratung und Zwang. München: Piper.

Kiper, H. (2001). Einführung in die Schulpädagogik. Weinheim: Beltz.

Klann, N. (2006). Paarberatung. In C. Steinebach (Hrsg.), Handbuch Psychologische Beratung (S. 256–273). Stuttgart: Klett-Cotta.

Klein, G. (1997). Schulen brauchen Beratung. Kollegiumsorientierte Innovationsberatung als Beitrag zur Schulentwicklung. Grundlagen, Ansätze, Perspektiven. Marquartstein: Pims.

Knatz, B. (2006). Methodische Konzepte der Telefonseelsorge im Internet. In T. Weber (Hrsg.), Handbuch Telefonseelsorge (2. Auflage) (S. 173–181). Göttingen: Vandenhoek & Ruprecht.

Knatz, B. & Dodier, B. (2003). Hilfe aus dem Netz. Theorie und Praxis der Beratung per E-Mail. Stuttgart: Klett-Cotta.

Kolb, R. (2007). Gesprächsführung. In S. Bachmair, J. Faber, C. Hennig, R. Kolb & W. Willig, Beraten will gelernt sein. Ein praktisches Lehrbuch für Anfänger und Fortgeschrittene (8. Auflage) (S. 16–84). Weinheim: Beltz.

Mallen, M. J., Vogel, D. L., Rochlen, A. B. & Day, S. X. (2005). Online counseling: Reviewing the literature from a counseling psychology framework. The Counseling Psychologist, 33, 819–871.

Merten, A. (2005). Ratgeber in den Medien. In M. Krämer (Hrsg.), Professionelle Beratung zur Alltagsbewältigung (S. 146–172). Göttingen: Vandenhoeck & Ruprecht.

Mutzeck, W. (1996). Kooperative Beratung. Grundlagen und Methoden der Beratung und Supervision im Berufsalltag. Weinheim: Deutscher Studien Verlag.

Ott, R. & Eichenberg, C. (2002). Das Internet und die klinische Psychologie. Schnittstellen zwischen einem neuen Medium und einem psychologischen Anwendungsfach. Psychotraumatologie, 4 [Online-Dokument]. URL: http://www.thieme-connect.com/ejournals/html/psychotrauma/doi/10.1055/s-2002-35085.

Peseschkian, N. (1979). Der Kaufmann und der Papagei. Orientalische Geschichten als Medien in der Psychotherapie. Mit Fallbeispielen zur Erziehung und Selbsthilfe. Frankfurt am Main: Fischer.

Pfitzner, M. (2005). Beratung und Profession. Beratung als professionelle Aufgabe von Lehrern. In Apel, H. J. & Sacher, W. (Hrsg.), Studienbuch Schulpädagogik (S. 381–398). Bad Heilbrunn: Klinkhardt.

Plöger, S. (2006). Themen der Gespräche und Anliegen der Anrufenden. In T. Weber (Hrsg.), Handbuch Telefonseelsorge (2. Auflage) (S. 115–133). Göttingen: Vandenhoek & Ruprecht.

Rechtien, W. (2004). Beratung in Gruppen. In F. Nestmann, F. Engel & U. Sickendiek (Hrsg.), Das Handbuch der Beratung, Band 1: Disziplinen und Zugänge (S. 359–373). Tübingen: DGVT.

Reese, R. J., Conoley, C. W. & Brossart, D. F. (2002). Effectiveness of telephone counseling: A field-based investigation. Journal of Counseling Psychology, 49, 233–242.

Reese, R. J., Conoley, C. W. & Brossart, D. F. (2006). The attractiveness of telephone counseling: An empirical investigation of client perceptions. Journal of Counseling Psychology, 84, 54–60.

Rochlen, A. B., Land, L. N. & Wong, Y. J. (2004). Male restrictive emotionality and evaluations of online versus face-to-face-counseling. Psychology of Men & Masculinity, 5, 190–200.

Rogers, C. R. (1972). Die nicht-direktive Beratung (Orig. 1942: Counseling and Psychotherapy). München: Kindler.

Rogers, C. R. (1987). Eine Theorie der Psychotherapie, der Persönlichkeit und der zwischenmenschlichen Beziehungen (Orig. 1959: A Theory of Therapy, Personality and Interpersonal Relationships, as developed in the Client-Centered Framework). Köln: GwG.

Rolff, H.-G. (2001). Schulentwicklung konkret: Steuergruppe, Bestandsaufnahme, Evaluation. Seelze: Kallmeyersche Verlagsbuchhandlung.

Schley, W. (1992). Organisationspsychologische Beratung an Schulen. Das Konzept der Systemberatung und Organisationsentwicklung. In W. Pallasch, W. Mutzeck & H. Reimers (Hrsg.), Beratung, Training, Supervision. Eine Bestandsaufnahme über Konzepte zum Erwerb von Handlungskompetenz in pädagogischen Arbeitsfeldern (S. 161–172). Weinheim: Juventa.

Schlippe, A. von & Schweitzer, J. (2007). Lehrbuch der systemischen Therapie und Beratung (10. Auflage). Göttingen: Vandenhoeck & Ruprecht.

Schohe, S. (2006). Das Konzept der Telefonseelsorge. In T. Weber (Hrsg.), Handbuch Telefonseelsorge (2. Auflage) (S. 25–32). Göttingen: Vandenhoek & Ruprecht.

Schönig, W. (1993). Beratung von Schulen als Hilfe zur Selbstentwicklung. In W. Schönig & E. J. Brunner (Hrsg.), Organisationen beraten. Impulse für Theorie und Praxis (S. 80–94). Freiburg im Breisgau: Lambertus.

Schönig, W. & Brunner, E. J. (1993). Einführung: Organisationen beraten. In W. Schönig & E. J. Brunner (Hrsg.), Organisationen beraten. Impulse für Theorie und Praxis (S. 9–30). Freiburg im Breisgau: Lambertus.

Seiffge-Krenke, I. (1985). Die Funktion des Tagebuchs bei der Bewältigung alterstypischer Probleme in der Adoleszenz. In R. Oerter (Hrsg.), Lebensbewältigung im Jugendalter (S. 131–159). Weinheim: VCH.

Sonntag, K. & Stegmaier, R. (2006). Organisationsberatung. In C. Steinebach (Hrsg.), Handbuch Psychologische Beratung (S. 293–309). Stuttgart: Klett-Cotta.

Steinebach, C. (2006). Beratung und Psychologie. In C. Steinebach (Hrsg.), Handbuch Psychologische Beratung (S. 11–34). Stuttgart: Klett-Cotta.

Sullivan, H. S. (1976). Das psychotherapeutische Gespräch. Frankfurt am Main: Fischer.

Terhart, E. (Hrsg.) (2000). Perspektiven der Lehrerbildung in Deutschland. Abschlussbericht der von der Kultusministerkonferenz eingesetzten Kommission. Weinheim: Beltz.

Tschötschel-Gänger, C. (2005). Beratung in der Schule: Brücken bauen. In R. Reichel (Hrsg.), Beratung, Psychotherapie, Supervision. Einführung in die psychosoziale Beratungslandschaft (S. 260–276). Wien: Facultas.

Wilhelm, A. (2006). Das System der Telefonseelsorge im Internet. Die Herausforderung der Datensicherheit im Internet. In T. Weber (Hrsg.), Handbuch Telefonseelsorge (2. Auflage) (S. 165–172). Göttingen: Vandenhoek & Ruprecht.

Willmann, M. & Hüper, L. (2004). Möglichkeiten und Grenzen schulinterner Beratung. Eine Grounded-Theory-Studie zur paradoxalen Rollenstruktur und Rollenidentität von Beratungslehrerinnen. Berlin: uni-edition.

Wright, J. & Chuny, M. C. (2001). Mastery of mystery? Therapeutic writing: A review of the literature. British Journal of Guidance & Counselling, 29, 277–291.

Modul 9:
Ethische Fragen in der Beratung
Rudi F. Wagner

1. Relevanz ethischer Aspekte für die Beratung

Spielt das Thema *Ethik* in der Beratung überhaupt eine Rolle?
Im menschlichen Leben spielen Fragen der Bewertung, der Ethik und der Moral eine wichtige, wenn nicht sogar zentrale Rolle. Alltäglich fällen wir Entscheidungen, legen Ziele fest, wählen aus verschiedenen Handlungsalternativen und berücksichtigen dabei fast immer auch ethische und moralische Grundprinzipien. Vor diesem Hintergrund ist es als positiv zu werten, dass ethische Aspekte in den letzten Jahren in verschiedenen wissenschaftlichen Bereichen wieder häufiger und intensiver diskutiert werden. Wenn nämlich – wie eine Zeit lang vor dem Hintergrund einer überzogenen Interpretation des Wertfreiheitspostulats üblich – ethische Fragen aus dem wissenschaftlichen Denken eher ausgeklammert werden (s.u.), besteht die Gefahr, dass die Nichtbeschäftigung mit Wertungsfragen in den Wissenschaften zu einem Vakuum führt, das durch unwissenschaftliche, irrationalistische Strömungen gefüllt wird (sog. Vakuumhypothese, vgl. Groeben, 1986a, S. 416ff.; Groeben & Scheele, 1977). Besonders in Bereichen, die sich mit dem Menschen beschäftigen – wie dies in der Beratung und Psychotherapie generell der Fall ist – führt die Nichtbeachtung von Werten oder die unwissenschaftliche Auseinandersetzung damit zu erheblichen, negativen Folgen (Reimer, 2005). Die Geschichte der Beratung liefert dazu leider einige Beispiele (s.u.). Fragen der Ethik, der Moral, der Wertung sollten daher in einem Grundlagenbuch zur Beratung, wie dem vorliegenden Werk, nicht fehlen.

Warum sollte das Thema *Ethik* in der Beratung ganz besonders reflektiert werden?
Aber noch ein anderes Argument macht deutlich, warum gerade im Beratungsbereich Fragen der Ethik und der Moral diskutiert werden sollten: In kaum einem anderen beruflichen Bereich spielt die Beziehung zwischen den beteiligten Personen eine so bedeutsame Rolle wie in der Beratung. Die Gefahr einer Abhängigkeit der Person, die um Beratung nachsucht, von der Person des Beraters bzw. der Bera-

terin ist hier schon vom Ansatz her besonders groß und führt leider immer wieder zu schrecklichen Folgen durch den Missbrauch dieser Beziehung durch den Berater. In Anbetracht der Grundsituation der Beratung, dass nämlich eine Person aus Angst, Unsicherheit und Hilflosigkeit institutionelle Hilfe in Anspruch nimmt, ist ein Missbrauch dieser Situation als besonders schwerwiegend zu beurteilen. Jede Person, die im Bereich der Beratung tätig ist, sollte sich daher grundlegendes Wissen über ethische Aspekte aneignen und über ethisches Handwerkszeug in Form kritisch reflektierter Wertungsdimensionen und ethischer Prinzipien verfügen. Nur so wird es möglich, in der schwierigen Situation als Beraterin und Berater den Aufgaben in der Beratungspraxis gerecht zu werden und die Notsituation des Klienten zu erkennen und nachhaltig zu lindern.

2. Grundlagen der Ethik-Diskussion

2.1 Präskriptive und deskriptive Sätze, Werturteilsfreiheit

Was sind präskriptive und deskriptive Sätze?
Eine erste, wichtige Unterscheidung innerhalb ethischer Diskussionen ist die in *Sachverhalte* und *Werte*: Wissenschaftliche Aussagen beziehen sich auf Sachverhalte, Aussagen bzw. Sachverhaltsurteile, also auf deskriptive Sätze. Diese Aussagen können wahr oder falsch sein. Der Wahrheitsgehalt von Sachverhaltsurteilen ist Gegenstand wissenschaftlicher Forschung. Meinungen, Werthaltungen, moralische Sätze sind dagegen präskriptive Sätze, sog. Sollte-Sätze. Durch sie gibt der Sprecher eine persönliche Bewertung ab – die jedoch durchaus rational begründet sein kann (s.u.). Werturteile lassen sich jedoch nicht aus Sachverhaltsurteilen ableiten.

Was versteht man unter Werturteilsfreiheit?
Mit dem sog. Werturteilsfreiheitspostulat (der Forderung nach Werturteilsfreiheit in den Wissenschaften) wollte Max Weber zu Beginn des 20. Jahrhunderts dem gerecht werden: Seine Forderung, dass Werturteile nicht als Sachverhaltsurteile ausgegeben werden sollen, war gegen eine persönlich gefärbte Professorenprophetie gerichtet. In einer Zeit, in der noch häufig moralische Anschauungen und Wertungen mit dem Gestus wissenschaftlicher Überzeugung als Sachverhaltsurteile ausgegeben wurden, war diese Forderung nicht nur gerechtfertigt, sondern auch wichtig und notwendig. Denn Werturteile lassen sich nicht wissenschaftlich als wahr oder falsch beurteilen und die (willkürliche) Setzung persönlicher Meinung als wissenschaftlicher Sachverhalt ist unredlich. Die Ableitung von Werturteilen aus Sachverhaltsurteilen ist nicht möglich. Geschieht dies dennoch, wird dieser

Fehler in der Wissenschaftstheorie als *naturalistischer Fehlschluss* bezeichnet und missbilligt. Was in der damaligen Zeit wichtig war, ist heute – bedingt durch den Siegeszug des kritischen Rationalismus – zu einem allgemein geteilten Gut geworden: Die Gefahr, Wertungen als wissenschaftliche Erkenntnis auszugeben, ist weitestgehend gebannt. Im Gegenzug besteht jedoch die Gefahr, den Bereich von Wertungen und Normen aus dem Bewusstsein der Wissenschaft auszuschließen (Groeben, 1986a, S. 415ff.). Da wissenschaftliches Arbeiten jedoch selbst auch ethischen und moralischen Prinzipien folgt und wissenschaftliche Theorien selbst präskriptive Anteile enthalten, führt dies zu einer Täuschung: dem Fehlurteil, man könne sich als Wissenschaftler aus Wertungsfragen heraushalten. Zudem bedeutet das (erfolglose) Bemühen um Ausgrenzung von Ethik und Moral in den Wissenschaften besonders für jene Disziplinen, die sich mit dem menschlichen Erleben und Verhalten beschäftigen, eine unnötige Reduktion, die der Komplexität menschlichen Daseins nicht gerecht wird (Wagner, 2005). Unnötig ist diese Reduktion, da es durchaus Möglichkeiten gibt, Wertungen zu begründen. Diese Wertungsbegründungen wiederum können entsprechend den rationalen Regeln wissenschaftlichen Austauschs kritisiert und analytisch geprüft werden (z.B. bezüglich der inneren Konsistenz von Wertungen, dem Wahrheitsgehalt der deskriptiven Untersätze, die zur Begründung herangezogen werden etc.). Normen und Werte lassen sich wissenschaftlich zwar nicht als wahr oder falsch beurteilen (und schon gar nicht beweisen), aber wir können Gründe für oder gegen bestimmte Normen und Bewertungen benennen und die Begründungsargumentation analytisch prüfen. Dies ist vor allem auch deswegen von großer Wichtigkeit, da Menschen im täglichen Handeln immerfort gezwungen sind, Entscheidungen zu fällen, Ziele zu setzen und sich an bestimmten Normen und Werten zu orientieren. Und die Gründe menschlichen Handelns sind leichter verstehbar und besser kritisierbar, wenn sie expliziert werden, d.h. wenn durch Offenlegung der Ursachen des Handelns Verständnis dafür geschaffen werden kann. Implizite Wertungen sind schwer zu erkennen und daher noch schwerer zu kritisieren. Wenn wir eine kritische Auseinandersetzung mit Werten wünschen, dann sollten wir diese explizieren.

2.2 Beispiele für Normbegründungen

Was ist eine Ziel-Mittel-Argumentation?

Die Ziel-Mittel-Argumentation (ZMA) bietet die Möglichkeit zur Rechtfertigung von Werten, Zielen und Normen. Die ZMA stellt somit ein Normenbegründungsverfahren dar und bietet die Möglichkeit einer Kritik und Begründung außerhalb von deduktiv-schließenden Satzsystemen. So kann bspw. der präskriptive Obersatz (PO) lauten: *„Der Mensch sollte kreativ sein.“* Dieser Satz lässt sich begründen mit Hilfe des deskriptiven Satzes (D1): *„Wenn der Mensch kreativ ist, kann er die sich immer schneller verändernde (Um-)Welt konstruktiv-flexibel verarbeiten"*. Dieser deskriptive Satz (D1) reicht allerdings zur Begründung des PO nicht aus, es ist noch eine präskriptive Oberprämisse (P1) nötig. *„Der Mensch sollte die (Um-)Welt konstruktiv-flexibel verarbeiten."* (Beispiel aus Groeben & Scheele, 1977, S. 122f.). Formal lässt sich das Prinzip der ZMA folgendermaßen darstellen:

P1   !konstruktiv-flexible Verarbeitung
D1   Kreativität -> konstruktiv-flexible Verarbeitung
PO   !Kreativität

Ziele, Werte und Normen werden hier begründet, indem man in einem empirischen Satz Folgen bzw. Wirkungen dieses Ziels (bzw. seiner Realisierung) angibt; entscheidend ist dabei, dass diese Folgen bzw. Wirkungen ebenfalls als präskriptiv (positiv) auszuzeichnende angesetzt werden. Die Rechtfertigung einer Präskription besteht also immer aus einem empirischen und einem normativen Satz. Ein Begründungsversuch (für Präskriptionen) ist immer dann als gescheitert anzusehen, wenn sich der heranzuziehende deskriptive Satz entweder (z.B. über Sprachkritik) als sinnlos oder (über empirische Prüfung) als falsch erweist. Die ZMA ist immer nur in der Lage, eine relative Begründung unter Bezug auf präskriptive Oberprämissen zu liefern. Die deduktive Schlussweise bildet der Modus ponens: Wenn p, dann q; nun aber p, also q. Die formale Struktur der ZMA lautet jedoch: Wenn p, dann q; nun aber q, also p. Da diese Art des Schließens für deduktive Ableitungen logisch unzulässig ist, wird die ZMA als Begründungverfahren außerhalb deduktiv-schließender Satzsysteme angesehen (vgl. Scheele & Groeben, 1988).
Da präskriptive Sätze nicht aus deskriptiven Sätzen abgeleitet werden können (dies wäre der naturalistische Fehlschluss; s.o.), kann z.B. aus dem deskriptiven Satz *„Gute Schüler sprechen den elaborierten Code"* nicht der präskriptive Satz *„abgeleitet"* werden: *„Also sollen Lehrer ihren Schülern den elaborierten Code beibringen!"* Unzulässig ist dieser Schluss, da der Bedeutungsumfang eines abgeleiteten Satzes niemals den Bedeutungsumfang jener Aussage überschreiten kann, aus dem er abgeleitet ist. Korrekt ist der Schluss daher nur, wenn man als Prämisse zu dem deskriptiven Satz einen allgemeineren normativen hinzufügt, z.B.: *„Lehrer sollen ihren Schülern diejenigen Fähigkeiten beibringen, die in unserem Schulsystem zu einer guten Bewertung führen!"* Dies ist ein Beispiel für ein gemischtes Satzsystem: normativer Obersatz – empirischer Untersatz – normativer Schlusssatz. Weitere Beispiele für die praktische Anwendung der ZMA zur Begründung von Erziehungszielen finden sich z.B. bei Groeben, 1986b, S. 191ff.).

Welche Möglichkeiten der Normbegründung liefern Grundwerte?

Eine andere Möglichkeit der Begründung von Normen und Werten besteht darin, dass gemeinsam anerkannte, von allen Beteiligten geteilte Grundwerte gesucht werden (z.B. das Leben als das höchste Gut, Toleranz gegenüber Andersdenkenden). Ausgehend von diesen Grundwerten können dann Ableitungen für konkrete Bereiche vorgenommen werden, die somit unter Bezug auf die dahinter liegenden allgemein anerkannten Werte begründbar sind. Verfahren der Grundwertlegitimation finden sich vor allem in Diskursmodellen, die eine Legitimation durch Konsensbildung innerhalb eines möglichst rationalen (gleichberechtigten) Diskurses suchen. Zu nennen sind hier vor allem die Frankfurter Schule sowie das Beratungsmodell des Erlanger Konstruktivismus (z.B. Schwemmer, 1979).

Eine andere Möglichkeit, Grundwerte für die Begründung von Normen und Werten zu finden, besteht darin, von jenen Grundwerten auszugehen, die von allen Beteiligten implizit vorausgesetzt werden. Diese Werte werden im Rahmen der Voraussetzungsexplikation herausgearbeitet und bewusst anerkannt (vgl. König, 1975). Dabei gehen die Vertreter dieser Verfahren von einer (zweckrationalen) Argumentation aus und explizieren die dabei implizit anerkannten Ziele und Werte. Diese wiederum werden als letzte Ziele akzeptiert, da sie für das Führen der Argumentation eine notwendige Voraussetzung darstellen (z.B. Intersubjektivität).

Was sind Metanormen und wie können sie uns bei der Begründung von Normen behilflich sein?

Eine weitere Möglichkeit wissenschaftlicher Wertung und Normenkritik stellt die Erforschung von Metanormen dar. Metanormen sind Normen des Normierens und geben somit Auskunft darüber, welche untergeordneten Normen gelten sollen (vgl. König, 1982, S. 100). So müssen Normen bspw. so ausgerichtet sein, dass das, was gefordert wird, auch erfüllt werden kann. Wer an ein Kind Forderungen stellt, die erst von einem Erwachsenen erfüllt werden können, berücksichtigt nicht den Entwicklungsstand des Kindes und verletzt damit die Metanorm *Sollen impliziert Können*. Auch *Müssen impliziert Sollen* ist eine Metanorm. Die Begründung für diese Metanormen ist schwierig, aber sie weisen eine intuitive Evidenz auf.

3. Ethische Prinzipien

Durch die Überinterpretation des Wertfreiheitspostulats in den Wissenschaften wurde dem Thema Ethik und Moral aus wissenschaftlicher Sicht lange Zeit zu wenig Beachtung geschenkt. Dennoch lassen sich einige zentrale Aspekte nennen, die aus wissenschaftlicher Sicht für die Beratung von Bedeutung sind. Diese werden im Folgenden erläutert.

3.1 Moralische Prinzipien der Sozialwissenschaften

Welche moralischen Prinzipien aus den Sozialwissenschaften sind für die Beratung von Relevanz?
Das *Prinzip der Verallgemeinerung* besagt nach Singer (1975, S. 25), „daß, was für eine Person richtig (oder nicht richtig) ist, für jede andere Person mit ähnlichen individuellen Voraussetzungen und unter ähnlichen Umständen richtig (oder nicht richtig) sein muß." Nach dem Prinzip der Verallgemeinerung ist es moralisch nicht zu rechtfertigen, für sich selbst etwas als adäquat oder richtig zu beanspruchen, was man einem (gleichermaßen oder ähnlich gearteten) anderen nicht zugesteht. Vielmehr ist das, was man für sich selbst beansprucht, auf alle (vergleichbaren) anderen zu übertragen.
Das *Prinzip des Leidens* lautet (Singer, 1975, S. 133): „Es ist niemals richtig, unnötiges Leiden zu verursachen."
Beide Prinzipien zusammen stellen eine präzisierende Explikation der alltagssprachlich-goldenen Regel dar: Was du nicht willst, das man dir tut, das füg` auch keinem andern zu.
Das *Prinzip der Rechtfertigung* lautet (Singer, 1975, S. 133): „Jede Verletzung einer moralischen Regel muss gerechtfertigt werden."
Das *Prinzip der Folgen* sagt: Wenn die Folge davon, dass Person P eine Handlung H ausführt, nicht wünschenswert wäre, so sollte P die Handlung H nicht ausführen.
Das *Prinzip der Selbstanwendung bei der Theoriekonstruktion* ist ein Moralprinzip zur Generierung von Menschenbildannahmen (Groeben, 1985). Es besagt, dass Theorien über den Menschen so entwickelt werden sollen, dass darin der Mensch als Objekt die gleichen Attribute aufweist, die der Mensch als Subjekt (Theorieentwickler) sich selbst zuschreibt.

3.2 Das Vier-Prinzipien-Modell von Beauchamp und Childress

Eine lange Geschichte hat die ethische Diskussion in der Medizin. Dies besonders auch deshalb, weil hier – ähnlich wie in der Beratung – dem Handelnden ein Mensch gegenübersteht, zu dem sich der Behandler verhält und für dessen Wohl er sich einsetzen sollte. Innerhalb der Medizin hat das Modell von Beauchamp und Childress (1989) eine breite Anerkennung und Verbreitung gefunden.

Was besagt das Modell von Beauchamp und Childress?
Das Modell fußt auf vier Prinzipien, die alle den Umgang des Behandlers mit der Person des Patienten betreffen und daher direkt auf den Bereich der Beratung übertragen werden können.

Das *Prinzip der Nichtschädigung* ist das unbestrittenste und schlechthin zentrale Prinzip jeder Beratungsethik überhaupt („primum non nocere"). Nach der Behandlung bzw. Beratung sollte es dem Patienten nicht schlechter gehen als ohne Behandlung bzw. Beratung. Zwar kann sich der Zustand des Klienten durch das Ansprechen und Bearbeiten von Konflikten und unangenehmen Situationen kurzfristig verschlechtern, gerechtfertigt ist dies jedoch nur dann, wenn dadurch entsprechend dem Prinzip der Fürsorge (s.u.) langfristig eine Besserung der Problematik erreicht werden kann. Ob das Prinzip der Nichtschädigung verletzt wird, kann zum einen im konkreten Einzelfall, zum anderen auch durch umfassende empirische Studien an größeren Patientengruppen überprüft werden (vgl. die Ausführungen in Modul 3 zur empirischen Therapieforschung).

Das *Prinzip der Autonomie* fordert, die Wünsche, Ziele und Lebenspläne anderer zu respektieren, und zwar auch und gerade dann, wenn diese dem Akteur wenig nachvollziehbar, abwegig oder moralisch bedenklich erscheinen. Dieses Prinzip bildet die Voraussetzung dafür, dass jeder Herr seines eigenen Lebens bleibt. Es gilt jedoch nicht absolut, sondern wird sowohl durch das Prinzip der Nichtschädigung als auch durch die Prinzipien der Fürsorge und der Gleichheit eingeschränkt. Eine zentrale Frage in der Ethik ist dabei, in welchem Ausmaß paternalistische Eingriffe gerechtfertigt werden können, d.h. Eingriffe gegen den Willen des Patienten zu dessen eigenem langfristigen Besten. Gegenwärtiger Konsens dazu ist der sog. schwache Paternalismus: Das Prinzip der Fürsorge hat nur dann Vorrang vor dem Prinzip der Autonomie, wenn eine Willensentscheidung unfrei erfolgt oder der Patient unzureichend informiert ist.

Das *Prinzip der Fürsorge* geht über das Prinzip der Nichtschädigung hinaus. Es fordert, dass mögliche Schäden verhindert, eingetretene Schäden gelindert und die Situation anderer auch dann, wenn von einem Schaden keine Rede sein kann, verbessert wird. Die vorherrschende christliche Ethik hat das Prinzip der Fürsorge so eindeutig über andere Prinzipien gestellt, dass vielfach erst eine bewusste Distanzierung notwendig ist, um die Grenzen dieses Prinzips zu erkennen. Diese werden vor allem durch das Prinzip der Autonomie gesetzt. Daher besteht auf dem Gebiet der Patientenselbstbestimmung (und anderer Patientenrechte, etwa dem Recht auf angemessene Schmerzbehandlung) in der Praxis der größte Nachholbedarf.

Das *Prinzip der Gleichheit* ist inhaltlich am meisten ausfüllungsbedürftig und am stärksten umstritten. Allgemein anerkannt ist zumindest das Prinzip der „formalen" Gleichheit, nach dem in relevanten Hinsichten ähnliche Fälle ähnlich beurteilt und behandelt werden müssen, also das Verbot von sachfremden Differenzierungen (Bsp.: Berater wählt nur Patienten aus, die gut versichert, angenehm im Umgang, pünktlich, verlässlich und nicht besonders belastend sind).

Zusammenfassend lassen sich diese vier Prinzipien folgendermaßen auf die Beratungspraxis anwenden: Dem Klienten sollte nicht geschadet werden, sein Selbstbestimmungsrecht sollte geachtet werden, er sollte in der für sein Wohlbefinden förderlichsten Weise behandelt werden, und es sollte darauf geachtet werden, unter Bedingungen knapper Ressourcen nicht bestimmte Gruppen von Patienten zum Schaden anderer zu privilegieren.

3.3 Umgangsregeln für die Beratung

Aus den genannten Überlegungen zu Wertungen, Ethik und moralischen Prinzipien können verschiedene Ableitungen für die Praxis der Beratung vorgenommen werden (vgl. Reimer, 2005).

Welche konkreten Umgangsregeln lassen sich aus der Ethikdiskussion für die Beratung ableiten?

So ist ein wichtiger Aspekt aus den Grundlagen der ethischen Diskussion, dass dem Klienten keine Werte und Ziele übergestülpt werden dürfen (z.B. gerechtfertigt durch das Prinzip der Autonomie). Dieses Überstülpen von Werten kann sowohl auf individueller Ebene durch die Berater als auch auf institutioneller Ebene durch die jeweilige Ausrichtung der Beratungsstelle o.ä. geschehen. Um dies zu vermeiden, ist es zunächst wichtig, sich die eigenen (individuellen und institutionellen) Werte bewusst zu machen. Danach erst ist es möglich, dem Klienten gegenüber diese Werte zu explizieren, wenn diese den Beratungsprozess beeinflussen (z.B. die evtl. einseitige Ausrichtung einer Beratungsstelle in Fragen der Schwangerschaftskonfliktberatung, die nur in eine bestimmte Richtung hin beraten soll). Erst durch diese Explikation ist es den Klienten möglich, sich bewusst für oder gegen diese Zielrichtung zu entscheiden.

Generell sollten Klienten nicht zufällig in eine bestimme Form der Beratung hinein schlingern, sondern nach einer Aufklärung durch die Berater über das Vorgehen eine bewusste Entscheidung für oder gegen diese Art von Beratung treffen. Dieses Vorgehen wird *informed consent* genannt und bezeichnet eine Entscheidung nach Aufklärung über das geplante Vorgehen. Neben dem Sachverhalt, dass Klienten über mögliche Probleme, notwendige eigene Anstrengungen, Konflikte, Unsicherheiten und Nebenwirkungen etc. informiert werden, zählt hierzu auch die Aufklärung über realistische Behandlungserfolge und Beratungsalternativen. Salomon (2003) schreibt hierzu: „Es ist inhuman, Hoffnungen zu wecken, die nicht erfüllbar sind, und Probleme zu verschweigen, die absehbar sind." (S. 133).

Wie eingangs erwähnt, besteht eine besondere ethische Verantwortung des Beraters bzw. der Beraterin dem Klienten gegenüber auch deswegen, weil im Beratungsprozess die Beziehung eine zentrale Rolle spielt und der Klient sich oftmals ganz auf sein Gegenüber und dessen Einschätzungen verlässt bzw. verlassen muss. Umso wichtiger ist es hier, dass die Berater nicht als Verkäufer eines bestimmten Beratungsansatzes auftreten, sondern die Autonomie des Klienten fördern und achten – und zwar schon bei der Entscheidung für oder gegen diese Art der Beratung.

Therapieziele sollten gegenüber dem Klienten expliziert werden. Es widerspricht mehreren der oben genannten Prinzipien, wenn der Berater ohne Wissen des Klienten verdeckte Ziele verfolgt. Therapieziele sollten vom Berater und Klient in einer Phase der Zielklärung gemeinsam besprochen werden. Sie sollten im Verlauf der Beratung auch von beiden verändert werden können. Nehmen wir die Autonomie des Klienten ernst, so sollte ein Ziel der Beratung darin bestehen, den Klienten dabei zu unterstützen, seine eigenen Ziele und Werte zu entwickeln!

Die kritisch-rationalistische Maxime besagt: Explizites ist immer rationaler zu kritisieren als Implizites. Berater sollten daher ihre eigenen ethischen Prinzipien und moralischen Bewertungen explizieren. Dies ist besonders deswegen wichtig, weil ethische Prinzipien im Bereich der Beratung meist implizit vermittelt werden.

Das ethische Selbstanwendungsprinzip lässt sich auf viele Bereiche beziehen. In der konkreten Beratungspraxis bedeutet es u.a., dass die Aufgaben und Belastungen, die dem Klienten zugemutet werden, auch vom Berater – sofern er in einer ähnlichen Situation wäre – übernommen werden würden. Dies betrifft sowohl die Art und Weise des Beratungsansatzes als auch die konkrete Form der Methode (vgl. auch das Prinzip der Gleichheit).

Kottje-Birnbacher und Birnbacher (1995) haben in ihrem Artikel, der sich mit ethischen Aspekten in der Psychotherapie beschäftigt, bestimmte Regeln für die Person des Psychotherapeuten erarbeitet. Demnach sollte der Therapeut zu Beginn der Behandlung mit dem Patienten eine klare Arbeitsvereinbarung aushandeln, die eine Einigung über die Zielsetzungen und Regularien der Psychotherapie beinhaltet. Bei der Wahl des Settings (Zeit, Ort und andere organisatorische Bedingungen der Beratung, wie z.B. Einzel- oder Gruppenberatung) sollte er den bestmöglichen Zugang zum Problem des Patienten suchen, wobei die Motivation und die aktuelle Lebenssituation des Patienten berücksichtigt werden müssen. Dem Therapeuten obliegt der Schutz der Außengrenzen des therapeutischen Raums, d.h. er darf sein Wissen über den Patienten nicht außerhalb der therapeutischen Situation gebrauchen und niemandem ohne Erlaubnis des Patienten Auskunft geben (Schweigepflicht). Auch muss er seine eigene Lebenssituation und die damit verknüpften eigenen Loyalitäten reflektieren und gegen die Verpflichtungen gegenüber dem Patienten abwägen. Der Therapeut ist verantwortlich für die Beziehungsgestaltung, für die Arbeitsatmosphäre und die Behandlungstechnik, letztlich für die Angemessenheit des therapeutischen Angebots. Dazu gehört, dass er sich nicht persönlich in die Beziehung zum Patienten involviert und keine eigenen persönlichen Interessen in die Situation einbringt (Abstinenzgebot).

4. Menschenbilder und ihre ethischen Implikationen

In Modul 3 (Beratungsansätze im Überblick) wurde – als Orientierungsmöglichkeit in der Vielfalt von verschiedenen Beratungsansätzen und -theorien – das Konzept der Menschenbilder eingeführt. Diese Annahmen über den Menschen sind in allen Theorien über den Menschen und somit auch in allen Beratungsansätzen zumindest implizit vorhanden. Dabei wurde in Modul 3 ein metatheoretisches Rahmenmodell von Groeben (1986a) vorgestellt, welches sich auf drei wissenschaftstheoretische Gegenstandseinheiten bezieht. Diese drei Einheiten entwickelte Groeben bei seinem Versuch der Integration von empirischer und hermeneutischer Forschungstradition. Die drei Gegenstandseinheiten wurden als *Handeln*, *Tun* und *Verhalten* bezeichnet. Unter diese drei Einheiten lassen sich jeweils verschiedene Beratungsansätze und daraus abgeleitete Beratungsverfahren subsumieren, die ähnliche Menschenbildannahmen aufweisen.

Welche Relevanz haben Menschenbildannahmen für die Beratung?
Diese Vorstellungen über den Menschen sind zwar theoretischer bzw. genauer: metatheoretischer Natur, ihr Einfluss auf die Wirklichkeit ist jedoch weitaus größer und realer, als viele Personen, die in der Beratung tätig sind, annehmen. Theorien haben keinen Selbstzweck, sondern sie dienen uns als Orientierung im Leben. Zunächst sollen sie auf Objektebene den Phänomenbereich, für den sie Gültigkeit beanspruchen, beschreiben und erklären können. Wenn dies gelingt, versuchen wir in der Beratung daraus Technologien abzuleiten, also konkrete Verfahren, die in bestimmten Problemsituationen sinnvoll eingesetzt werden können. Da Theorien immer auch bestimmte Vorstellungen vom Menschen implizieren, werden die aus diesen Theorien abgeleiteten Technologien immer auch so ausfallen, dass sie dieses implizite Menschenbild berücksichtigen (und scheinbar auch bestätigen). Dies geschieht dadurch, dass jede Theorie ihre Aufmerksamkeit nur auf bestimmte Attribute des Menschen richtet – und andere außer Acht lässt. Technologien aus diesen Theorien werden daher – durch Bezug auf die im Menschenbild implizierten Modellattribute – genau jene Attribute fördern, die in den Menschenbildannahmen impliziert sind. Wenn wir – wie im black-box-Modell des Behaviorismus (s.u.) – den Focus auf Umweltreize legen, so ist es nahe liegend, dass behavioristische Technologien, wie z.B. Token-Systeme, genau jene Modellattribute (nämlich der Reizdeterminiertheit) hervorheben und durch die Anwendung im Alltag auch fördern. Eigene Überlegungen, Handlungspläne, etc. des Objekts *Mensch* werden im Behaviorismus nicht beachtet. Diese Attribute des Menschen werden somit durch behavioristische Technologien nicht nur nicht gefördert, sondern langfristig sogar unterdrückt (vgl. ausführlich: Groeben, 1986a). Menschenbildannahmen unterliegen daher einer Realisierungsdynamik,

in der jene Eigenschaften des Menschen, die als anthropologische Kernannahmen implizit vorhanden sind, in ihrer Ausbildung beim Menschen gefördert werden, während konkurrierende Eigenschaften, die evtl. angemessener, effektiver oder ethisch begründeter sind, immer weniger Chancen zur Entfaltung erlangen. Diese ethischen Aspekte von Menschenbildannahmen werden im Bereich der Beratung noch deutlich verschärft. Denn hier geben wir als Berater durch die Anwendung bestimmter Techniken auch implizit das damit verbundene Menschenbild an unsere Klienten weiter. Die im Menschenbild implizierten Modellattribute werden vom Klienten teils bewusst, teils unbewusst aufgenommen und bestimmen fortan nicht nur seine Sicht des Problems, sondern auch seine Selbst- und Weltsicht sowie seine zukünftige Lebensplanung. Aus diesem Grund wollen wir uns im Unterkapitel 4.1 die Menschenbildannahmen verschiedener Beratungsrichtungen unter ethischer Perspektive genauer anschauen, bevor wir in Unterkapitel 4.2 aus der ethischen Diskussion Konsequenzen in Form einer Auswahlempfehlung ziehen. Das dabei postulierte ethisch-sequentielle Vorgehen, welches eine ethisch begründete Rangreihe für die Auswahl von Theorien und Verfahren im Beratungskontext postuliert, berücksichtigt selbst wiederum die oben genannten ethischen Prinzipien der Beratung (vgl. Wagner, 2004).

4.1 Paradigmatische Beratungsansätze und ihre Menschenbildannahmen

Welche Gruppen von Menschenbildern kann man für die Beratung unterscheiden?
Im Folgenden werden die drei Gegenstandseinheiten *Verhalten*, *Tun* und *Handeln* mit ihren paradigmatischen Beratungsansätzen unter dem Aspekt der ethischen Implikationen erläutert.

Welches Menschenbild kennzeichnet Theorien der Verhaltens-Einheit?
Unter die Einheit des Verhaltens fallen jene Theorien, die den Menschen als Objekt von Außenreizen modellieren. Der Behaviorismus und die darauf gründende frühe Verhaltenstherapie stellen die paradigmatische Theorie bzw. den paradigmatischen Beratungsansatz für dieses Menschenbild dar. Im Behaviorismus und in der frühen Verhaltenstherapie wurden bewusst Variablen wie Denken und Fühlen ausgeklammert und als vernachlässigbar angesehen (Watson, 1913). Man spricht daher auch vom black-box-Modell des Menschen.

Welche Probleme gibt es, wenn man (wie z.B. in der frühen Verhaltenstherapie) den Menschen als Objekt äußerer Reizbedingungen sieht?

Aus den Theorieansätzen des klassischen und des operanten Konditionierens, welche situative Reize bzw. äußere Konsequenzen als zentrale Variablen des menschlichen Verhaltens ansehen, wurden effektive therapeutische Verfahren entwickelt, welche bei vielen Problemsituationen in der Beratung sehr effektiv eingesetzt werden können (vgl. Modul 3: Beratungsansätze im Überblick). Der Focus behavioristischer Theorien liegt auf der äußeren Lernumgebung. Diese Sichtweise hilft uns, die Bedeutung von Umweltbedingungen für die Entwicklung des Menschen zu erkennen.

Aus ethischer Perspektive fällt hier jedoch die enorme Reduktion des Menschen auf, welche diesen in Parallelität zu einfachen tierischen Organismen gestaltet (vgl. Wagner & Reinecker, 2001). Die hier entwickelten Prinzipien funktionieren nicht nur beim Menschen, sondern noch besser in der Tierdressur! Es liegt nahe, diese Techniken zur Lenkung und Steuerung von Menschen zu nutzen. Und in der Geschichte der Verhaltenstherapie gibt es eine Reihe von Anwendungsbeispielen, die mit unseren heutigen Moralvorstellungen nicht vereinbar sind (vgl. Schorr, 1984). In der frühen, behavioristischen Verhaltenstherapie wurden die Prinzipien des klassischen und operanten Konditionierens teilweise skrupellos auf Menschen angewandt, ohne die ethische Problematik dieses Vorgehens zu reflektieren. So wurden bei der sogenannten Aversionsbehandlung „unerwünschte" Verhaltensweisen mit extrem unangenehmen (aversiven) Reizen, wie z.B. Injektion von ekelauslösenden Substanzen, elektrischen Schocks etc. gekoppelt, um eine Reduktion der Auftretenswahrscheinlichkeit dieser „unerwünschten" Verhaltensweisen (und somit eine Anpassung an eine gewünschte Norm) zu erreichen. Publiziert wurde dieses Vorgehen z.B. bei der „Behandlung" von homosexuellen Männern bzw. von Menschen, die sexuell „abweichendes Verhalten" zeigten. So berichtet Raymond (1956, 1969) von der Behandlung von Patienten mit sexuellen Abweichungen mit Hilfe von Apomorphin-Injektionen, welche Ekel- und Übelkeitsgefühle auslösen. Feldman und McCulloch (1971) berichten über die „Therapie" von Homosexuellen mittels Elektroschock als aversivem Reiz, der den „Patienten" zeitlich gekoppelt mit Bildern nackter Männer appliziert wurde.

Eine Ursache für die Anfälligkeit der damaligen Verhaltenstherapie für solche skrupellosen Anwendungen liegt u.a. darin, daß Skinner (in Rogers & Skinner, 1965) mit behavioristischem Ubiquitätsanspruch normative Aspekte selbst als Verstärker definierte. Seine Analyse stellt jedoch weniger eine Auseinandersetzung mit Wertproblemen, sondern eher eine dogmatische Festlegung dar (Reinecker, 1978, S. 268f.). Ziele, Werte und Normen sind nämlich präskriptive Sätze und können als solche nicht aus deskriptiven (beschreibenden) Sätzen abgeleitet werden (vgl. oben die Ausführungen zum naturalistischen Fehlschluss). Das hier skizzierte black-box-Modell stellt das Menschenbild der frühen Verhaltenstherapie dar. Im Kontext der kognitiven Wende in der Psychologie, die zu Beginn der zweiten Hälfte des letzten Jahrhunderts erfolgte, kam es auch innerhalb der Verhaltenstherapie zu deutlichen Veränderungen, die sich im Einbezug der kognitiven Anteile des Menschen manifestierten (vgl. Wagner & Reinecker, 2001, 2004).

Welches Menschenbild kennzeichnet Theorien der Tuns-Einheit?

Die Einheit des Tuns ist idealtypisch gekennzeichnet durch ein Auseinanderfallen von subjektiver Intention und objektiver Motivation: Die Gründe, die der Klient als Ursache seiner Problematik ansieht, entsprechen nicht den realen, aus objektiver Beobachtung erfassten Ursachen. Die subjektiven Gründe der Person stellen sich nach objektiver Beobachtung nicht als tatsächliche Gründe heraus. Paradigmatische Theorie für diese Einheit, welche den Menschen als Objekt unbewusster Triebe ansieht, ist die Psychoanalyse (vgl. Mertens, 2005). Mit seiner Eisberg-Metapher beschrieb Freud seine Vorstellung vom Menschen: Wie beim Eisberg nur ein kleiner Teil bewusst wahrgenommen werden kann, während der Hauptteil nicht sichtbar ist, so wird der Mensch in der Psychoanalyse bzw. den daraus abgeleiteten tiefenpsychologischen Richtungen als Wesen modelliert, dessen Unbewusstes den Hauptteil des Menschen ausmacht und sein Erleben und Verhalten beherrscht (vgl. Modul 3: Beratungsansätze im Überblick).

Welche Probleme gibt es, wenn man (wie z.B. in der Psychoanalyse) den Menschen als Objekt unbewusster Triebe sieht?

Dieses Menschenbild ist als deutlich pessimistisch zu bezeichnen, da es schon methodologisch von einer intentionalen Innensicht des handelnden Menschen dezidiert absieht (Erb, 1997; Groeben, 1986a, S. 157ff.). Die Entwicklungsziele der Psychoanalyse laufen jedoch darauf hinaus, den bewussten Anteilen mehr Stellenwert einzuräumen. Dies wird in der bekannten Forderung Freuds deutlich: Wo Es war, soll Ich werden! Das – für die Einordnung unter die Tun-Einheit charakteristische – Auseinanderfallen von subjektiver Intention und objektiver Motivation wird jedoch als statistischer Normalfall unterstellt. Ursache hierfür ist die (unzulässige) Verallgemeinerung bestimmter Strukturen psychisch erkrankter Personen als die „condition humaine" überhaupt, woraus sich zwangsläufig anthropologische Beschränkungen und Reduktionismen ergeben (Erb, 1997). Diese äußern sich auch in den Prägungsvorstellungen der Psychoanalyse, in denen den frühkindlichen Entwicklungen, Komplexen etc. die entscheidende lebenshistorische Funktion zugeschrieben wird: „Die gesamte menschliche Entwicklung scheint in den ersten Lebensjahren beschlossen zu sein" (Herzog, 1991, S. 127). Folgerichtig subsumiert Erb (1997) das Neurosemodell der Psychoanalyse unter die Gruppe der reduktiv-implikativen Subjektmodelle. Das Menschenbild der Psychoanalyse widerspricht somit einem Gegenstands(vor)verständnis vom reflexions-, rationalitäts- und handlungsfähigen Menschen.

Welches Menschenbild kennzeichnet Theorien der Handlungs-Einheit?

Theorien und Beratungsansätze, die unter die Einheit des Handelns subsumiert werden können, sehen den Menschen als frei handelnde Person und betonen die Reflexions-, Kommunikations-, Rationalitäts- und Handlungsfähigkeit des Menschen. Paradigmatische Theorien dieser Einheit stellen die Wert- und Sinnorientierung des Menschen in den Mittelpunkt, wie z.B. die Handlungstheorie oder das Forschungsprogramm Subjektive Theorien (Groeben, Wahl, Schlee & Scheele, 1988). Letzteres geht explizit von einem epistemologischen Subjektmodell aus bzw. postuliert ein solches Menschenbild als regulative Zielidee (vgl. Groeben & Scheele, 1977). Im Handlungs-Begriff werden die Intentionalität des Handelns qua bewusster Entscheidung für bestimmte Handlungsalternativen unter Rückbezug auf spezifische Ziele, Normen etc. sowie die Planung und Rolle der Handlungsausführung als konstitutive Merkmale angesetzt (Groeben, 1986a, S. 71ff.). Auch die Grundannahmen der philosophischen Beratung oder des Selbstmanagement-Ansatzes von Kanfer, Reinecker und Schmelzer (2000) lassen sich mit diesem epistemologischen Subjektmodell in Einklang bringen. Nach Kanfer, Reinecker und Schmelzer (2000) bezeichnet Selbstmanagement die Fähigkeit des Menschen, aus sich selbst heraus Ziele festzusetzen, aufgrund dieser Ziele hierarchische Handlungspläne zu entwickeln und sich dann entsprechend seinen aufgestellten Zielen und seinen Handlungsplänen zu verhalten. Ziel einer Selbstmanagement-Therapie ist es, dem Klienten zu helfen, eine erhöhte Selbststeuerungsfähigkeit zu erwerben. Hier zeigt sich also ein Menschenbild, wonach der Einzelne prinzipiell fähig ist, Selbstregulation zu erlernen, um so ein erhöhtes Maß an Selbstbestimmung, Autonomie und persönlicher Freiheit zu gewinnen. Man könnte aufgrund dieser Konzepte geradezu von einem humanistischen Menschenbild sprechen (vgl. Erb, 1997).

Welche Folgen hat es, wenn man (wie z.B. in der kognitiven Therapie) den Menschen als frei handelnde Person sieht?

Im Unterschied zu den reduktionistischen Menschenbildannahmen der Theorien auf Verhaltens- und Tuns-Ebene werden hier bewusst positive Aspekte des Menschen hervorgehoben, die durchaus nicht immer schon vorhanden sein müssen, deren Realisierung jedoch als möglich angesehen und als grundsätzlich gut bewertet wird. Zwar sieht auch die Psychoanalyse bewusste, reflexive Anteile im Menschen, die z.B. im neueren Konzept des Arbeitsbündnisses ihren Niederschlag finden (vgl. Thomä & Kächele, 1986, S. 64ff.; Mertens, 1990, S. 149ff.), jedoch spielen diese Fähigkeiten im sog. Störungsbereich nur eine untergeordnete Rolle. In der Einheit des Handelns werden die reflexiven, rationalen Anteile des Menschen hervorgehoben, indem die Reflexions-, Sprach- und Kommunikationsfähigkeit des Menschen in den Mittelpunkt der Betrachtungen gestellt werden. Besonders auch wegen der Anwendung auf die Beratung soll hier erwähnt werden, dass im Forschungsprogramm Subjektive Theorien ein offenes Rationalitätskonzept propagiert wird. Dieses impliziert z.B. ein integratives Verhältnis zu den eigenen Bedürfnissen sowie eine Verbindung von Kognition und Emotion (vgl. Groeben et al., 1988, S. 216). Somit werden natürlich auch Konzepte wie Liebes-, Genuss- und Arbeitsfähigkeit, Leib- und Körperlichkeit als positive Aspekte des Menschseins bewertet und hervorgehoben. Ein zentraler Aspekt des menschlichen Daseins, die Suche des Menschen nach Sinn, kann erst durch dieses Menschenbild der Handlungseinheit adäquat konzeptualisiert und erforscht werden (vgl. Wagner, 2005).

Welche Folgen hat das Menschenbild auf die Beziehungsgestaltung?
Im Unterschied zu den Theorien der Verhaltens- und der Tuns-Einheit werden in der Einheit des Handelns Erkenntnis-Subjekt und Erkenntnis-Objekt, Berater und Klient in struktureller Parallelität modelliert; grundsätzlich verfügen beide über die gleichen Fähigkeiten und Möglichkeiten.

4.2 Dimensionen eines ethisch-sequentiellen Vorgehens in der Beratung

Betrachten wir diese drei Gegenstandseinheiten und die darunter zu subsumierenden Beratungsansätze, so lässt sich eine Rangreihung vornehmen, die an Hand zweier Dimensionen verläuft: Die erste Dimension beschreibt die Reduktion des Menschen um seine typisch menschlichen Attribute, die zweite Dimension ordnet die Theorien und Verfahren in der Beratung an Hand der Selbstanwendung und der damit zusammenhängenden Form der Beziehungsgestaltung im Beratungsprozess.

Wie unterschiedlich ist die Reduktion des Menschen in den verschiedenen Beratungsansätzen?
Wenn wir Theorien und Methoden der Beratung nach der vorgenommenen Reduktion des Menschen um seine spezifisch menschlichen Attribute betrachten, kommen wir zu einer Rangreihe, die mit der Einheit des Verhaltens beginnt. In dieser Einheit wird der Mensch so stark reduziert wahrgenommen, dass es keinen Unterschied mehr zwischen menschlichen und einfachsten tierischen Organismen gibt. Eine weniger starke Reduktion nehmen Theorien der Tuns-Einheit vor, in denen der Mensch als Objekt seiner unbewussten Triebe angesehen wird. In Theorien der Handlungseinheit schließlich werden bewusst die spezifisch menschlichen Fähigkeiten der Kommunikation, Rationalität etc. hervorgehoben und betont. Eine Reduktion des Menschen würde hier jedoch entstehen, wenn die Modellattribute der Handlungs-Einheit ubiquitär veranschlagt würden und jene Bereiche der begrenzten Rationalität oder der Außenkontrolle nicht mehr wahrgenommen

werden. Hier läge dann eine umgekehrte Reduktion – nämlich um jene Anteile, die durch unbewusste und außengesteuerte Einflussgrößen bestimmt werden – vor.

Wie unterscheiden sich Verfahren und Theorien der Beratung in der Möglichkeit der Selbstanwendung und der damit eng zusammenhängenden Frage der Beziehungsgestaltung?

Die Beziehung zwischen Berater und Klient stellt eine der wichtigsten Wirkgrößen und sicherlich eine der am besten empirisch untersuchten Variablen im Beratungsprozess dar. Betrachten wir die Beratungsansätze der vorgestellten Einheiten unter diesem Aspekt, so finden wir in diesen drei Gegenstandseinheiten drei sehr unterschiedliche Sichtweisen dieser Beziehung. Diese äußern sich in einer strukturellen Verschiedenheit der Konzeption des Beraters auf der einen und der Modellierung des Klienten auf der anderen Seite: Behavioristische Theorieansätze, die für die frühe Verhaltenstherapie bestimmend waren, zeigen hier eine deutliche Verletzung des Selbstanwendungspostulats: Während der Klient als ein von Außenreizen gesteuertes Wesen angesehen wird, steht der behavioristische Wissenschaftler bzw. Berater quasi außerhalb. Sein rationales, vernunftgeleitetes Handeln kann durch die angewandte Theorie nicht bzw. nur äußerst kompliziert erklärt werden. In Theorien der Tuns-Einheit wird die Ungleichheit in der Sichtweise des Beraters und des Klienten verringert, dennoch bestehen deutliche Unterschiede, die einen gleichberechtigten Dialog fast unmöglich machen: Während der Klient als Objekt seiner unbewussten Triebe angesehen wird, dessen eigene Sichtweise konträr zur Wirklichkeit steht, werden dem Berater selbst genau jene Modellattribute unterstellt, die wir in Theorien der Handlungseinheit finden: Rationalitäts-, Kommunikations-, Reflexions- und Handlungsfähigkeit. Auch hier haben wir also eine asymmetrische Beziehung. Die Aufhebung dieser Ungleichheit findet erst in Theorien der Handlungseinheit statt. Hier werden beide – Berater und Klient – mit den gleichen Modellattributen gesehen. Erst hier können beide in einen gleichberechtigten Dialog miteinander treten.

5. Ein integrativer Beratungsansatz

Welche Form der Integration der verschiedenen Beratungsansätze ist sinnvoll?

Im Folgenden soll ein Lösungsvorschlag für die dargestellten ethischen Probleme einer schulenspezifischen Beratung (Reduktionismen, Selbstwidersprüchlichkeit etc.) ausgeführt werden. Dieser Lösungsvorschlag wird als integrativer Beratungsansatz (Wagner, 2004) oder als ethisch-sequentielle Therapie (Wagner, 1999) bezeichnet. Die Grundidee dabei besteht zunächst in der Aufhebung der

schulenspezifischen Scheuklappen. Das bedeutet, dass die einzelnen Beratungsansätze ihren Ubiquitätsanspruch aufgeben und somit den Geltungsbereich ihrer
Theorien einschränken. Diese Beschränkung sollte anhand empirischer Kriterien
erfolgen. Dadurch können aus dem Fundus der gesamten Psychologie-, Psycho-
therapie- und Beratungsforschung jene Theorien und Methoden spezifisch ausgewählt werden, die sich bei einzelnen Problembereichen als besonders effizient
und langfristig wirksam erwiesen haben. Grundlage für diese Entscheidung sollten
nicht schulenspezifisch anerkannte Autoritäten, sondern aktuelle Publikationen
aus der Psychotherapie- und Beratungsforschung bilden. Diese existieren mittlerweile für die meisten Problembereiche, die Gegenstand der Beratungspraxis sind.
Selbstverständlich unterliegen die dort vorgestellten Ergebnisse auch weiterhin
einer fortdauernden Überprüfung: So kann es vorkommen, dass einzelne Verfahren, die heute auf Grund vorliegender empirischer Studien als Methode der
Wahl angesehen werden, in der Zukunft durch andere, bessere Verfahren ersetzt
werden. Aber gerade dies ist einer der zentralen Vorteile der integrativen Beratung,
die ganz im Sinne des Klienten schulenspezifische Verkrustungen zugunsten neu-
erer Entwicklungen in der Forschung aufhebt. Dieser Sachverhalt – dass sich die
problemspezifischen Behandlungsverfahren durch aktuelle Forschungsergebnisse
verändern können – betont ausdrücklich die Rolle einer fundierten Ausbildung
und einer berufsbegleitenden, kontinuierlichen Weiterbildung. Die Orientierung
am Stand der Forschung und die damit verbundene Weiterbildung stellt daher
besonders in einer integrativen Beratung eine zentrale Forderung für ein ethisch
korrektes Verhalten des Beraters dar.

Welche Rolle spielt die Ethik in der integrativen Beratung?

Zu dieser empirischen Entscheidungsdimension wird nun eine zweite Dimension
hinzugefügt. Diese steht orthogonal zur Dimension der empirischen Wirksamkeit
und ist ethisch begründet. Unter Bezug auf die oben dargestellten Aspekte der
Reduktion des Menschen und der Möglichkeit der Selbstanwendung wird diese
Dimension als ethisch-sequentielle Rangreihe (Wagner, 1999) bezeichnet. Unter
ethischen Aspekten ist zu fordern, dass der Mensch möglichst unreduziert wahrgenommen werden soll (Vermeidung unnötigen Leidens). Die Gestaltung der Beziehung sollte möglichst symmetrisch erfolgen (Prinzip der Gleichheit) und nicht
institutionell schon als Ungleichheit zwischen Berater und Klient installiert sein.
Nun ist es gerade in der Beratung durchaus nicht immer so, dass Klienten mit
voller Handlungsfähigkeit, überlegt und reflektiert ihr Leben gestalten. Genau
dies ist ja häufig der Grund, warum Betroffene eine Beratung bzw. Psychotherapie aufsuchen: Dass Menschen nicht mehr das Gefühl haben, über ihr Leben
entscheiden zu können, ihre eigenen Kräfte und Stärken nicht mehr wahrnehmen
etc. Dies bedeutet jedoch umgekehrt nicht, dass wir grundsätzlich von einer solchen eingeschränkten Handlungsfreiheit ausgehen sollten. Im Rahmen der inte-

grativen Beratung (sensu Wagner, 2004) soll nun aus ethischen Gründen zunächst von einer strukturellen Gleichheit ausgegangen werden, die konsequenterweise auch die Grundlage der Beziehungsgestaltung zwischen Berater und Klient von Anbeginn an kennzeichnet. Im Rahmen dieser gleichberechtigten Beziehung lassen sich dann u.U. im Prozess der Beratung einzelne Problembereiche im Leben des Klienten finden, in denen die (positiv) unterstellte Handlungsfähigkeit nicht (mehr) gegeben ist. Hier besteht nun die Aufgabe der Beratung darin, aus den vorhandenen Verfahren jene auszuwählen, die zum einen die besten empirischen Wirknachweise aufweisen und die zum anderen ein Menschenbild implizieren, welches den Klienten möglichst wenig oder gar nicht reduziert modelliert. Sollte sich bei dieser Abwägung herausstellen, dass die effektivsten Verfahren aus der Tuns- oder Verhaltenseinheit stammen, und somit ein reduktives Menschenbild implizieren, so kann im gleichberechtigten Diskurs mit dem Berater der Klient selbst frei entscheiden (Prinzip der Autonomie), ob er bereit ist, zur Behandlung einzelner Problembereiche kurzfristig jene Verfahren und Methoden anzuwenden, deren Effektivität zwar empirisch belegt, deren zu Grunde liegendes Menschenbild jedoch als reduktiv abgelehnt wird. Ein solcher Fall wäre z.B. bei der Planung der Konfrontationsbehandlung zur Behandlung einer Phobie möglich. Dies alles geschieht im Rahmen einer symmetrischen Beziehung, in der Berater und Klient als handlungsfähige Wesen angesehen werden und hat das Ziel, die volle Handlungsfähigkeit und somit auch volle Liebes- und Genussfähigkeit des Klienten wiederherzustellen.

Beide Dimensionen – die empirisch nachgewiesene Wirksamkeit und die ethisch gerechtfertigte Form von Reduktion und Beziehungsgestaltung – bilden somit die beiden zentralen Säulen des integrativen Beratungsansatzes.

6. Ausblick

Welche Konsequenzen lassen sich aus der ethischen Reflexion für die Zukunft der Beratung ziehen?

Unter der Zielperspektive der hier vorgestellten integrativen Beratung sollten zukünftige Beraterinnen und Berater eine Aus- und Weiterbildung erfahren, die sie einerseits dazu befähigt, über den Tellerrand der eigenen Beratungsschule zu blicken und andererseits für die vielfältigen ethischen Aspekte der Beratung sensibler werden lässt. Eine solche integrative Beratung ermöglicht, im Sinne einer Allgemeinen Beratung (Wagner, 2004; Wagner & Becker, 1999) alle Theorien und daraus abgeleiteten Verfahren für die Behandlung menschlichen Leids zur Anwendung zu bringen, die sich in wissenschaftlichen Untersuchungen als wirksam und effektiv erwiesen haben. Dabei sollten einerseits schulenspezifische Einschränkungen auch aus ethischen Gründen aufgehoben werden, um dem Klienten die wissenschaftlich besten Verfahren empfehlen zu können. Dies impliziert die Forderung an die Berater, sich am Stand der Forschung zu orientieren. Andererseits können in der integrativen Beratung auch Verfahren zur Anwendung kommen, deren empirische Effektivität zwar belegt, deren dahinterstehendes Menschenbild jedoch aus ethischen Gründen (Reduktion des Menschen um seine spezifisch menschlichen Aspekte und deren Folgen für die Beziehungsgestaltung) abzulehnen wäre. In einer solchen Beratung lernt der Patient nicht nur, problemspezifisch seine Handlungsfähigkeit zurückzuerobern; er erfährt auch ein vollständigeres Bild seiner Person. Im Mittelpunkt einer solchen integrativen Beratung steht die Autonomiefähigkeit des Klienten. Das Ziel der integrativen Beratung besteht in der Wiederherstellung der vollen Autonomie des Klienten durch eine Beratung, die dem Stand der Forschung entspricht. Integrative Beratung impliziert somit ein Menschenbild, welches die unterschiedlichen Facetten des menschlichen Daseins bewusst wahrnimmt und in der Behandlung berücksichtigt (vgl. Wagner, 1999). Die Auswirkungen einer integrativen Beratung beziehen sich nicht nur auf die aktuellen Probleme des Klienten. Sie beziehen sich auch auf sein weiteres Leben, da der Klient durch die Beratung ein umfassendes Bild von sich Selbst erfährt und seiner Ressourcen und positiven Kräfte zur Gestaltung der Zukunft gewahr wird.

7. Arbeitsteil

Zusammenfassung:

Wenn wir im Alltag Ziele festlegen oder verfolgen, Entscheidungen fällen oder Bewertungen vornehmen, orientieren wir uns meist auch an moralischen Prinzipien. In den Wissenschaften wurden Fragen der Ethik und Moral lange Zeit – vor dem Hintergrund einer überzogenen Interpretation des Werturteils-freiheitspostulats – vernachlässigt. In die Beratung kommen Menschen mit Problemen in verschiedenen Feldern des Alltags, in denen es immer auch um Fragen der Moral, der Bewertung und der Ethik geht. Für die Beratungspraxis ist es daher äußerst wichtig, Möglichkeiten der moralischen Argumentation und rationalen Auseinandersetzung um ethische Werte zu kennen und im Alltag anwenden zu können. Zudem erhalten in der Beratung Fragen der Ethik eine ganz besondere Rolle, da durch die Grundsituation (eine Person mit Ängsten, Problemen, Sorgen wendet sich vertrauensvoll an eine Beraterin oder einen Berater und erhofft hier Hilfe) die Gefahr einer Abhängigkeit und einer unreflektierten Übernahme moralischer Bewertungen gegeben ist. Grundlage der wissenschaftlichen Auseinandersetzung mit Fragen der Ethik und der Moral bildet die Einteilung in deskriptive und präskriptive Sätze. Den Gegenstand empirischer Forschung bilden deskriptive (beschreibende) Sätze, denn sie können richtig oder falsch sein. Demgegenüber lassen sich präskriptive Sätze (Soll-Sätze, Bewertungen) nicht empirisch überprüfen. In den Wissenschaften wurden jedoch Verfahren entwickelt, die es erlauben, rationale Gründe für oder gegen bestimmte Bewertungen herauszuarbeiten und argumentativ zu verteidigen. Dazu zählen die Ziel-Mittel-Argumentation, der Bezug auf gemeinsam geteilte Grundwerte oder die Orientierung an Metanormen. Darüber hinaus gibt es in Wissenschaften, die sich mit dem Menschen auseinandersetzen, eine Reihe moralischer Prinzipien, die allgemein anerkannt sind, wie z.B. das Prinzip der Verallgemeinerung oder das Prinzip der Rechtfertigung, welches besagt, dass jede Verletzung einer moralischen Regel gerechtfertigt werden muss. In der Medizin hat das Vier-Prinzipien-Modell von Beauchamp und Childress eine breite Anerkennung gefunden. Hier geht es – ähnlich wie in der Beratung – um die Beziehung des Behandlers zum Patienten bzw. Klienten. Aus dieser ethischen Reflexion heraus können konkrete Umgangsregeln für die Beratungspraxis benannt werden. So sollte der Berater zu Beginn des Beratungsprozesses klare Arbeitsvereinbarungen mit dem Klienten treffen oder bei der Wahl der Beratungsform den Zugang zum Problem wählen, der die Lebenssituation des Klienten am besten berücksichtigt. Für die Beziehungsgestaltung trägt der Berater die Verantwortung; er darf in der Beratung nicht primär nach der Befriedigung persönlicher Interessen streben. Da in der Beratung immer Bezug auf bestimmte Beratungstheorien und -methoden genommen wird, spielen die Menschenbildannahmen dieser Theorien und Verfahren eine wichtige Rolle, die in der bisherigen Beratungsforschung oft übersehen oder zu undifferenziert wahrgenommen wurden. Die Berücksichtigung dieser Menschenbildannahmen bildet die Grundlage für einen integrativen Beratungsansatz (Wagner, 2004). In diesem Ansatz kann durch ein ethisch-sequentielles Vorgehen das gesamte Spektrum an wirksamen Beratungsverfahren genutzt und der Klient ganzheitlich wahrgenommen werden.

Zum Verständnis

(a) Nennen Sie Beispiele aus der Beratungsarbeit, bei denen ethische Probleme betroffen sein können und reflektieren Sie diese Beispiele anhand der genannten ethischen Prinzipien!

(b) Welche Gründe sprechen dafür, dass sich Berater ihrer eigenen Moralvorstellungen bewusst sein sollen?

(c) Machen Sie sich Ihre eigenen Normen, die evtl. eine Beratung beeinflussen können, bewusst und versuchen Sie, diese mit Hilfe einer Ziel-Mittel-Analyse zu explizieren!

8. Literatur

Empfohlene Literatur:

Erb, E. (1997). Gegenstands- und Problemkonstituierung: Subjekt Modelle (in) der Psychologie. In N. Groeben (Hrsg.), Zur Programmatik einer sozialwissenschaftlichen Psychologie. Bd. 1 Metatheoretische Perspektiven, 1. Halbband Gegenstandsverständnis, Menschenbilder, Methodologie und Ethik (S. 139–239).

Reimer, C. (2005). Ethische Aspekte der Psychotherapie. In: F. Petermann, H. Reinecker (Hrsg.), Handbuch der Klinischen Psychologie und Psychotherapie (S. 663–673).

Wagner, R. F. (2005). Sinn und Sinnfindung aus einer schulenübergreifenden Sicht. In H. G. Petzold & I. Orth (Hrsg.), Sinn, Sinnerfahrung, Lebenssinn in Psychologie und Psychotherapie. Band II: Sinn, Sinnfindung, Sinnerfahrung – Perspektiven der Psychotherapeutischen Schulen (S. 381–402). Bielefeld: Edition Sirius.

Verwendete Literatur

Beauchamp, T. L. & Childress, J. F. (1989). Principles of biomedical ethics. New York: Oxford University Press.

Erb, E. (1997). Gegenstands- und Problemkonstituierung: Subjekt Modell (in) der Psychologie. In N. Groeben (Hrsg.), Zur Programmatik einer sozialwissenschaftlichen Psychologie. Bd. 1 Metatheoretische Perspektiven, 1. Halbband Gegenstandsverständnis, Menschenbilder, Methodologie und Ethik (S. 139–239).

Feldman, M. P. & McCulloch, M. J. (1971). Homosexual behavior. Therapy and assessment. Oxford: Pergamon Press.

Groeben, N. (1985). Reflexivität des Erkenntnis-Objekts und Moralität des Erkenntnis-Subjekts – eine Skizze. In: H. Lenk (Hrsg.), Humane Experimente? Genbiologie und Psychologie. (S. 138–148). München: Fink.

Groeben, N. (1986a). Handeln, Tun, Verhalten als Einheiten einer verstehend-erklärenden Psychologie. Tübingen: Francke.

Groeben, N. (1986b). Die Herleitung von Erziehungszielen. In: W. Twellmann (Hrsg.), Handbuch Schule und Unterricht, Bd. 8.1. (S. 175–198). Düsseldorf: Schann.

Groeben, N. & Scheele, B. (1977): Argumente für eine Psychologie des reflexiven Subjekts. Darmstadt: Steinkopff.

Groeben, N., Wahl, D., Schlee, J. & Scheele, B. (1988). Das Forschungsprogramm Subjektive Theorien. Eine Einführung in die Psychologie des reflexiven Subjekts. Tübingen: Francke.

Herzog, W. (1991). Das moralische Subjekt. Pädagogische Intuition und psychologische Theorie. Bern: Huber.

Kanfer, F. H., Reinecker, H. & Schmelzer, D. (2000). Selbstmanagement-Therapie. Ein Lehrbuch für die klinische Praxis. (3. Aufl.). Heidelberg: Springer.

König, E. (1975). Theorien der Erziehungswissenschaften. Bd. 2 Normen und ihre Rechtfertigung. München: Fink.

König, E. (1982). Aufgaben und Positionen handlungsleitender Erziehungswissenschaft. In: E. König & P. Zedler (Hrsg.), Erziehungswissenschaftliche Forschung: Positionen, Perspektiven, Probleme (S. 80–103). Paderborn: Schöningh.

Kottje-Birnbacher, L. & Birnbacher, D. (1995). Ethische Aspekte der Psychotherapie und Konsequenzen für die Therapeutenausbildung. Psychotherapeut, 40, 59–68.

Mertens, W. (1990). Einführung in die psychoanalytische Therapie. Band 2. Stuttgart: Kohlhammer.

Mertens, W. (2005). Psychoanalyse. Grundlagen, Behandlungstechniken und Anwendungen. Stuttgart: Kohlhammer.

Raymond, M. J. (1956). Case of fetishism treatet by aversion therapy. British Medical Journal, 2, 854–856.

Raymond, M. J. (1969). Aversion therapy for sexual deviations. British Journal of Psychiatry, 115, 979–980.

Reimer, C. (2005). Ethische Aspekte der Psychotherapie. In: F. Petermann, H. Reinecker (Hrsg.), Handbuch der Klinischen Psychologie und Psychotherapie (S. 663–673). Göttingen: Hogrefe.

Reinecker, H. (1978). Selbstkontrolle. Verhaltenstheoretische und kognitive Grundlagen, Techniken und Therapiemethoden. Salzburg: Otto Müller.

Rogers, C. R. & Skinner, B. F. (1965). Some issues concering the control of human behavior: A symposium. Science, 124, 1057–1066.

Salomon, F. (2003). Ethische Fragen an die Verhaltenstherapie. In: J. Margraf (Hrsg.), Lehrbuch der Verhaltenstherapie, Bd. 1 (S. 129–136). Berlin: Springer.

Scheele, B. & Groeben, N. (1988). Dialog-Konsens-Methoden zur Rekonstruktion Subjektiver Theorien. Tübingen: Francke.

Schorr, A. (1984). Die Verhaltenstherapie. Ihre Geschichte von den Anfängen bis zur Gegenwart. Weinheim: Beltz.

Schwemmer, O. (1979). Praktische Begründung, rationale Rekonstruktion und methodische Überprüfung. In: H. Lenk (Hrsg.), Handlungstheorien – interdisziplinär, Bd. II.2 (S. 535–580). München: Fink.

Singer, M. G. (1975). Verallgemeinerung in der Ethik. Zur Logik moralischen Argumentierens. Frankfurt: Suhrkamp.

Thomä, H. & Kächele, H. (1986). Lehrbuch der psychoanalytischen Therapie. Berlin: Springer.

Wagner, R. F. (1999). Ein integratives Menschenbild einer an ethischen Dimensionen orientierten Allgemeinen Psychotherapie. In R. F. Wagner & P. Becker (Hrsg.), Allgemeine Psychotherapie. Neue Ansätze zu einer Integration psychotherapeutischer Schulen (S. 43–74). Göttingen: Hogrefe.

Wagner, R. F. (2004). Ein integrativer Beratungsansatz. In F. Nestmann, F. Engel & U. Sickendiek (Hrsg.), Das Handbuch der Beratung, Band 2 (S. 663–674). Tübingen: DGVT.

Wagner, R. F. (2005). Sinn und Sinnfindung aus einer schulenübergreifenden Sicht. In H. G. Petzold & I. Orth (Hrsg.), Sinn, Sinnerfahrung, Lebenssinn in Psychologie und Psychotherapie. Band II: Sinn, Sinnfindung, Sinnerfahrung – Perspektiven der Psychotherapeutischen Schulen (S. 381–402). Bielefeld: Edition Sirius.

Wagner, R. F. & Becker, P. (Hrsg.). (1999). Allgemeine Psychotherapie. Neue Ansätze zu einer Integration psychotherapeutischer Schulen. Göttingen: Hogrefe.

Wagner, R. F. & Reinecker, H. (2001). Menschenbildannahmen in der kognitiven Verhaltenstherapie – Probleme und Entwicklungsperspektiven. Zeitschrift für Klinische Psychologie, Psychiatrie und Psychotherapie, 49, 435–449.

Wagner, R. F. & Reinecker, H. (2004). Wirkfaktoren der Kognitiven Verhaltenstherapie. In H. Lang (Hrsg.), Was ist Psychotherapie und wodurch wirkt sie? (S. 189–198). Würzburg: Königshausen & Neumann.

Watson, J. B. (1913). Psychology as the behaviorist views it. Psychological Review, 20, 158–177.

Lösungsschlüssel

Modul 1: Zur Charakteristik des Beratungsbegriffes

Zum Verständnis

(a) Kernstück jeglicher Beratungsarbeit: In Forschung und in theoretischen Modellbildungen sind die strukturellen Aspekte eines Beratungsprozesses und die dynamischen Komponenten (zentrale Veränderungsprozesse) zu analysieren.

(b) Beratung ist eingebunden in einen gesellschaftlichen Bezugsrahmen, ist Hilfe zur Selbsthilfe. Die Eigenverantwortlichkeit des Klienten ist herauszubilden und zu stärken. Veränderungsprozesse erfolgen auf kognitiver, emotionaler und aktionaler Ebene. Beratung ist Aussprache-, Orientierungs- und Entscheidungshilfe. Die Lenkungsfunktion des Beraters versus der Selbstaktualisierung des Klienten, die Vermittlung zwischen subjektiven und objektiven Theorien sind diskutierbar.

(c) Sie geben neben der fachwissenschaftlichen Prägung die ganz spezielle Auffassung des angeführten Autors wieder (Fachterminologie, theoretische Positionierung innerhalb der verschiedenen Auffassungen etc.).

Modul 2: Beratungsrelevantes Grundlagenwissen

Zum Verständnis

(a) Die verschiedenen Ebenen der Kommunikation (mittels olfaktorischer, taktiler, akustischer und visueller Signale) und die Interaktionsstrategien als Ausdruck der universalen Grammatik menschlichen Sozialverhaltens. Beispiele: angeborene Auslösemechanismen, angereichert mit individuellen Erfahrungswerten, Annahme eines generellen Kommunikationsfaktors, visuelle Signale (Mimik, Gestik, Kleidung, Körperhaltung, Aussehen), besondere Bedeutung des Augenkontaktes.

(b) Zum Beispiel: In Familienberatungen, Systemberatungen können sich Fraktionsbildungen zeigen (unterschiedliche soziale Identitätsbildungen), die es zu erkennen und zu analysieren gilt.
Eine überzogene positive Präsentation der eigenen Person kann auf eine Vielzahl von „blinden Flecken" hinweisen. Diese sollten gemeinsam ans „Tageslicht" gehoben und thematisiert (bearbeitet) werden. Der Versuch zu einem toleranten Verhalten könnte auf diese Weise angebahnt werden.

(c) Menschen kontrollieren (beeinflussen, steuern etc.) in sozialen Interaktionen den Eindruck, den sie auf andere Personen machen.

Es werden Verhaltensweisen gezeigt, die den Versuchsleiter in eine bestimmte Richtung beeinflussen sollen.

Forschungsbeiträge: Vorläufer finden sich im Symbolischen Interaktionismus, Beobachtungen von Goffman aus dem Alltagsbereich – in Analogie zum Bühnenschauspiel, Untersuchungen zur sozialen Erwünschtheit (Reaktionstendenzen).

Modul 3: Beratungsansätze im Überblick

Zum Verständnis

(a) Psychoanalyse: Der Mensch wird als Objekt unbewusster Triebe und Mechanismen angesehen. Das Instanzenmodell der Psychoanalyse unterscheidet das Es, das Ich und das Über-Ich. Das Es besteht nach psychoanalytischer Vorstellung aus Trieben, wie z.B. Sexual- und Aggressionstrieb, und drängt nach Triebbefriedigung. Demgegenüber ist das Über-Ich der Hort moralischer Werthaltungen und ethischer Prinzipien. Das Ich vermittelt zwischen den Triebwünschen des Es auf der einen und den übernommenen Wertvorstellungen der Über-Ichs auf der anderen Seite. Psychische Probleme und Krankheiten werden als Symptom bzw. als Lösung unbewusster Konflikte angesehen.

Verhaltenstherapie: Probleme werden als erlernte Verhaltensweisen angesehen. Dies bedeutet, dass diese Probleme durch entsprechende Verfahren auch wieder verlernt werden können. Durch die genaue Analyse des Problemverhaltens (Wann tritt das Verhalten auf, welche Konsequenzen treten ein etc.) werden Ansatzpunkte von Veränderungen gefunden. Durch gezielte Übung – sowohl auf der Ebene des Verhaltens als auch auf der Ebene des Denkens und Fühlens – sollen neue Verhaltensweisen aufgebaut und alte, störende Verhaltensweisen abgebaut werden.

Klientenzentrierte Beratung: Der Mensch hat in sich die Kräfte, die er benötigt, um seine Probleme zu lösen. Er muss sie sich nur bewusst machen. Dies geschieht durch eine Gesprächsatmosphäre, die durch Akzeptanz, Empathie und Kongruenz gekennzeichnet ist. Dem Klienten sollen im Laufe der Beratung immer mehr die emotionalen Anteile seines Verhaltens bewusst gemacht werden und er lernt dadurch, sich selbst stärker anzunehmen.

Systemische Therapie: Nicht der Klient hat ein Problem, sondern das System, in dem er steckt (Paar, Ehe, Familie). In der Beratung werden zunächst die zentralen Regeln dieses Systems gesucht, um dann durch gezielte Aufgaben die Flexibilität dieser Regeln zu erhöhen und Änderungen zuzulassen.

(b) Als Wirkfaktoren der Beratung werden jene beraterischen Prozesse bezeichnet, die schulenübergreifend zu positiven Veränderungen führen. Grawe hat bei seiner Analyse der empirischen Arbeiten im Beratungsbereich vier Wirkfaktoren entdeckt. Sie lauten: Ressourcenaktivierung (Anknüpfen bei den Stärken und positiven Seiten des Patienten), Problemaktualisierung (Erleben des Problems ohne irgendeine strategische Einschränkung), aktive Hilfe zur Problembewältigung (Anwendung konkreter Verfahren) und motivationale Klärung (Analyse der Motive und Werte des Patienten). Diese Wirkfaktoren bilden die Basis des integrativen Beratungsansatzes.

(c) Einerseits wird der Mensch als Objekt äußerer Bedingungen angesehen. Hier bestimmen die Kontingenzen das Verhalten: Je nach situativen Bedingungen tritt z.B. eine Angst auf oder nicht. Andererseits bestimmen auch unbewusste Motive den Menschen. Diese Motive können wir nur erschließen oder durch Gespräche mit erfahrenen Beratern bewusst machen. Schließlich haben wir auch ein Bild von uns und der Welt, welches uns klar und bewusst vor Augen ist. Diese Bild bestimmt auch unsere Lebensplanung und unser zukünftiges Vorgehen. Einige Annahmen dieses Bildes können richtig und falsch sein. Eine kritische Reflexion dieser Annahmen kann im Rahmen einer kognitiven Therapie stattfinden.

Modul 4: Beratung im Kontext von Interventionsformen

Zum Verständnis

(a) Alle Unterschiede zwischen Beratung und Therapie gelten nicht immer und sind zudem nur graduell. Neben historischen Unterschieden liegt der deutlichste Unterschied darin, dass Psychotherapie Teil der *medizinischen Versorgung* und dass deren Finanzierung über die Krankenkasse abzurechnen oder selbst zu bezahlen ist, während Beratung zumeist eine *öffentliche, aus Steuermitteln finanzierte Aufgabe ist. Im Unterschied zur Psychotherapie*
- müssen Ratsuchende nicht behandlungsbedürftig sein,
- kann zur Beratung auch Informationsvermittlung gehören,
- können auch präventive Ziele verfolgt werden,
- geht es nicht um eine Persönlichkeitsumgestaltung,
- hat Beratung eine geringere Verbindlichkeit und
- ist ihr Gesamtumfang eher kurz.

(b) Gruppensupervision hat gegenüber der Teamsupervision den Vorteil, dass über den Tellerrand des eigenen Arbeitszusammenhanges hinaus Erfahrungen und Anregungen ausgetauscht werden können. Zudem kann man in ihr über Probleme am Arbeitsplatz sprechen, ohne unmittelbar berufliche Nachteile befürchten zu müssen. Ein Nachteil der Gruppensupervision im Vergleich zur Teamsupervision ist, dass Probleme am Arbeitsplatz nicht direkt als „Hier-und-Jetzt-Probleme" bearbeitet werden können.

(c) Die Intervision verhält sich zur Supervision so wie Selbsthilfegruppen zur professionellen Beratung bzw. Psychotherapie. Positive Erfahrungen mit der Supervision sind eine gute Grundlage für eine erfolgreiche Intervisionsarbeit. Bei Schwierigkeiten mit der Intervision kann und sollte die Gruppe zumindest kurzfristig wieder Supervision in Anspruch nehmen.

Modul 5: Im Fokus – pädagogisch-psychologische Beratung

Zum Verständnis

(a) Beratung und Pädagogik stehen weitgehend nicht in einem diskursiven Austausch, kein genuin pädagogischer Weg der Beratung, bei Pädagogen besteht häufig die Tendenz zur Übernahme der Therapeutenrolle, Überwindung der einseitigen Beziehung u.a. durch Konzentration auf die Strukturierung von pädagogischen Erfahrungs- und Lernmöglichkeiten.

(b) Eine wechselseitige Beziehung, Vorgaben und Impulse aus dem psychotherapeutischen Bereich prägen die beratende Tätigkeit. Die Vielfalt im therapeutischen Sektor findet sich auch im beraterischen wieder.

(c) Unterricht, Erziehung, Aus- und Weiterbildung, Erwachsenenberatung, Medienerziehung, institutionelle Beratung, interkulturelle Beratung etc.

Modul 6: Lebensabschnitte und Beratung

Zum Verständnis

(a) Aus Sicht der Eltern: Besonderheiten in der körperlichen, kognitiven, emotionalen und sprachlichen Entwicklung, Defizite im Sozialverhalten und in der Entwicklung, Lern- und Verhaltensauffälligkeiten, besondere Begabungen, Schullaufbahninformationen etc.
Aus Sicht der Kinder: Probleme im schulischen, im familiären Umfeld (z.B. Versagensängste, Lern- und Leistungsprobleme, Kontaktschwierigkeiten, Geschwisterstreit, Hänseleien von Mitschülern, Opfer von Gewalthandlungen, Verlust von Bezugspersonen, psychosomatische Störungen etc.).

(b) Körperliche Veränderungen: Probleme, die sich im Zusammenhang mit einem gestörten Essverhalten ergeben (Unzufriedenheit mit dem eigenen Erscheinungsbild, geäußerte Besorgnis aus dem Bezugsumfeld von Betroffenen), kognitive Veränderungen: Selbstüberschätzung von Jugendlichen (Motto: „Mir passiert das nicht!"), Suche nach dem Kick im Leben, risikoreiches Verhalten, soziale Veränderungen: Ablehnung von Gleichaltrigen, soziale Isolation – Aufbau des Selbstvertrauens, Möglichkeiten zur Integration aufzeigen, Hinweise auf Selbsthilfegruppen geben.

(c) Zum Beispiel: frühes Erwachsenenalter: Berufswahl, dem Berater kommen u.a. folgende Aufgaben zu: Klären der Situation, indem Vor- und Nachteile möglicher Entscheidungen angesprochen werden, gemeinsame Suche nach vorhandenen Fähigkeiten und Interessen, Neigungen, Hilfestellung bei Bewusstmachung (z.B. Gedankengänge nicht nur ansprechen lassen, sondern diese auch „durchdenken" lassen, d.h., alle Konsequenzen aufzeigen), Verantwortung für eine Entscheidung liegt beim Ratsuchenden.

Modul 7: Beratung – aus unterschiedlichen Perspektiven betrachtet

Zum Verständnis

(a) Zum Beispiel: Der medizinische Bereich erfasst ein breites Spektrum von Informationsübermittlung über umfassende Aufklärung bis zur Hilfe zur Selbsthilfe. Klienten erwarten häufig bei medizinischen Fragen die Erteilung eines Rates. Die Verantwortungsübernahme für Entscheidungen liegt aber bei den Klienten. Der medizinische Bereich weist in Bezug auf Beratungsvorgänge ein verändertes Selbstverständnis auf: vom Rat zur Stärkung der Eigenverantwortlichkeit des Klienten.

(b) Betriebswirtschaftliche Beratung erfasst: das Management von Organisationen und Unternehmen, die Unternehmensberatung.

(c) Beratung beruht zum einen auf einer Rechtsgrundlage (betrifft rechtliche Probleme, die mit einer Beratungstätigkeit verbunden sind, die Verrechtlichung von Beratungsleistungen stellt Anforderungen an fachliche Standards im Beratungssektor) und ist zum anderen selbst Mittel/Gegenstand im juristischen Anwendungsfeld (juristische Beratungsgespräche unterliegen den allgemeinen Vorgaben der Beratungspraxis).

Modul 8: Organisationsformen von Beratung

Zum Verständnis

(a) Eine Hierarchie zwischen Berater und Ratsuchendem ergibt sich erstens durch den unterschiedlichen Leidensdruck von Berater und Ratsuchendem, zweitens durch den diagnostischen Blick sowie durch bewusst zurückgehaltene Einsichten des Beraters, drittens durch die teilweise künstlich erzeugte Idealisierung des Beraters, viertens durch die emotionale Deutungsmacht des Beraters und fünftens durch die Fehldeutung von ökonomischer Not als psychisches Problem.

(b) Neue Medien der Beratung kränken den Narzissmus des Beraters, da diesem seine Austauschbarkeit hierbei stärker verdeutlicht wird. Die Besonderheit der Begegnung und die suggestiven Elemente des besonderen Settings der Face-to-Face-Beratung entfallen. Die Hierarchie zwischen Berater und Ratsuchendem ist bei den neuen Medien der Beratung geringer ausgeprägt; zudem ist eine Idealisierung des Beraters seltener.

(c) Ein Teil des Effekts der E-Mail-Beratung lässt sich mit der heuristischen und kathartischen Funktion des Schreibens erklären.

Modul 9: Ethische Fragen in der Beratung

Zum Verständnis

(a) Z.B. Schwangerschaftskonfliktberatung: Unter der Prämisse, dass Menschen ihr Leben selbst bestimmen können sollen, besteht hier die Gefahr, dass moralische Entscheidungen implizit durch die Berater bzw. durch die Institution vorgegeben sind (Beratung zum Kind oder aber: Beratung gegen ein Kind). Allein aus der moralischen Forderung, dass solche ethischen Vorannahmen nur dann kritisiert werden können, wenn sie expliziert werden, folgt, dass Klientinnen über das implizite Beratungsziel aufgeklärt werden sollen (Explikation). Eine noch stärkere Umsetzung des Prinzips der Patientenautonomie wäre jedoch eine Beratung, in der der Ausgang des Beratungsprozesses nicht von den Beratern vorgegeben, sondern im Prozess der Beratung durch die Klienten selbst entwickelt wird: eine zieloffene Beratung.

(b) Moralische Vorstellungen wirken sich auf unsere gesamte Weltsicht aus. Wenn dies unbewusst (implizit) geschieht, besteht keine Möglichkeit der kritischen Auseinandersetzung. Evtl. werden subjektive Bewertungen der Berater so auch auf Klienten übertragen. Erst die Explikation dieser Wertungen ermöglicht deren Kontrolle und Reflexion. Die Explikation ist die Voraussetzung dafür, dass moralische Fragen bewusst reflektiert werden. Dies zwingt den Berater, seine Position zu rechtfertigen und ermöglicht ihm so eine Weiterentwicklung seiner Moralvorstellungen. Den Klienten schützt die Explikation moralischer Prinzipien vor einer unbewussten Übernahme von Werthaltungen und stärkt seine Autonomie und damit auch seine persönliche Freiheit.

(c) Z.B.: In der Supervisionsgruppe ergibt sich bei der Vorstellung einer Phobiebehandlung eine Auseinandersetzung darüber, ob der Ehemann der Patientin in der Behandlung berücksichtigt werden sollte. Ein Berater, der bei seinen Behandlungen von Angststörungen fast immer den Partner mit in die Behandlung einbezieht, verweist auf ethische Prinzipien seines Vorgehens und bringt seine Argumentation in Form einer Ziel-Mittel-Analyse vor:

Präskriptiver Obersatz: Dem Klienten sollte in der Beratung eine Behandlung angeboten werden, die alle relevanten Aspekte seiner Problematik berücksichtigt.

Deskriptiver Satz: Da phobische Störungen zu erheblichen Einschränkungen im Leben der Klienten führen, ist der Lebenspartner des Klienten oft auch in die Problematik involviert. Eine Veränderung der phobischen Störung führt daher auch zu vielfältigen Änderungen in der Lebenswelt des Klienten.

Präskriptiver Obersatz: In der Behandlung sollte immer auch die Lebensumwelt des Klienten mit seinen wesentlichen Größen (z.B. Partnerschaft) berücksichtigt werden.

Inwieweit nun im konkreten Behandlungsfall der Partner in die Beratung mit einbezogen wird, ist gemäß dem Prinzip der Autonomie eine Entscheidung des Klienten. Die ZMA zeigt jedoch, dass der Berater die Pflicht hat, den Klienten auf potentielle Veränderungen in seiner Partnerschaft, die durch die Beratung entstehen können, hinzuweisen. (Andere Beispiele wären die Einstellung zur Ehescheidung, Schwangerschaftsabbruch, Abhängigkeitsbeziehungen, Aggression in der Familie etc.)